U0492490

经世济世
继往开来

贺教育部
人文社会科学
重点基地

季羡林
两千有八

教育部哲学社会科学研究重大课题攻关项目
"十三五"国家重点出版物出版规划项目

国际金融危机后全球需求结构变化及其对中国的影响

CHANGES IN GLOBAL DEMAND STRUCTURE AFTER
THE INTERNATIONAL FINANCIAL CRISIS
AND ITS IMPACT ON CHINA

陈万灵 等著

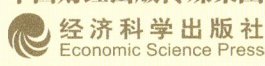

中国财经出版传媒集团
经济科学出版社
Economic Science Press

图书在版编目（CIP）数据

国际金融危机后全球需求结构变化及其对中国的影响/陈万灵等著.—北京：经济科学出版社，2020.12
教育部哲学社会科学研究重大课题攻关项目　"十三五"国家重点出版物出版规划项目
ISBN 978-7-5218-2248-9

Ⅰ.①国…　Ⅱ.①陈…　Ⅲ.①需求结构-研究-世界
②需求结构-影响-中国经济-研究　Ⅳ.①F014.32
②F12

中国版本图书馆 CIP 数据核字（2020）第 264079 号

责任编辑：孙丽丽　纪小小
责任校对：杨　海
责任印制：范　艳

国际金融危机后全球需求结构变化及其对中国的影响
陈万灵　等著
经济科学出版社出版、发行　新华书店经销
社址：北京市海淀区阜成路甲 28 号　邮编：100142
总编部电话：010-88191217　发行部电话：010-88191522
网址：www.esp.com.cn
电子邮箱：esp@esp.com.cn
天猫网店：经济科学出版社旗舰店
网址：http://jjkxcbs.tmall.com
北京季蜂印刷有限公司印装
787×1092　16 开　27.25 印张　520000 字
2021 年 10 月第 1 版　2021 年 10 月第 1 次印刷
ISBN 978-7-5218-2248-9　定价：109.00 元
(图书出现印装问题，本社负责调换。电话：010-88191510)
(版权所有　侵权必究　打击盗版　举报热线：010-88191661
QQ：2242791300　营销中心电话：010-88191537
电子邮箱：dbts@esp.com.cn)

课题组主要成员

首 席 专 家 陈万灵
子课题负责人 刘 巍　廖国民　蔡春林
　　　　　　　　何传添　刘 力　易行健

编审委员会成员

主 任 吕 萍

委 员 李洪波 柳 敏 陈迈利 刘来喜
 樊曙华 孙怡虹 孙丽丽

总　序

哲学社会科学是人们认识世界、改造世界的重要工具,是推动历史发展和社会进步的重要力量,其发展水平反映了一个民族的思维能力、精神品格、文明素质,体现了一个国家的综合国力和国际竞争力。一个国家的发展水平,既取决于自然科学发展水平,也取决于哲学社会科学发展水平。

党和国家高度重视哲学社会科学。党的十八大提出要建设哲学社会科学创新体系,推进马克思主义中国化、时代化、大众化,坚持不懈用中国特色社会主义理论体系武装全党、教育人民。2016年5月17日,习近平总书记亲自主持召开哲学社会科学工作座谈会并发表重要讲话。讲话从坚持和发展中国特色社会主义事业全局的高度,深刻阐释了哲学社会科学的战略地位,全面分析了哲学社会科学面临的新形势,明确了加快构建中国特色哲学社会科学的新目标,对哲学社会科学工作者提出了新期待,体现了我们党对哲学社会科学发展规律的认识达到了一个新高度,是一篇新形势下繁荣发展我国哲学社会科学事业的纲领性文献,为哲学社会科学事业提供了强大精神动力,指明了前进方向。

高校是我国哲学社会科学事业的主力军。贯彻落实习近平总书记哲学社会科学座谈会重要讲话精神,加快构建中国特色哲学社会科学,高校应发挥重要作用:要坚持和巩固马克思主义的指导地位,用中国化的马克思主义指导哲学社会科学;要实施以育人育才为中心的哲学社会科学整体发展战略,构筑学生、学术、学科一体的综合发展体系;要以人为本,从人抓起,积极实施人才工程,构建种类齐全、梯队衔接的高校哲学社会科学人才体系；要深化科研管理体制改革，发挥高校人才、智力和学科优势，提升学术原创能力，激发创新创造活力，建设中国特色新型高校智库；要加强组织领导、做好统筹规划、营造良好学术生态，形成统筹推进高校哲学社会科学发展新格局。

哲学社会科学研究重大课题攻关项目计划是教育部贯彻落实党中央决策部署的一项重大举措，是实施"高校哲学社会科学繁荣计划"的重要内容。重大攻关项目采取招投标的组织方式，按照"公平竞争，择优立项，严格管理，铸造精品"的要求进行，每年评审立项约40个项目。项目研究实行首席专家负责制，鼓励跨学科、跨学校、跨地区的联合研究，协同创新。重大攻关项目以解决国家现代化建设过程中重大理论和实际问题为主攻方向，以提升为党和政府咨询决策服务能力和推动哲学社会科学发展为战略目标，集合优秀研究团队和顶尖人才联合攻关。自2003年以来，项目开展取得了丰硕成果，形成了特色品牌。一大批标志性成果纷纷涌现，一大批科研名家脱颖而出，高校哲学社会科学整体实力和社会影响力快速提升。国务院副总理刘延东同志做出重要批示，指出重大攻关项目有效调动各方面的积极性，产生了一批重要成果，影响广泛，成效显著；要总结经验，再接再厉，紧密服务国家需求，更好地优化资源，突出重点，多出精品，多出人才，为经济社会发展做出新的贡献。

作为教育部社科研究项目中的拳头产品，我们始终秉持以管理创新服务学术创新的理念，坚持科学管理、民主管理、依法管理，切实增强服务意识，不断创新管理模式，健全管理制度，加强对重大攻关项目的选题遴选、评审立项、组织开题、中期检查到最终成果鉴定的全过程管理，逐渐探索并形成一套成熟有效、符合学术研究规律的管理办法，努力将重大攻关项目打造成学术精品工程。我们将项目最终成果汇编成"教育部哲学社会科学研究重大课题攻关项目成果文库"统一组织出版。经济科学出版社倾全社之力，精心组织编辑力量，努力铸造出版精品。国学大师季羡林先生为本文库题词："经时济世　继往开来——贺教育部重大攻关项目成果出版"；欧阳中石先生题写了"教育部哲学社会科学研究重大课题攻关项目"的书名，充分体现了他们对繁荣发展高校哲学社会科学的深切勉励和由衷期望。

伟大的时代呼唤伟大的理论，伟大的理论推动伟大的实践。高校哲学社会科学将不忘初心，继续前进。深入贯彻落实习近平总书记系列重要讲话精神，坚持道路自信、理论自信、制度自信、文化自信，立足中国、借鉴国外，挖掘历史、把握当代，关怀人类、面向未来，立时代之潮头、发思想之先声，为加快构建中国特色哲学社会科学，实现中华民族伟大复兴的中国梦做出新的更大贡献！

教育部社会科学司

前　言

由2007年美国次贷危机引起的国际金额危机终于在2008年下半年到2009年初大爆发，被称为国际金融"海啸"，这充分说明此次金融危机的危害之严重。有专家评说2008年国际金融危机比美国1929～1931年"大萧条"有过之而无不及。10年过去了，使国际经济社会备受冲击的美国次贷危机及其引发的国际金融危机逐步消散，随着各种经济数据指标渐渐被披露，这场国际金融危机的影响逐步被学术界深刻认识。社会各界特别是经济学界对国际金融危机及其影响的研究从未停止，还将延续下去。学者们从不同角度深刻揭示了2008年国际金融危机的形成与演变过程，产生了大量研究其形成机理、影响效果及治理的理论。比如，一般认为，由2008年美国金融危机引起的国际金融危机的根源是发达国家和发展中国家经济结构失衡，主要又是中国储蓄和美国消费之间的扭曲关系所致，因为中国存在极低的消费率和极高的储蓄率；美国则相反，消费率居高不下，储蓄率近乎于零。这种失衡导致美国巨额贸易逆差和巨额外债，必须在国际金融市场大量融资，进而造成低利率和流动性过剩，演化出次贷危机。因此，这两个经济体量超大的国家在巨大贸易差额即中国顺差和美国逆差中，引发了国际金融危机。必须提升美国储蓄率和中国消费率，从而要求协调中国与美国贸易政策，才能治理国际金融危机。这些分析仅是一家之言，所谓高消费率掩盖了消费需求结构失衡，这是由美国制度决定的收入分配差距引起的消费需求不足，最终导致经济危机。

本书从国际需求结构变化角度，探讨2008年国际金融危机形成机理、治理过程及其效果的演变趋势，并重点探讨了国际需求结构变化后的影响，尤其深入探索了国际需求结构变化对中国的影响。根据这一研究思路和研究目标，本书研究内容有以下几部分：

第一章为导论，主要阐述研究目的及选题意义，进而对相关文献进行比较详细的梳理和理论综述；然后对本书研究的几个概念和关于国际需求的理论进行梳理和总结；最后对研究方法和逻辑思路进行说明。

第二章基于总需求变化，考察主要经济危机发生的机理。从理论上分析全球需求结构不断演变的过程，最终导致需求"质变"，引发经济危机；反过来，经济危机爆发对需求形成剧烈冲击，使需求结构发生剧烈变化。主要研究内容有：基于经济学理论框架应用的条件，探讨总供求态势的演变；对1929年大危机和2008年国际金融危机的发生机制进行比较，讨论两次危机的本质和根源；总结"大萧条"治理经验，即货币政策在危机管理中的作用，分析日本经济低迷的原因与前景，并对罗斯福新政与安倍经济学进行比较分析——挖掘IS-LM模型暗含假设及其逻辑框架；并用以对全球主要经济危机过程进行回顾和总结，展示危机周期过程，探索潜在需求与有效需求的差异及对经济萧条治理的作用。

第三章梳理2008年国际金融危机的形成及其演变的研究文献和理论。主要运用前述构建的分析框架，分析美国宏观经济运行机制。随后揭示了美国次贷危机进而演变为金融危机的机理。最后，对美国治理经济危机的过程及其效果进行了理论分析，得出的基本结论是：美国金融危机爆发的根源和首要前提是国民收入分配不公；能够有效治理金融经济危机的前提是潜在需求大于有效需求。

第四章考察国际金融危机背景下国际需求区域格局的变化。首先，简要描述国际金融危机背景下国际商品进口需求总体变化态势；其次，阐述了全球进口需求格局的变化，重点分析几个主要经济体的进口需求变化；最后，对国际投资需求变化态势进行分析，主要分析FDI流向集中度、区域格局和国际投资方式等的变化。

第五章剖析国际金融危机后发达经济体的需求结构变化。从总体上对发达经济体进口需求和投资需求变化进行描述，其中美国、英国、法国、德国、日本、意大利、加拿大七国集团（G7）成员国，其消费者收入水平高,需求层次比较高,成为其他国家消费者的示范。把 G7 作为重点研究对象,探讨其需求结构在国际金融危机前后的变化,展示在较高需求层次的消费水平、消费规模和消费结构,揭示新需求的兴起,阐述对高新技术和节能低碳产品、绿色产品、旅游、服务及优美环境的需求趋势。

第六章探讨国际金融危机后新兴经济体的需求结构变化。近十多年来,以经济增长速度较快,经济规模的世界排位不断提升的新兴市场国家为研究对象,包括中国、巴西、印度、俄罗斯、南非、墨西哥等国家在内 26 个国家(E26),其中多数国家具有自然资源丰富,劳动资源充裕,引进外资规模大,消费人群规模大等特征。新兴经济体在国际金融危机中顶住了冲击,减缓了世界经济衰退幅度,引领了世界经济增长。主要研究内容:选择印度、墨西哥、俄罗斯、土耳其、泰国、巴西、马来西亚、波兰、印尼、南非等新兴国家,作为重点研究对象,探讨其需求结构在国际金融危机前后的变化,展示其收入水平和需求层次不断上升的趋势,揭示其消费规模和消费结构变化的新动向。

第七章探索"海上丝绸之路"沿线国家的需求结构变化。这是根据中国倡议"21世纪海上丝绸之路"建设的理念,特意安排的一部分。首先厘清海上丝绸之路沿线 30 多个国家基本情况,并对这些国家进行了区域上的划分,确定了分段研究的基本思路。然后,对其中主要的 23 个国家需求变化进行重点研究,深入揭示东南亚、南亚及波斯湾航段、红海湾及印度洋西岸各个国家在国际金融危机后的需求变化及其需求结构的变化特征。

第八章揭示全球需求结构变化对中国出口贸易的影响。描述国际金融危机背景下中国进口和出口变化态势,展示其与世界进口需求变化的关系。运用恒定市场份额模型(CMS)的方法,分析世界各类市场进口需求结构变化对中国出口的影响;探讨中国出口贸易变动的途径,分析发达经济体、新兴经济体、海上丝绸之路沿线国家需求及其需求结构变化引起的中国出口效应,包括需求规模效应、结构效应以及出口竞争力效应。

第九章探讨全球需求结构变化对中国产业调整的影响。全球需求结构变化必然通过开放经济的传递效应，对国内产业发展及其结构产生影响。首先基于外贸出口和外贸进口视角，运用非竞争型投入——产出模型分析中国出口和进口的合理性，分析进口和出口对中间产品投入和产业结构变化情况的影响；其次分析中国收入水平及消费结构、扩大内需政策对产业结构的影响；最后探讨中国产业结构优化升级的战略调整。

第十章探讨全球需求结构变化与中国开放型经济发展态势。全球需求结构变化引发国际贸易、投资、要素流动等格局调整，改变各个国家资源配置方式，也必然影响到中国构建和完善开放型经济新体系和新格局。首先阐述了全球需求结构变化对中国开放型经济的影响，并展示了中国开放型经济发展状况；其次，通过与全球主要大国经济发展指标的比较，分析中国开放型经济的阶段性特征；最后，对中国开放型经济发展进行评价，指出中国开放型经济发展方向。

第十一章探讨国际金融危机后中国开放型经济战略转型。基于国际金融危机后国际经贸环境和全球经济格局的分析，指出了开放型经济战略转型的必要性。然后阐述开放型经济转型的战略方向，通过构建中国高标准规则及其开放经济新体制和新格局，增强自主创新动力，提升中国产业的全球价值链地位，增强全球配置资源的能力，培育开放型经济新优势，积极参与全球经济治理和增强话语权。最后，为了促进开放型经济转型和发展，提出了一系列战略路径和战略对策。

第十二章对全书研究成果进行总结。从总需求及其结构变化归纳国际金融危机的根本原因，并在不同供求态势的前提下，探讨经济危机形成机理和治理对策。然后，分析了2008年国际金融危机后国际需求结构变化，展示了发达经济体、新兴经济体和"海上丝绸之路"沿线国家的需求结构变化态势，探讨国际需求结构变化对中国产业结构变化及其开放型经济发展的影响，提出了产业结构优化升级和开放型经济发展的战略转型。最后对本书未尽的问题进行了讨论，包括时间、空间范围确定，以及研究重点的选择进行了说明，指出后续研究的方向。

摘　要

2008年国际金融危机爆发及其衍生出来的经济危机，对全球经济带来了严重影响和危害，导致世界经济持续衰退，迫使各国政府实施了经济救援政策。但是，各国扩大资本等要素投入的刺激政策有效性不足，并没有发挥预期作用，相反却引发国际市场需求规模的萎缩。因此，如何提升国际需求和优化需求结构成为世界经济稳定增长的基础，对其进行深入研究成为一个重要课题。

本书旨在深入探讨国际金融危机后全球需求结构的变化及其对中国产业发展和开放型经济建设的影响。通过研究和厘清国际金融危机前后全球需求结构特征和变化趋势，推动供给及其结构调整，促进中国开放型经济发展。基本思路是：以本次国际金融危机为背景，以全球需求结构变化为主线，试图揭示国际金融危机后全球需求结构演变的基本趋势，揭示各类经济体进口需求结构变化的差异。重点探讨全球需求结构变化对中国的影响，从国际贸易传导途径探讨中国外贸所受的影响；从要素流动途径探讨中国产业发展所受的影响；最后，基于外贸和产业发展及其产业结构调整，探讨中国开放型经济发展的对策。

根据上述研究思路，主要研究以下内容：一是基于总需求变化的历史考察，探索主要经济危机的发生机理及其有效治理的前提和机制；二是探讨2008年国际金融危机形成机理及其治理对策；三是考察国际金融危机背景下国际需求区域格局变化；四是探讨发达经济体、新兴经济体以及海上丝绸之路沿线国家的需求结构变化；五是探讨全球需求结构变化对中国出口贸易的影响；六是探讨全球需求结构变化与中国产业结构调整战略;七是探讨全球需求结构变化与中国开放型经济发展态势;八是基于国际金融危机的影响,探讨中国开放型经济转型问题。

通过上述研究,得出以下结论:

(1) 20世纪20~30年代的美国经济危机和"大萧条",以及2008年国际金融危机和90年代日本经济长期低迷,其根源在于:国民收入分配不公平,大部分财富被少部分富人所占有,导致需求层次结构的失衡——高收入阶层边际消费倾向显著递减,低收入阶层消费水平下降,出现整个经济总的有效需求不足,从而爆发经济危机。经济危机的有效治理前提是"潜在需求"和"有效需求"之间的差额足够大。

(2) 进入21世纪以来,全球需求格局逐步变化,尤其是国际金融危机后变化更大,全球需求集中度降低,进口需求增速出现分化。从投资需求看,国际直接投资(FDI)流入量集中度大幅度下降,发达经济体引入量仍然占主导地位,其增长率低于新兴经济体,新兴经济体引入FDI量不断扩大,引起FDI流动格局变化。

(3) 2008年国际金融危机前后,主要发达经济体构成国内生产总值(GDP)的消费、投资和净出口三大需求均出现明显的转折和波动。在消费需求方面,发达经济体个人消费下滑较为明显,政府消费随着各国救市政策而逆行上升。在投资需求方面,各国投资需求以及外贸净出口下滑尤其明显,引发世界经济不景气。进口需求增速大幅度下降。从进口需求构成上看,资源密集型、技术密集型产品进口的份额上升,劳动密集型产品进口的份额下降,资本密集型产品进口的份额起伏变化比较大。

(4) 受国际金融危机影响,新兴经济体需求及其结构发生显著变化。从总量看,新兴经济体进口需求增速有所放慢。从结构上看,资源密集型产品进口份额呈上升态势;劳动密集型产品进口份额有所波动;资本密集型产品进口份额呈现下降趋势;技术密集型产品进口份额长期呈下降趋势。

(5) 海上丝绸之路沿线国家需求及其结构变化状况对中国开放型经济建设具有重要作用。2008年国际金融危机后,各航段进口增速有一定差异，东南亚航段和南亚及波斯湾航段在国际金融危机后进口增速大幅度降低，红海湾及印度洋西岸航段进口增速大幅度提高，似乎没有受到金融危机的负面影响。从结构上看，资源密集型产品进口比重大幅度上升；劳动密集型产品进口比重下降；资本密集型产品进口比重下降；技术密集型产品进口比重大幅度下降。

（6）国际金融危机引起全球需求结构变化，引起中国外需市场波动，进而对中国进口和出口产生重要影响。国际金融危机后中国对发达经济体出口排位前10位的产业受到的影响：一是出口产品结构变化引起出口增长正效应的产业，变化最大的是贱金属及制品，其结构效应占比大幅度上升，然后是纺织品及原料、光学、钟表、医疗设备，机电产品、塑料、橡胶结构，其结构效应占比有小幅上升。二是结构变化引起负效应的产业，结构效应占比最大的是家具、玩具、杂项制品，其结构效应大幅度下降；其次是皮革、运输设备，其结构效应占比有一定下降；化工产品和鞋靴、伞等轻工产品结构效应有微幅下降。

中国对新兴经济体出口量排位前10位的产业，其结构效应占比变化都不大。陶瓷和玻璃、塑料和橡胶、鞋靴和伞等轻工产品的商品结构效应比重略有下降。除此之外，其余产业结构效应占比均有所上升，机电产品、贱金属及制品结构效应比重上升幅度不大；其他类产品的商品结构效应比例微幅上升。

（7）全球需求结构变化对中国出口、出口部门及其产业结构调整的影响。2008年国际金融危机通过改变需求结构影响各个产业的外贸发展。电子和光学设备、纺织原料及纺织制品、金属及金属制品的出口份额排位居前且比较稳定；运输机械、电气机械及器材制造业、化学品及化学制品制造业等出口份额排位明显上升；皮革和鞋类，木材及其制品，纸浆、纸、印刷及文教体育用品业等出口份额排位明显下降；电力、天然气、煤炭、精炼石油及核燃料加工业等能源部门的出口份额较少且比较稳定。

（8）国际金融危机对中国产业结构产生重要影响，据此提出产业结构优化升级的思路和基本方向：一是继续优化工业结构，推动工业化深入发展，推动战略性新兴产业发展，加快服务业发展。二是调整要素禀赋条件，发挥已形成的资本积累优势，促进高科技产业发展。

三是制定扩大内需政策，调整收入分配，释放消费者的消费活力。四是改善区域消费结构，提高中西部地区的收入水平和消费能力，扩充区域消费容量。五是合理保持中间品进口水平，逐步降低对国外中间品的依赖。六是实施区域倾斜发展政策，促进东部地区资本与技术密集型产业发展。七是引导外资流向中西部地区，从而实现东部地区的产业向中西部地区转移，并发展高技术与知识和服务密集型产业。八是通过扩大中间品进口，引进先进技术设备，促进高技术产业与战略性新兴产业发展。

（9）全球需求结构变化为中国开放型经济发展营造了良好的环境并创造了机遇，但也带来了严峻的挑战。国际市场竞争更加激烈，贸易保护主义不断升级，形式更趋复杂，形成了"逆全球化"潮流。这与中国扩大开放形成了反差。全球价值链进入重构阶段，影响进口需求与投资需求结构，从而影响中国对外贸易与投资市场的格局。因此，提升开放型经济的层次和水平是实现中国开放型经济转型的现实选择：一是促进经济发展实现从外需型转向内需型；二是实现出口导向型转向平衡贸易；三是实现内外需求均衡和内外供给均衡；四是实现内外贸一体化发展；五是实现货物贸易与服务贸易均衡发展的战略；六是实现利用外资与对外投资的均衡发展战略。

Abstract

The outbreak of the international financial crisis in 2008 and its derivative economic crisis have brought serious impact and damage to the global economy, leading to the continuous recession of the world economy, forcing governments to implement economic rescue policies. However, the effectiveness of the stimulus policies to expand capital and other elements input is insufficient, which does not play the expected role. On the contrary, it causes the scale of international market demand to shrink. Therefore, how to improve the international demand and optimize the demand structure? It has become the basis of the stable growth of the world economy, and it has become an important subject to conduct in-depth research on it.

The purpose of this book is to explore the changes of global demand structure after the international financial crisis and its impact on China's industrial development and open economy construction. By studying and clarifying the characteristics and trends of global demand structure before and after the international financial crisis, we can promote the supply and its structural adjustment, and promote the development of China's open economy.

The train of thought of this book is: Based on the background of the international financial crisis and the change of global demand structure as the main line, this book attempts to reveal the basic trend of global demand structure evolution after the international financial crisis, and reveals the differences of import demand structure changes of various economies. focuses on the impact of the change of global demand structure on China, from the transmission path of international trade, the impact of China's foreign trade is discussed, from the way of factor flow, the impact of China's industrial development is discussed, and finally, based on foreign trade and industrial development and industrial structure adjustment, the Countermeasures of China's open economy development is discussed.

According to the above research logical thinking, the main research contents are as follows: First, based on the historical investigation of the change of aggregate demand, the mechanism of major economic crisis, and the precondition and mechanism of effective governance are explored. Second, the formation mechanism of the international financial crisis in 2008 and its countermeasures are explored. Third, the change of regional pattern of international demand under the background of international financial crisis is examined. Fourth, the change of demand structure of developed economies, emerging economies and countries along the maritime Silk Road is explored. Fifth, the impact of the change of global demand structure on China's export trade is explored. Sixth, the change of global demand structure and China's industrial restructuring strategy is explored. Seventh, the change of global demand structure and the development trend of China's open economy are explored. Eighth, the transformation of China's open economy based on the impact of the international financial crisis is explored.

Through the above research, the following conclusions are obtained:

(1) The U.S. economic crisis and the "Great Depression" during the 1920s – 1930s, the outbreak of the international financial crisis in 2008 and the long-term economic downturn of Japan in the 1990s, their root cause is: the unfair distribution of national income, most of which is occupied by a small number of rich people, which leads to the imbalance of structure of demand levels, that is, the marginal propensity to consume of the high-income class decreases significantly, and the consumption level of the low-income class has declined, the overall effective demand of the whole economy is insufficient, which leads to the outbreak of economic crisis. The precondition of effective governance of economic crisis is that the gap between "potential demand" and "effective demand" is large enough.

(2) Since the beginning of the 21st century, the global demand pattern has gradually changed, especially after the international financial crisis. The concentration of global demand has reduced, and the growth rate of import demand has split. From the perspective of investment demand, the concentration of Foreign Direct Investment (FDI) inflow has decreased significantly, and the inflow volume of developed economies is still dominant, and its growth rate is lower than that of emerging economies, and the FDI inflow volume of emerging economies continues to expand, resulting in the change of FDI flow pattern.

(3) Before and after the international financial crisis in 2008, the consumption,

investment and net export demand of the major developed economies, which constitute the Gross Domestic Product (GDP), showed obvious changes and fluctuations. In terms of consumption demand, the decline of personal consumption in developed economies is more obvious, and government consumption is retrograde rising with the rescue policies of various countries. In terms of investment demand, the decline of investment demand and net export of foreign trade is particularly obvious, which leads to the depression of world economy. From the composition of import demand, the share of resource intensive and technology intensive products increased, the share of labor-intensive products decreased, and the share of capital intensive products fluctuated greatly.

(4) Affected by the international financial crisis, the demand and its structure of emerging economies have changed significantly. In terms of aggregate, the growth rate of import demand in emerging economies has slowed down. From the perspective of structure, the import share of resource intensive products is on the rise; the import share of labor-intensive products fluctuates; the import share of capital intensive products shows a downward trend; and the import share of technology intensive products shows a long-term downward trend.

(5) The demand and its structural changes of countries along the maritime Silk Road play an important role in the construction of China's open economy. After the international financial crisis in 2008, the import growth rate of each segment of the maritime Silk Road was different. the import growth rate of Southeast Asia, South Asia and Persian Gulf decreased significantly after the crisis, while that of the Red Bay and the west coast of the Indian Ocean increased significantly after the crisis, which seems not to have been negatively affected by the financial crisis. From the perspective of structure, the import proportion of resource intensive products increased significantly; the import proportion of labor-intensive products decreased; the import proportion of capital intensive products decreased; and the import proportion of technology intensive products decreased significantly.

(6) The international financial crisis has caused changes in the structure of global demand, the fluctuations in the foreign demand market, which has an important impact on China's import and export. After the crisis, China's top 10 export industries to developed economies were affected: First, the industries with positive effect of export growth caused by structural changes of export products. Base metals and its products have the greatest change, and the proportion of their structural effects has increased significantly. Then, textile and raw materials, optics, watches, medical equipment, mechani-

cal and electrical products, plastic, rubber structure, the proportion of their structural effect increased slightly. Second, among the industries with negative effects caused by structural changes, furniture, toys and miscellaneous products account for the largest proportion of structural effects, and their structural effects are greatly reduced; Then, the proportion of structural effects of leather and transportation equipment has decreased to a certain extent, and the structural effect of chemical products and light industrial products such as shoes and umbrellas decreased slightly.

The top 10 industries of China's export volume to emerging economies are affected: the proportion of their structural effects does not change much. The proportion of commodity structure effect of light industrial products decreased slightly, such as ceramics and glass, plastics and rubber, shoes and umbrellas, etc. In addition, the proportion of other industrial structure effects increased. The proportion of structural effects of mechanical and electrical products, base metals and products did not increase significantly; then, the proportion of commodity structure effect of other products increased slightly.

(7) The impact of the change of global demand structure on China's export, export sector and its industrial structure adjustment. The international financial crisis in 2008 affected the development of foreign trade of various industries through the change of demand structure. The export share of electronic and optical equipment, textile raw materials and textile products, metal and metal products ranked the top and relatively stable; the export share of transport machinery, electrical machinery and equipment manufacturing industry, chemical and chemical products manufacturing industry increased significantly; the export share of leather and footwear, wood and its products, pulp, paper, printing and cultural and sports goods industry ranked significantly. The export share of power, natural gas, coal, refined oil and nuclear fuel processing industries was small and stable.

(8) The international financial crisis had an important impact on China's industrial structure. Based on this, the ideas and basic direction of industrial structure optimization and upgrading are put forward: First, continue to optimize the industrial structure, promote the in-depth development of industrialization, promote the development of strategic emerging industries, and accelerate the development of service industry. Second, adjust the conditions of factor endowment, give full play to the advantages of capital accumulation, and promote the development of high-tech industry. Third, formulate policies to expand domestic demand, adjust income distribution, and release the consumer

energy. Fourth, improve the regional consumption structure, increase the income level and consumption capacity of the central and western regions, and expand the regional consumption capacity. Fifth, maintain the import level of intermediate products reasonably and gradually reduce the dependence on foreign intermediate products. Sixth, implement regional preferential development policy to promote the development of capital and technology intensive industries in the eastern region. Seventh, guide foreign investment to the central and western regions, so as to realize the industrial transfer from the eastern region to the central and western regions, and develop high-tech, knowledge and service intensive industries. Eighth, promote the development of high-tech industries and strategic emerging industries by expanding the import of intermediate products and introducing advanced technology and equipment.

(9) The change of global demand structure has created a good environment and opportunity for the development of China's open economy, but also brought severe challenges. The international market competition is more intense, trade protectionism is constantly upgrading, and the form is becoming more complex, forming a trend of "anti-globalization". This is in contrast to China's opening up. The global value chain has entered the reconstruction stage, which affects the structure of import demand and investment demand; thereby affect the pattern of China's foreign trade and investment market. Therefore, upgrading the standard and level of open economy is the realistic choice for China to realize the transformation of open economy: The first is to promote economic development from external demand economy to domestic demand-led economy. The second is to realize export-oriented to balanced trade. The third is to realize the balance of internal and external demand, and of internal and external supply. The fourth is to realize the integrated development of domestic and foreign trade. The fifth is to realize the strategy of balanced development of goods trade and service trade. The sixth is to realize the strategy of balanced development of utilization of foreign direct investment and outward investment.

目 录

第一章 ▶ 导论　1

一、研究目的与意义　1

二、国内外研究现状　7

三、研究国际需求结构的理论与方法　18

四、基本逻辑思路　29

总论篇

第二章 ▶ 主要经济危机形成的机理：基于总需求变化的历史考察　33

一、总供求态势的演变：经济学理论框架应用的前提　33

二、美国大萧条的发生机理：基于消费需求不足的分析　42

三、日本经济低迷的形成机理：需求约束型转向新供给约束型　59

四、经济危机治理与总需求变化　67

五、本章小结　80

第三章 ▶ 2008年国际金融危机形成机理及治理　86

一、国际金融危机的形成及研究概况　86

二、美国宏观经济运行的基本逻辑　93

三、2008年美国金融危机的发生机理　97

四、2008年美国金融危机治理：潜在需求转变为有效需求　105

五、本章小结　108

第四章 ▶ 国际金融危机背景下对国际需求区域格局变化的考察　109

一、国际金融危机背景下国际进口需求的变化态势　109

二、国际金融危机后全球需求格局的变化和调整　110

三、国际金融危机背景下国际投资需求的变化态势　117

四、本章小结　130

区域国别篇

第五章 ▶ 国际金融危机后发达经济体需求结构变化　135

一、发达经济体及其经济发展简况　135

二、发达经济体商品进口需求及其结构变化态势　137

三、主要发达国家进口需求结构变化　145

四、本章小结　160

第六章 ▶ 国际金融危机后新兴经济体需求结构变化　162

一、新兴经济体的基本特征　162

二、新兴经济体进口需求及其结构变化态势　169

三、新兴经济体代表国家的进口需求结构变化　174

四、本章小结　184

第七章 ▶ 国际金融危机后"海上丝绸之路"沿线国家需求结构变化　188

一、"海上丝绸之路"沿线国家范围与进口需求构成划分　188

二、"海上丝绸之路"沿线代表性国家进口需求及其结构变化　193

三、本章小结　201

应用篇

第八章 ▶ 全球需求结构变化对中国出口贸易的影响　205

一、国际金融危机背景下中国进出口贸易变化态势　205

二、世界进口需求变化对中国出口贸易的影响　211

三、世界进口需求结构变化对中国出口贸易的影响　213

四、本章小结　235

第九章 ▶ 全球需求结构变化对中国产业调整的影响　238

一、全球需求结构变化与产业联系的研究方法　238
二、基于外贸出口的产业结构合理度分析　243
三、基于外贸进口的产业结构合理度分析　258
四、收入水平与消费结构变化对产业结构的影响　270
五、国际金融危机背景下扩大内需政策对产业结构的影响　284
六、本章小结　291

第十章 ▶ 全球需求结构变化与中国开放型经济发展态势　294

一、全球需求结构变化对中国开放型经济的影响　294
二、中国开放型经济的发展状况　298
三、中国与主要国家开放型经济的比较　303
四、中国开放型经济发展的评价　325
五、本章小结　331

第十一章 ▶ 国际金融危机后中国开放型经济战略转型　333

一、中国开放型经济转型的必要性　333
二、中国开放型经济转型的战略方向　337
三、中国开放型经济转型的战略路径　343
四、中国开放型经济转型的战略对策　349
五、本章小结　360

第十二章 ▶ 结论与讨论　361

一、结论　361
二、讨论　368

参考文献　371

后记　393

Contents

Chapter 1   Introduction   1

    1.1   The Purpose and Significance of the Research   1

    1.2   Research Status in China and Foreign Countries   7

    1.3   The Theory and Method of Studying International Demand Structure   18

    1.4   Basic Logic Thinking   29

General Introduction

Chapter 2   The Forming Mechanism of Major Economic Crises: Historical Review based on Changes in Aggregate Demand   33

    2.1   The Evolution of Aggregate Supply and Demand Situation: The Premise of Application of Economic Theoretical Framework   33

    2.2   The Mechanism of the Great Depression in the United States: Analysis based on Insufficient Consumer Demand   42

    2.3   The Forming Mechanism of Japan's Economic Doldrums: The Demand-Constrained Economy Shifts to the New Supply-constrained Type   59

    2.4   Economic Crisis Governance and Aggregate Demand Changes   67

    2.5   Chapter Conclusion   80

Chapter 3　The Forming Mechanism and Governance of the International Financial Crisis in 2008　86

　　3.1　The Generation of International Financial Crisis and Its Research Status　86
　　3.2　The Basic Logic of American Macroeconomic Operation　93
　　3.3　The Forming Mechanism of American Financial Crisis in 2008　97
　　3.4　Governance of the Financial Crisis in the United States in 2008: Potential Demand Turns into Effective Demand　105
　　3.5　Chapter Conclusion　108

Chapter 4　Inspection on the Regional Pattern of International Demand Under the Background of International Financial Crisis　109

　　4.1　The Changing Situation of International Import Demand Under the Background of International Financial Crisis　109
　　4.2　The Change and Adjustment of Global Demand Pattern after the International Financial Crisis　110
　　4.3　The Changing Situation of International Investment Demand under the Background of the International Financial Crisis　117
　　4.4　Chapter Conclusion　130

Country Part

Chapter 5　Changes in Demand Structure of Developed Economies After the International Financial Crisis　135

　　5.1　Developed Economics and the Brief Introduction of Their Economic Development　135
　　5.2　Import Demand and Its Structural Change Situation in Developed Economics　137
　　5.3　Structural Changes of Import Demand in Major Developed Countries　145
　　5.4　Chapter Conclusion　160

Chapter 6   Changes in Demand Structure of Emerging Economies After the International Financial Crisis   162

    6.1   Basic Characteristics of Emerging Economics   162

    6.2   Import Demand and Structural Change of Emerging Economics   169

    6.3   Changes in Import Demand Structure of Countries Represented by Emerging Economics   174

    6.4   Chapter Conclusion   184

Chapter 7   Changes in Demand Structure of Countries Along the "Maritime Silk Road" After the International Financial Crisis   188

    7.1   Classification of Countries Along the "Maritime Silk Road" and the Composition of Import Demand   188

    7.2   Import Demand and Structural Changes of Representative Countries Along the "Maritime Silk Road"   193

    7.3   Chapter Conclusion   201

Application Part

Chapter 8   The Impact of Global Demand Structure Change on China's Export Trade   205

    8.1   The Changing Trend of China's Import and Export Trade Under the Background of the International Financial Crisis   205

    8.2   The Relationship Between the Change of World Import Demand and China's Export Trade   211

    8.3   The Impact of the Change of World Import Demand Structure on China's Export Trade   213

    8.4   Chapter Conclusion   235

Chapter 9   The Impact of Global Demand Structure Change on China's Industrial Adjustment   238

    9.1   Research Methods of Global Demand Structure Change and Industrial Linkage   238

9.2 Analysis on the Reasonable Level of Industrial Structure
Based on Export   243

9.3 Analysis on the Reasonable Level of Industrial Structure
Based on Import   258

9.4 The Influence on Industrial Structure of Income Level and
Consumption Structure   270

9.5 The Influence of Expanding Domestic Demand Policy on Industrial Structure
Under the Background of the International Financial Crisis   284

9.6 Chapter Conclusion   291

Chapter 10   The Change of Global Demand Structure and the Development Situation of China's Open-economy   294

10.1 The Impact of Global Demand Structure Change on the
Circumstance of China's Open-economy   294

10.2 The Development Status of China's Open-economy   298

10.3 Comparison of Open-economy Between China and Major Countries   303

10.4 Evaluation of the Development of China's
Open-economy   325

10.5 Chapter Conclusion   331

Chapter 11   The Strategy Transformation of China's Open-economy After the International Financial Crisis   333

11.1 The Necessity of the Transformation of China's Open-economy   333

11.2 Strategic Direction of the Transformation of China's Open-economy   337

11.3 Strategic Path of the Transformation of China's Open-economy   343

11.4 Strategic Countermeasures for the Transformation of China's
Open-economy   349

11.5 Chapter Conclusion   360

Chapter 12   Conclusion and Discussion   361

12.1 Conclusion   361

12.2 Discussion   368

Reference   371

Postscript   393

第一章

导　论

2008年国际金融危机发生后，经济界和学术界都从不同角度展开研究，探究危机发生的原因和根源以及其深远影响，有的从国际贸易和投资角度探讨国际经济失衡，有的从金融体制和规则角度探讨监管问题，也有的从比较角度探讨历史上影响比较大的经济危机以及各国经济危机的差异等。本章主要试图从国际需求及需求结构变化角度阐述本书研究的问题和研究目的、所采取的基本理论和研究方法，说明本书的研究思路和主要研究内容。

一、研究目的与意义

（一）研究背景和研究目的

2007年上半年美国爆发的次贷危机，逐渐演变为2008年国际金融危机，引起了国际经济形势的巨大变化，继而导致世界经济严重衰退。国际货币基金组织（IMF）发布的《世界经济展望》数据显示：2008年世界经济增长率为2.80%，2009年为-0.40%，之后世界经济有所恢复，2010年大幅度反弹至5.20%，与2006年水平相当，2011年回落至3.90%。IMF还预测：未来世界经济将维持在低速增长的态势，基本维持在3.0%~4.5%。因此，世界经济增长的动力仍显疲弱，进入低速增长的常态时期。这说明国际金融危机对发达经济体和新兴经济体潜在增长率的影响仍然存在，由此可见其影响之深远。

在全球经济危机和世界经济衰退过程中，各国政府实施了大规模金融救援和经济刺激措施，2009年下半年开始，国际金融市场渐趋稳定，世界经济也逐渐企稳回升，但是主要发达国家的金融体系依然脆弱，经济复苏艰难缓慢。到2011年，持续三年多的国际金融危机到了一个新阶段，各项指标反映出全球经济逐渐复苏，进出口贸易恢复到危机前水平。但是，各国采取刺激经济的宽松货币政策和财政政策也逐渐开始显现其负面效果，发达国家"主权债务危机"和失业率上升，部分发展中国家通货膨胀压力上升，世界经济复苏的形势呈现出更加复杂、更加动荡的局面。美国采取的量化宽松（Quantitative Easing，QE）货币政策效应并不理想，投资和生产恢复缓慢，相反，引起了流动性泛滥和货币贬值，而且政府债务危机的风险不断加大；欧元区经济复苏缓慢且不均衡，非常脆弱，主权债务危机爆发并有所恶化；日本经济复苏步履蹒跚，经济增长艰难曲折，日元持续升值，加上"3·11大地震"及其海啸、核泄漏及核污染蔓延等灾害的影响，阻碍了日本经济从国际经济危机中恢复的进程，使之充满更多不确定性。总体而言，世界经济增速明显放缓，2000~2007年经济平均增长率为4.12%，危机后2007~2014年经济平均增长率为3.02%（IMF数据），世界经济已经出现低速增长态势。

在世界经济低速增长态势的影响下，世界贸易也呈现出低速增长态势。IMF数据显示，2009~2014年，世界贸易实际增长率分别为-22.91%、22.43%、20.00%、0.01%、1.95%和0.44%，其中，进口增长率分别为22.92%、22.02%、19.75%、0.03%、1.65%和0.48%。可以说，世界贸易增长乏力，源于各国需求疲软，在国际市场上表现为进口需求增速大幅度降低，未来世界贸易维持在低速增长的态势。

一般而言，经济增长主要是指一个经济体的生产能力，表现为潜在产出的增长。长期来看，潜在经济增长取决于资本和劳动力等要素供给及其生产能力。国际金融危机之后，一些经济体要素供给不足和配置不合理，不能有效支撑经济增长。尽管许多国家通过调整财政和货币政策为经济增长提供更多资金投入，但这些国家仍然未能利用宽松的金融环境完成要素的有效配置。另外，经济增长还需要"需求扩张"及依靠需求结构变化来拉动各类要素有效配置，从而实现产出增长。所以，需求及其结构变化是经济增长的重要因素。

在全球各种因素错综交织的复杂背景下，国际市场需求规模萎缩，经济增长乏力，出现极其脆弱和不稳定的表现。各国采取的经济危机治理措施及复苏政策，也使得全球需求结构复杂多变。为了保护各自的市场需求而兴起新的保护主义思潮和政策，加剧了国际贸易摩擦等，这些现象掩盖了全球需求及其结构变化的真实状况。需求结构变化态势不确定，与其相关的产业结构、产业转移及其在全球的布局也不明朗。发达经济体再工业化与产业及资本的回流，使发展中经济体引进外资的难度加大以及产业的竞争更加激烈，国际产业转移的去向出现多元化态势。

显然，对中国而言，在这样的国际经贸形势下，外部进口需求减弱，出口增长乏力。据联合国商品贸易统计库（UN Comtrade statistics）数据显示，2007年之前，中国外贸创下连续6年增长超过20%的纪录，2007年出口增长25.92%，达到1.22万亿美元，超过美国，成为仅次于德国的第二大出口国。在外贸快速增长的背后，早已隐藏着一场危机。中国出口在2001~2007年达到了28.89%的平均增速，而且2004年出口增速最高达到35.39%，2005年开始，之后几年增速逐年回落。世界金融危机强化了外需减弱和出口下滑的趋势，2008年出口增速为17.26%，比上年下降8.66个百分点，2009年为负增长，下降16.01%，2010年出口增速反弹至31.30%，2011~2013年，出口增速分别为20.32%、7.92%和7.82%。

对于中国这样一个发展中的大国来说，对全球需求结构的任何变化及产业发展的反应尤其敏感，它关系到中国未来经济的发展空间及开放型经济模式的选择、产业发展方向及产业结构战略调整的整体谋划。所以，有必要通过全球需求结构演变的过程来展示本次国际金融危机的过程。

本书研究旨在以本次国际金融危机背景为切入点，理清国际金融危机后全球需求结构状态、把握需求结构变化态势及其产业结构调整动向。具体而言，主要有以下目的：

（1）从全球需求结构演变的角度解析2008年国际金融危机。2008年国际金融危机与以前历次经济危机有不同特点，初看起来是2007年美国次贷危机导致了本次国际金融危机，但是，进一步结合全球需求变化来看，实则是全球经济失衡的激烈状态——全球差异化需求与供给之间的分裂与不对称性，导致国际金融危机。危机前的全球总需求规模是以衍生金融工具表示的资产，包含一些泡沫成分，这种泡沫掩盖了"需求不足"，膨胀到一定程度，必然爆发经济危机。重要的是，全球需求总量变化包含结构变化，即各类需求构成的变化。因此，全球需求结构对本次国际金融危机也有推动作用，如消费需求与投资需求的不匹配，低附加值产品与高附加值产品、资源型产品与技术型产品等各类进口需求不协调——或许是本次危机的内在本质。自2011年开始，本次国际金融危机已经进入新的阶段，全球经济逐渐复苏，实际上是各国政府大规模政策刺激的结果，并不是经济系统的自身恢复。这主要是由于缺乏实质性科技进步及新产品对新需求的刺激和带动,不足以形成新的国际投资、生产和消费的良性循环。危机后必然伴随"新常态"的出现——经济增速趋缓、总需求长期不足、全球需求总量及其结构变化导致经济系统性质的变化,表现出一系列危机现象,比如需求结构与供给分工体系分裂和不协调、贸易保护主义盛行、不确定性增加。这些状态是本书研究的重要目的和内容。

(2) 梳理全球需求结构演变与经济危机发生的机理。本书旨在描述国际金融危机后全球需求结构的变化状态,要想达到这种目的,就必须理清危机前的需求状态,它是如何演变,又是如何在危机中发生激烈的质变,强制实现供求平衡?需求结构的量变积累,经过危机的刺激而发生质变。只有理清其中的关系和机理,才能揭示本次危机对全球需求结构的影响。马克思政治经济学清楚地揭示了经济危机的实质是生产过剩的危机。以凯恩斯引领的新古典经济学理论则说明了经济危机的本质原因在于有效需求不足。生产过剩是相对于消费需求而言的,有效需求不足是相对于生产供给而言的,可见,生产过剩与有效需求不足是经济危机"一个硬币的两面"。这就要求从需求结构演变的角度来探索经济危机发生的机理,探索历次经济危机的情形、基本现象和本质原因,总结经济危机爆发的前提条件和逻辑线索,进一步说明经济危机引起全球需求结构变化的趋势。

(3) 从经济体或区域角度分层次展示全球需求结构变化的差异。全球各个区域差异明显,各个区域的区位及资源禀赋、经济发展程度、民族文化等决定了具体需求的差异。分区域或按经济发展程度分别研究其需求结构,能够比较具体、清晰地展示需求结构状态特征、演变特点及趋势。按照经济发展程度把世界各国分为发达经济体(高收入)、新兴经济体(中等收入国家)、欠发达经济体(低收入国家)三大层次或类型。需求结构及其区域或层次分布状态与经济体的发展程度密切相关。需求层次理论揭示出人们需求变化遵循需求层次递进规律,由物质和文化条件及其变化状况决定。因此,在研究过程中,在每个类型的经济体中选择几个重点国家进行研究,具体比较和详细探讨其需求特征、需求结构层次、主要消费产品或服务的档次和规模,及其在国际金融危机后的变化趋势。

(4) 基于全球需求状态及结构变化态势,理清国际贸易格局调整和产业演变趋势。对于全球各个区域或经济体的需求及结构,供给侧如何满足其变化?要么由各国基于资源禀赋生产和供给,要么从国外进口产品和输入服务。这就要求从国际贸易格局及其产业演变来观察。基于这个角度,企图理清本次国际金融危机的根源在于全球需求与基于国际分工体系的供给之间的失衡。危机后经济的恢复过程就是需求与供给进行再平衡的过程。这就要求研究全球产业布局、主要产业链分布、产业兴起及其新兴产业发展趋势;探索全球国际贸易格局及其在危机后的变化趋势;理清与贸易有关的跨国投资与产业转移格局及其演变趋势,从而为促进需求与供给再平衡进程提供依据。

（5）探讨全球需求结构变化对中国开放型经济及产业结构的影响。中国作为发展中大国，亦被称为新兴经济体和"金砖国家"，其需求也是全球需求的重要组成部分之一。中国改革开放四十多年来，国民收入不断增长，需求结构逐渐变化，需求层次不断提高。中国在本次国际金融危机中也遭遇严重冲击。危机前后国内需求结构变化构成了全球需求结构的一部分，既是其他国家广泛关注的问题，也是中国自身发展所面临的问题。以全球需求结构变化为基础的国际贸易格局调整和产业演变对中国开放经济和参与全球经济竞争必定产生重要影响。危机前中国就开始注重改善民生，采取了一系列政策促进消费。在危机过程中，中国明确提出了扩大内需的战略思路，制定和实施了一系列配套政策，中国的需求结构必定会出现重大变化。因此，必须探讨国际金融危机后全球需求结构变化对中国开放型经济和产业发展的影响。

（6）基于前述研究成果，探讨中国完善开放型经济新体系和新格局与产业发展的对策。一是面对全球需求结构的变化，确定中国开放型经济的战略转型，即转变对外贸易发展方式和模式，调整对外投资和对外经济合作等"走出去"战略；二是根据全球需求结构变化，确定国内产业发展战略及产业结构调整方向，调整产业开放的方向和途径，转变利用外资方式及提高外资质量等。

（二）研究意义

理清世界各国国际需求结构变化，对于中国今后一段时期内经济发展和产业选择具有重要的理论价值和实践意义。

1. 理论价值

本书主要运用比较分析方法、需求模型、计量工具及规范的研究方法，探索国际金融危机后世界各个区域、各类需求的变化特征和趋势，为分析世界经济危机对全球各类区域需求结构的影响提供方法论范式。研究的主要理论价值表现在：

（1）从总供求态势分析着眼，对世界主要经济危机的性质进行判断，揭示总供求态势导致经济危机的机理。需求与供给是一个经济或交易的两面。根据生产手段及技术进步的发展过程，世界各国的总供求态势已经从"供给约束型"过渡到了"需求约束型"，正在经历或将再次到"新供给约束型"经济形态。总供求双方主导力量的变化及其与要求条件的适应程度决定了危机的性质和治理方式的选择。这对于本次国际金融危机的判断和治理具有重要的理论意义，对中国经济运行、治理和管控也具有一定的理论价值。中国或许正在从"需求约束型"向"新供给约束型"转变，经济发展对科技创新、增加新供给的依赖性，为中国正在推行的创新驱动发展提供理论注释。

（2）从理论上对需求进行分类，构建需求体系，为探讨需求结构变化引起经济增长或经济危机提供方法基础。所以，从理论上，根据研究目的决定界定标准或方式，从不同角度分析区域及其经济体需求结构的变化过程，探索需求结构变化态势与国际经济危机的相互影响，探讨国际经济危机前后全球需求结构特征和变化趋势，寻求经济危机发生的征兆，从而对经济危机的发生做出一些警示。对"需求结构"界定主要有以下角度：一是为了探索经济危机产生的原因，主要分析经济体内部投资与消费构成的变化，同时分析消费需求层次结构，即高收入阶层（富人）和低收入阶层（穷人），发现需求层次结构失衡导致需求不足，引起供求失衡，进而导致经济危机；二是在分析产品国际需求变化时，主要按照产品或服务包含的要素密集程度把进口产品分为资源型产品、劳动型产品、资本型产品、技术型产和"服务品"五类，寻求国际金融危机后进口需求及其结构变化，为中国出口贸易决策提供理论参考；三是运用投入产出表研究国际市场需求结构变化对中国产业的影响时，把需求分为最终消费、资本形成（投资、中间品）和出口三个构成部分，说明中国出口、进口的合理度；四是在研究开放型经济时，主要从消费（率）和投资（率）两方面比较中国与主要先进国家开放型经济的发展水平，进而揭示中国开放型经济发展水平和阶段及面临的问题。

（3）对世界各类经济体需求结构变化导致的经济效应进行计量分析，说明需求结构变化引起全球产业结构调整及其空间转移的效应，进一步揭示其对各国和世界经济变化趋势的影响。首先，运用恒定市场份额模型（CMS），探讨国际市场进口需求规模及其结构变化对中国出口变动的需求规模效应、结构效应以及出口竞争力效应，并且说明各类效应与出口增长作用的数量比例关系。其次，运用投入产出表分析各种投入与各种产出的关系，并计算其外贸合理度指数。

2. 应用价值

国际金融危机后全球需求结构总是被各种总量指标掩盖起来，通过本书研究以揭示全球需求结构变化，展示国际市场需求与结构变化态势，及其引起的国际产业转移和区域布局调整的新动向。

（1）为中国进出口结构、区域市场调整提供战略指导，促进外贸增长方式的转变；为提升利用外资质量提供方向指引，促进利用外资方式的转变；为中国对外投资、对外工程承包以及对外援助寻求方向和途径，促进"走出去"战略顺利实施。

（2）在中国大力促进开放型经济发展背景下，探讨全球需求结构变化态势，有助于解决一系列现实问题：一是为中国企业提供国际市场选择和拓展方向指引，为"走出去"开发利用外国资源提供背景支撑，为企业选择产业和提升产品、产业国际竞争力寻求方向指引；二是促进国内产业发展，能够充分利用改革开放多年来培育起来的雄厚生产能力和经济基础，这对于国内经济稳定发展、提高就业率和国民收入都有重要作用；三是全球需求结构变化通过国际贸易和国际投资途径，引起中国进出口贸易和利用外资及对外投资变化，从而影响国内产业结构变化，为产业结构优化升级提供决策参考。

（3）为解决国际经济危机后的一系列国内外政治经济问题提供战略选择和对策建议：一是为国家坚持"对外开放"方针、"互利共赢开放""一带一路"倡议，以及打造自由贸易区等对外开放新动向提供了理论支撑；二是推动中国对外贸易、经济合作的可持续发展，为促进外向型经济向开放型经济转变、构建开放经济模式和政策提供选择与政策建议；三是为中国奉行世界"包容性增长"思想、酝酿中国软实力提供理论支撑和选择空间；四是为开拓外需市场、扩大内需市场，促进进口（满足内需）与出口（符合外需）平衡发展，提升内部生产供给与消费需求的均衡水平提供国际背景。

二、国内外研究现状

2008年国际金融危机经过几次冲击性影响，危机的范围不断扩大，最终导致了世界经济衰退，其影响程度及破坏性、危害性难以估计。不仅破坏了银行及金融系统的虚拟经济，而且重创了实体经济，并打击了人们对经济发展的信心，导致世界性经济恐慌。大批实体企业倒闭，失业增加，经济产出大幅度下降；金融危机引发各国政府加大经济干预和治理力度，大规模注入流动性资金，政府财政赤字和主权债务危机加大，就业率和经济增长复苏非常缓慢而且不稳定。也有不少国家开始调整长期发展战略，诸如"再工业化""出口倍增计划""欧洲2020年战略"等纷纷出台，急于寻求对经济增长困境的根本性突破。

国际金融危机爆发及其引发的一系列问题早已引起社会各界的关注和研究。主要有以下几方面：一是分析国际金融危机的发生和表现、演变及传导机制，探讨国际金融危机的阻击对策，目的是防止危机态势的蔓延，这是比较应急式研究，不够系统严谨。一些研究成果已经将研究对象转变为各国政府治理危机的政策，然后又对这些政策效果进行分析（金碚和原磊，2009；李好和戚梦雪，

2010；苗永旺和王亮亮，2010；姚海华和金钟范，2011；刘新伟，2010；程伟，2010；张建清和魏伟，2010）。以前也有不少文献探讨经济危机的发生及传导机制（Krugman，1979，1999，2009；Flood，1984；Masson，1998；Willett，Liang and Zhang，2010；肖文和林娜，1999；范爱军，2001；安辉，2004；朱波范和方志；2005）。另外，也有文献探讨金融危机从发达国家向发展中国家传导的机制（Griffith-Jones and Ocampo，2009；易臣格瑞，2010）。

二是探讨国际金融危机形成的原因及根源，企图为根本治理、规避危机再次发生提供理论依据（Reinhart and Rogoff，2008；Caballero and Krishnamurthy，2009；Bordo，2008；Lim，2008；范从来和董书辉，2009；汪利娜，2009；周殿昆和郭红兵，2009；高明华和赵峰，2011；肖辉，2009；程恩富和大卫·科茨，2008；李小牧，2000）。

三是研究国际金融危机爆发及其演变过程所产生的影响。这主要是研究国际金融危机对生产供给和消费需求两方面产生的影响。就前者而言，主要研究企业、行业或产业、市场交易及出口贸易等所受到的影响。首先是关于国际金融危机对银行及金融业系统影响的分析；其次是对实体经济影响的研究，尤其是对与金融业有密切关系的企业、行业和产业进行研究（Soros，2008；陈雨露、庞红和蒲延杰，2008；孟辉和伍旭川，2007；李翰阳，2009）。

上述研究为本书选题研究提供了不同角度的背景分析，其研究重点为基于国际金融危机背景的消费需求特别是需求结构变化。现有研究文献主要从总量、出口结构、进口结构、宏观经济构成、内需结构等几方面来展开。

（一）国际金融危机对国际需求总量影响的研究

研究需求结构必然绕不过对需求总量的研究，大部分文献从国际金融危机对各国出口贸易影响的角度探讨外部需求和全球需求的变化。自2008年国际金融危机以来，国际市场需求增长表现乏力，进出口贸易萎缩。韦伦伯克和罗宾逊（Willenbockel and Robinson，2009）运用世界贸易模型研究了全球经济危机对经济合作与发展组织（OECD）国家，尤其是对欠发达国家的贸易、国际价格和总福利的影响。迈克宾和斯托克尔（Mckibbin and Stoeckel，2009）运用全球跨期模型对15个经济体（地区）的6个部门的生产与贸易进行分析，说明国际金融危机引起全球贸易与生产的严重收缩，尤其是在耐用品与非耐用品贸易商品生产与贸易上的差别，解释大多数经济体中贸易比国内生产总值（GDP）收缩更严重的原因。王和维利（Wang and Whalley，2010）对亚洲的中国、印度、泰国、马来西亚、韩国、日本、新加坡、中国台湾八个经济体（地区）在国际金融危机期间和前后进出口贸易绩效进行比较,发现各个经济体(地区)进口与出口变化速度有较大差异。中国制成品大幅度下降并缓慢复苏,韩国受到轻微冲击并快速反弹,国际油价快速下降对印度和马来西亚进口有一定冲击。

不仅美国次贷危机引起全球贸易衰退,欧洲债务也对贸易产生严重影响。丁纯和王磊(2010)研究发现以英国、爱尔兰、冰岛为代表的金融型国家,直接受国际金融危机冲击较大;中欧的转型国家已成为受危机影响最大、衰退最明显的地区,并将严重威胁欧洲经济未来的复苏和欧盟整体发展;以德国、法国和荷兰等领衔的制造业和出口主导型国家也正在经历近十年来最严重的经济衰退。这将引起欧盟贸易保护主义倾向,进口减少,从而影响中国对欧盟的出口(徐明棋,2009)。实际上,欧洲债务危机对中东欧国家产生了巨大影响,因为中东欧各国对西欧的进出口贸易占其进出口总额的比重都在80%以上,整个中东欧地区2008年外贸逆差平均达到9%,个别国家达到20%以上。由此可见,国际金融危机特别是欧洲债务危机对中东欧各国贸易和经济发展冲击巨大(徐刚和项佐涛,2010;孔田平,2009)。

一些文献基于金融危机对中国主要贸易伙伴的影响展开研究。李华和张鹏(2010)通过主要贸易伙伴对中国出口的需求弹性分析,判断国外需求的变动,从而分析中国出口贸易所受到的影响。类似的研究文献还分析了国际金融危机对中国、日本和韩国进出口贸易及其相互贸易的影响程度,展示了世界出口持续下滑的态势(赵晋平和方晋,2010;张明志和薛东晖,2010)。沙文兵(2010)选取中国与G7国家①的双边贸易数据,运用动态面板数据模型,对金融危机影响中国出口贸易进行了实证分析,发现国际金融危机导致G7国家经济陷入衰退和需求萎缩状态,给中国出口贸易带来了严重的负面影响。黄河、蔡孟易和胡洪斌(2011)的研究发现国际金融危机对新兴市场国家进口和出口贸易都产生了消极影响,对进口的影响程度大于出口,进口量不断下降,出口量先下降后回升。霍伟东和陈若愚(2015)运用2002~2011年中国及主要新兴经济体国家的数据,从供给和需求两个角度考察中国对新兴经济体出口快速扩张的机理,发现中国国内市场潜力以及新兴经济体国内市场潜力对其出口扩张均有正向促进作用。裴平、张倩和胡志峰(2009)选取中国前十大出口对象国(地区)2007~2008年月度数据进行实证分析,说明了国际金融危机对中国出口贸易产生的巨大负面影响。陈学彬和徐明东(2010)运用进出口方程定量分解了本次金融危机引起的国内外收入和人民币汇率变动对中国进出口贸易的影响,说明本次金融危机期间世

---

① 七国集团,Group of Seven,简称G7,是主要工业国家会晤和讨论政策的论坛,成员国包括美国、英国、德国、法国、日本、意大利和加拿大。

界经济衰退和外部需求下降，对中国进出口贸易产生了不利影响。也有研究直接从中国出口规模、市场份额和市场增长率等角度来推断世界需求总量变化（赵成真和兰天，2009；徐刚和项左涛，2010；徐明棋，2009），探讨国际金融危机对中国外需的影响，进而对国际需求的影响。

还有一些文献基于进口或出口需求变化角度对其影响因素进行研究。森哈吉和蒙特内格罗（Senhadji and Montenegro，1999）运用出口需求方程对出口影响因素进行跨国分析，发现发达国家出口需求的收入弹性较高，发展中国家出口需求的价格弹性较高；而且出口的收入弹性越高，出口对经济增长的作用越大；价格弹性越高，出口竞争力就越强。郎金焕和史晋川（2013）把贸易分成加工贸易和一般贸易，探讨外部需求变化及其引起的冲击。其他文献研究贸易目的地、国际价格水平、外国消费者收入、汇率等外部因素对中国出口的影响（Brender，1992；海闻和沈琪，2006；许统生和涂远芳，2006；陶永诚和钟杰，2010；姚枝仲、田丰、苏庆义，2010；安礼伟，2010），该研究视角为本书的研究提供了启示和借鉴。

除此之外，有不少学者研究1998年亚洲金融危机及其他国家经济危机对各国出口的影响。马森（Masson，1998）和格里利（Grilli，2002）研究认为，金融危机会直接或间接地影响一个国家的贸易，从而扩散到影响整个国家的经济基础。古纳瓦德纳（Gunawardana，2005）分析了亚洲金融危机对澳大利亚向东亚9个国家出口的负面影响。柯乐建、塔维拉斯和亨德娄亚尼斯（Kelejian，Tavlas and Hondroyiannis，2006）运用空间模型对25个新兴国家的6次经济危机蔓延进行分析，认为在墨西哥和亚洲的金融危机中，通过贸易渠道的传导表现尤为突出。

上述大部分文献从进口或出口贸易值来判断全球需求总量变化。总体来看，2008年国际金融危机通过贸易途径对全球需求产生了严重影响，近十年发达国家总需求相对下降，新兴市场国家总需求快速增长，但主要发达国家需求在国际总需求中仍占主体地位（陶君道，2013）。这些研究文献反映出来的研究思路和方法为本书进一步研究提供了启示和借鉴。

（二）国际需求结构变化：基于个别经济体出口结构角度的探讨

从现有文献来看，直接探讨2008年国际金融危机对全球需求结构影响的文献较少，多数是从个别经济体出口贸易变化情况推断进口方面的国际需求结构变化。

国际经济危机导致美国经济衰退，使得美国针对来自中国产品的需求大幅度降低，而且设置多种障碍阻碍中国产品进入美国。有研究表明，中国对美国出口的商品结构并无太大变化，说明中国对美国出口商品的比较优势处于稳定期（黄满盈和邓晓虹，2010），但中国传统优势产品对美国出口大幅度下降（方颖和全毅，2009）。赵晋平和方晋（2010）对中国、日本和韩国三国贸易中电气机械、运输设备、精密机械三项机械设备比重变化进行了分析，说明未来区域市场结构仍然是欧美等市场以最终产品贸易为主，东亚区域以中间产品贸易为主的贸易格局。

国际金融危机对新兴经济体及发展中国家产生了冲击。梅因和凯南（Meyn and Kennan，2009）通过对发展中国家金属矿产、农业商品以及劳动密集型制成品的出口数据比较，发现金融危机通过价格作用影响发展中国家的贸易总量和结构变化。阮（Nguyen，2009）和侯赛因（Hossain，2010）对东盟部分国家的需求进行研究，发现金融危机对印度尼西亚、越南出口贸易影响较大，受到国外需求、伙伴国收入的正向影响；赵成真和兰天（2010）的研究说明中国机电产品对东盟的出口大幅下滑，而且分析了中国—东盟机电产品产业内贸易的性质，并指出东盟高端机电产品市场的开发前景。

国际金融危机对非洲也造成了严重冲击，其需求也会发生深刻变化，仍然有不少学者认为非洲需求潜力巨大及市场前景广阔。2008年国际金融危机使非洲国家对外贸易出现较大幅度的下滑，如塞拉利昂出口下降15%（Weeks，2009），其外部援助和投资大幅度减少，2009年非洲外国直接投资净流入量同比降幅高达36.2%（韩燕，2010）。在国际金融危机前，全球经济发展态势良好，非洲作为重要的原料出口市场，外部需求不断扩大，带动经济稳定增长。同时，中部非洲国家基础资源优势明显，目前各国经济增长较快，贸易和投资都有一定潜力（杨晓芸，2009；张永蓬，2010；查涌波，2015）。

从中国与非洲各国贸易的角度看，中国对非洲国家的出口量取决于其经济规模。在危机后的短期内，中国—非洲各国贸易改善的可能性较小，而且贸易摩擦加剧，但在长期内通过优化贸易结构，非洲市场仍有较大潜力和增长空间。这主要是由于中国将非洲各国长期定位于中低档需求国家，其产品不尽符合非洲各国的市场需求，不适应一些国民收入水平高的国家的消费，像安哥拉、刚果、赤道几内亚等（杨晓芸，2009；邝艳湘，2010）。值得引起注意的是，中国制成品进入非洲市场的竞争对手很少，但"中国货"的大规模进入受到一些非洲国家政府的非议，这给针对中国制成品引进政策的政策制定者带来挑战（朴英姬，2009）。

其他大多数文献从某项产品、某个产业的出口来探讨国际市场需求结构变化。有的文献研究中国矿山机械产品的出口状况（黄嘉，2010），有的文献研究中国服装出口（朱彤、孙永强，2010），有的文献研究农产品出口（黄祖辉、王鑫鑫和宋海英，2009；雷建维，2009）等，这些研究从出口变化角度观察全球需求结构变化。巴曙松和沈姗姗（2009）按照行业人均资本占有量选取具有代表性的六类出口行业，采用2001~2008年的月度数据进行分析和协整检验，分析经济危机和汇率水平波动对中国不同出口行业产生的影响。施炳展（2010）根据产品价格水平把同一产品分为高端产品、中端产品与低端产品，探讨中国出口产品结构优化状况，低端产品占40%，高端产品占20%，而且低端类型比例有上升趋势，高端类型比例有下降趋势，说明中国出口结构并不合理，没有表现出优化趋势。

从中国出口商品结构角度理清国际需求变化，并对其影响因素进行分析的文献比较多。江小涓（2007）通过识别出口商品结构变化的关键因素和代表性指标，探讨影响中国出口商品结构的主要因素。指出中国技术相对密集、附加值相对较高的商品成为新的出口增长点；一批作为出口支柱的商品在产品档次、技术水平和国内增值率等方面明显提高，这会促使中国出口商品结构持续升级。樊纲、关志雄和姚枝仲（2006）运用附加值原理和赋值方法，考察中国的对外贸易结构及变化趋势，研究表明，中国出口品的附加值在向高端移动，但进口相对较高技术的产品、出口相对较低技术产品的格局没有根本改变。卫平和冯春晓（2010）利用中国2002~2007年省际出口商品数据，对出口商品结构高度化的影响因素进行实证研究，发现人力资本对出口商品结构高度化的影响显著，外商直接投资、对外直接投资有促进作用，一般贸易方式促进效应不明显，加工贸易方式的阻碍作用显著。裴长洪（2009）分析了中国纺织品出口配额及其关税制度、人民币汇率改革、限制加工贸易发展等贸易政策调整对出口结构变化的影响，发现这些政策并没有促进出口贸易结构优化。冼国明（2003）通过计量方法对国际直接投资（FDI）与中国出口之间的关系进行分析，发现FDI能够有效缓解国内资金约束，利用外资对出口增长与出口结构升级有显著影响；外资对中国出口弹性比较充分（黄玖立和冼国明，2010）。史龙祥（2010）研究了全球金融危机对中国出口的冲击，发现金融危机使出口长期高速增长的趋势发生逆转，并在一定程度上恶化了出口结构，机械及运输设备等资本密集型制成品、纺织制品出口比例下降，而家具、玩具等杂项制品在出口总额中的比例相应提高。

显然，这些研究从各个角度对出口商品结构及其优化进行了规范研究，揭示了某个主体视角的国际需求结构变化态势及其影响因素，但是受到出口主体及其视角、时间片段的限制，不能比较全面地展示金融危机后全球需求结构的变化状况。

（三）国际需求结构变化：基于个别经济体进口结构角度的探讨

国际金融危机发源于美国，对欧盟、日本等发达经济体造成了巨大影响和危害。其需求及国际需求大幅度下降，进口需求结构变化较大，表现为进口结构不稳定，并对其他国家和地区的出口带来了较大影响。因此，从各国进口角度可以探讨全球需求结构变化。

艾博特和佘迪海（Abbott and Seddighi，1996）对英国 1972~1990 年进口需求与最终支出构成的关系进行研究，发现进口需求与最终消费支出的不同构成之间的长期弹性存在显著差异。各国公共部门债务随着时间的推移对来自中国的进口需求产生正负交替的影响；而私人部门债务对进口需求产生持续的正影响（陈波、黄伟和吴昱，2014）。中国－日本－韩国三国对外贸易和相互贸易可能进入低速增长阶段。但是由于结构性原因，中国－日本－韩国三国传统"三角贸易"模式有其脆弱性，三国区域内贸易比重明显上升的可能性较小，并主要以中间产品贸易为主；从商品结构来看，劳动密集型商品贸易比重逐渐下降，以资本品为主的中间产品或最终产品贸易比重可能会提高（赵晋平和方晋，2010）。李达和龚六堂（2014）把进口品作为投入要素纳入生产函数，利用韩国（贸易小国）数据对进口和国内要素之间的替代弹性进行了估计，借此考察进口、国内资本和劳动等要素之间的关系，发现国内要素和进口之间的替代弹性总体呈下降趋势。

国际金融危机对俄罗斯、巴西、印度、中东欧等新兴经济体也产生了较大的负面影响，进口需求有一定下降，但下降幅度普遍低于发达国家。王孝松和谢申祥（2009）考察新兴经济体各类商品进口来源以及各经济体进口结构的变化，从 1990 年到 2007 年，新兴经济体进口最终产品占世界总进口的份额有较大幅度的上升，表明最终产品市场特别是消费品市场仍有待开发，已经成为不可忽视的需求市场。陶君道（2013）研究了国际金融危机后美国、日本、德国、法国等发达国家的进口需求变化特征，德国、法国的进口率相对较高，而美国、日本的进口率相对较低。新兴市场国家进口率均有一定程度的下降，国内能源需求增长较快。其进口产品结构特征是资本设备及中间产品进口增速稳定，其中汽车及零部件、机械设备进口快速增长，食品和饮料进口增速变化不大，其他商品进口增速较快。

在国际金融危机前，制成品进口贸易比较盛行。赵晓晨（1999）运用 20 世纪 90 年代数据笼统地分析了世界贸易结构变化趋势，即制成品贸易增长速度高于初级产品，服务贸易增长速度高于商品贸易，技术贸易发展迅猛，并在世界贸易中占主导地位,世界市场对一些初级产品的需求随之减少。

进入21世纪后,初级产品进口需求大幅度上升,其情况与之前"世界初级产品需求减少"不同,这也为国际金融危机后对需求结构变化的研究提供参照。梅特瓦利(Metwally,2004)对海湾合作委员会(以下简称"海合会")国家进行研究,发现进口需求与宏观最终消费支出之间存在协整关系,海合会成员国缺乏资源,大部分需求主要依赖外部,通过进口供给来满足;其石油出口波动对进口产生了巨大冲击,石油价格低迷,导致收入下降,进口需求增长率急剧下降。非洲初级产品带动非洲经济稳定增长,从而扩大制成品进口,使得阿尔及利亚、摩洛哥、突尼斯、赤道几内亚、加蓬、刚果(布)、安哥拉、纳米比亚、博茨瓦纳等非洲国家进口需求旺盛。

所以,从整体上看,尽管受到金融危机的影响,中国与非洲之间的双边贸易仍然呈现攀升趋势。对于非洲其他地区,中国基本满足了南非、贝宁、多哥、利比亚、毛里塔尼亚、利比里亚等国家的进口需求,未来进口需求潜力不大(杨晓芸,2009;赵志磊,2009;查涌波,2015),对中国产品的进口需求上升空间有限。

(四)国际需求结构变化:基于个别国家消费率—投资率—净进口率角度的探讨

全球范围比较大,一般选择具有代表性的国家以缩小考察范围,依据其消费率、投资率和进出口率指标变化来分析国际需求结构变化。史晋川和黄良浩(2011)对此做了初步探讨,主要从世界平均水平研究消费率、投资率、出口率和进口率等角度观察需求结构变化,发现随着人均收入增长,消费率先下降再提升;投资率总体上先提高再降低;消费率和投资率最后趋于比较稳定的均衡状态,净出口率最终趋于零,实现进出口平衡。张连城和李方正(2014)基于G20[①]国家需求结构的演进趋势比较,认为一国的需求结构差异与国家发达程度无关,而与区域差异相关性较强。一般而言,亚洲国家具有高投资率、低消费率的特点,而欧美国家的消费率普遍较高。中国的总消费率最低,主要原因在于国内消费率偏低。陶君道(2013)从国际需求视角,对近10年来美国、日本、德国、法国等发达国家以及俄罗斯、南非、印度、巴西等新兴市场国家需求变化的

---

① G20国家,即Group 20,"20国集团"之意,由美国、英国、法国、德国、意大利、加拿大、日本、澳大利亚、中国、印度、俄罗斯、巴西、南非、韩国、墨西哥、阿根廷、印度尼西亚、沙特阿拉伯、土耳其和欧洲联盟20方构成。1999年由美国、英国、法国、德国、意大利、加拿大、日本7国集团财长会议倡议成立,2009年9月匹兹堡峰会将G20确定为国际经济合作主要论坛。

特征和表现形式进行了研究，2008年金融危机后发达国家最终消费率均有不同程度的下降，投资率下降幅度较大，投资需求持续疲弱；新兴市场国家最终消费率均有不同程度的提高，投资率保持在较高水平。张媛媛（2012）对中国、日本、韩国、中国台湾和香港、印度尼西亚、马来西亚、泰国、菲律宾、新加坡10个东亚经济体在消费、投资和贸易方面的需求结构进行分析，提出整合东亚区域内需求，通过区域合作以提高区域经济增长的观点。

其他文献则是从个别经济体视角研究国际需求变化。毕吉耀（2010）阐述了美国等个别国家消费率、进口率变化引起的全球需求结构变化，说明全球需求结构正在面临再平衡的重大调整，实际上是全球消费与储蓄或者消费与投资格局的调整。陈晶（2012）从美国消费、投资、贸易和政府支出等角度分析了美国宏观经济形势，认为美国经济复苏缓慢，各类进口需求增长速度不一致，比如原材料进口增速大幅度放缓，消费品进口减少，设备及中间产品增速较快。

有文献分析了国际金融危机对越南需求结构的影响，指出越南内需在需求结构中的比重有所上升，外需则有所下降；内需中消费比重逐步增大，投资比重有所下降；外需中部分高端消费品进口增长，初级产品出口所占比重下降，工业制成品出口占比上升（何传添、王海洲和周松，2014；王海洲，2013）。金融危机引起阿根廷的最终消费率与净出口率下降，投资率呈现周期性上升趋势（谢力健，2014）。另外，东盟大多数国家基础设施存量已远不能满足经济发展的需要，东盟在2011年设立初期总额约为5亿美元的"东盟基础设施基金"。1997年之前东盟国家吸引了近10%的世界投资额，之后遭遇1998年东南亚危机、2008年国际金融危机，吸收直接投资的比重迅速下降。因此，在电力、交通和通信基础设施方面蕴含着潜在的投资需求（王峰和罗志鹏，2012）。

通过消费率、投资率、净进口率来反映世界需求，从某种程度上说明部分区域需求结构变化主要受到区域和时间差异的限制，不能从整体上反映全球需求结构的变化态势。但是可以运用消费率、投资率、净进口率指标来比较分析各个区域的需求结构及其变化。

（五）国际需求结构变化基于个别经济体需求结构及其国际比较的研究

每一个国家的内部需求变化或多或少会在国际需求方面表现出来，因此，不少文献研究一个国家内部需求与外部需求的变化关系，或者通过多个国家的内部需求比较，借此判断国际需求结构的变化趋势。

资树荣和范方志（2004）从消费需求量及其结构角度对发达国家和发展中国

家 1980~2000 年居民消费需求变动情况进行了比较分析，发现发达国家中食物、服装鞋类、家具与家用设备等物品支出占消费支出的比重呈现下降趋势，而医疗健康、娱乐教育支出占消费的比重呈现上升趋势。发展中国家中，食物支出、服装与鞋类支出占消费的比重也呈下降趋势；发展水平较高的发展中国家对家具与家用设备等耐用品的消费已基本上得到满足，转为下降趋势，对娱乐教育、医疗健康的支出稳定上升。蔡跃洲和王玉霞（2010）运用 1991~2005 年的面板数据，对低收入、中下收入、中上收入和高收入四类经济体的投资和消费结构及其影响因素进行了国际比较。首先，随着经济由较低水平向较高水平阶段演进，消费率呈现先下降后上升的"U"形趋势，而投资率呈先升后降的倒"U"形趋势。其次，外向程度高的经济体具有较高的投资率和较低的消费率，东亚地区普遍具有高储蓄、高投资和低消费的倾向；计划经济体制下的期望投资率高于市场经济体制下的期望投资率。在后金融危机时期，支撑外需发展的基础和外部环境不会出现转折性变化，在短期内，全球化引起产业分工格局，美国等发达国家的金融经济制度，即由长期扩张性货币政策决定的过度消费模式不会出现根本性变化；其内部要素优势和体制优势仍然有竞争力以支持外需的拓展（周殿昆和郭红兵，2009；叶辅靖，2010）。

中国是一个发展中大国，其需求在全球需求总量占据重要地位，其需求结构对全球需求结构有重要影响。为了应对国际金融危机引起的外需减弱，中国政府提出了扩大内需带动经济发展的策略。宋树仁、史亚东和马草原（2010）利用 2003 年和 2007 年中国居民宏观统计数据，运用 ELES 模型对中产阶层的需求结构进行实证分析。纪明和刘志彪（2014）研究中国需求结构合理化及其高级化演进过程与经济增长之关系。不少学者提出通过扩大内需来消化出口生产能力，促进经济持续发展（陈楠，2008；陈万灵和唐玉萍，2010；王海兰，2010）。从发展的紧迫性上，张志勇（2009）指出中国二元消费结构的调整和发展已成为当务之急。曹晓蕾（2010）指出当前要改变内需与外需发展失衡和关系失调的不利局面，应扩大内需并促进外需增长方式的转变。

也有学者从宏观角度探讨服务需求结构变化。魏作磊和胡霞（2005）利用投入产出表对美国、英国和日本三个典型发达国家 20 世纪 70~90 年代 30 年间服务业需求结构的变动进行分析。李文秀、李江帆和陈丽（2009）通过对中国、美国、日本服务需求结构的比较，进一步揭示了服务业对农业、工业的需求和依赖程度呈下降趋势，而对服务业自身的需求和依赖度呈上升趋势。

美国消费需求与中国对美出口贸易的关系非常重要，有文献（田晖和李森，2012）把中国与美国需求结构进行比较，认为美国消费需求变动与中国对美出口贸易之间存在稳定的正相关关系。孙晓琴和王秋雯（2011）运用 1981~2008 年中美两国的相关数据进行研究，结果表明内需与出口在长期内相互影响和相互促进，主要是由于出口会因内需增长溢出效应而增长，出口增长反馈到国内，刺激内需扩大。中国属于谨慎型消费模式，美国属于过度型消费模式，两种消费模式及其需求结构差异引起了全球金融危机（胡雪萍，2009）。中国消费比重过低，投资比重过高，净出口比重逐渐下降，出口货物附加值低，服务贸易发展滞后（李春顶和夏枫林，2014）。张帆和潘佐红（2006）通过食品加工、饮料与烟草、化工、非金属矿产品和金属本土市场需求探讨其对外部需求及进出口贸易的影响，发现中美之间都有本土市场效应，中国最为明显，说明能有效地通过内需的溢出来促进外贸发展。

全球需求由各个经济体需求构成，其需求结构必须由各个经济体需求结构复合而成。上述文献能够说明个别国家的总体需求结构，不能说明各个国家国际需求结构，也不能从整体上反映国际金融危机前后一定时间内全球需求结构变化状况。因此，从各个经济体需求结构角度探讨全球需求结构的思路值得借鉴。

（六）文献评述

从上述五个方面的文献来看，大多数文献从国际金融危机对生产供给的影响角度来研究，少部分文献从国际金融危机对需求及消费的影响角度来研究。从国际金融危机影响需求结构角度的研究文献来看，主要存在以下几方面不足：

（1）总量研究比较多，结构研究不足。多数文献从各国出口贸易变化来推断外部需求总量规模变化，而从世界出口贸易结构变化角度来探讨全球需求结构变化的研究不足，而且现有文献对"全球需求结构研究"的定义缺乏科学、统一界定。

（2）基于个别经济体或分区域研究的文献比较多，基于整体结构的综合和系统分析比较少。主要是从各个经济体或区域的出口贸易来推断外部需求结构变化；而从个别进口需求和国际投资需求角度来探讨国际需求结构的文献较少；即使有个别文献以需求结构角度展开研究，也缺乏从国际角度探讨全球需求结构的综合和系统研究。

（3）有前向影响因素研究，缺乏后向效应研究。对需求结构的影响因素有不少研究，但考虑的因素不完整，特别是对经济危机、国内生产总值、消费方式变化等因素引起的需求结构变化的机理缺乏研究。对全球需求结构变化的后向效应缺乏研究，特别是对中国出口贸易、产业结构和开放经济的应用研究非常缺乏。

（4）缺乏从历史角度进行比较研究的文献。很少有文献从以前历次国际经济危机角度探讨全球需求结构变化，归纳其影响因素和探索需求结构变化的趋势，探讨经济危机引起需求结构变化的方式和机理。

（5）在研究方法上存在本位主义、实用主义。大多数文献多从本国出口贸易角度研究其出口对象国家或地区需求变化，从而研究本国应对之策，本位主义、实用主义色彩较强；而且这类研究仅局限于一种或几种产品的出口变化，显然不系统、不完善，也没有从全面系统研究中把握出口对象国需求变化的重点。

（6）大部分研究具有时效性，长期趋势研究不多。不少文献以国际金融危机爆发的时间为界限，并使用月度数据进行及时跟踪研究，比较细致，但是对危机后需求结构比较长期的变化趋势研究较少。

总体来看，本书研究将借鉴上述文献有效的成分，避免一些片面和不足。首先，需要运用需求结构理论，从需求结构影响因素出发，进行定性的理论分析，探索国际经济（金融）危机与其需求结构变化的逻辑机理；其次，对历次国际经济（金融）危机对需求结构的影响进行比较研究，寻求国际金融危机背景下全球需求结构变化的趋势；最后，重点探讨国际金融危机发生后引起的全球需求结构变化，及其对中国贸易、产业及其开放型经济建设的影响。

三、研究国际需求结构的理论与方法

（一）需求与需求分类

需求是经济学中最基本的概念，既是一个具体的微观概念，又是一个比较抽象的宏观概念。一般而言，需求（demand）是消费者在一定时期和价格水平下，愿意和能够（即支付能力）购买物品或劳务的数量。显然，需求是消费者对一定物品或劳务的效用的判断，是一个未实现的量。人们的思维模式总是通过已经实现的需求量来判断和分析即将实现的需求。微观经济学总是关注物品的效用及消费者的主观感受和判断，这也通常是企业关注的焦点。企业采取各种营销手段，把消费者的需求"试验"出来，从而实行合乎理性的生产安排。因此，需求可以分为单个需求和市场需求。市场需求由众多的单个需求构成，可以是一个区域、一个国家、一个经济体的需求。

从理论上看，需求通常被定义为一种物品的需求量（D）和价格（P）之间的对应关系（其他条件不变），用数学式表达为：

$$D = f(P)，或者 D = f(P, I, C, Pt, Pq, P', G)$$

其中：价格（P）、收入（I）、消费者偏好（C）、消费者预期（Pt）、人口及其结构变动（Pq）、其他相关商品的价格（P'）、政府的消费政策（G）等是影响需求的主要因素。

"总需求"是经济学中的一个基本概念，一般教科书都有论述。总需求一般是指对经济中生产出来的所有商品和劳务的需求。从现实角度看，总需求是一个国家或地区各经济单位在一定时期内对产品和劳务的购买力总量，是国民经济的决定变量。现实生活中物品或劳务复杂多样，需求可以分成各种各样的类型，形成了需求结构。

从物品用途看，需求分为生产者投资即中间需求和最终消费需求。中间需求是在一定生产周期内生产组织之间因生产活动相互需要对方的产品和劳务而产生的需求；最终需求是对本期社会劳动最终成果的使用。因此，从生产过程看，需求可以分为初级产品需求、中间产品需求和最终产品需求。

从消费主体看，在开放经济条件下，一个经济体的需求由居民消费需求、政府购买需求、企业投资需求和外国消费者和企业（外部）需求构成，有时居民消费需求、政府购买需求统称为"消费需求"。在这些需求中，投资需求是产品消费需求的引致需求，其产出是为了满足最终需求。因此，从宏观角度来看，总需求分为最终消费需求、投资需求和出口需求三大部分（见图1-1），这三种需求常被称为拉动经济增长的三驾"马车"，其中消费需求是拉动经济持续增长的基本动力，消费需求的不足会导致投资需求的不足。

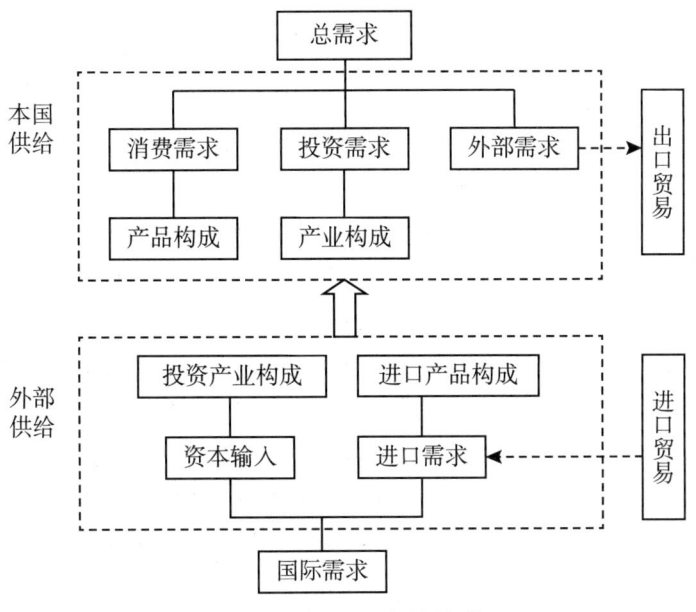

图1-1　全球需求结构体系

从交易过程看，在市场经济条件下，一定量的商品需要一定量的货币周转来实现其价值，因此除了商品需求外，还有"货币需求"。关于货币需求理论，马克思提出了商品流通决定货币量的需求理论；费雪及马歇尔创立了货币数量需求论，即货币"中性"；凯恩斯提出了流动性偏好理论，即基础货币和利率能够影响货币交易需求和投资需求；弗里德曼提出了现代的货币需求理论，即货币作为一项资产，受到多种因素影响。货币需求在国际上表现为资本需求，基本通过资本输入来实现。

在上述各类需求中，通常不把货币需求作为政府调控的目的，而是作为调控其他需求的手段。实际上，政府作为经济体中重要的主体，能够通过货币供给来实现各类物品需求和主体需求的"需求管理"，包括货币需求和物品需求的管制；特别是政府支出需求能够通过税收、融资方式、货币发行量来控制价格水平，刺激需求结构变化，从而影响经济。

总需求各种分类所形成的各个部分的构成比例，即"总需求结构"，通常使用消费需求、投资需求、外部需求在国内生产总值中的比例来衡量，用消费率、投资率和净出口率来表示。

（二）国际需求及需求结构

把总需求从一个国家放大到全球来看，就出现"全球需求"范畴。从某一个国家看，全球需求由各个国家的国际需求构成。国际需求同样可以分为消费需求和投资需求。从消费角度看，一个国家的外部需求就是其他各国从该国进口的商品需求总和，即该国的商品出口供给；同时，该国也从其他国家进口其所需的物品或服务，即进口需求。在开放经济条件下，一个经济体的需求可以分为两部分：由内部生产满足的需求和由外国供给满足的需求，后者一般通过国际市场的进口来满足，可以称为一个国家对外部的国际需求。因此，国际需求主要是指物品或服务的进口需求。总需求一部分通过国内生产和供给来满足，称为内需；其他部分需要由外国产品和供给来满足，即进口需求。

对一个国家来说，进口需求与出口供给同等重要，进口需求变化反映一个经济体参与国际分工的程度和消费需求层次。一个国家的进口需求总是满足国内消费和生产需求，其出口供给总是满足外部相关国家的消费和生产需求。进口贸易需要外汇支出，意味着外汇资产减少；出口贸易能够带来外汇收入，意味着外汇资产增加。为了获得进口所需的外汇资产和争取进口产品选择的主动权，各国都比较重视出口贸易和创汇。为了扩大出口贸易，各个国家和企业都很重视外部其他国家的进口需求信息。对一个国家来说，理清其他国家的进口需求，有助于合理安排国内生产及资源配置，推进本国出口贸易；同时理清其他国家出口，有助于采取合适的方式提高自身产品的竞争力，争取本国更多的出口机会。

为了满足各方面需求，涉及资源或要素的国际配置，特别是国际资本需求的配置，出现了国际投资需求，通常称为国际直接投资（Foreign Direct Investment，FDI），可以分为利用外国资本和对外投资，即国际资本输入（Inward FDI，IFDI）和对外资本输出（Outward FDI，OFDI），前者是利用外国资本及要素参与本国资源配置，满足本国对外国物品或劳务的需求；后者是指对外直接投资，使用本国资本及要素参与外国资源配置和生产。

通过上述阐述可以界定国际需求及结构，简单地讲，通过国际市场满足本国需求的那部分需求即国际需求，包括进口需求和资本输入，各国需求构成了全球需求。对于一个经济体而言，国际需求主要指进口需求和国际资本输入，通过一国进口需求量、国际资本流入量与该国国内生产总值的比值反映一个国家的国际需求结构，所有经济体国际需求总和构成了全球需求结构（见图1-1）。

进口需求由各类物品或服务品构成，可以按一定标准分成不同类别。进口需求可以按产品细分进口产品结构，对外国资本的需求可以按行业细分成不同行业的外资需求，即利用外资行业结构可以形成一个全球需求结构体系。在此按照物品所含要素和投入的差异将进口需求分为资源密集型产品、劳动密集型产品、资本密集型产品、技术密集型产品和服务品（陈万灵和杨永聪，2014）。

（三）关于国际需求结构的理论

研究国际需求时一般与国际贸易结合起来，有两种基本视角：一是从出口供给角度，探讨世界各个国家产品和服务的出口总量和结构变化情况，从而可以确定本国参与国际竞争的策略，对资源配置及投资、生产和产业发展、进出口贸易进行战略定位；二是从进口需求角度，聚焦各国产品和服务进口总量和结构变化情况，从而寻求本国出口和对外投资机会，然后配置资源，安排生产和投资。从需求与需求结构角度研究国际需求主要有以下理论基础。

1. 古典贸易理论关于进口需求的理论

一般而言，贸易理论总是探讨国际贸易发生的原因与影响效应。古典贸易理论的基本前提：一是市场性质属于完全竞争的市场结构；二是生产要素在本国的各部门间自由流动且得到充分利用，提供某种商品生产的机会成本不变；三是要素在各国之间不能自由流动；四是各国政府对商品贸易不加干预。

古典贸易理论本质上是从生产技术差异或者供给角度来解释国际贸易的起因与影响。亚当·斯密（Adam Smith）以地域分工为基础的绝对优势论（absolute advantage）和大卫·李嘉图（David Ricardo）提出的比较优势论（comparative advantage）构成了古典贸易理论的基石，其基本视角基于出口及出口部门比较优势。须知一国出口就是另一个国家的进口，因此，古典贸易理论从出口供给角度也说明了进口需求的决定因素和对经济增长的效应。从绝对优势理论和比较优势理论论述中也可以看出关于进口需求及贸易的学说和理论。它们认为基于各国自然资源禀赋和其他条件的差异，其生产会形成自然分工格局。在社会分工基础上，一个国家通过对外贸易扩展市场范围和提高生产效率，出口具有绝对或相对优势的商品，进口具有绝对或相对劣势的商品；通过进口贸易获得本国劳动率低的商品，优化市场资源配置，促进经济增长。

古典贸易理论主要解释发生在国家之间的产业间贸易（inter—industry trade），即初级产品与工业品或劳动密集型产品与资本密集型产品之间的进出口贸易。该理论采取了"对比出口"的方法来研究进口需求，可以说，按比较优势理论，一个产品处于"相对劣势"，就不必在国内生产而是从国外进口。所以，比较优势理论从出口角度也说明了进口的产生及作用。

2. 基于需求偏好差异的贸易理论

尽管比较优势理论从资源差异阐述生产和供给，也附带说明进口的原因，但整个分析方法还是供给分析，忽视了需求的作用，因此对两国贸易的边界和均衡条件缺乏有效解释，即对价格确定和贸易利益分配的分析比较缺乏。对此，约翰·穆勒（John Stuart Mill）提出了相互需求理论（reciprocal demand），认为贸易的实际价格取决于贸易伙伴之间的相互需求。均衡的贸易条件（trade terms）取决于一个国家对他国产品需求的相对程度（凯伯，2005）。

彼得·林德特（Perter H. Lindert，1992）认为国际需求与供给共同决定贸易，指出一些文献关于"贸易流量只与供给方面联系，依据比较利益法则确定各国出口和进口商品，由需求条件决定价格"的论述是不正确的。国际市场需求与供给一起决定进口与出口及其相对价格，而且与国内市场上的情形一样，需求与供给相互影响。林德特进一步论述了"不同偏好是贸易的基础"，不同偏好创造了互利贸易基础，开放贸易使各国消费者不必让本国需求适应本国供给。如果一国与世界其他国家的差别在于偏好格局方面而不是生产能力方面，贸易能在国际上导致消费方面的某种专业化，而不是生产方面的专业化。可见，林德特非常重视对偏好及需求的分析，认为需求与供给一样重要，共同决定国际市场价格。

3. 新古典贸易理论关于进口需求的理论

对古典贸易理论各个假定前提——完全竞争的市场结构、要素丰裕度不变、无跨国流动等条件进行放松，形成了新古典国际贸易理论，主要包括要素禀赋理论和里昂惕夫悖论及其解释的一系列学说。

在产品进出口贸易中，生产产品的要素效率各有差异，在产品生产及要素配置中，存在对要素比例的选择和要素储备或供给的约束，这也就决定了产品的比较优势和贸易模式选择，包括产品进口和出口的选择，简单地说，生产要素价格成为决定要素流动和比较优势的重要因素。因此，赫克歇尔—俄林（Eil F. Heckscher, Beltil G. Ohlin）要素禀赋理论从资源禀赋及其生产要素配置比例的差异来说明比较优势的原因。一国比较优势由要素丰裕度决定，出口密集使用该国丰裕要素所生产的产品，进口密集使用该国稀缺要素所生产的产品。

经济学认为经济增长源于资本积累，从理论上看，进口带来了资本积累，从而促进了经济增长。马宗达（Mazumdar, 1996）利用索洛模型和资本积累理论分析进口和出口与经济增长的关系，认为如果一国出口资本品而进口消费品，将会导致资本品的相对价格上升，从而削弱资本积累的效应，不利于经济增长。如果一国出口消费品而进口资本品，资本品的相对价格将下降，促进资本积累和经济增长。因此，进口需求是通过资本积累的方式促进经济增长的效应。

关于贸易的效应，萨缪尔森（Palua A. Samuelson）提出了价格均等化的理论。他认为在一定条件下，国际贸易会导致一国出口商品相对价格上升，进口商品价格下降；自由贸易导致贸易双方商品价格及其生产要素价格的均等化，即赫克歇尔—俄林—萨缪尔森定理（H－O－S模型）。出口品价格上升进一步导致出口品密集使用的丰裕要素报酬上升，进口品价格下降导致进口品密集使用的稀缺要素报酬下降（萨缪尔森和诺德豪斯，2008）。对这一定理可以推论，在没有要素跨国流动的条件下，通过商品的自由贸易也能实现世界范围内生产和资源的有效配置；同时，在相对价格固定不变的情形下，一种生产要素收入增长会引起使用该种要素的产品成本上升和商品产量的减少。因此，通过提高关税和保护贸易，可以提高进口产品价格及其使用的稀缺要素的收入。

可见，要素禀赋理论更关注进口产品的生产要素之效率或劳动生产率，一个国家的比较优势由要素丰裕程度决定，强调一个国家进口其密集使用比较稀缺要素所生产的产品，关注进口产品的生产要素之禀赋和要素配置比例。实际上，要素效率与要素禀赋及其配置比例实际上是一致的，因为要素禀赋决定了要素效率。所以，一个国家进口需求取决于各国各种生产要素的相对丰裕程度，最终由其资源或要素禀赋决定。

20世纪50年代初，美籍苏联经济学家里昂惕夫（Wassily W. Leintief）采用美国1947年200个行业的统计数据计算其进出口贸易结构，对H－O理论进行验证，发现其结果与H－O理论完全相反，这一难题被称为里昂惕夫悖论（Leontief Paradox)。里昂惕夫悖论引发了对国际贸易主流思想的反思，产生了一系列新的国际贸易理论，比如劳动效率论（skilled labor）、人力资本论（human capital）、技术差距论（technological gap）、产品生命周期论（product cycle）、需求偏好相似论（demand preference simi-larlty）、产业内贸易论（intra-industry trade）等（凯伯，2005）。

4. 基于需求相似理论的出口与进口

基于 H－O 理论和里昂惕夫悖论，瑞典经济学家林德（Staffan B. Linder, 1961）对需求结构理论进行了改进，一是依据俄林和赫克歇尔的要素禀赋理论，分析自然资源出口贸易；二是依据需求相似理论对工业品出口进行分析。

林德将需求分为国内基础需求和国际相似需求两部分。首先，一项产品有国内基础需求，并在国内市场达到一定规模，该产品才会具有出口潜力，称为潜在的出口产品。如果一项产品在国内不存在，不可能满足国外需求；当国内生产超过消费者需求时，才会把产品和企业活动空间拓展到国外。其次，国内存在广泛需求的潜在出口产品必须符合国外需求，才能够成为现实的出口，即该产品进口国与出口国必须有"相似需求结构"，这就是林德的需求相似（demand similarity）理论，又称偏好相似（preference similarity）理论或重叠需求（overlapping demand）理论。两个国家的需求结构越相似，工业品潜在的对外贸易越有可能。

需求相似理论从本国需求角度探讨出口的原因，认为国际贸易是国内贸易的延伸，本国的需求偏好决定产品的出口结构、流向及贸易量。其原因在于：一是一种产品的国内需求是其能够出口的前提条件，即出口产品是由国内消费需求的"试验"培育出来的，企业不可能去生产一个国内不存在需求的产品。二是两国消费偏好相似或重叠需求是国际贸易的基础。两国消费偏好越相似，其需求结构越接近，两国贸易的范围就越大。若两国中一国具有某种产品的比较优势，而另一国对这种商品没有需求，那么两国不会发生贸易。三是对需求结构产生影响的因素主要是平均收入水平，高收入国家对技术水平高、加工程度深、价值较大的高档商品存在较大需求，而低收入国家消费者以低档商品需求为主，所以，两国需求结构或偏好相似程度可以用收入水平来衡量（林德特、金德尔伯格，1985）。

上述理论中"需求偏好"决定于该国的平均收入水平，而收入水平由要素的分配状况和要素价格决定。高收入国家对技术含量高、价值较大的高档商品的需求较大，而低收入国家以低档商品的消费为主。所以，收入水平相似的国家，相互间的贸易关系可能越密切；反之，如果收入水平相差悬殊，则两国之间重叠需要的商品可能较少，贸易的密切程度也就较小。

可见，需求相似理论适合于解释发生在国家之间的产业内贸易。因此，需求相似理论对要素禀赋理论进行了发展和完善。

5. 新贸易理论关于进口需求的理论

以克鲁格曼（Paul R. Krugman）为代表的新贸易理论，通过在贸易理论模型中引进不完全竞争条件、规模经济和差异化产品，彻底改变了传统贸易理论理念和分析思路。追求"规模经济"意味着可以通过扩大生产规模、降低商品成本获得竞争优势；同时通过精细化国际分工营造产品的外部规模经济环境和不完全竞争的市场条件，为企业进行大规模、差异化的产品生产和国际贸易创造了充分条件（赫尔普曼和克鲁格曼，1992）。

从需求角度看，能够实现"规模经济"的产品一定是国内生产、消费规模足够大，能够成为一个国家的"代表性需求"，即大多数人需要的商品，这就是林德的"代表性需求贸易理论"。从理论上看，在各国代表性需求的产品生产上容易形成规模经济，有条件对有相似需求的国家进行出口。因此，一国在满足国内市场需求的过程中，可以从具有相似偏好和收入水平的国家获得出口的机会；反过来，一国不能满足国内需求，就可以从国外生产大国获得进口机会。实际上，在代表性需求方面形成的国际贸易是同一产业内部不同档次产品的贸易，即对"产业内贸易"进行了理论解释。

同时，从差异化产品角度看，需求的差异化和多层次性决定了差异化和多样性产品的产生，这是按产品差异化进行分工和国际分工的基础，也给差异化产品的生产企业实现规模化生产和发展创造了条件，从而产生了基于差异需求条件下的国际贸易，反过来促进企业规模经济的实现。

按照新贸易理论，进口贸易能够促进技术进步，带来技术溢出效应，技术溢出效应与贸易结构有关。因此，进口贸易结构变化促进技术进步和经济发展。科和赫尔普曼（Coe and Helpman，1995）认为发展中国家进口资本品的作用在于提高本国资本品的边际产出和生产率，加速本国资本形成和促进经济增长。朱莉娅·沃茨（Julia Worz，2004）从技术溢出的角度对贸易结构进行了分析，他根据技术密集程度将贸易品分为高技术密集品、中等技术密集品和低技术密集品三类，结果表明技术密集程度高的产品，其技术溢出效果更明显；技术密集型产品净进口量的增加能够使本国的生产函数得以扩张，从而更明显地促进本国经济增长。

（四）国际需求结构的分析方法

对具体需求的分类一般由研究目的而定，不同研究目的可以采取不同分类准则和需求结构体系。所以，本书从理论上重点探讨国际需求的界定、分类及结构构建。从空间维度看，按经济发达程度把全球需求分成发达经济体、新兴经济体、落后发展中国家的需求三个类型或层次。在区域划分基础上，重点探讨各个经济体消费需求、生产及投资需求的变化，在国际上表现为进口需求和资本输入。每个国家需求超过内部生产及供给的部分表现为进口和外资需求，同时也是其他国家的出口和对外投资。所以，在本书研究过程中，先把需求分为进口需求和外资需求两大类。从全球角度看，进口需求与出口需求是同一个事物的两个方面，所以，在本书研究过程中，主要研究中国的外部需求，即重点研究外国各类经济体表现出的国际需求变化情况（区域结构），主要是对产品进口需求和外资引进需求进行分析。

1. 需求区域结构研究的说明

世界各国经济发展水平和国际需求结构差异比较大，笼统地分析全球需求结构变化缺乏实际意义。全球需求是由各个经济体的需求构成的，在分析全球需求结构时，必然要涉及各个经济体的需求及需求结构。因此，陶君道（2013）在其博士论文中对"国际需求结构"的界定保留了国别和宏观角度，从区域角度把需求分为发达国家需求和新兴市场国家需求。

从全球经济体或区域角度看，全球需求结构首先表现为具有不同特征的区域构成，或者需求区域结构。一般把具有相似需求结构的经济体归为一个类型，可以形成不同的需求结构性质和特征的区域类型，这就是需求及需求结构的差异性或者异质性。在分析全球需求结构时，关注和分析各个经济体或区域的需求结构异质性，具有重要的意义。因此，本书按照经济发展程度将全球经济体分为发达经济体、新兴经济体和发展中经济体，分别研究各类经济体的需求和需求结构的特性及表现特征。

在实际研究中，为了响应中国"一带一路"倡议及国家战略的要求，把"发展中经济体"的研究对象调整为"海上丝绸之路"沿线国家。因为"海上丝绸之路"沿线国家大部分属于发展中国家，新加坡、文莱这类发达国家比较少，当然，印度尼西亚、印度、泰国等国家属于新兴经济体，这类国家也比较少。"丝绸之路经济带"沿线国家大部分既属于转型国家，也属于新兴经济体，比如俄罗斯、乌克兰、土耳其等，少部分属于发展中经济体，比如阿富汗、哈萨克斯坦等中亚国家，其进口需求量比较少，本书略去。具体研究范围在后面相关部分进行说明。

2. 需求分类与国际需求结构体系

需求分类是根据研究目的来确定的，不同研究目的决定着不同的分类方法和需求结构体系。陶君道（2013）把需求构成分为最终消费、投资和净出口三个部分，目的是分析国际需求结构变化及其"不平衡"态势对中国内外需求变化和经济发展的影响。一些研究按产品性质把贸易品分为初级产品、机械设备和其他制成品三类（陈伯泉，1996），有的研究把贸易品分为初级产品、制成品、技术贸易品、服务贸易品四类（赵晓晨，1999），也有文献把进出口货物划分为初级品、中间品、资本品和消费品四大类（裴长洪，2013），还有文献把贸易品分为资本品、中间品和消费品（王永齐，2006；楚明钦和丁平，2013）。纪明和刘志彪（2014）为了研究需求结构合理化及高级化水平，把消费需求和净出口需求合称为最终需求，相应地运用最终需求与投资需求之比作为衡量需求结构的指标。

王永齐（2006）把贸易品分为资本品、中间投入品和消费品，进而按技术密度把贸易产品分为高技术品和低技术品，利用资本品和消费品进出口的相对数来衡量贸易结构变化。他根据马宗达（Mazumdar，1996）和赫尔普曼（Helpman，1995）的观点，提出了衡量贸易结构的公式：

贸易品资本密度 =（资本品出口 ÷ 消费品出口）÷（资本品进口 ÷ 消费品进口）

$$\text{贸易品技术密度} = \left(\frac{\text{高技术品}}{\text{出口}} \div \frac{\text{低技术品}}{\text{出口}}\right) \div \left(\frac{\text{高技术品}}{\text{进口}} \div \frac{\text{低技术品}}{\text{进口}}\right)$$

这些分类方法和结构度量方法用资本含量较高和技术含量较高的产品之间相对指数，试图说明资本品和高技术产品的竞争力，进一步说明国际贸易方向。

为了明确全球进口需求结构变化对中国产业结构调整的影响程度，本书将全球进口需求划分为资源密集型产品、劳动密集型产品、资本密集型产品、技术密集型产品和服务密集型产品五类，计算各类产品在全球进口需求中所占的比重就能够得到全球需求结构（陈万灵和杨永聪，2014）。这种分类可以反映产业结构升级和转型的发展方向。

商品的分类制度有两种，分别为联合国贸易与发展会议（UNCTAD）颁布的SITC（标准国际贸易分类）和国际海关合作理事会（CCC）颁发的HS（协调商品名称和编码体系）。由于本书研究需要各类产品较细致的分类，而HS分类比SITC更加详细，同时数据整理起来也更加方便，因此本书所有产品分类研究采用HS1992的分类方法。所以，从HS编码分类的角度来看，资源密集型产品（或称为资源型产品、资源品）包括：第1类（动物产品），第2类（植物产品），第3类（动、植物油脂及蜡），第4类（食品、饮料、烟酒及醋），第5类（矿产品），第14类（珠宝、贵金属及其制品）。

劳动密集型产品（或称为劳动型产品、劳动品）包括：第8类（皮革、毛皮及其制品），第9类（木及木制品、草柳编结品），第10类（木浆、纸、纸板及其制品），第11类（纺织原料及纺织制品），第12类（鞋帽伞杖、加工羽毛、人造花、人发制品），第 13 类（石材制品、陶瓷产品、玻璃及其制品），第 20 类（杂项制品）。

资本密集型产品（或称为资本型产品、资本品）包括：第 6 类中的化工产品，第 7 类（塑料、塑胶及其制品），第 15 类（贱金属及其制品），第 16 类中的锅炉、机械器具和机器零件，第 17 类中的车辆、船舶及有关运输设备。

技术密集型产品（或称为技术型产品、技术品）包括：第 6 类中的医药品，第 16 类中的电气设备和机电产品，第 17 类中的航天设备，第 18 类（精密仪器、医疗器械、钟表及乐器），第 19 类（武器弹药及其零部件）。第 21 类（艺术品、收藏品及古物）和第 22 类（未归类商品）由于产品属性的特殊性，并未归入以上商品分类的范畴。

从 HS 编码来看，资源密集型产品涵盖了代码为 01~27 和 71 的产品；劳动密集型产品包括了代码为 41~70 和 94~96 的产品；代码 28、29、31~40、72~84、86、87、89 的产品属于资本密集型产品；代码 30、85、88、90~93 的产品是技术密集型产品（见表 1-1）。

表 1-1　　　　　　　　商品进口需求产品分类

	HS（1992）两位编码	具体产品
资源密集型产品	01~27，71	动物产品，植物产品，动植物油脂及蜡，食品、饮料、烟酒及醋，矿产品，珠宝、贵金属及其制品
劳动密集型产品	41~70，94~96	皮革、毛皮及其制品，木及木制品，草柳编结品，木浆、纸、纸板及其制品，纺织原料及纺织制品，鞋帽伞杖、加工羽毛、人造花、人发制品，石材制品、陶瓷产品、玻璃及其制品，杂项制品
资本密集型产品	28，29，31~40，72~84，86，87，89	化工产品，塑料、塑胶及其制品，贱金属及其制品，锅炉、机械器具和机器零件，车辆、船舶及有关运输设备
技术密集型产品	30，85，88，90~93	医药品，电气设备和机电产品，航天设备，精密仪器、医疗器械、钟表及乐器，武器弹药及其零部件
服务贸易产品	—	通信、建筑、保险、金融、计算机和信息服务、版权使用费和特许费、其他商业服务、个人及文化和休闲服务、政府服务、广告服务

注：①艺术品、收藏品及古物（97）和未归类商品（99）不包含在内；②服务贸易不涉及 HS 两位编码。

由于 HS 编码是针对有形商品的分类标准，不涉及服务贸易产品，因此，服务贸易产品并不包含在其中。服务贸易产品所覆盖的范围和相应代码如下：通信服务（245）、建筑服务（249）、保险服务（253）、金融服务（260）、计算机和信息服务（262）、版权使用费和特许费（266）、其他商业服务（268）、个人及文化和休闲服务（287）、政府服务（291）、广告服务（2CS）。

所以，对于产品分类和构成分析，当从宏观的角度考察需求结构时，可以按照产业链或价值链环节划分为初级品、中间品和最终品，比如在分析产品贸易与中国产业结构关系时，采取这种分类方式，以便于运用投入产出表这种分析方法。在需要深入分析产品构成时，按照要素含量划分为资源密集型、劳动密集型、资本密集型、技术密集型等，从而探讨产品进口需求构成及其变化。所以，本书根据研究的问题和研究目的的需要，会侧重某一个分类标准，在一些地方采取要素含量分类法，有的地方则采取产业链划分方法。

在计量分析部分，通过国际贸易与产业的变化反映全球需求结构变化，主要通过中国对外经济贸易变化与产业变化来反映全球需求结构变化对中国的影响。主要运用国际组织数据，分析国际金融危机变化前后需求变化及其引起的国际贸易与产业变化的趋势；并运用中国国家统计部门、商务部的数据反映中国对外经济贸易与产业变化，详细分析货物进出口贸易、服务贸易进出口贸易、对外投资与经济合作，以及中国引进外资和技术的变化状况，并对中国产业发展及产业结构变化进行趋势分析。

四、基本逻辑思路

从需求角度看，随着一国消费者收入水平的提高，其消费水平也会提高，同时，需求结构也会发生相应的变化。国际需求结构变化由各国消费者需求偏好的差异性和多样性变化引起。当一国消费者需求不能通过国内供给得到满足时，就通过国外企业供给和投资生产，一是形成产品进口需求，二是形成国际投资需求，即引进国际资本进行生产。随着国民收入的提高和国际经贸形势变化，国际需求水平及其结构也会发生变化，进口需求与引进外资的结构也会随着经济全球化和国际分工精细化的发展而不断变化。

本书旨在深入探讨国际金融危机后全球需求结构的变化及其对中国开放型经济新体制构建和产业发展的影响。基本思路是：以 2008 年国际金融危机为背景，以全球需求结构变化为主线，对比研究国际金融危机前后全球需求结构状况，试图揭示国际金融危机后全球需求结构演变的基本趋势；同时探讨发达经济体、新兴经济体与落后发展中国家（"海上丝绸之路"沿线国家）三大类经济体的需求结构变化差异，主要是对三大类经济体进口需求结构变化的探讨。基于全球不同经济体需求结构变化特点，探讨中国所受的影响。一是从国际贸易传导途径，探讨中国对外贸易、对外经济合作等所受的影响；二是从资本、技术等要素流动途径，探讨中国引进外资和技术所受的影响，及其所引起的产业发展和产业结构调整；三是对研究结论赋予政策含义，调整中国开放型经济发展的策略（见图 1-2）。

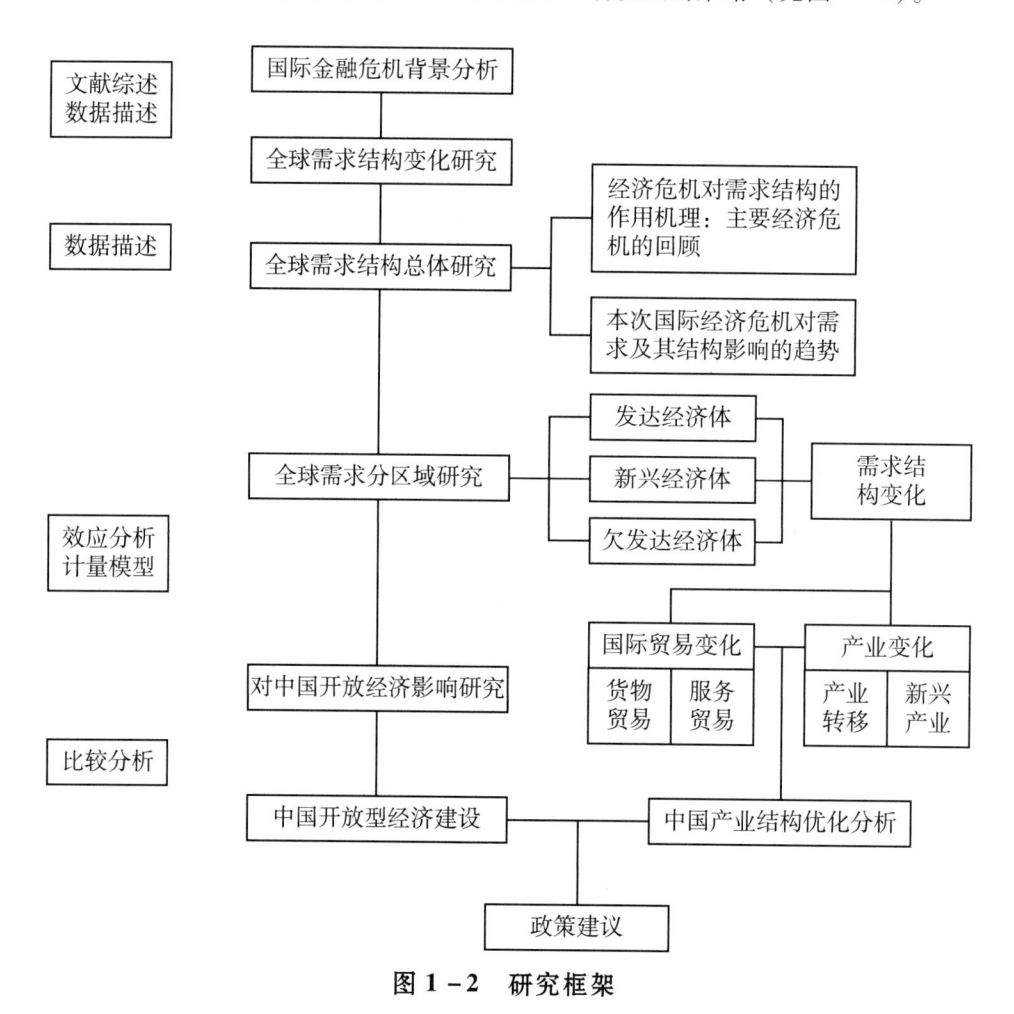

图 1-2 研究框架

在政策研究部分，根据全球需求结构变化、中国出口市场分布及需求结构变化，对比分析中国对外贸易发展、经济合作、产业发展的现状和问题，探讨资源与要素配置的调整、外贸增长方式的转型，提出由外向型经济向开放型经济转变的战略转变；最后，提出针对中国对外经济贸易发展和产业发展的政策建议。

总论篇

第二章

主要经济危机形成的机理：基于总需求变化的历史考察

从国际经济变化的历史角度，探讨历史上发生的主要经济危机与需求总量及其结构变化趋势的关系，是研究国际经济危机发生的机理及其效应的逻辑起点。一是从总供给与总需求的变化态势，构建经济运行及其危机状态分析的理论框架和方法；二是对比分析美国大萧条、日本经济低迷的内在前提条件、供求态势及其经济增长的变化；三是基于各类需求不均衡变化，探索危机前后需求结构变化的基本现象和本质原因，进一步探讨经济危机的形成机理和治理成效问题。

一、总供求态势的演变：经济学理论框架应用的前提

从经济学说史看，古典经济学理论的假设是供给约束，即经济增长（或经济衰退）的发动机是总供给，理论模型中的变量均为影响供给的因素；而现代经济学的假设是需求约束，经济增长（或经济危机）的发动机是总需求，模型中的变量均为影响需求的因素。在不同供求态势下，经济增长的影响因素是不同的。一般而言，经济危机总是表现为总产出下降或者产出增速降低，但其原因并不总在生产或供给端。所以，探究经济危机发生的机理，必须首先厘清经济增长的发动机是在总供给一端还是在总需求一端，不能随意套用既有的经济增长理论框架。历史经验指出，世界各国的总供求态势陆续从供给约束型经济向需求约束型经济

过渡；主要发达国家会率先从需求约束型经济向"新供给约束型"过渡。因此，对不同历史时期的不同国家，选用何种理论前提和理论框架是非常重要的方法问题。本章关注总供求态势，以此为基础和理论前提，构建分析某一经济领域或经济层面的理论框架，将前者称为"上位前提"，将后者的前提假设视为"下位前提"。

（一）供给约束型经济

1929～1933 年，美国经济大萧条（The Great Depression）发生，凯恩斯（J. M. Keynes）在其巨著《通论》中已经断定经济大萧条的病因是"有效需求不足"[①]。一个可能的逻辑在"需求约束型"经济体中出现。那么，世界经济何时发生了性质转变？从先前的"供给不足"转变为"需求不足"，是不是自 1929 年起世界经济才开始转化为"需求约束型经济"？这大概是任何经济学家都不能熟练回答的。

讨论大萧条之前的世界经济总供求态势，有必要追溯到亚当·斯密（Adam Smith）时代。由于供给不足，如何增加物质财富的问题备受关注。在亚当·斯密看来，勤劳和储蓄是好的，而奢侈浪费则是可憎的，并强调和赞美积累，因为"资本占优势的地方，多勤劳；收入占优势的地方，多游惰"。"资本的增减，自然会增减真实劳动量，增减生产性劳动者的人数，因而，增减一国土地和劳动的年产物的交换价值，增减一国人民的真实财富与收入。""资本增加，由于节俭；资本减少，由于奢侈妄为。""节省了多少收入，就增加了多少资本。这个增多的资本，他可以亲自抽下来雇佣更多的生产性劳动者，抑或以有利息地借给别人，使其能雇佣更多的生产性劳动者……""资本增加的直接原因，是节俭，不是勤劳。诚然，未有节俭以前须先有勤劳。节俭所积蓄的物，都是由勤劳得来。但是若只有勤劳，无节俭，有所得而无所贮，资本决不能加大。"（何正斌，2000）

可见，亚当·斯密在对市场总供求态势的观察中，倡导节俭，倡导资本积累，说明经济增长的发动机在供给一端，这几乎用语言表达了柯布—道格拉斯（Cobb - Douglas）生产函数。可见，斯密所处时代的英国及欧洲的经济呈现供不应求的状态，总供求态势应该是供给约束型（见图 2 - 1）。20 世纪 90 年代末之前的苏联、东欧基本属于这种类型的经济，亦称为短缺经济。1978 年之前中国经济情形与此相似，城市里到处可见"储蓄一元钱，支援社会主义建设"的宣传标语。那个凭票凭证供应的年代，别说是正货，就是残次品都有许多人抢购。这

---

① ［英］凯恩斯：《就业、利息和货币通论》，房树人、黄海明编译，华夏出版社 2005 年版。

种情形一直延续到 90 年代初期，采购员满天飞，各工厂几乎不用设"销售科"，卖商品根本不是问题，供给不足体现在各个行业的各个层面上。

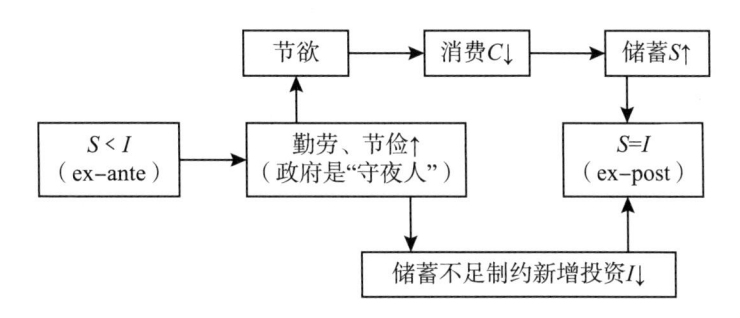

图 2-1 "供给约束型经济"从事前不均衡到事后均衡

19 世纪初，欧洲社会出现了某种结构性的商品滞销现象，著名经济学家萨伊（J. B. Say）提出了"供给自动创造需求"的理论命题："一个人之所以卖出商品是为了买回商品"，即是说，市场实质上就是产品和产品相交换，每个卖主都是买主，而每个买主又都是卖主，由此形成"卖主和买主形而上学的均衡"。萨伊认为，这是他发现的"重要真理"（何正斌，2000）。萨伊的命题认为国民财富的增长在于供给侧而不在于需求侧，即使有暂时的商品滞销，那也应该是结构性的，是因为其他商品生产少了；一旦其他产品的生产跟上来，暂时的积压就会消除。换言之，在供给约束型经济态势下，市场出了问题，要从供给方面治理。

后来的批评者认为，萨伊的学说是把市场经济同简单商品经济相混淆了，是以物物交换来解释商品流通，忽视了货币的作用（刘凤岐，1988）。显然，批评者是以现代市场经济提供的证据认定萨伊的错误，也应该被批评。出售商品或劳务之后是否立即购买商品或劳务，取决于人均可支配收入的高低。在不算富裕甚至仍显贫困的时代，人们的储蓄是微乎其微的，几乎全部可支配收入都得用来购买生活必需品才能维持生存。如果储蓄的份额在可支配收入中占比微小，那么，"卖主和买主形而上学的均衡"之命题成立也无不可。由于不富裕，人们不会把取得的收入储藏起来，必须马上用于购买。萨伊对货币贮藏作用的"忽视"也不无道理。

英国经济学家约翰·穆勒（J. S. Mill, 1848）在其《政治经济学原理》中提出相互需求原理。两个国家进行产品交换，就需求程度的比较而言，一个国家对另一个国家产品的需求越是不及对方国家对它的产品的需求程度，贸易条件（trade terms）就对这一个国家越有利。贸易条件越是接近对方国家国内的两种商品的交换比价，它生产的一定数量商品就可以换回更多对方国家商品。相互需求原理将两个国家国内商品的交换比价确定为互惠贸易的范围，用两个国家对彼此产品相互需求强度解释交换比价或贸易条件的变动,进而说明贸易利益的分配。该理论也可以说是从供给角度阐明了国家之间商品交换的比价范围,同时强调需求因素对具体国际交换比价确定的决定性作用,第一次从供给与需求两个方面探讨了国际交换比价的确定问题。

贸易条件是用来衡量在一定时期内一个国家出口相对于进口的盈利能力和贸易利益的指标,常用的价格贸易条件又称为净实物贸易条件,为一国出口与进口的交换比价。其计算公式为:

$$NBTT = \frac{P_x}{P_m} \times 100 \qquad (2.1)$$

式(2.1)中,P_x 和 P_m 分别表示出口和进口价格指数。NBTT 值增大表示一国贸易条件改善,意味着一国出口价格的上升快于进口价格的上升(或出口价格的下降低于进口价格的下降),表示该国在贸易中获益增多;反之,NBTT 值减小则表示一国贸易条件恶化,该国在贸易中获益减少。

从方法论上看,穆勒的贸易条件学说其实暗含着"供给约束型经济"这一假设前提,与萨伊"供给自动创造需求"的思想类似。也只有在此前提下,方可以此学说考量贸易绩效。不管穆勒时代(或之前)供给"瓶颈"如何,只要存在供给约束,供给曲线就与横轴垂直,供给量就与价格无关。于是,当供给量的增长相当缓慢或为零时,提高贸易利润率的途径只有提高价格。假定贸易双方都是相同前提的国家,于是,通过进出口价格指数计算两个价格之比,就能大概算出利益之比。

时至今日,为了使贸易条件适合于对现代国际贸易绩效的衡量,学者们提出了多个贸易条件"亚种"。但无论如何,也难以说明当代许多国家一端是贸易条件的恶化、另一端是贸易收支的改善这一事实。许多研究表明,用该指标核算,各国的国际贸易绩效都比较差。根据伊姆拉(Imlah,1950)和施洛特(Schlote,1938)等人的计算,英国自 19 世纪初到 20 世纪 30 年代,其价格贸易条件一直呈现出恶化趋势,但持续的价格贸易条件恶化并没有给英国的国民福利带来什么负面影响。在日本历史上也存在类似的情况,日本学者南亮进(1989)分析指出,在 20 世纪初期,日本的贸易条件是下降的,但出口竞争力增强,在国际市场的出口占有率迅速上升。

就中国的贸易条件看,赵玉敏、郭培兴和王婷(2002)通过计算发现 1993~2000 年中国价格贸易条件下降了 13%。武海峰和牛勇平(2004)选取 30 种代表性商品计算,得出中国 1985~2002 年的价格贸易条件不断下降的结论。联合国贸易和发展会议的一份研究显示[①],中国在 1993~2002 年价格贸易条件下降了

---

① UNCTAD. *Trade and Development Report*. New York UNCTAD,2002.

10%以上，而其中中国与发达国家的贸易条件比其与发展中国家的贸易条件更差。但是，20世纪以来，世界经济突飞猛进，各国GDP总量及人均GDP的增长势头前所未有。改革开放之后的中国发展更快，持续的贸易顺差和外汇储备增加，国际收支不断改善，人民生活水平不断提高。贸易条件理论与经济实践的冲突或不一致显而易见。

难道穆勒真的错了吗？一个合乎逻辑的解释是，在穆勒生活的时代，欧洲经济是供给约束型的，可供出口的商品数量增长能力很低，赚钱主要靠抬高物价。贸易条件和贸易收支是正相关的，贸易条件的改善或恶化，就是贸易收支的改善或恶化，就是国家利益的增长或下降。

从这些理论学说中，可以推断出，在一个较长的时段中，世界经济属于供给约束型经济。如果利用世界经济史数据，那么，相关结论可以总结出来。理论来自当时的时代背景和经济现实，可以考虑以下两条实证路径：

第一，从总供给、总需求与价格的关系角度入手，考察在一定观测点的样本中影响价格的是总需求还是总供给。以费雪（Irving Fisher）的交易方程式为理论基础，如果是总需求重要，能够影响价格，那么，经济态势无疑是供给约束型。以小麦为例，当新小麦没有成熟时，如果面粉需求陡增，小麦存量的增长可能性为零，那么，需求就是价格变动的主要影响因素，这无疑是一个供给约束态势。反之，如果总供给取决于总需求，则经济态势无疑是需求约束型的。从技术角度来说，在用最小二乘法拟合回归模型的基础上，用Beta系数方法和脉冲响应函数方法都可以揭示出变量的重要性及其影响。

第二，从净贸易条件与贸易收支相关性入手考察供求态势。如果净贸易条件与贸易收支正相关，则是供给约束型经济态势，反之是需求约束型经济态势。用贸易条件考量国家收支利益的前提是"供给约束型经济"。这一点从"马歇尔—勒纳条件"（Marshall - Lerner condition，M - L）角度的实证考察也可以说明。如果M—L条件普遍不成立，说明出口价格及成本下降，会刺激国外需求，应该带来出口增长，但是出口获益降低，不能使出口增长，说明产量无法增长，经济态势属于供给约束型。反之，如果M - L条件普遍成立，说明经济态势属于需求约束型。

有学者通过实证研究，认为从近代开始中国就处于供给约束型经济态势中，这种局面一直延续到1995~1996年（刘巍，2010；2011a）；日本在全面侵华战争之前一直处于供给约束型经济态势中（刘巍，2011b；张乃丽和刘巍，2012）。

（二）需求约束型经济

"供给约束型"与"需求约束型"两种经济态势的转折是一个渐进的过程，即使是发生在一个时点上，也无法精确地发现这个时点，只能将其粗略地估计在某个时段内。从美国经济史逻辑和经验角度分析，两种经济态势的转折点可以确定在第一次世界大战前后的一个时间区间内。

1913年，亨利·福特（Henry Ford）首创"传送带生产线"，即"流水装配线"，大大提高了机械效率和管理效率。这种管理模式逐步由汽车工业传播到其他工业领域，成为制造业的主要生产管理方式。汽车制造业的迅速壮大和成熟，给美国经济注入了巨大的活力，石油生产、轮胎制造、钢铁冶炼、公路建设等行业在汽车工业的带动下快速发展起来。工业生产能力大幅增加，只要顾客下订单，厂商就能供货，而且1921年曾出现货物积压成堆的现象，供给的约束力渐渐消失了。从"柯立芝繁荣"（Coolidge Prosperity）及其新事物中可反映这一新的总供求态势。第一次世界大战后，美国的经济得到了快速发展，出现了以下经济现象：

第一，推销逐步成为一种职业，推销员和促销员众多。20世纪20年代，美国出现了推销员和促销员制度，推销逐渐职业化，说明厂商已经把销售置于与生产同等重要的地位，甚至置于比生产更重要的地位了。这个时期，推销员和促销员（也包括广告商）是连接消费者与供给者的桥梁，他们掌握着市场大门的钥匙。当时一位著名的经理人说："你再也不能只做一个接收订单、等待顾客上门的人，你必须成为一个推销员，走出去，走到有可能需要你产品的顾客中去。"随着市场竞争的日益加剧，为了销售各种商品，推销员们使用的促销手段也变得愈加复杂多样。在强大的销售压力下，各路推销高手奇招频出（艾伦，2009）。推销人员不仅要制定宏大而细致的宣传计划，而且要请教心理学专家，学会揣摩购买者的心理，然后劝诫（甚至是欺骗和恐吓），千方百计地说服顾客购买他们的产品。

第二，美国的广告业成为一个重要的行业。"一战"后初期，人们还没有认识到广告的重要性，但到了1923年，有人就预言广告将成为一个行业。1927年，美国广告费用超过了5亿美元。在需求约束型经济态势下，广告商想尽一切办法，推出了精美的广告设计、贴近民众生活的现实主义图片以及更为生动的宣传方式。广告商根据不同的产品，针对不同的顾客群，揣摩他们的心理，撰写投其所好的广告词，如怎样会更加年轻、受人喜爱、显得富有、不能让邻居瞧不起等，完全不必在产品的特殊品质和优点上浪费笔墨（艾伦，2009）。

第三，分期付款在美国普遍推行。这是以未来做抵押，刺激公众需求的有效手段，可以保持产业始终正常运转。依靠分期付款的方式，美国人不仅可以购买到一般消费品，而且可以购买到20世纪才有的汽车和拖拉机这样的城乡生活和生产必需品。如果没有分期付款这种商家推出的赊销措施，很多人不知何时才能攒够这笔钱，才会形成有效需求。

第一次世界大战后，美国人逐步意识到，自己被现金余额限制了消费是一种过时的行为，应该用"自己的信用"支付账单。这种刺激消费市场和产业发展的方法甚是灵验。据有关测算：20世纪20年代所有零售额的15%都通过分期付款的形式完成，1927年用分期付款方式销售的汽车占总交易量的60%，大约60亿美元的商业证券业务也是通过分期付款的方式完成的（艾伦，2009）。如果不是供求态势转化为需求约束型，这种产销两旺的局面是不可想象的。

由上述可见，广告和推销员联手，影响了消费者的选择，并采取分期付款的方式透支未来需求，极大地刺激了当期消费者需求。从上述市场销售手段，可以感受到美国此时巨大的生产潜能和供给能力。所以，美国经济转变为"需求约束型"的结论基本成立——美国的供给没有问题，需求成为经济增长的发动机。在这种经济态势下，一旦有效需求不足，尤其是投资需求不足，发生大规模经济动荡的可能性极大。

不仅在美国，而且在大洋彼岸的欧洲，经过战后的经济恢复和产业更新，供给潜能也有了大幅度增长。琼·罗宾逊（Joan Robinson，1937）在《就业理论论文集》一书的"外汇"篇中，从国内外的供给、需求两个方面，分别考察了在进口供给弹性和出口供给弹性不同的条件下一国汇率变动对进出口双方的影响；着重研究了一国采取本币贬值政策时，进出口弹性对国际收支平衡的作用，总结提出了著名的"马歇尔—勒纳条件"（Marshall - Lerner condition，M - L）模型。经过严格的逻辑推理，货币贬值可以改善贸易收支的条件为：

$$E_x + E_m > 1 \qquad (2.2)$$

其中，E_x 和 E_m 分别代表出口的价格弹性和进口的价格弹性。

当然，关于M - L条件的理论受到多方质疑，并不断得到修正补充，最后完善为罗宾逊—梅茨勒条件（Robinson - Metzler，R - M）的理论模型。其中，假设"所有有关产量的供给弹性均为无穷大"，以特别方式肯定了市场总供求态势为"需求约束型经济"。显然，这应该是罗宾逊夫人对欧洲经济，起码是对英国经济长期观察之后，对市场环境的抽象概括。在M - L条件遭到质疑时，这一假设基本上也被认同，说明当时经济学界对市场看法的一致，特别是在1936年凯恩斯的《通论》出版之后提出M - L条件，这个共识的达成还是比较容易的。陈岱孙和厉以宁（1991）也认为，"在30年代资源未充分利用时，弹性分析中关于供给弹性无穷大的假设不是不合理的"。

1936 年，凯恩斯在《就业、利息与货币通论》中将 1929~1933 年的大萧条诊断为"有效需求不足"。有效需求不足之病症，必然在需求约束型经济中发作，就如同供给不足病症必然发作于供给约束型经济一样。凯恩斯认为，边际消费倾向递减、边际资本效率递减、流动性偏好三大心理因素造成的阻碍，使得在需求约束型经济中会产生有效需求不足，即较多的收入被储蓄起来了，并未转化为投资，储蓄远大于事前投资，这显然是"富贵病"。短缺经济或贫困经济如果患病，那一定是营养不良的"穷病"——有效供给不足（见图 2-2）。

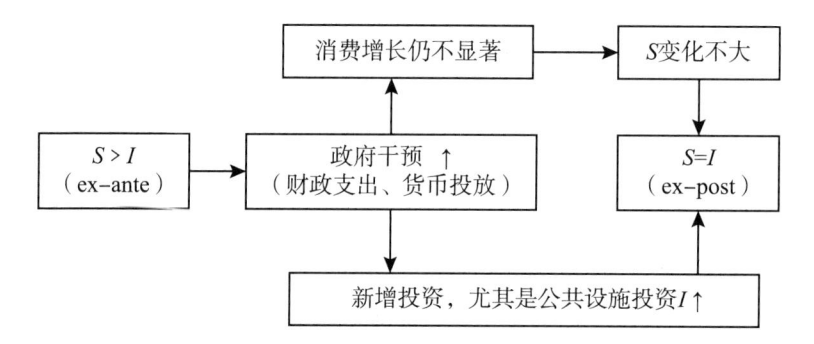

图 2-2　"有政府干预的需求约束型经济"从事前不均衡到事后均衡

1929~1933 年，世界经济"有效需求不足"的条件至少在 10 年前或更早就形成了，用凯恩斯的话说，大萧条是"由一个经济阶段过渡到另一个经济阶段时，在重新调整中的痛苦"。何正斌（2000）认为，在生产不足的年代（供给约束），人们更容易接受节约和储蓄，而不是鼓励消费。当进入生产过剩（需求约束）的时代后，人们还会长时间固守旧传统和习惯。只有当出现了像 20 世纪 30 年代的大萧条和大过剩时，才震醒了像凯恩斯这样敏锐的人。实际上，美国从 1919 年开始进入了需求约束型经济态势；英国早在维多利亚时代前期就进入了需求约束型经济态势（刘巍和陈昭，2010）；日本在 50 年代初从供给约束型经济转变为需求约束型经济（陈昭，2012）。

（三）"新供给约束型"经济

近代以来，随着新土地开发、技术进步和产业发展，西方国家进入工业社会，资本成为最重要的生产要素，对资本的需求迅速超过了资本供给，谁掌握了资本谁就掌握了权利。早期工业社会收入偏低导致储蓄不足，即资本供给不足使得经济态势呈现出供给约束型特征。工业社会发展到第一次世界大战前后，收入增加导致储蓄大大增长，市场经济呈现出需求约束型经济态势。

在消费需求相对稳定的前提下，投资需求能否吸纳不断增长的储蓄成了世界经济中最为关键的问题：投资能不能持续增长？

根据凯恩斯的投资理论，经济危机与就业不足都归结为有效需求不足，而有效需求不足的根源在于三大基本规律：边际消费倾向递减规律、投资边际效率递减规律和流动偏好。第一个规律造成消费不足，第二、三个规律的共同作用导致投资不足。从短期静态看，投资增加可以增加就业进而弥补消费不足的问题。从长期动态看，当期产出和消费之间的差距，通过增加投资来弥补，并实现充分就业均衡。然而当期投资增加所引起的产出增大，使下期产出或收入与消费之间的差距比当期更大，进而使失业问题更为严重，弥补起来更加困难。由此可见，凯恩斯实际上承认了增加投资的两难处境，从市场真实情况抽象出来的凯恩斯投资理论存在动态困境。这就预示着，一旦投资者对前景不看好，累积的矛盾就将爆发，于是，大萧条的出现就顺理成章，商业周期循环将不可避免。

美国经济大萧条之后，各主要工业国家的经济社会结构发生了巨大变化，第二次世界大战使美国经济又上了一个新的层次。在需求约束型经济条件下，出现了商业周期循环，只是由于各国政府的强势干预，周期动荡的幅度大大缩小。但是，政府干预就如同感冒吃药，药物只能缓解症状而不能治愈。况且，用凯恩斯投资理论来解释，政府每一次强势干预事实上都为下一次萧条埋下隐患。总之，储蓄大于投资的态势是世界经济内在的"火山"，无论规模大小、时间长短，危机总是要爆发的。

这种经济运行模式要持续多久？会朝着哪个方向改变？本章试图根据近期世界经济中出现的新现象做一点超前的讨论。

20世纪90年代，美国进入了新经济时期，强大的科学技术进步创造出了从前从未见过的新产品。于是，新科技拉动了新型的投资并造就了新的消费热点。同时，新科技还无情地淘汰了老旧的存量生产资本和耐用消费品。这样，由新科技发动的大批新产品供给一旦出现，就会从消费和投资两个角度消化储蓄，不仅使平均消费倾向大大提高，也会加速折旧（精神磨损），从而使投资高速增长。于是，可以展望，新的经济态势将不是传统的"生产者主导"的供给约束型，或"消费者主导"的需求约束型，而应该是"领先科技主导"的"新供给约束型经济"，或称"领先科技约束型经济"。也就是说，不是掌握领先科技生产要素的阶层根据消费者对物品的主观评价来组织生产和供给，而是这个专家阶层自行设计产品、自行规定规格，然后通过覆盖面巨大的广告宣传网、通信网和推销机构向消费者劝说，极力使消费者按照生产者提供的商品品种、规格、价格来购买。所以，新时代供求态势既不是原先的"消费者主导"，也不是传统意义上的"生产者主导"，而是科技专家们引导消费的"领先科技主导"（见图2-3）。

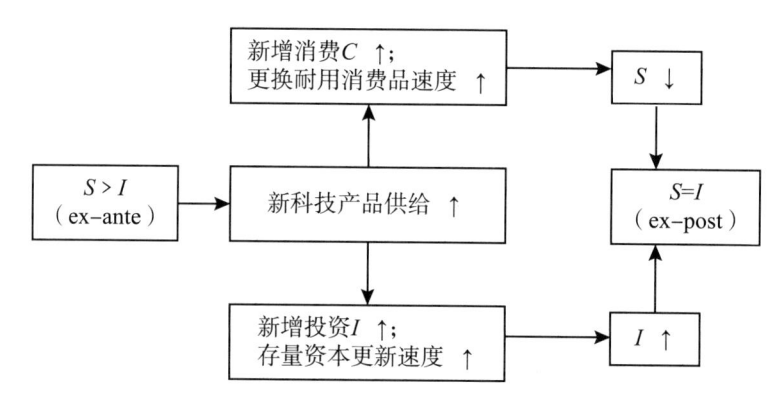

图 2-3　"新供给约束型经济"从事前不均衡到事后均衡

储蓄和投资均衡的最关键因素在于"新科技产品的供给",它取代了需求约束型经济态势下政府的干预。与原来国家干预不同的是,新科技产品供给不是将储蓄与投资的矛盾顺延,而是在当期内解决两者的均衡问题。自罗斯福新政(The Roosevelt New Deal)以来,国家干预大都是在增加投资上不遗余力,而对促进本期消费无能为力。新科技产品供给在促进消费方面将大有作为,同时,在淘汰旧有存量资本方面也是不容抗拒的。因此,最优选择是将政府调节的任务转向鼓励、扶持和奖励领先科技的发展。这一美好的经济态势何时能成为世界经济的主流态势?目前尚不可预知。加尔布雷斯(J. K. Galbraith, 1967)认为这一时代已经来临。[①] 本书不认同这种判断,应该说当代世界经济的主流正处于从传统的"需求约束型经济"向"新供给约束型经济"(领先科技约束型经济)过渡时期。可以预料的是,新科技产品供给一旦"卡壳",政府强势干预必将复活,经济态势也将回归需求约束型。

二、美国大萧条的发生机理:基于消费需求不足的分析

前文初步论述,第一次世界大战后,美国转入需求约束型经济。但是,大萧条前10年,美国非但没有发生有效需求不足,而且消费占GDP的比例呈现上升趋势。其原因是,消费信贷缓解了有效消费需求不足对美国宏观经济运行的压力。从美国大萧条爆发后的理论分析看,凯恩斯针对1929~1933年的大萧条,提出了"有效需求不足"的观点。"三大心理因素"导致较多的收入被储蓄起来

---

① 〔美〕加尔布雷斯:《新工业国》,稻飞译,上海人民出版社2012年版。

了，并未转化为投资，储蓄远大于事前投资，进而导致有效需求不足。假定凯恩斯的逻辑正确，那么，资本主义经济萧条的根源在于消费需求和投资需求所构成的总需求不足，不足以实现充分就业。消费需求不足在于边际消费倾向小于1，即人们不会把增加的收入全部用来增加消费，而投资需求不足则是由于资本边际效率在长期递减。

本书对凯恩斯逻辑及其论断拟提出两点看法：第一，凯恩斯只是研究总量，基本没有涉及结构问题。边际消费递减规律显然不太适用于中下层的美国人。第二，凯恩斯的消费理论没有考虑信贷消费对美国消费者产生的较大影响。以下针对凯恩斯理论忽视消费结构和消费层次的问题，探讨美国大萧条前的收入分配情况，进而探讨收入分配不合理如何导致美国有效消费需求不足。

（一）美国1921～1933年经济发展：从大繁荣到大萧条

第一次世界大战后，欧洲经济处于停滞或恢复状态，美国的经济得到了飞速的发展。这主要源于技术及设备的革新和企业资本联合，使得生产和资本高度集中，导致企业内部结构与管理体制上的重大变化，企业生产及管理效率提升（钱德勒，1987）。这个时期正是美国第30任总统柯立芝（John Calvin Coolidge）任期之内（1923～1929年），其经济繁荣被称为"柯立芝繁荣"（Coolidge Prosperity）。

从整个美国经济发展看，实际国民生产总值（GNP）指数从1921年的100增长到了1928年的149.37，年均增长5.90%。这个时期的经济增长快速而平稳，1924年和1927年有两次轻微的回落，但影响甚微（见表2-1、表2-2）。1926年，美国失业率降低到了1%。[①]

表2-1　　　　　　　　　1921～1928年美国经济增长

单位：亿美元（1958年价格）

年份	GNP	指数	年份	GNP	指数
1921	1 278	100.00	1925	1 794	140.38
1922	1 480	115.81	1926	1 900	148.67
1923	1 659	129.81	1927	1 898	148.51
1924	1 655	129.50	1928	1 909	149.37

资料来源：米切尔：《帕尔格雷夫世界历史统计：美洲卷（1750～1993）》，经济科学出版社2002年版，第782页。

---

① ［美］托马斯·伍兹：《另类美国史》，王祖哲译，金城出版社2008年版，第125～126页。

表 2-2　　　　　　　1929~1933 年美国经济的关键指数

年份	工业生产指数	耐用消费品购买指数	非耐用消费品购买指数	居民消费价格指数（CPI）	狭义货币供应量（M₁，亿美元）
1928	140	156	117	99	264.36
1929	153	185	119	98	264.34
1930	127	143	97	91	249.92
1931	100	86	78	80	218.94
1932	80	47	56	73	203.41
1933	100	50	60	73	197.59

注：1922 年 =100。

资料来源：[挪] 拉斯·特维德：《逃不开的经济周期》，董裕平译，中信出版社 2008 年版，第 86 页。M_1 数据见 [美] 米尔顿·弗里德曼、安娜·J. 施瓦茨：《美国货币史：1867-1960》，巴曙松等译，北京大学出版社 2009 年版，第 511~513 页。

1921~1929 年，美国经济繁荣主要表现在工业生产的增长，其中，建筑、汽车、电气工业并称为美国经济"大繁荣"的三大支柱。以汽车工业为龙头的产业高度发展，从 1900 年到 1929 年，美国的汽车年产量从 4 000 辆增长到 480 万辆。1929 年，美国的汽车拥有量超过了电话，达到 2 600 多万辆，平均每 5 人就有一辆车。这一数字大大超过了英国的每 43 人 1 辆车、意大利的每 325 人 1 辆车和苏联的每 7 000 人 1 辆车。[1] 1929 年，汽车制造业的产值已占全国工业总产值的 8% 左右，雇佣的工人占全国工人总数的 5% 以上。汽车工业也带动其他有关工业的发展。钢产量约有 15% 用于汽车工业，因而随着汽车产量的增加，钢产量亦随之增加，从 1923 年的 4 490 万吨增加到 1929 年的 5 640 万吨，增加了 26%；橡胶、汽油、冶铅、制革业等也在很大程度上依靠汽车工业，因而亦随之增长，如汽油产量在第一次世界大战结束后至 1929 年期间从 8 600 万桶增为 43 900 万桶。[2]

1920~1929 年，尽管还存在收入分配不均和贫富差异，但按全国总人口平均的可自由支配的税后年收入，从 635 美元增为 693 美元，约提高 9%。[3] 所以，柯立芝总统自豪地把"每个美国家庭的锅里都有一只鸡，每家车库里都有两辆汽

---

[1] William E. Leuchtenberg. The Perils of Prosperity, 1914~1932, The University of Chicago Press, 1958: 158.

[2][3] [美] 菲特（G. C. Fite）、里斯（J. E. Reese）：《美国经济史》中译本，司徒淳、方秉铸译，辽宁人民出版社 1981 年版，第 669~674 页。

车"当作了政府的工作目标。米尔顿·弗里德曼（1901）回顾时说："很多工作及生活在那段时期的人都没有意识到经济衰退，显而易见，这些经济衰退只是记录在了经济学家与统计学家正在开发的精密的经济监测系统中。"① 1928年，刚刚竞选获胜的赫伯特·胡佛总统宣布："征服贫穷不再是一个遥不可及的幻想，我们尚未达到目标，但我们有机会沿袭过去8年的政策继续向前。在上帝的帮助下，我们很快就会看到，把贫穷从这个国家驱逐出去的日子就在前头。"②

1929年，美国经济总量达到了大萧条之前的拐点。注意观察大萧条的两个重要时间节点："一战"结束后的1929年是美国经济的最高点，1932年是大萧条爆发后最为悲惨的一年。3年之间，工业生产指数从140跌落到80，耐用消费品购买指数从156暴跌到47，非耐用消费品购买指数从117跌落到56，CPI从99下降到73，狭义货币供应量（M_1）从264.35亿美元收缩到203.41亿美元。托马斯·伍兹（Thomas E. Woods，2008）对美国大萧条做了这样的描述："1929年的股市崩盘，把繁荣的20世纪20年代扔进了一个天塌地陷的结局中。从1929年到1933年，人均实际国民生产总值跌落了30%。失业率最高攀升到25%。1931~1933年，税后的企业利润其实是负数。30年代的私人净投资也是负数——就是说，厂房和设备磨损得比更新还快。"③

彼得·特明（Peter Temin）从宏观上对大萧条做了定量的概括：1929年10月，以纽约股票市场崩溃为标志爆发的经济危机，迅速蔓延到美国社会经济生活的各个方面，在短时间内出现全面衰退迹象。1929年中期到1933年初期的持续衰退，美国实际GNP下降了30%，而名义GNP下降了一半以上；工业产出下降了37%，价格下降了33%；失业率上升到最高值25%，并在之后较长时间保持在15%以上。出现严重的信贷危机，股票价格失去了其价值的80%；大约有9 000家银行倒闭，损害了上百万家庭的储蓄，整个社会空前萧条。有人说，如果让全部的失业者每隔一码排队，这个队伍将从纽约伸展到西雅图，再伸展到洛杉矶，然后又折回纽约，且还有28万人不能进入队伍。美国的许多经济资源被闲置了整整10年，只是随着第二次世界大战的到来，就业逐渐增加，吸纳了庞大的劳动力大军（恩格尔曼，2008）。

随着经济危机局势的恶化，人们开始贱卖任何东西。耐用品价格大幅度下降，约翰逊美术馆因破产而出售资产时，毕加索的《超级派对》仅售400美元！

---

① ［美］米尔顿·弗里德曼、安娜·J. 施瓦茨：《美国货币史：1867~1960》，巴曙松等译，北京大学出版社2009年版，第206页。
② ［美］狄克逊·韦克特：《大萧条时代：1929~1941》，秦传安译，新世界出版社2008年版，第2页。
③ ［美］托马斯·伍兹：《另类美国史：对美国历史的政治不正确导读》，王祖哲译，金城出版社2008年版，第129~130页。

而且非耐用消费品的销售额也下降了一半（拉斯·特维德，2008），足见其惨烈程度。同时，商业银行受到企业销售困难而无法偿还银行贷款的拖累，要么倒闭，要么惜贷，货币政策的传导机制被商业银行阻碍。

（二）美国大萧条之前收入分配差距扩大及其原因

在第一次世界大战后美国经济"大繁荣"（great prosperity）进程中，国民收入分配结构不合理程度日趋严重，收入占比较少的大多数家庭收入达不到边际消费倾向递减的水准，强劲的边际消费倾向递减现象发生在收入占比较高的富人阶层。1929年，美国股市崩盘，金融体系垮塌，致使消费信贷规模锐减，收入分配不合理导致严重的有效需求不足，宏观经济运行通道阻塞，出现"大萧条"。因此，对美国大萧条的分析要从美国收入分配结构入手，深入探讨收入分配差距扩大及其原因。

1. 美国收入差距扩大的过程

大萧条前的20世纪20年代，美国取得了经济上的巨大成就，形成了"大繁荣"局面，但美国社会的贫富差距并没有因为大繁荣而缩小，反而越来越大。在大繁荣中，收入越高的阶层，收入增加越快（见表2-3）。

表2-3　　　1923~1929年不同收入阶层净收入　　　单位：千美元

收入阶层	1923年	1924年	1925年	1926年	1927年	1928年	1929年	1929年比1923年增长（%）
最贫困	4.949	4.974	4.992	4.992	4.992	4.992	4.997	0.970
低收入	9.653	9.859	9.917	9.917	9.917	9.917	9.960	3.180
中低收入	23.140	23.480	23.870	23.870	23.870	24.010	24.160	4.408
中高收入	77.440	77.460	83.970	83.970	83.970	84.260	85.150	9.956
高收入	304.600	300.500	384.000	384.000	384.000	384.300	389.200	27.774
最富有	587.100	570.500	759.000	759.000	759.000	759.300	769.200	31.017

资料来源：George Henry Soule. *Prosperity Decade: From War To Depression*, 1917-1929. Holt Rinehart & Winstorn 1962：318.

根据蔡斯（Stuart Chase）的统计，1920~1929年，1%最富有的人享受着75%的收入增长。尽管1922~1928年美国的人均国民收入从625美元增加到742

美元，但不同阶层所分得的收入却是不同的。其中，城市总人口71%的工人其工资收入仅占国民收入的38%，而企业阶层占41%。全美前10%富有阶层共270万户，平均每户1万美元；90%低收入阶层共2 430万户，仅仅拥有540亿美元的收入，平均每户仅2 200美元。1929年，这种收入分配的不均更加严重，当时美国0.1%最富有家庭的收入等于42%最贫困家庭的收入，即2.4万户最富有家庭的总收入相当于115万户中下层家庭的收入总和。大约有71%的家庭年收入低于2 500美元，60%的家庭年收入低于2 000美元。相反，2.4万户最富有的家庭年收入超过了10万美元，其中513户的年收入在100万美元以上。①

恩格尔曼（Stanley Engerman）和高尔曼（Robert Gallman）（2008）使用计量经济学工具测算出了美国1913~1946年的基尼系数以及贫困率数据（见图2-4）。首先，基尼系数整体呈现上升的趋势，从1919年的0.48增加到了1930年的0.589，其中1929年达到一个新的高点。其次，同期贫困率几乎逐年升高，从51.6%增加到了65.8%。② 这个测算结果证明了美国大萧条前夕糟糕的贫富差距问题。经济强劲增长的背后隐藏着巨大的收入分配隐患。

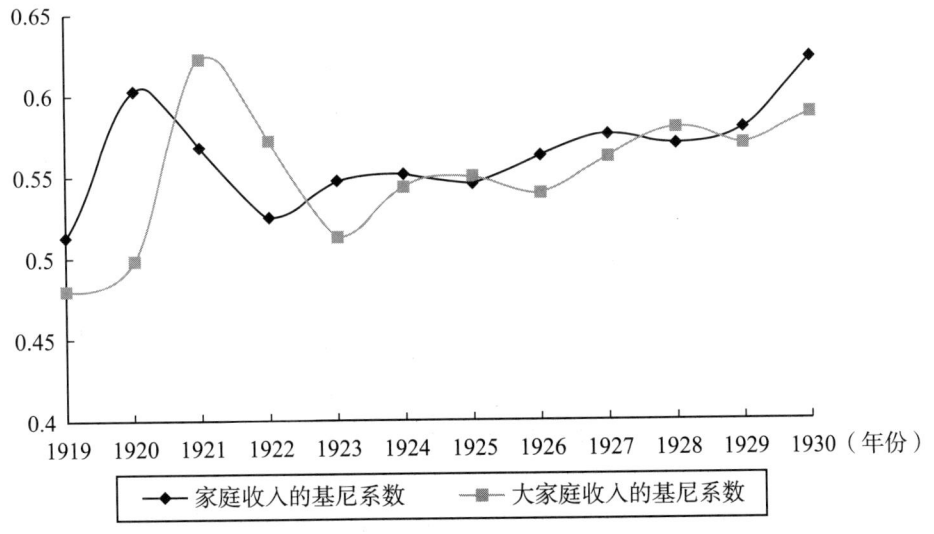

图 2-4　美国 1919~1930 年基尼系数变化趋势

资料来源：[美]斯坦利·L. 恩格尔曼和罗伯特·E. 高尔曼主编：《剑桥美国经济史（第二卷）：漫长的19世纪》，王珏、李淑清译，中国人民大学出版社2008年版，第208~210页。

---

① Stuart Chase. *Prosperity Fact or Myth*, Charles Boni Paper Books, 1929：82.
② [美]斯坦利·L. 恩格尔曼和罗伯特·E. 高尔曼主编：《剑桥美国经济史（第二卷）：漫长的19世纪》，王珏、李淑清译，中国人民大学出版社2008年版，第270页。

另外，美国国家税务局（IRS）收入统计报告（SOI）统计了1916年以来申报个税的各收入阶层的收入分布情况。据此数据可以大致计算出1919~1929年美国纳税居民的基尼系数（见图2-5）。这个测算结果说明在此样本区间内，基尼系数除了少数年份下降，总体上呈上升趋势，收入分配不平等程度在上升。虽然与恩格尔曼等人的数据有偏差，但是基本趋势完全一样。1919~1930年，美国经济出现爆发式的增长，但是随之而来的收入分配问题也隐藏在其中，贫富差距越来越大，贫困线以下的家庭比例不断上升。这个问题对后来美国大萧条构成了巨大隐患。

图 2-5　美国1919~1929年基尼系数

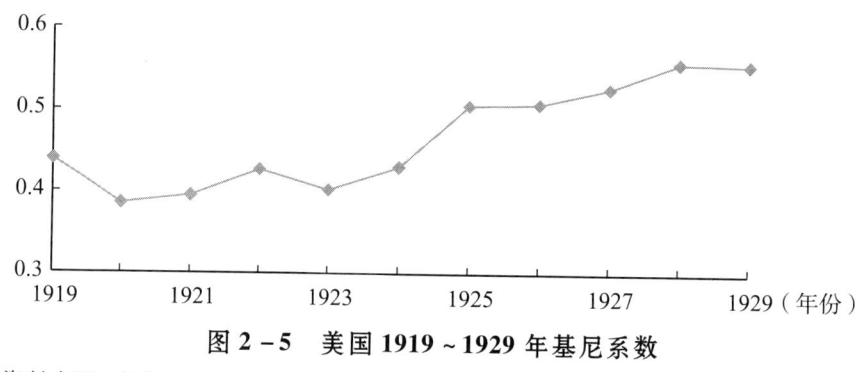

资料来源：根据Statistics of Income Report数据计算，http：//www.nber.org/databases/macrohistory/StatisticsofIncomeReport。

2. 美国收入差距扩大的原因分析

当时美国经济繁荣及其发展成果并没有得到公平分配。根据威廉·曼彻斯特（William Manchester）的描述，从柯立芝（John Calvin Coolidge, Jr.）总统到罗斯福（Franklin D. Roosevelt）总统任期内的所谓"新世纪"繁荣并没有坚实的基础。第一次世界大战后，各种大规模生产技术得到应用，工人劳动生产率已经提高了40%以上，相应的工人工资必须得到增加，从而提高消费者收入及购买力。但是，在20世纪20年代，工人收入并没有随着生产力的提高而相应增加。1929年，经布鲁金斯研究所计算，一个家庭如果要取得最低限度的生活必需品，需要每年收入2 000美元，但是当年美国60%以上的家庭收入达不到这个要求。显然，购买力跟不上商品产量，例如，工资指数从1920~1929年10年间仅仅上涨了3.28%，而同期的生产指数却上升了62.5%。工资指数和生产指数之间的差距越拉越大（见图2-6）。换句话说，"福特制"所增加的利润大部分被企业主占有，分配不公平随着生产力的不断提升而扩大。

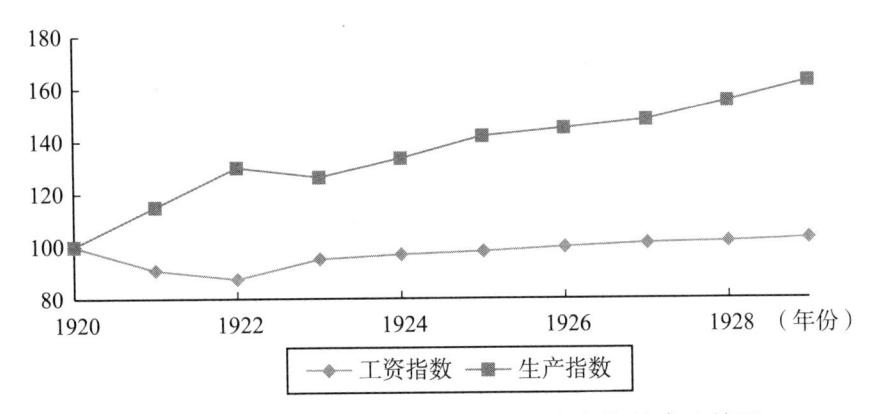

图 2-6　1920~1929 年工资指数和生产指数变动情况

资料来源：NBER Macrohistory Database，http://www.nber.org/databases/macrohistory/contents/。

同时，美国经济繁荣并非在所有行业中展开，占总人口约 25% 的农业部门没有在繁荣中受益。19 世纪中期以后，伴随着机械化的发展，美国农业的生产效率和总产量大大提高。在第一次世界大战中，由于欧洲对美国食品的需求急剧增加，使得一度低迷的农产品价格从 1914 年开始回升，并且促进了农业投入增长和规模的扩张。但是，随着战后欧洲需求降低，从 1920 年开始，美国农业的形势急转直下，陷入了萧条的泥潭中。尽管这个时期农业产量缓慢增长，与 1920 年相比，1921~1922 年农产品实际产量略有上升，1930 年产量比 1920 年高 10.5%；但是，由于农业产品价格的快速下降，农业纯收入一直远远落后于 1920 年。所以在整个 20 世纪 20 年代，农业在国民收入中的占比逐渐下滑，从 1919 年的 21.7% 下降到 1930 年的 11.3%。可见，20 世纪 30 年代占总人口 1/4 的农业人口收入一直没有增加（见表 2-4）。

表 2-4　美国农业部分数据（指数）

年份	农场名义产量	农场真实产量	农场净收入	每英亩利息	每英亩税收	农场产出占 GDP 的比重（%）
1919	105.0	102.1	116.0	83.3	80.0	21.7
1920	100	100	100	100	100	18.1
1921	58.5	99.5	43.2	114.8	122.0	12.5
1922	64.5	103.9	55.7	120.4	129.0	14.0
1923	71.4	106.0	65.0	120.8	130.5	13.3
1924	72.5	106.9	62.3	115.7	133.0	13.2

续表

年份	农场名义产量	农场真实产量	农场净收入	每英亩利息	每英亩税收	农场产出占GDP的比重（%）
1925	83.6	113.1	86.4	109.3	132.5	14.5
1926	78.7	114.6	76.2	105.6	135.0	12.8
1927	77.8	116.4	73.1	103.2	135.5	12.7
1928	81.4	115.2	76.8	101.4	138.5	13.3
1929	81.7	116.4	78.9	98.6	139.5	12.4
1930	65.4	110.5	54.6	95.4	140.5	11.3

资料来源：［美］乔纳森·休斯、路易斯·P.凯恩：《美国经济史》（第7版），邸晓燕、邢露等译，北京大学出版社2011年版，第476页。

（三）消费需求不足的形成机理：基于收入分配差距

上述分析显示，大萧条之前美国经济出现异常繁荣，收入分配差距扩大的隐患逐渐形成，社会制度导致的贫富差距越来越大，比例非常低的富裕阶层所占据的财富不断扩大，低收入者、贫困线以下民众比例不断上升，其收入水平难以提高。显然，这是消费需求层次的消费结构出现了问题，也是需求结构的问题。这个问题是美国大萧条发生的根本原因。以下分析收入分配差距引起消费需求不足的逻辑所在。

1. 消费需求与收入差距的逻辑关系

根据凯恩斯的绝对消费理论，可以将居民划分为两类群体：高收入群体和低收入群体。假设：（1）高收入群体的总收入为 Y_h，其平均消费倾向为 $c_h(0<c_h<1)$。同理，低收入群体的总收入为 Y_l，其平均消费倾向为 $c_l(0<c_l<1)$。（2）根据边际消费递减规律，高收入群体的平均消费倾向小于低收入群体的平均消费倾向，即 $c_h<c_l$。（3）设全体居民的总收入为 Y，全体居民的平均消费倾向为 c，且设高收入群体占总收入的比例为 a。可以得到社会居民总消费关系式为：

$$C = c_h Y_h + c_l Y_l \tag{2.3}$$

又因为：$Y_h = Y - Y_l$ 及 $Y_h = aY(0<a<100\%)$，代入（2.3）式可以得出：

$$C = [ac_h + (1-a)c_l]Y \tag{2.4}$$

由于 $c = \dfrac{C}{Y}$，可以得到：

$$c = ac_h + (1-a)c_l \tag{2.5}$$

由于 $c_h < c_l$，而 c 是关于 a 的递减函数，于是，在总收入水平不变的情况下，c 随着 a 的变大而变小。换言之，c 随着收入差距的变大而变小。

现在考虑大萧条前夕的具体情况。低收入阶层的平均消费倾向基本为 1，且收入差距越来越大，高收入者的比重越来越大。则修正后的平均消费函数为：

$$c = a(c_h - 1) + 1 \qquad (2.6)$$

随着 a 的增加，平均消费倾向逐渐下降，需要逐年增加的投资来消化巨大的储蓄。理论上来讲，美国大萧条前夕的储蓄率应该呈现大幅上升的趋势，但是实际情况与之相反，国民消费率不仅没有下降，反而出现了上升的趋势（见图 2-7）。

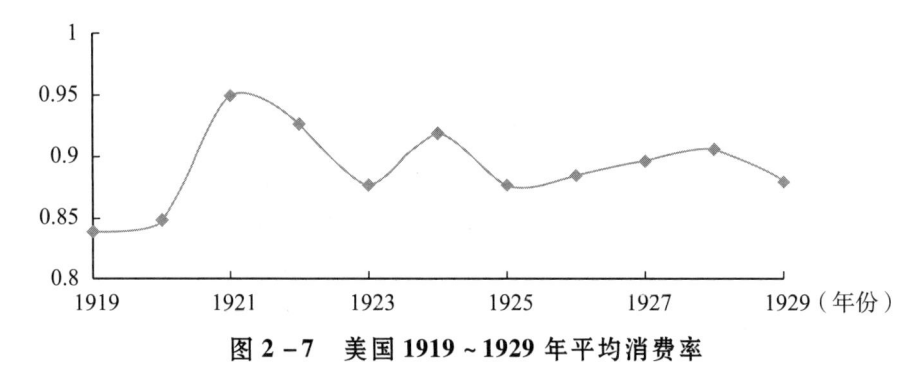

图 2-7 美国 1919~1929 年平均消费率

资料来源：NBER Macrohistory Database，http：//www.nber.org/databases/macrohistory/contents/。

2. 消费需求不足：基于无信贷条件下的消费需求分层讨论

一般而言，人们的需求大体上可以分为三类：一是人们在任何情况下都会感到必不可少的绝对需要，即满足人们基本温饱问题的"生存需求"；二是当"生存需求"满足以后，随着收入增加，人们开始朝着富裕生活努力，满足人们优越感、能够超过他人的自尊需要[1]，可以称之为"改善性需求"；三是当收入达到一定的水平之后，人们会产生"奢侈性需求"，这种需求主要为了体现个人的地位，满足自己的虚荣心。根据三种不同的需求以及大萧条前夕的实际情况，可以将居民分为"贫困阶层""富裕阶层"和"富豪阶层"三类。

第一阶层为"贫困阶层"。根据布鲁金斯的统计数据，1929 年美国有大约 60% 的家庭处于贫困阶层，家庭收入处于 2 000 美元以下。该阶层又可以细分为两类：第一类是没有满足温饱需求的"严重贫困户"。这类人生活在美国社会的

---

[1] [美] 丹尼尔·贝尔：《资本主义文化矛盾》，严蓓雯译，人民出版社 2010 年版，第 22 页。

最底层，占到全美家庭数的21%，主要来自非技术工人、农业工人、临时工人以及一些失去劳动力的人群。其家庭收入微薄，完全没有储蓄，年收入低于1 000美元，有的甚至完全没有劳动收入，全靠救济度日。第二类人可以称为"一般贫困户"，主要是技术熟练的工人、自由职业者等。这类人的收入在购买生存物品后略有结余，其储蓄可以忽略不计，这是因为他们一旦有改善生活的欲望和需求，其积蓄会轻易用于满足对其他物质的需求。这群人在大萧条前夕的占比比较大，大概在40%以上。

第二阶层为"富人阶层"。这个阶层主要来自一些高级企业管理人员、小企业主等。这部分人完全有能力购买汽车、收音机、钢琴等消费品，并且还有储蓄，当收入有所增加时，消费随之增加，但是不如收入增加之大，即新增部分的收入大部分被储蓄起来。这部分人群符合凯恩斯的消费倾向规律。

第三阶层为"富豪阶层"。这部分阶层的人数占总人口的比重不大，却占据很大一部分的收入和财富，其储蓄非常多。据统计，1929年在差不多80%的美国人没有储蓄的情况下，0.1%最富有家庭的储蓄占到总储蓄的34%。这部分人的边际消费倾向非常小，同时满足凯恩斯的边际消费倾向递减规律。

这里记"温饱需求""改善性需求"的临界点分别为D_1、D_2。

当收入水平低于D_1时，并且假设人们没有政府补助或者信贷消费的情况下，人们会把全部收入用于消费以满足"温饱需求"。这种情况下，人们不会有任何的储蓄行为，即$Y \in [0, D_1]$时，$APC = 1$，其消费行为可由图2-8的OB线段描述。

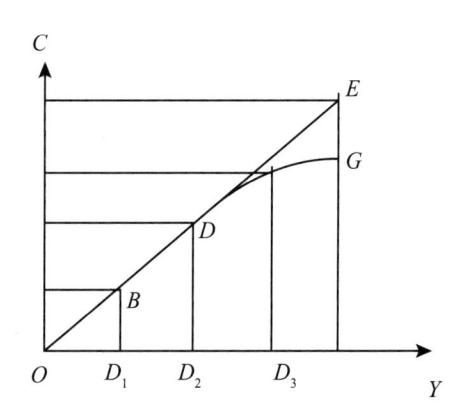

图2-8 不同收入阶层的消费函数

在收入$Y \in [D_1, D_2]$时，人们能够满足温饱需求，但是不能完全满足改善性需求，人们几乎会将所有的收入用于改善性需要，换句话说，边际储蓄率和平均储蓄率接近于1。这意味着在大萧条前夕，收入不高的美国居民基本上没有什么储蓄，整个消费量局限于其收入水平，其消费行为可由图 2-8 的 BD 线段描述。

当 $Y \in [D_2, +\infty]$ 时，人们在满足了"温饱需求"和"改善性需求"之后，开始出现了大量的储蓄。在"边际倾向递减"规律的作用下，尽管消费支出随着收入增加而增加，但边际消费增加额小于收入增加额。消费者的消费行为可由图 2-8 的 DG 线段描述，整个消费函数可以表示为：

$$Y = \begin{cases} Y, & (0 < Y < D_1) \\ Y, & (D_1 < Y < D_2) \\ a + b(Y - D_1 - D_2), & (Y > D_2) \end{cases} \quad (2.7)$$

（四）有效需求不足与经济大萧条：消费信贷过度与政策失误

第一次世界大战后，1919 年左右美国实现了从供给约束到需求约束经济态势的转变（刘巍和陈昭，2010）。根据凯恩斯的边际消费递减规律，随着收入越高，整个储蓄率会越来越高，这就需要更多的投资来消化巨大的储蓄。在没有新的经济热点出现的情况下，投资缺口必然会带来经济萧条。但是，美国发展的历史事实却与凯恩斯理论不太一致，并没有立即爆发经济危机，而是经过了十多年的大繁荣，其中原因值得分析。

1. 消费信贷存在条件下对消费函数的修正

信贷消费的实质是把未来的收入提前用于当期消费。消费者凭借其信用借入现金款项用于当期消费，然后，在未来某一时间分期偿还这笔款项。可以判断信贷阶层主要集中在"一般贫困"和"富人阶层"阶层。"严重贫困户"完全没有储蓄的条件，没有信贷消费的基础。"富豪"阶层既能满足"改善性需求"，也能满足"奢侈性需求"，完全不会考虑信贷消费；"一般贫困户"通过挤压消费来获取信贷的空间，从未达到所谓的"美国标准"生活方式；而"富人阶层"也可以通过信贷消费获得"奢侈品需要"的状态。

假设某一典型消费者的收入为 Y_t 时点，信贷消费为 C_t，以后在某一时刻按利率 $i(0 < i < 1)$ 偿还款项。很显然，能够取得信贷的前提是某人必须除了能够满足"温饱需求"外还有剩余储蓄的空间，用数学表达式表达为 $Y_t > D_1$，假设还款利率为 i，则 $Y_t > D_1 + iC_t$。就是说，人们在某一时点收入为 Y_t 且信贷消费 C_t，其当期收入 Y_t 必须能够支持"温饱需求"支出和当期应偿还的本息。如果这一条件得不到满足，贷款者不会轻易贷款给消费者。

根据上述分析，在有消费信贷的条件下，消费信贷刺激消费者增加消费支出（见

图2-9),当 $D_1 < Y < D_3$ 时,消费曲线不再是 BD 和 DE,而变成了 BE 弧线。这说明在有消费信贷的情况下,明显会增加即期消费额,短期的消费会出现明显的增加。

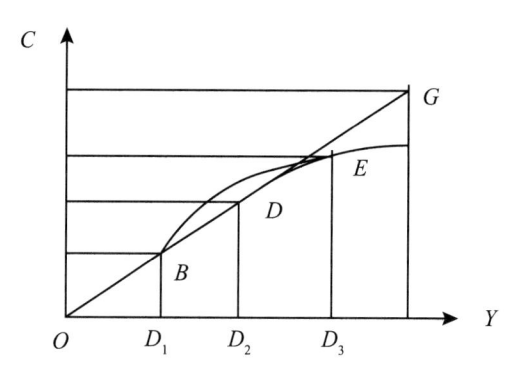

图2-9 有消费信贷条件下不同收入阶层的消费函数

2. 消费信贷推动美国消费走向"过热"

美国大萧条之前,消费总额出现了强劲的增长。根据美国经济研究局的统计数据(见图2-10),1919~1929年,美国人的消费总量从50.2亿美元增加到76.4亿美元,其中,服务消费、耐用品消费、半耐用消费和非耐用消费在此期间分别增长了56.18%、75.9%、57.73%和40.7%。国民消费占GDP的比重不仅没有下降,反而出现了上升的趋势,从84%上升到88%(见图2-11)。美国形成了以消费为主导的社会生活和生产体系。

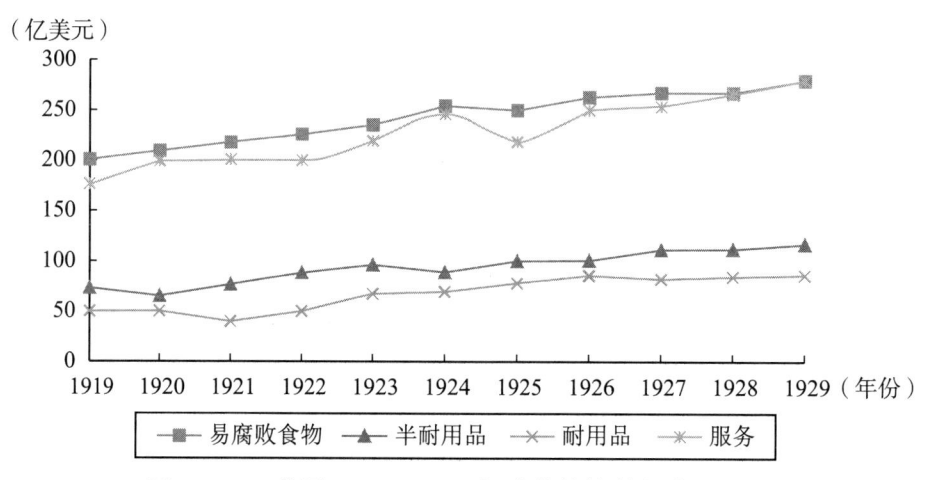

图2-10 美国1919~1929年消费结构数据变动情况

资料来源:NBER Macrohistory Database,http://www.nber.org/databases/macrohistory/contents。

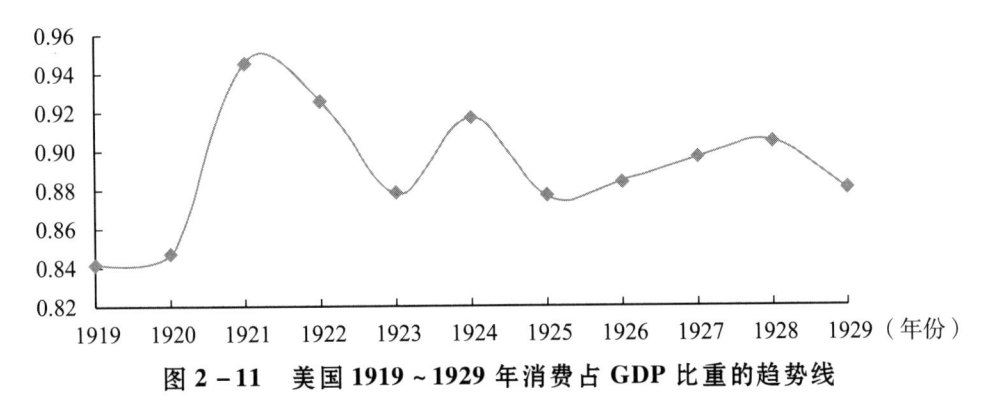

图 2-11　美国 1919~1929 年消费占 GDP 比重的趋势线

资料来源：NBER Macrohistory Database，http://www.nber.org/databases/macrohistory/contents。

美国贫富差距大且进入了需求约束型经济态势，通过消费需求的增长促进经济增长的路径相当艰难。但是，美国靠分期付款或者按揭贷款暂时解决（或者说推迟）了"需求不足"这一重大问题，其中影响最大的莫过于私人汽车。在私人汽车面世初期，其价格为每辆车 1 500 美元左右，而当时一般工人的年收入才 800 美元左右，私人汽车主要是有钱人的消费品。虽然后来福特公司推出售价仅 850 美元的简易型"T"型车，但其价格还是高于一般美国家庭的年收入。靠现金购买汽车只能是满足"富裕阶层"和"富豪阶层"，"贫困阶层"完全没有办法购买。

1913 年，第一家汽车按揭贷款公司在旧金山成立，专门向普通大众提供汽车消费信贷，买车者只需要付四分之一的预付款，余款按分期支付。信贷制度促进越来越多的汽车信贷消费形式的发展。在 1923 年销售的 350 万辆汽车中，65% 是通过分期付款的方式购买的（见表 2-5）。在汽车消费的带动下，1920 年以后信贷消费的形式被推广到收音机、洗衣机、珠宝、服装等商品中。截至 1927 年，美国人的消费中，75% 的汽车、80% 的留声机、75% 的洗衣机、65% 的吸尘器以及 25% 的珠宝等都以信贷消费形式购买。[①]

1919~1929 年信贷消费的出现拉动了美国消费的增长，消费的增加又进一步促进了投资的增长。消费信贷的出现"藏匿"了供需平衡的矛盾，凯恩斯的难题有了"暂时"的解决方式。值得一提的是，在第一次世界大战中大规模扩大的生产能力在战后初期（1920~1921 年）造成了供需失衡，由于消费信贷机制的作用，美国经济很快走出了衰退。

---

① [美] 弗雷德里克·刘易斯·艾伦：《大繁荣时代：变革前期的乱象 1919-1931》，秦传安、姚杰译，新世界出版社 2009 年版，第 182~183 页。

表 2-5　　　美国信贷购车数据（1919~1939 年）　　　单位：%

年份	当年购车家庭比例	信贷购车家庭比例	信贷购车占新车购买比例	年份	当年购车家庭比例	信贷购车家庭比例	信贷购车占新车购买比例
1919	8.6	4.9	65	1930	17.4	11.0	61
1920	9.7	5.4	62	1931	13.4	8.2	63
1921	7.4	4.3	64	1932	8.2	4.1	55
1922	11.3	6.6	64	1933	7.3	4.2	57
1923	17.0	10.3	65	1934	9.6	5.4	54
1924	16.5	10.3	70	1935	11.3	6.9	58
1925	19.4	12.7	68	1936	15.4	9.2	61
1926	18.8	12.2	64	1937	15.1	8.9	57
1927	16.0	9.8	58	1938	9.5	5.4	52
1928	19.7	11.8	58	1939	11.3	6.8	54
1929	24.2	15.2	61				

资料来源：Martha. L. Olney. Avoiding Default：The Role of Credit in the Consumption Collapse of 1930. *The Quarterly Journal of Economics*，1999，114（1）：319-335.

3. 紧缩货币政策：消费信贷锐减与大萧条

第一次世界大战以后，由于科技进步，生产效率大幅提高，美国经济异常繁荣，吸引了世界各国的资金，大量投资加速美国产能扩张，经济已经出现了"过热"；同时伴随着资金进入美国而出现大量"投机"，推高了美国的股市和资产价格，股市价格失控。1929 年 10 月发生了令人恐慌的华尔街股市暴跌和崩溃，美国经济很快进入了衰退，同时，大量外资撤离美国，进而加剧了美国的经济危机。

美国总统胡佛（Herbert Clark Hoover）的政府面对美国 1929 年 10 月前"过热"的经济形势，试图抑制股票市场的投机狂潮，实行了加息和紧缩的货币政策。这一政策非常"奏效"：股市暴跌、银行危机、信用萎缩，实体经济从次年开始逐波下行，从 1930 年起，美国商业银行接连倒闭（见表 2-6）。

表 2-6　　　　大萧条期间的美国银行状况

年份	银行总数（家）	破产银行数（家）	破产率（%）	坏账率（%）
1930	22 172	1 350	3.48	1.40
1931	19 375	2 293	7.62	2.87

续表

年份	银行总数（家）	破产银行数（家）	破产率（%）	坏账率（%）
1932	17 802	1 453	3.64	1.73
1933	14 440	4 000	20.2	7.84

资料来源：陆甦颖：《经济衰退的历史答案：1920年代美国经济的多维研究与启示》，上海三联书店2009年版，第169页。

从理论上看，信用是扩大即期消费需求的有效手段，在需求约束型经济条件下保持一定的消费规模，可以调节供需平衡矛盾。但是，过度依赖信贷刺激的消费需求规模存在一定隐患，一旦信贷消费额大幅减少，总需求就会陡然下降，使总产出遭受沉重打击。因此，消费信贷机制发挥作用需要两个必要条件：第一，商业银行体系正常运转；第二，信贷双方均对未来有足够的信心。

大萧条已经开始，银行家们理性选择"惜贷"以寻求安全。商业银行体系不能正常运转，授信方"惜贷"，两个必要条件的消失，导致消费信贷锐减。于是，1929~1933年美国家庭债务指数急速单边下降，直至罗斯福政府整顿了商业银行体系，银行重新正常营业，该项指标始见上升（见图2-12）。

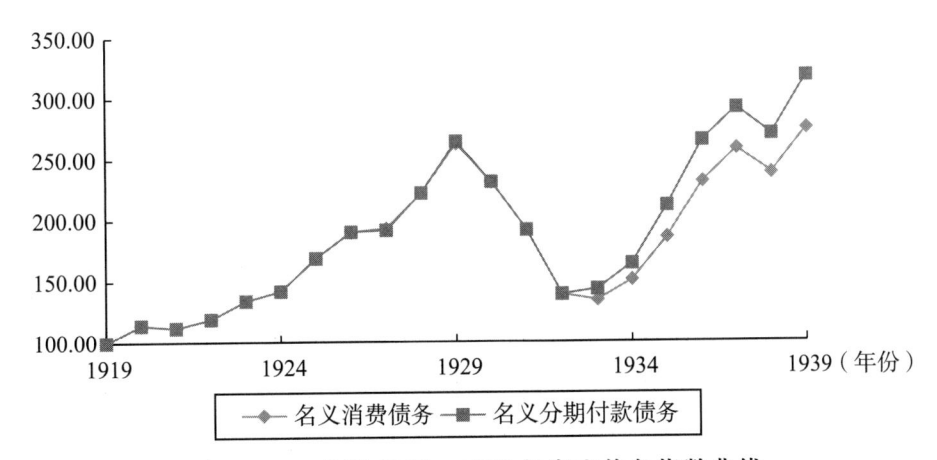

图2-12　美国1919~1939年家庭债务指数曲线

资料来源：NBER Macrohistory Database，http://www.nber.org/databases/macrohistory/contents/。

当信贷消费下降时，消费支出也出现了大幅减少。其中，耐用消费品出现了大幅下降；而鲜活食品等生活必需品并没有出现大幅下降的情况（见图2-13）。在耐用品方面，汽车、无线电、建筑业不景气，库存积压。受影响最大的莫过于汽车了，通过查看美国汽车销售量，发现美国家用私家车的数量在1929年达到了巅峰，之后出现了急剧下降（见图2-14）。可见，当信贷消费锐减时，美国有效需求出现了严重不足，美国的经济很快陷入了恶性循环，金融危机演变成了经济衰退，进而演化成了旷日持久的大萧条。

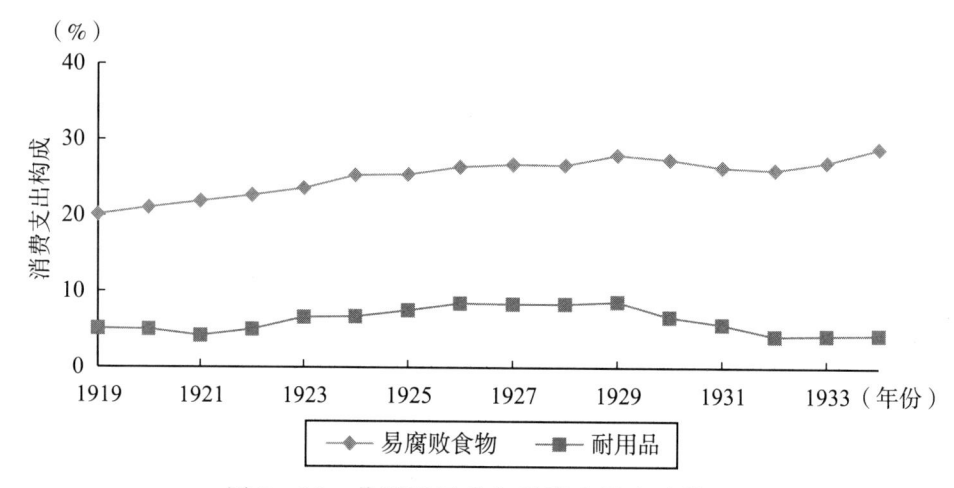

图 2-13　美国耐用品和易腐食品变动情况

资料来源：NBER Macrohistory Database，http://www.nber.org/databases/macrohistory/contents。

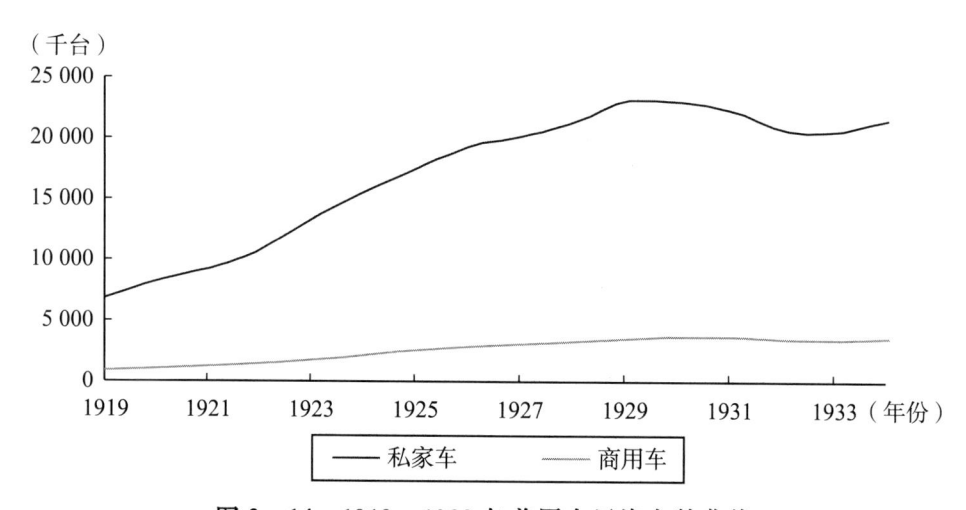

图 2-14　1919~1933 年美国在用汽车数曲线

资料来源：[英] B. R. 米切尔编：《帕尔格雷夫世界历史统计：美洲卷（1750-1993）》，贺力平译，经济科学出版社 2002 年版，第 599~600 页。

4. 关税保护政策：外需骤降与大萧条

在大萧条时期，除了国内消费需求下降外，外需减弱对美国经济的衰退起到了推波助澜的作用。在 1929 年股市大崩盘之前，加拿大小麦及其他国家粮食和各种农作物的大丰收,导致世界农产品价格大量下跌,加剧了各国之间贸易保护;同时,其他行业的利益集团纷纷要求实行行业贸易保护。1930年6月,胡佛正式签署的"斯姆特—霍利关税法"(The Smoot-Hawley Tariff Act),被称为美国历史上的最高关税法。该法案本意是为美国农业提供关税保护,却招来了贸易伙伴的报复行为,各国竞相提高关税,以保护本国产业,这对美国出口造成了沉重打击。美国进口额从1929年的44亿美元下降到了1933年的14.5亿美元;出口尤为严重,从51.6亿美元下降到了16.5亿美元。这使得本来就内需不足的美国雪上加霜(见图2-15)。根据马里奥·克鲁格西(Mario Crucini)和詹姆斯·卡恩(James Kahn)的估计,《斯穆特—霍利夫关税法》使得美国GDP减少了2%。①

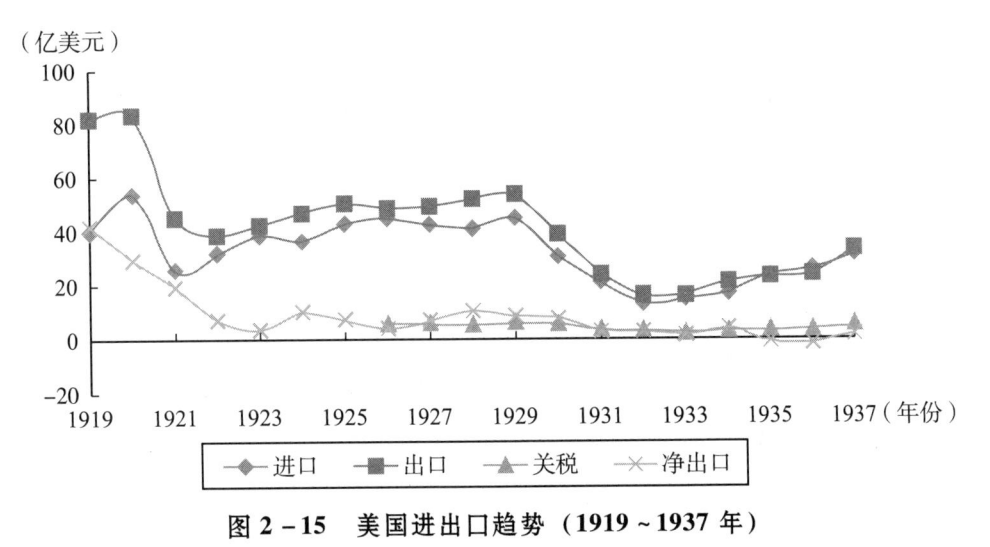

图 2-15 美国进出口趋势(1919~1937年)

资料来源:[英] B. R. 米切尔编:《帕尔格雷夫世界历史统计:美洲卷(1750-1993)》,贺力平译,经济科学出版社2002年版,第816~817页。

三、日本经济低迷的形成机理:需求约束型转向新供给约束型

在凯恩斯主义占据经济学统治地位几十年后,世界经济中出现了似乎难以解释的"滞胀"现象。当解释滞胀的理论还没被学界普遍接受时,20世纪90年代初以

---

① Crucini M. J., J. Kahn. Tariffs and Aggregate Economic Activity: Lessons from the Great Depression. *Journal of Monetary Economics*, 1996, 38 (3): 427-467.

来,日本经济陷入了长期"滞而不涨"——失去的二十年。在此期间,日本政府采取了一系列宏观经济政策试图把日本经济拉出低迷的沼泽,但效果大都不如人意。

众多学者对日本政策失败的原因进行了研究。大田弘子(2006)认为日本政府在20世纪90年代的财政政策曾经前后矛盾,导致"政策危机",不仅对经济病根判断失误,而且在政策形成能力方面也出现了"病态"。从财政政策看,小峰隆夫(2006)认为扩张性财政政策对90年代的日本仍然是有效的,多次实施扩张性财政政策而未能见效是因为"在应该刺激的时候未刺激",也就是说在规模和时机上出现了失误;蔡林海和翟锋(2007)认为日本政府对宏观经济形势判断失误和实施扩张性财政的失败导致了"凯恩斯主义失灵";江瑞平(2008)认为,政府债务过大与民间消费不足是制约日本经济回升的两个主导因素。从货币政策看,林直道(2003)认为日本政府错误的恢复景气政策——低利率和公共投资是致使日本经济长期停滞的原因;小川一夫和竹中平藏(2001)认为日本大藏省"护送舰队式"的金融行政失败导致了不良债权处理上的拖延,不利于日本经济的复苏;张季风(2006)认为日本政府对不良贷款问题处理不力以及急于推行金融体制改革加速了经济萎缩的进一步恶化;陈作章(2011)认为日本货币政策失效的重要原因在于日本扩大货币供应量并没有发挥拉动经济的作用;宫川努(2005)认为,90年代日本的供给结构已经不能适应经济环境的变化,而且供给结构改革又被推延搁置,这才是90年代日本经济长期停滞低迷的原因。这个视角的研究有待于深入展开。

上述文献,多是在凯恩斯经济学框架下寻找日本经济长期低迷的政策原因,研究结论大都是对日本政府经济调控政策实施的时机、力度、组合结构等技术性原因分析的批评,或者是对凯恩斯经济学理论给予口号式的批判。但是,文献很少深入分析日本经济是否具备凯恩斯经济学的前提?疑问是若日本政府的经济调控政策及时、轻重适度且组合结构得当,日本就可以避免"失去的十年""失去的二十年"吗?

本部分从日本经济史角度出发,探讨日本经济的总供求态势变化,即从"供给约束型"到"需求约束型",再到泡沫经济以来的经济态势视角,尝试厘清日本总供求态势演变的纵向脉络,对日本经济长期低迷问题做初步的逻辑判断。

(一)"供给约束型"与"需求约束型"

供给约束型经济是指供给弹性缺乏的供求态势。设定供给曲线(AS_0)是典型的或极端的供给约束型经济的总供给曲线(这是假设收入不变的情形,但实际经济中应该少有这种极端现象)。供给曲线AS_0与横轴垂直,当总需求曲线从AD_1移动到AD_3的位置时,导致价格由P_1上升到P_3,而总产出y_0纹丝不动。假定日本

的总供给曲线为 AS_1，即虽不像 AS_0 那样极端，但其斜度也是非常陡峭的。在总需求曲线向上移动时，AS_1 释放更多的产出也是比较艰难的（仅从 y_1 增长到 y_3），因此对价格上涨的抑制作用不大（见图 2-16）。

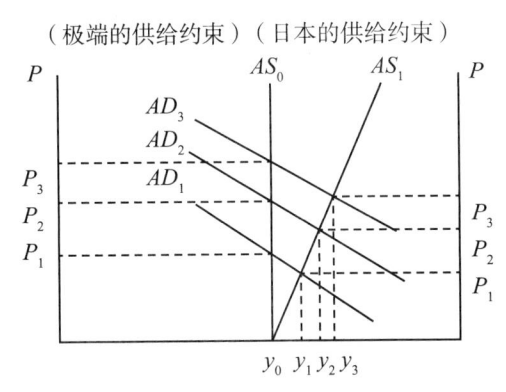

图 2-16　日本的供给约束型经济

需求约束型经济是指供给弹性充分而需求弹性不足的供求态势。在极端的需求约束型经济中，总供给曲线 AS_0 与横轴平行，当总需求在政策干预下依次由 AD_1 上升到 AD_3 时，价格（P_0）不变，对应的产出水平为 y_{11}、y_{22} 和 y_{33}。一般而言，总供给曲线非常平缓，在政策干预下总需求依次由 AD_1 上升到 AD_3 时，价格是小幅上升的，对应的产出水平为 y_1、y_2 和 y_3，产出的增幅小于极端状态，但远大于需求涨幅，不能被需求上升的幅度所充分吸收（见图 2-17）。

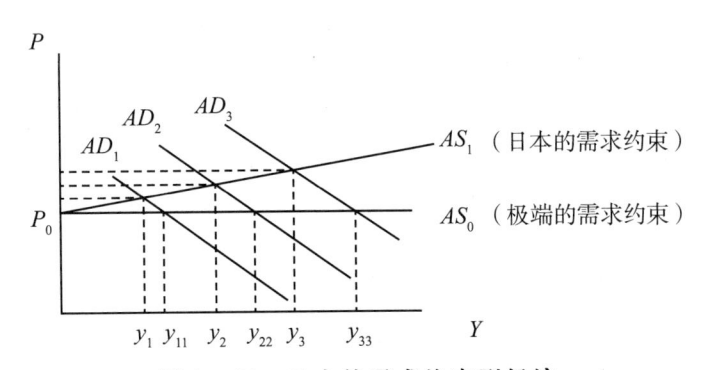

图 2-17　日本的需求约束型经济

（二）日本"二战"之前经济：从"供给约束型"到"需求约束型"的转变

工业社会中最重要的生产要素就是资本。早期工业社会收入偏低导致的储蓄不足，即资本供给不足，使得经济态势呈现供给约束型特征，即通常所说的短缺经济。近代以来，工业社会对资本的需求迅速超过了资本供给。日本近代化起步晚于大多数西方国家，经济发展水平仍远低于欧美列强。在发动全面侵华战争之前，仍处于供给约束型经济态势（刘巍，2011b；张乃丽和刘巍，2012）。在1929年美国和欧洲的大萧条发生时，日本所受的影响只是出口下降，而本国不能生产的制造业装备进口相应减少，使得供给曲线（AS_1）的斜度进一步放缓。

在"二战"后，日本逐步转向需求约束型经济。第一次世界大战之后，以美国为首的西方国家收入快速增长导致储蓄大幅增长，经济呈现出需求约束型经济态势（刘巍、陈昭，2010）。在消费需求相对稳定的前提下，投资需求是否能够吸纳不断增长的储蓄成了经济中最为关键的问题。陈昭（2012）认为日本于20世纪50年代开始进入需求约束型经济。在日本的需求约束型经济中，总供给曲线（AS_1）的斜度非常平缓，但不是与横轴平行。日本出口需求在总需求中的占比较大，而且80年代之后投资需求在很大程度上是由出口需求拉动的（张乃丽、刘巍，2012）。因此，日本总需求中与出口有直接和间接联系的数量份额较大。

（三）日本经济从"需求约束型"到"新供给约束型"过渡的危机

随着经济快速增长，经济强国在旧有科技平台上制造的资本品和耐用消费品对内需而言都变成了"无效供给"，经济增长越来越依赖于外需。世界经济发展进程表明，革命性的科技创新能创造出前所未见的新产品，于是，新科技拉动新型的投资、新科技造就新的消费热点。同时，新科技还无情地淘汰着老旧的存量生产资本和耐用消费品。由新科技发动的"有效供给"会从消费和投资两个角度消化储蓄，不仅使平均消费倾向大大提高，而且加速资本折旧，从而使投资高速增长。因此，新的经济态势不是传统的生产者主导的供给约束型或消费者主导的需求约束型，而应该是领先科技主导的新供给约束型经济①，或称领先科技约束型经济（见图2-18）。在"新供给约束型"经济条件下，新科技产品供给将促进消费，淘汰旧有存量资本及其生产能力。因此，政府的最优选择在供给侧可以采取鼓励、扶持和奖励等措施促进领先科技的发展。

---

① 目前学界对总供求态势的分类只有"供给约束"和"需求约束"两种，"新供给约束型"是我们在对日本经济分析过程中得出的一个新的类型，表述未必准确，暂时使用，有待日后进一步斟酌。

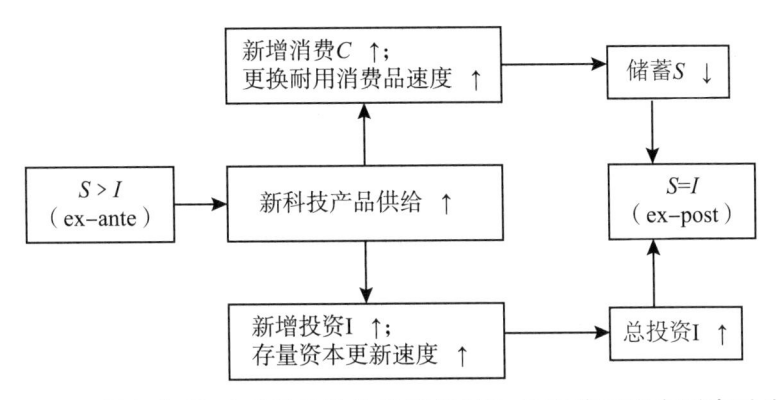

图 2-18　封闭条件下"新供给约束型经济"从事前不均衡到事后均衡

一国经济处于"新供给约束型经济"态势中，不一定能实现"有效供给"。在开放条件下，若国际环境有利，大量出口在既有科技平台上制造的产品，可以释放远超国内需求的产能和诱发投资需求，同时辅之以对外投资释放储蓄，从而达到经济均衡。因此，这种"新供给约束型"经济态势就会隐藏在需求约束型经济的表象下，不被政府当局和学界所认识（见图 2-19）。

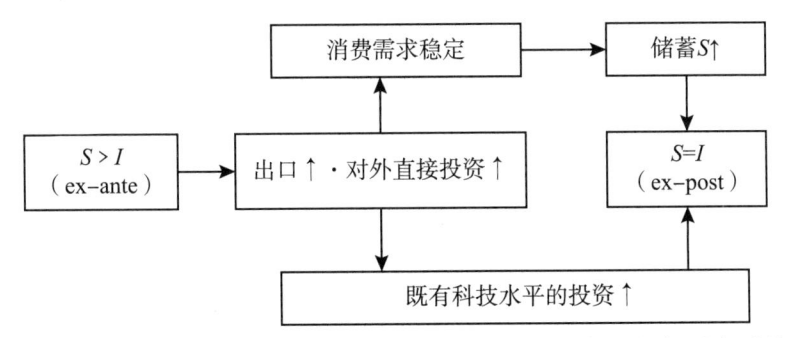

图 2-19　开放条件下"新供给约束型经济"从事前不均衡到事后均衡

20 世纪 70 年代，日本经济规模已经跃居发达资本主义国家的第二位，经济还处于"赶超"期，居民的消费结构和消费水平尚处在较低层次，消费具有巨大的增长潜力。当传统消费品市场趋于饱和，新的更高层次消费品涌现、消费结构不断升级，市场规模得到扩大。如日本 1976 年着手计划的超大型集成电路研究于 1980 年成功①，1979 年日本金属加工数控化技术水平领先于世界，1980 年日本产业用机器人占世界的 70%，日本汽车产量居世界第一位等②，这些新产品在市场上的投放都极大地刺激日本居民购买，消费需求的增长会带动一系列良性的

---

① 方厚政：《日本超大规模集成电路项目的启示》，载于《日本学刊》2006 年第 3 期，第 111~117 页。
② 林直道：《怎样看日本经济》，中国对外经济贸易出版社 2003 年版，第 4 页。

经济增长循环。

但是，随着20世纪90年代的到来，日本经济赶超阶段结束，居民消费需求和消费结构处于相对稳定时期。由于科技创新的约束，消费结构难以像以前那样快速升级。因此，无论政府使出什么招数刺激需求，在边际消费倾向趋于稳定的情况下，居民消费都难以大幅提升，除非极具吸引力的新一代高科技产品上市能够刺激居民的购买欲。因此，日本经济出现了低迷的逻辑基础，即进入了"新供给约束型经济"阶段。新供给约束型经济的基本特征有以下几个：第一，经济总量和人均量都位居世界前茅，且收入分配没有太大问题；第二，经济高涨主要依赖出口，投资和进口的主要影响因素都是出口；第三，经济低迷主要是出口受阻造成的，且财政政策和货币政策基本上无效，或诱发经济泡沫。因此，日本经济运行态势已经不是"需求约束型"，基于凯恩斯理论的调控政策必然无效，这是因为凯恩斯理论和政策的基本前提是"需求约束型经济"态势下的"有效需求（内需）不足"。"新供给约束型经济"不能满足新的消费需求和新的投资需求，导致经济萎靡不振。

（1）居民收入下降导致消费减少。在日本经济萧条之初，居民人均GDP开始锐减，在整个90年代尽管日本政府投入大量财力，但国民收入并无显著增加，尤其是1992~2003年人均GDP几乎零增长，有些年份甚至负增长。在这种情况下，家庭未来收入不确定性增大，出于谨慎动机的需要，增加储蓄、减少当期消费成为家庭的首要选择。居民人均GDP和居民消费指数同升同降的趋势，说明日本居民这种缩减消费的趋势非常明显（见图2-20）。

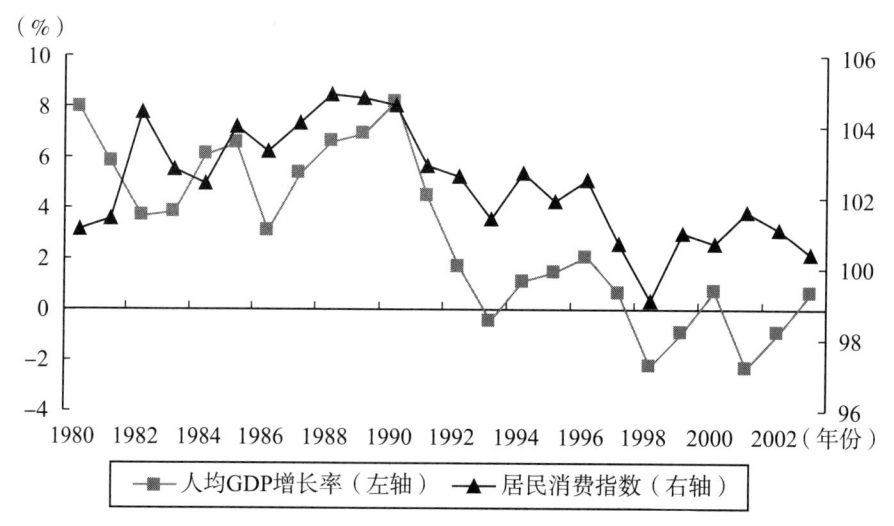

图2-20 1980~2003年日本居民人均GDP和消费指数变化情况

资料来源：王洛林、张季风主编：《日本经济蓝皮书》（2011），社会科学文献出版社2011年版。亦见本章附表2-1和附表2-2。

（2）对未来产生的增税预期使得居民减少消费。日本政府在经济萧条期间大量发行公债来解决公共投资的资金来源，同时辅以减税政策。在这种情况下，理性的个人无疑会产生一种预期——在将来的某一时点上政府必然会以征税作为公债本息的偿还财源。这样一来，当期减税的优势将被未来增税所抵消，个人一生的预算收入并没有发生变化。其结果就是居民的消费行为不会发生变化，甚至这种增税预期会使日本国民减少当期消费支出来预防未来的增税损失。从这个意义上讲，以巨额财政赤字来支撑的巨额公共投资从长期看不利于消费支出的增长。

（3）日本外需逐渐萎缩，导致投资需求不足。1985年"广场协议"（Plaza Accord）之后，日本的本币升值、利率走低和金融自由化进程开始，抑制了出口贸易。1988~1997年，除了1993年以外，其他年份的出口保持缓慢增长。1997年的亚洲金融危机显然降低了日本贸易伙伴国的进口需求，相应地出口再次减少。

出口需求不足导致了投资受阻，因为企业投资与其产品的市场销路和对外出口有关。从日本出口增长率和企业设备投资增长率波形变动的相似情形可以看出两者存在密切关系。经计算，日本实际投资指数与出口物量指数之间的相关系数为0.8065。这是因为日本出口订单减少，企业生产随之减少，投资需求自然也跟着减少。从1985年开始，受出口下降影响，日本企业的设备投资需求开始减少（见图2-21）。

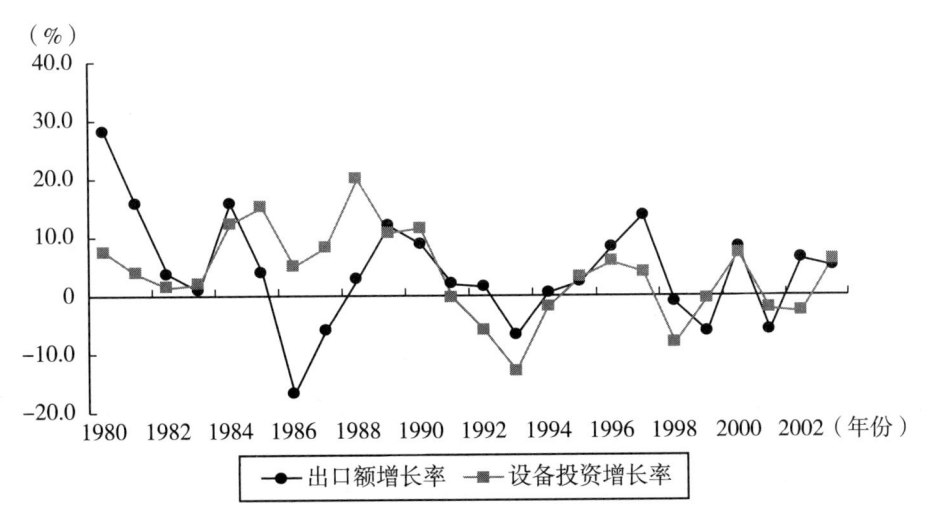

图2-21 1980~2003年日本出口和企业设备投资增长率

资料来源：王洛林、张季风主编：《日本经济蓝皮书》（2011），社会科学文献出版社2011年版。亦见本章附表2-1和附表2-2。

另外，20世纪80年代中期，日本出口遭遇打击后，许多日本大企业加速向海外转移生产和订货，中小企业失去大量订单，直接导致了大量中小企业倒闭，普通居民失业增加，收入减少，从而造成消费停滞。根据日本总务厅家庭开支调查数据显示，日本家庭实际消费总支出1993年比上年减少0.8%，1994年减少1%，1995年减少1.2%，1996年减少0.2%。① 总之，外需下降必然导致出口企业的投资不振，并影响相关产业的中小企业的投资需求，进而使整个总产出低位徘徊，经济萎靡不振。

在经历了20多年的经济低迷之后，日本的总需求必须由新物质属性的总供给引领，方可重拾经济升势。总供给方面需要重新搭建区别于过去的创新性科技平台，而不是发明一两件无关大局的新产品。从日本经济正在忍受着史无前例的"折磨"这一事实来看，当代世界经济的领先国家正在从"需求约束型经济"向"新供给约束型经济"（领先科技约束型经济）过渡。日本的经验表明，新科技产品供给一旦没有保障且出口严重受阻，政府在凯恩斯思想指导下强势干预经济只能有两个结果：一是导致经济泡沫；二是经济陷入长期低迷，在零增长左右徘徊。

（四）新供给约束型经济与日本经济低迷的可能出路

在"失去的十年"里，日本政府从内需角度对宏观经济做了大量的调控工作，但几乎没有效果。通过前述分析，日本经济供求态势属于新技术条件下的"新供给约束型经济"，其经济低迷的危机治理和出路在于刺激新的供给，引领需求变化，拉动经济复苏。

1. 冲破领先科技约束，构建"有效供给"平台

日本如果能成功构建高新科技平台，那么可在内需方面从固定资本更新和耐用消费品更新两个方面发挥作用。有效供给会在较长的时间里引领内需，形成经济增长的新格局。在外需方面，日本的出口也会有质的突破，重新引领技术潮流，再享昔日"产品唯我独精"的辉煌，从而推动日本经济发展，拉动世界经济快速发展。然而，日本虽是一个技术强国，但不是科学强国，日本人的强项是"学习—消化—吸收—创新"，却难以在科学层面领导新潮流。因此，率先实现高新科技供给的境界恐力所不及，这一出路比较遥远。

2. 外部需求扩大，拉动出口增长

日本在泡沫经济发生之前，就已经进入了新供给约束型经济时代。当时国际

---

① [日]林直道：《怎样看日本经济》，翁庆宗译，中国对外经济贸易出版社2003版，第40页。

经济环境有利于出口，可以消化国内巨大的产能，且在原有的科技平台上不断新增投资。随着国内外形势变化，日本科技创新和新供给出现不足，有效外需不足和有效供给不足，无力拉动经济增长。解决有效供给不足的途径是构建"领先科技平台"，在此路不通的情况下，则势必纠缠于扩大出口的老路。日本如果能在扩大出口方面有所突破，虽不能治病但可以救命，可能走出经济低迷。

然而，日本扩大出口的重要前提是要有一个有利的国际经济环境。2008年国际金融危机后，欧美都陷于经济低迷之中，来自日本的进口就不可能大幅增长。更有甚者，亚洲新兴国家物美价廉的同类产品大面积地占据了原先属于日本的产品市场，加大了日本重振出口的难度。因此，日本从出口之路冲出低迷难以实现。

3. 忍受长期经济低迷，或爆发深度萧条

自1991年以来，日本经济低迷已逾二十余年，在"科技领先产品"和"扩大出口"的出路均走不通的情况下，日本经济持续低迷，生产和研发中心逐步外移，产业空心化进程加剧。如果日本有关当局放任不干预，经济低迷的累积效应必将使日本经济深度萧条，退回到标准的需求约束型经济中，凯恩斯经济学的前提重现——有效内需不足，积极的财政政策和货币政策有效，日本经济在低谷中借助旧有的科技平台重新增长。但是，日本政府不会放弃凯恩斯主义的干预。因此，在日本有关当局的不断干预下，日本经济既无大的起色，也难以发生深度萧条，继续在零增长水平附近徘徊。

四、经济危机治理与总需求变化

从上述分析逻辑看，经济运行顺畅程度与供求双方态势有密切关系。不同供需求态势下的经济危机的形成机理不同，其治理方法也有较大差异。在需求约束型经济中，需求方的状况是形成经济危机的主要因素，其危机治理侧重于刺激需求，改善需求结构，扩大各类产品的消费需求，从而为供给方创造市场出路。在供给约束型经济中，供给方状况是经济危机的主要因素，其危机治理侧重于引导供给，改善供给结构，为需求方提供合适的产出，诱导供给方走出困境和推动经济增长。无论是需求约束型经济还是供给约束型经济，需求方需求量变化及其结构变化具有重要地位，供给方职责主要是引导和发现消费需求。政府的作用在于为供给方生产的市场实现营造良好的宏观经济环境创造条件，从而推动经济增长

和社会发展。

(一) 经济危机有效治理的供求机制

1. 内在基础：潜在需求与有效需求之差

货币政策有效性的基础在于 IS-LM 模型的内在机制。IS-LM 模型是一个三部门假设下的模型，即不考虑国外部门的模型。现在讨论的主要问题是"看得见的手"拉动内需的问题。在一个萧条经济中，两条曲线的初始位置是 IS_1 和 LM_1，两条曲线相交于 a 点，市场利率为 i_a、国民收入为 Y_a。若 Y_a 点存在着严重失业，政府动用财政政策（减税、政府直接投资等手段）可将 IS_1 曲线推至 IS_2 位置，与 LM_1 相交于 b 点，国民收入由 Y_a 增长到 Y_b。但是，由于财政政策推高了利率（从 i_a 到 i_b），会"挤出"部分私人投资，依然存在资源闲置和大量失业的现象。于是，中央银行动用货币政策手段，将 LM_1 曲线下移至 LM_2 的位置，与 IS_2 相交于 c 点，利率下降为 i_c，不仅低于 i_b，而且低于初始时刻的利率 i_a，私人投资大增，国民收入增长到了 Y_c 的水平，失业率随之下降（见图 2-22）。

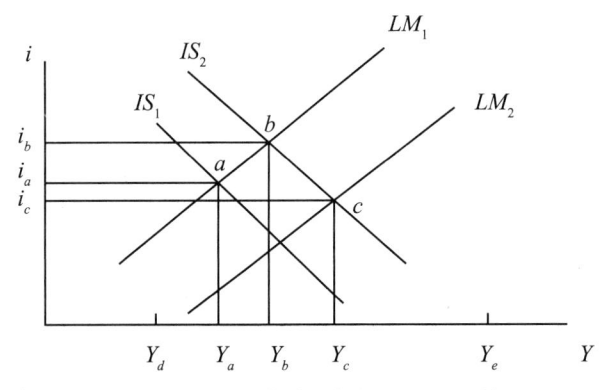

图 2-22 凯恩斯学派的 IS-LM 模型

凯恩斯主义理论认为货币政策是无力单独拉动经济的，即"你可以用绳子拉车但不能用绳子推车"。随着后来经济学界对大萧条的深入研究，货币学派论证这一信条不成立的研究不断问世。前面有关分析阐述了"货币政策启动无效"只是大萧条期间美国的特例，这主要是由于商业银行在危机期间受金本位制拖累而大面积倒闭，货币政策失去了物质载体，而其他国家并不如此。20 世纪 30 年代的英国和中国都是只用货币政策就有效治理了经济危机。

从大萧条之后的历史来看，首先，欧美国家大都没有以高调财政手段干预经济的传统，这是因为财政政策通常受到政府运作基本成本的限制，同时政府投资一直被视为损失效率的案例，往往被在野党所诟病；其次，政府直接投资会造成大量财政赤字，成为政府债务；最后，减税对于预算比较严格的政府来说非常困难。因此，每遇经济危机，欧美各国政府一般只用货币政策干预经济——用"绳子推车"，如 2008 年金融危机以来的美国，持续数年采取量化宽松（Quantitative Easing，QE）政策，使危机得到有效治理。

在改进的凯恩斯主义模型中，IS 曲线位移的幅度变得很小，短期基本上位置固定（见图 2-23）。于是，欧美各国政府以货币政策干预经济的过程就是扩大货币供应量推动 LM 曲线右移，即各种名目的"量化宽松"货币政策的实施过程，从而形成更低的利率、更多的投资、较低的失业率和较高的国民收入。然而，和任何经济学理论一样，凯恩斯政策模型若能得以顺畅运行，必须满足其明示的和暗含的前提假设。IS-LM 模型由投资和储蓄两个函数及一个均衡条件构成，其中最为重要的是投资函数，本章将对这一函数有效运行的前提假设做重点分析。

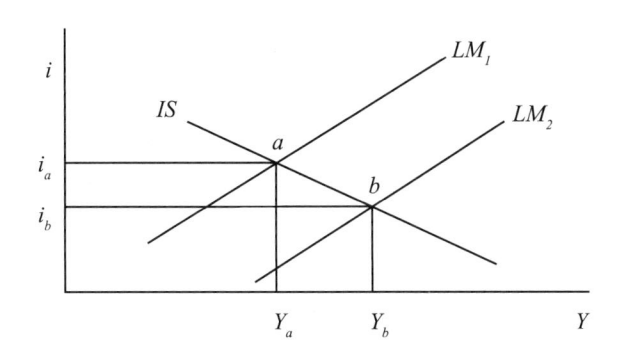

图 2-23　弱财政政策条件下的 IS-LM 模型

凯恩斯模型的私人投资为：$I=f(i)$，即投资是市场利率的函数。凯恩斯假定设备类投资源于企业家通过发行有价证券获得的直接融资，因此，市场利率或有价证券收益率越低，融资成本越低，投资积极性越高。如果这个一元函数能够成立，其他市场条件必须是有利于投资的，至少不对投资产生不利影响。其他因素很多，难以逐一考察，最为重要的"其他条件"是"厂商投资生产的物品必须能顺利卖出去"，这应该是 $I=f(i)$ 暗含的前提假设。如果资本品生产厂商预期消费品生产厂商会购买他的产品，消费品生产厂商预期消费者会购买他的产品，同时，融资成本又比较低廉，企业家就会投资。如果"卖不出去"或"不会比现在多卖"的预期非常明确，市场利率即使为 0，厂商也绝不会投资。

那么，在经济低迷的条件下，当有效需求不足时，存在什么条件才能使厂商预期"卖得出去"呢？

在政府努力刺激经济的条件下，对既有技术属性的物品之"潜在需求"远大于有效需求，是实现这一预期的重要条件。一个既简单而又极端的例子是，饿得发昏的没钱人，一旦有了哪怕很少的钱，肯定也会尽量购买食物。即使有效需求不足，但潜在需求与有效需求的差额较大，刺激政策也存在有效的可能性。反之，如果基于既有科技水平某种耐用消费品已经普及甚至饱和，正常需求就是零星地汰旧换新，那么，潜在需求与有效需求的差额就相当小，这种耐用消费品的投资函数不可能运行起来，用货币政策打压利率也不可能促使企业家扩大投资。

从图 2-22 上看，国民收入初始点 Y_a 应该是从较高收入水平 Y_e 一次或逐次跌落下来的均衡点，而不是由 Y_d 增长而来的均衡点。在其他条件不变时，政府的积极经济政策方能有效。众所周知，凯恩斯经济学的背景是大萧条（尤其是美国大萧条），其逻辑起点是"发生了严重负增长"这一前提。若不考虑这一重要的暗含假设，凯恩斯经济学的 IS-LM 能否顺畅运行，是值得怀疑的，至少是证据不足的。

综上所述，私人投资函数正常运行之重要的暗含假设是潜在需求与有效需求之间的差额足够大。如果满足这个条件，货币政策就应该有效。当一国经济低迷时，潜在需求与有效需求的差额越大，"看得见的手"之效果就越显著，反之，积极的经济政策效果甚微或无生几效。也就是说，上述差额不仅制约着私人投资函数能否运行，而且制约着私人投资函数的定义域，从而制约着 GDP 的增长幅度。

2. 外在条件：有效市场机制

若想使货币政策对宏观经济调控发挥正常的作用，就必须存在顺畅的政策传导机制。如果传导机制中的某一环节断裂，货币政策的效果就会受到影响。从传导机制角度，对大萧条中的英国、中国和美国的货币政策传导机制的各种渠道进行分析，从而使经济危机的发生和治理的逻辑更加清晰和一般化。

（1）利率渠道。凯恩斯主义认为，影响消费和投资的决定因素是实际利率而不是名义利率，对支出产生作用的利率是长期利率而不是短期利率。同时，由于实际利率比名义利率对开支影响更大，使得利率渠道在通货紧缩时仍然有效。即：

$$M_S\uparrow \to 名义\ r\downarrow \to 预期\ P\uparrow \to 实际\ r\downarrow \to I\uparrow \to Y\uparrow$$

在大萧条中，英国货币与黄金迅速脱钩，货币供给弹性大大提高，中国则通过 1935 年的法币改革放弃了银本位制，两国的 M_S 上升和利率下降都立竿见影，利率渠道是通畅的。反观胡佛总统领导下的美国，由于固守金本位制，又怕黄金储备流失，不得不时而实行紧缩政策，M_S 一路下滑，伴着利率不降反升，利率渠道在起点上就注定被堵塞了。在投资环节上，由于美国税率大涨，即使货币存量增长，投资也不会有多大起色。于是，美国的货币政策在利率渠道上注定受阻。

（2）非货币资产价格渠道。一个有效市场机制的非货币资产价格渠道通常有货币传导机制、财富效应渠道和汇率渠道。

从托宾 Q 理论看，股票等证券价格和投资支出相互关联，即货币政策影响股票价格。在托宾 Q 理论中，Q 被定义为企业的市场价值除以资本的重置价值。托宾 Q 理论的货币传导机制可表述为：

$$M_S\uparrow \to 股票价格\uparrow \to q\uparrow \to I\uparrow \to Y\uparrow$$

从财富效应渠道看，莫迪利亚尼（Franco Modigliani）认为消费支出是由消费者毕生的资财决定的，消费者毕生资财的一个重要组成部分是金融财富，而金融财富的一个主要部分是普通股，其货币传导机制为：

$$M_S\uparrow \to 股票价格\uparrow \to 财富\uparrow \to C\uparrow \to Y\uparrow$$

从这两个渠道的传递机制来看，都需要在经济中存在着正常运行的股票市场。大萧条期间，英国的股票市场是基本正常的；而美国的股票市场从1929年的"黑色星期五"起就基本上处于半停顿状态之中了。因此，英国的货币政策可以通过股票市场传导到实体经济，而美国的 M_S 即使可以增长，由于这两个渠道发生了淤塞，货币政策也难以传导到实体经济。中国当时由于股票市场不健全，在大萧条之前也不存在这一传导机制，另当别论。

从汇率渠道看，汇率可视为外汇资产的价格，随着国际经济一体化和浮动汇率的出现，汇率对净出口的影响已成为一个重要的货币传导机制：

$$M_S\uparrow \to r\downarrow \to 汇率\uparrow \to NX\uparrow \to Y\uparrow$$

英国由于及时地放弃了金本位制，货币供应量、利率和汇率都能灵活调整，"帝国特惠制"又保证了英国的出口稳定，所以，这一渠道是畅通的。中国的法币改革起到了类似的作用，出口保障了进口（资本品），进口保障了经济增长。美国固守金本位制，不仅货币量、利率和汇率是僵硬的，而且1930年6月的《斯姆特—霍利关税法》又阻碍了出口，这一渠道必然走不通。

（3）银行信贷渠道。货币供应的扩大增加了银行贷款的可供量，其传导机制为：

$$M_S\uparrow \to 贷款\uparrow \to I(C)\uparrow \to \uparrow$$

如前所述，英国、中国的银行体系都是正常运行的，前者放弃金本位制，后者进行法币改革，都促进了 M_S 的增长和信贷的增长，信贷渠道畅通。美国的银行体系遭到破坏，银行家以收紧银根而自保，同时，税率大幅度提高又沉重打击了国内投资，信贷渠道必然失灵，直到罗斯福总统上任后，才着手疏通各条渠道。

还必须注意的是，各条渠道的末端分别从投资、消费和出口环节传递到GDP，意味着需要其他政策配合货币政策，至少不能在实施积极货币政策的同时存在打击投资、消费和出口的经济政策。因此，在胡佛总统时期，美国在国内投资和出口方面都有压制投资和出口的严厉政策,"绳子不能推车"在当时的美国是必然的。

(二) 美国大萧条治理及其需求变化

1. 美国大萧条治理过程:从抑制需求到提振需求

第一次世界大战以后,美国科技快速发展,生产效率大幅提高,其经济得到史无前例的大发展。从1921年开始,一方面,企业得到快速发展,盈利大幅增加,吸引外部资本大量涌入美国,推高了美国的股市和资产价格,助长了大量的投机行为;另一方面,大批资本涌入生产,却没有相应增加消费,美国出现了需求不足。从总需求的情况来看,在胡佛政府时期,美国的调控政策失当,总需求低迷且受到打击,厂商的产品销路严重受阻,销售成了厂商致命的问题;商业银行受到企业销售困难而无法偿还银行贷款的拖累,要么倒闭,要么惜贷,货币政策的传导机制被商业银行阻碍。所以,美国经济运行到1929年,已经属于"虚假"繁荣。

面对美国这时的"泡沫"经济态势,胡佛政府奉行自由放任政策和"政府不干预"原则,在刺激需求的有效治理政策方面犹豫迟疑或者力度不够,甚至采取相反的"紧缩政策",引爆了美国经济大萧条及其治理手段的失效(戴斯勒,2006)。

(1) 胡佛政府干预手段软弱无力,导致政策低效或无效。早在1928年,美国联邦储备系统(以下简称"美联储")为抑制股票市场"过分投机",提高了贷款利率;1929年前三季度,美联储要求各联储银行只发放"生产性贷款",这种紧缩银根抑制股票"过分投机"的效果不明显,却导致制造业、建筑业等行业大幅度减产;1929年6月颁行旨在稳定农产品价格的《农产品销售法》,效果缓慢直至最终失败,导致农产品价格下跌。在经济危机形成后,胡佛政府根据自愿原则,"劝说"资本家和劳工组织维持工资和生产水平,呼吁地方政府增加公共支出等,这些政策最终无效,减产降薪,加速经济萧条进程;名义上的低利率由于物价连续下降而变成了实际高利率,不仅不利于厂商扩大投资,反而刺激厂商压缩生产,导致失业率上升。这些政策既没有保障"储蓄转向投资",也引起了"金融机制的瘫痪"和"流动性陷阱",导致之后的货币政策失效。

(2) 胡佛政府财政政策软弱无力,既不能扩大政府支出也不能缩减税收,严重打击了国内投资需求,导致国内投资需求的链式萎缩。政府不仅不能扩大财政支出,反而颁布了与治理目标相违背的政策,这与美国进入需求约束型经济态势不一致。美国政府为了实现财政预示平衡,于1931年12月出台了《1932年税收法案》,这是美国历史上"最高"税率政策。大幅度调高所得税率,对收入最高者征收的附加税从25%跃升到了63%。其结果是强力挤压私人投资,与大萧条中迫切需要私人投资的愿望背道而驰。

(3) 外部需求及国外市场遭到关税报复的重创。美国在外需方面与大萧条治理意图矛盾的败笔是1930年6月的《斯姆特—霍利关税法》。该法将25 000多种商品的关税平均提高了59%,其在国内外引起的评论、争议和谩骂比有史以来任何关税措施都多。贸易伙伴国对美国贸易保护措施进行了报复,比如,法国拒绝进口美国的产品;西班牙对美国汽车征收足够高的关税,以确保美国的汽车退出市场;意大利政府对美国的汽车征收双倍关税,美国汽车在意大利的销量骤降90%。各国一个接一个地提高关税壁垒加以报复,对外贸易停滞。这一税法沉重地打击了美国的出口工业,出口额从51.6亿美元降到了16.5亿美元①,使得横扫世界的大萧条进一步恶化,成了真正的全球性灾难。

胡佛政府采取的"紧缩政策"加剧了美国大萧条,成为一个"试错"举措,为罗斯福"宏观调控"提供了正确方向,即"罗斯福新政"。大体上具有三个方面的内容:一是恢复经济;二是救济大规模的失业者和贫民;三是革除垄断资本主义的某些弊病。

在罗斯福"百日新政"中,关于恢复经济方面采取了以下几项政策:一是立即恢复金融体系正常运转。首先抢救银行,并授权发行更多的货币。1933年3月6日,罗斯福总统命令全国银行停业4天,以便通过立法进行整顿。9日,美国国会通过《紧急银行法》,对银行采取个别审查,将全国银行划分为四类。其中,对有偿付能力的银行,允许尽快复业;向农民提供贷款援助,维持农产品价格稳定;对基本健全的银行进行扶持,从1933年3月至1935年7月,对6 468家基本健全的银行提供30多亿美元的资助;同时,清理和关闭了2 352家业务偿付能力不健全的银行。其次,将美元与黄金脱钩,停止黄金出口,促成美元贬值,提升美国商品对外贸易的竞争力。4月5日发布行政命令:所有金元、金条或黄金证券须交联邦储备银行,兑换成其他硬币或纸币,从而放弃金本位。一个星期后,已有10余亿美元回流到银行,储蓄超过提款,黄金也被储藏者陆续送回联邦储备银行,银行度过了危机。二是整顿恢复美国证券市场,1933年3月15日,美国证券市场重新开业。② 三是投入巨资,启动了大批大型公共工程项目,推动铁路、机场、大桥、大坝及水库、公园及操场等建设,增加就业。同时成立公共事业振兴署(WPA),招收失业者从事政府、学校、医院、清洁以及市政建设等

---

① [美] I. 戴斯勒:《美国贸易政治》(第4版),王恩冕、于少蔚译,中国市场出版社2006年版,第301页。
② 刘绪贻、李存训:《美国通史》(第5卷),人民出版社2002年版,第79~81页。

领域的工作,给失业者提供从事公共事业的机会。①

在外需市场方面,1934年,美国颁布了一个与《斯姆特—霍利关税法》大相径庭的贸易法——《1934年互惠贸易协定法》(The Reciprocal Tariff Act),发起了一场反向的关税运动。该法授权总统负责与外国谈判、履行双方减税的条约。有了这一授权,总统可以不经国会批准就把任何一项美国关税降低50%。于是,从1935年开始,外部需求得到了提振,美国对外贸易逐步恢复。

在救济和改革方面,开展一系列行动。一是加强救济行动。1933年5月,通过联邦紧急救济法,成立联邦紧急救济署,发放救济款物。二是颁布《公平劳动标准法》(1938年6月),通过立法保护工人维权,强制性地约束雇主,规定工作时间和最低工资标准,保护工人的利益等,有效地阻止了失业和罢工。

这些政府干预政策,符合凯恩斯及其巨著《通论》的逻辑和观点。凯恩斯对大萧条发生的内在逻辑和治理的宏观政策做了精致的研究。但是,自凯恩斯经济学问世以来,货币政策就被喻为一根绳子,"只能用绳子拉车而不能用绳子推车"的逻辑被主流经济学界所接受,财政政策(政府直接购买)似乎成了治理衰退的首选王牌。各种理论模型逻辑推理都极其缜密和无懈可击,在此不一一点评。但是,这些理论的前提假设都是从美国经济的严重衰退状况中抽象出来的,对其他国家的情况却较少涉及。历史经验告诉我们,同是发达国家的英国几乎没有动用过财政政策,货币政策同样起到了反衰退的作用;中国走出经济低谷也仅仅使用了货币改革政策。

2. 有效的货币政策推动潜在需求向有效需求转化

国内有效需求可以由统计数据中的消费支出(C)、投资(I)、政府支出(G)加总得出,如果考察本国产品的有效需求,则可用$C + I + G - M$得出。国内潜在需求难以统计获得。需要说明的是,潜在需求不是纯粹的欲望,在支付能力允许的条件下可以转化为有效需求。在正常条件下,潜在需求是收入的函数,大于有效需求。

在现有的统计资料体系内,必须寻求若干替代变量近似地表达潜在需求,然后比较两者的差额。基本思路是:从纵向和横向两个维度考察潜在需求相对变化。从纵向维度看,通过参照GDP前期高点,判断当前时点的潜在需求。这一逻辑思路较易接受,比如,如果当前"吃不饱",过去"吃饱"时点上的需求量至少是当前最低的潜在需求,或许当前受到一些新信息的刺激,潜在需求会更大。从横向维度看,考虑国民收入分配的公平程度,假定高收入者的消费模式会

---

① 韩毅:《美国工业现代化的历史进程》,经济科学出版社2007年版,第169~172页。

逐级向较低收入者传递示范，于是，低收入者占比越大，说明"想买而买不起"的消费者越多，进而潜在需求与有效需求差额的总量越大。也就是说，基尼系数越高，"看得见的手"的有效空间就越大；基尼系数越低，大多数居民"买得起却没什么可以多买"。以下以大萧条为案例，从纵向和横向两个维度对美国走出大萧条的经历进行初步考察。

美国经济在近十年的"大繁荣"发展过程中，其内部也逐步出现了不稳定性，隐藏的危机因素逐步积累，比如工业生产增速下降，1901~1914年工业生产每年平均增长率是4.8%，1921~1929年降为4.3%[①]，直到1929年爆发经济危机。

1929年的经济指标可以作为参照系，1932年实际GNP下降了25.6%。[②] 按GNP口径笼统地说，可以把罗斯福总统实施"新政"之前美国的潜在需求和有效需求之间的差额至少确定在1929年水平的25.6%上，足见宏观调控政策的空间相当大。于是，罗斯福总统实施财政政策和货币政策双管齐下的"新政"发挥了重要作用，推动美国潜在需求转化为有效需求，提振了美国有效需求，实现了美国经济止跌回升（见表2-7）。

表2-7　　　　　1933~1936年美国经济重要指标　　　　单位：十亿美元

年份	GNP 1929年价格	价格指数 1929 = 100	商业银行 活期存款	狭义货币量 （M_1）	财政支出
1932	60.285	74.3	15.51	20.34	4.659
1933	58.205	73.3	14.92	19.76	4.598
1934	64.420	78.1	18.22	22.77	6.648
1935	75.393	77.1	22.15	27.03	6.497
1936	84.965	80.3	25.39	30.85	8.422

资料来源：收入与价格见［美］米尔顿·弗里德曼、安娜·J.施瓦茨：《美国和英国的货币趋势》，范国鹰译，中国金融出版社1991年版，第144页；存款和狭义货币量（M_1）见［美］米尔顿·弗里德曼、安娜·J.施瓦茨：《美国货币史》，巴曙松等译，北京大学出版社2009年版，第512~514页；财政支出见［英］B.R.米切尔编：《帕尔格雷夫世界历史统计：美洲卷（1750-1993）》，贺力平译，经济科学出版社2002年版，第681、699页。

从横向维度来看，美国的国民收入分配也存在问题，参照前述美国基尼系数，再从工资角度进行观察。第一次世界大战之后，出现了各种大规模生产的技术，工人每小时的劳动生产率已经提高了40%以上。工人作为消费者要求相应

---

① 樊亢：《主要资本主义国家经济简史》，人民出版社2001年版，第163页。
② ［英］B.R.米切尔编：《帕尔格雷夫世界历史统计：美洲卷（1750-1993）》，贺力平译，经济科学出版社2000年版，第782页。

提高工资，但是，工人的收入并没有随着生产力的提高而同步增长。以 1955 年制造业中的周薪水平为 100 的话，1919 年周薪指数为 28.9，1929 年只上升到了 32.7。以 1909 年农业工人的工资水平为 100，1919 年的指数是 194.9，而 1929 年是 189.7，不升反降。① 据布鲁金斯研究所的研究结论，经济大繁荣的 1929 年，一个美国家庭如果想取得最低限度的生活必需品，每年需要 2 000 美元的收入，但当年 60% 以上的美国家庭收入达不到这个水平。② 足见当年美国低收入阶层人口众多，其边际消费倾向远未发生递减现象，政府若能创造就业岗位并改善收入分配结构，仅将这部分人群的潜在需求与有效需求之间的差额释放出来，拉动经济的效应就是相当可观的，美国经济也就不会发生大萧条；即使发生经济危机，也会尽快得到有效治理。

通过对理论逻辑和经济历史演变的讨论，本部分的主要结论有以下几点：

（1）凯恩斯主义经济政策的理论源头 IS－LM 模型应有一个暗含的前提假设——潜在需求与有效需求的差额足够大。这一前提存在时，投资是市场利率的函数之逻辑关系成立。

（2）潜在需求不是欲望，而是在近期支付能力条件下能够实现的有效需求。最近历史上的消费高点和同期他人高水平"消费示范"，都对当期潜在需求产生无法摆脱的影响。但是，限于条件，本章只提出了研究思路，而未能作出较为确切的统计分析，这无疑是一个缺憾。

（3）20 世纪 30 年代大萧条使美国经济严重负增长，且当时国民收入分配存在较大问题，致使潜在需求与有效需求之差急剧扩大，因此，罗斯福新政的止跌回升效果明显。

（三）日本经济低迷及其无效治理：潜在需求与有效需求的差额不足

日本自经济泡沫崩溃以来，经济增长率一直在低位徘徊，几届政府从未放弃过凯恩斯经济学的"干预政策"。按照凯恩斯的理论，采取扩张性财政政策和宽松货币政策能够解决经济低迷问题。但是，除去日元贬值引发的出口偶有起色之外，日本经济"失去的十年"和"失去的二十年"还是在顽强地延续着。安倍就任恰逢第三个 10 年伊始，首相继续采纳过去不见效的凯恩斯"药方"并加大剂量，意图之一大概就是不希望再出现"失去的三十年"。

---

① ［英］B. R. 米切尔编：《帕尔格雷夫世界历史统计：美洲卷（1750－1993）》，贺力平译，经济科学出版社 2002 年版，第 134、139 页。

② ［美］威廉·曼彻斯特：《大萧条与罗斯福新政》，朱协译，海南出版社 2009 年版，第 36 页。

从2012年底开始，日本政府在所谓"安倍经济学"的旗号下不断实施大力度的干预政策。安倍政府异常自信的决策能否如愿？曾经一段时间，日本国内、各国政府和学界对"安倍经济学"褒贬不一。其实，"安倍经济学"绝非经济学，无非是一组经济政策而已，最引人注目的就是宽松的货币政策；其次是大规模政府支出，目的是通过通货膨胀刺激经济，刺激民间投资；另外是不太明确的结构性改革措施。与具有显著开创性的罗斯福新政相比，"安倍经济学"乏新可陈，似曾相见。著名经济评论员胡释之认为安倍经济学其实没有什么新意，无非就是"凯恩斯"加"伯南克"，安倍经济学（Abenomics）其实就是资产泡沫经济学（asset bubble economic）[①]。张季风（2013）认为仅靠量化宽松的货币政策解决不了日本经济的结构性问题，无节制的积极财政政策只能使政府的债务负担越来越沉重，最终拖延了结构性问题的解决。易宪容（2013）认为安倍晋三的改革能否成功地让日本经济走出迷失了的20年，现在还不是过早下结论的时候，但这场改革的方向及所采取的政策是正确的，问题在于这场改革能否坚持与有多大决心。小林庆一郎（2013）认为，安倍经济学可能会振兴日本经济一年或两年，但如果市场丧失了对日本公共债务可持续性的信心，那么，安倍经济学将会以不稳定的利率和不可控的膨胀而告终，导致日本经济严重崩溃。柴田德太郎（2013）认为，安倍经济学中货币政策取得的第一步成效已经衰退，宽松政策让金融市场变得脆弱，其他两个政策似乎希望不大，由于政府债务的大规模积累，积极财政政策的效果将会很有限，迄今为止，经济增长战略尚未产生效应。总之，安倍经济学似乎并非恰当的经济政策。

本章拟从凯恩斯政策模型暗含的充要条件入手，考察日本是否具备凯恩斯模型暗含的前提假设，探讨"安倍经济学"大致的有效空间。

如前所述，凯恩斯经济学认为投资是利率的函数，两者呈反向变动关系。在第一章中，已经否定了日本存在这一函数关系的可能性，在此重新强调日本的投资和利率的变化趋势。1990年以后，有价证券收益率整体呈下降趋势，但是投资并未持续增加，而是呈现出反复波动的情况。同时，用相同数据所做模型显示，投资与利率之间的数量关系也极不显著（见图2-23）。

1965~1984年，在经济泡沫发生之前，日本的资金筹措总额中，间接融资占85%~90%，直接融资只占5%~10%。[②] 日本的证券市场并不发达，企业对银行贷款的依存度非常高，市场利率（有价证券收益率）降低无法解决这一问题。既然日本企业的融资方式主要是依赖银行贷款的间接融资，那么，日本的商业银

---

① 《安倍经济学神话》，凤凰网财经，http://finance.ifeng.com/news/special/caizhidao101/。
② 阎坤：《日本金融研究》，经济管理出版社1996年版，第5页。

行体系对企业提供信贷的主要依据是什么?

刘巍和蔡俏(2014)研究认为,短期内,日本的投资是出口的函数,而且日本实际投资指数与出口物量指数之间的相关系数为 0.8065。张乃丽和蔡俏(2013)认为,从长期来看,日本企业投资最为显著的影响因素是野口悠纪雄推断的"收益预期"。在日本这样储蓄充裕且存在颇具特色的"主办银行"制度的国家里,设备投资过程中的融资成本变量对投资额的影响极不显著。通过计量分析,进一步显示,最终消费和出口是企业投资的显著影响因素,这两个变量是实现日本企业投资收益最直接的管道。Beta 系数分析结果指出,出口比国内最终消费的重要程度高 10%。

综上所述,由于资本充裕,日本投资函数的解释变量与凯恩斯模型大不相同——融资成本不再是投资的有效影响因素,而凯恩斯模型中的暗含前提假设"卖得出去"进入模型成为解释变量。对日本而言,"卖得出去"涉及国内和国外两个市场,且国外市场更重要。但是,安倍经济政策无法调控国外市场,这是因为出口取决于进口国的经济状况、各种非关税壁垒,以及日本与贸易伙伴国的关系等一系列因素,是一个多元函数。因此,本节只讨论日本产品的国内市场,即企业投资模型中的国内消费变量。这样,接近前面提出的"潜在需求与有效需求的差额"分析框架。

日本经济自泡沫崩溃以来,经济增长低迷,年均增长1%左右,真正的负增长只发生在亚洲金融危机和 2008 年国际金融危机期间。日本失去的十年或者二十年,是指失去先前的高速增长,并非是像美国大萧条一样的惨剧。况且,日本近几年(2008~2014年)的失业率在 3.4%~5.7% 范围波动。[①] 20 年间,日本消费基本稳定,年均增长 1% 左右,消费占 GDP 的比重稳定在 55%~57% 区间。实际上,张乃丽和蔡俏(2013)研究指出日本消费增速放缓不是经济泡沫崩溃之后的事,而是从 1990 年开始,消费增速就明显下降了(见表 2-8)。

表 2-8　　　　　　　　日本的 GDP 与最终消费

单位:10 亿日元(1990 年价格)

年份	GDP	GDP 环比指数	消费	消费环比指数	消费/GDP	消费/GDP 环比指数
1990	457 436.3	NA	249 138.9	NA	0.54	NA
1991	467 957.3	102.3	255 409.8	102.5	0.55	101.8

---

① 《日本失业率数据》,和讯网,http://calendar.hexun.com/Chart.aspx? &ct = 9&et = 78&seq = &page = 4。

续表

年份	GDP	GDP 环比指数	消费	消费环比指数	消费/GDP	消费/GDP 环比指数
1992	471 233.0	100.7	260 707.6	102.0	0.55	100.0
1993	468 876.9	99.5	263 743.9	101.2	0.56	101.8
1994	475 910.0	101.5	268 800.6	101.9	0.56	100.0
1995	488 759.6	102.7	273 370.2	101.7	0.56	100.0
1996	501 956.1	102.7	279 657.7	102.3	0.56	100.0
1997	502 458.1	100.1	282 174.6	100.9	0.56	100.0
1998	494 921.2	98.5	279 917.2	99.2	0.56	100.0
1999	497 395.8	100.5	283 276.3	101.2	0.57	101.8
2000	507 343.7	102.0	284 409.4	100.4	0.56	98.2
2001	505 314.3	99.6	288 959.9	101.6	0.57	101.8
2002	510 872.8	101.1	292 427.4	101.2	0.57	100.0
2003	522 622.9	102.3	293 889.6	100.5	0.56	98.2
2004	530 462.2	101.5	297 416.2	101.2	0.56	100.0
2005	540 541.0	101.9	301 877.5	101.5	0.56	100.0
2006	550 270.7	101.8	305 198.1	101.1	0.55	98.2
2007	560 175.6	101.8	307 944.9	100.9	0.55	100.0
2008	539 449.1	96.3	305 173.4	99.1	0.56	101.8
2009	528 660.1	98.0	303 037.2	99.3	0.57	101.8
2010	545 577.3	103.2	311 522.2	102.8	0.57	100.0

资料来源：日本内阁府官方网站，http：//www.esri.cao.go.jp/jp/sna/data/data_list/kakuhou/files/files_kakuhou.html。

从纵向维度观察，日本经济在近代历史上并不存在一个显著的高点，换言之，没有发生过严重衰退。于是，大多数社会公众心里就不存在一个相对高水平的潜在需求，也不存在一个值得花钱恢复的"过去的好时光"，潜在需求与有效需求的正数差额几乎不存在。同时，无论从GDP绝对值还是人均GDP来看，日本都处于世界经济发达国家"第一方阵"中。

从国际横向比较，日本人不仅得不到国际社会更舒适生活的"示范"，还可能比较出一种自豪感，因此不可能激发出更大的潜在需求。更重要的是，无论是联合国开发计划署提供的基尼系数数据（2001~2010年：0.249）还是经济合作与发展组织（OECD）提供的基尼系数数据（2000~2010年：0.337~0.329），日本的国民收入分配均处于"比较平均合理"的水平上（孙章伟，2013）。这样，日本绝大部分消费者不是"买不起"，而是"买得起却没什么可以多买"，消费稳定已成为一种常态。总之，从横向维度看，日本潜在需求与有效需求的差额也是比较低的。

综上所述，在日本这种以"主办银行"制度下间接融资为主、资本又比较充裕的国家里，只要国内潜在需求与有效需求的差额足够大，企业投资就能顺利进行，与利率的关系不大。而金融危机后日本的这一差额完全不足以拉动企业投资，不可与美国大萧条同日而语。数量关系表明，在开放条件下考察，出口增长也是拉动投资的重要因素，短期内尤其如此。但是，安倍经济政策在很大程度上是调控不了国外需求的。从经济泡沫崩溃以来各任日本首相实施调控政策的历史角度考察，没有迹象表明安倍经济政策的"三支箭"在扩大国内潜在需求与有效需求的差额方面可以有所作为，政策无效无疑是大概率事件。日本经济以较快速度增长的出路在于，以"新供给"拉动潜在需求（包括国内和国外两个方面），从而扩大两者的差额。

五、本章小结

作为本书引论，本章从历史和逻辑的研究视角出发，试图厘清 2008 年金融危机发生的基本机理，并希望对某种流主流经济理论框架做出尝试性的修正。在这一研究理念的引领下，本章得出了以下几个方面的结论：

（1）经济学理论大都暗含其所处时代的大前提，研究者在选用经济学理论框架时，要格外注意模型中暗含的"上位前提"，避免错用经济学理论。总供求态势的形式成为经济理论分析的"上位前提"。

从实证角度出发，初步归纳了判断一国"上位前提"的测度方法：总供给的价格弹性大小、贸易条件与贸易收支的相关关系、马勒条件是否成立。当然，可能还有更好的测度方法，有待于深入研究。

从世界各国来看，可能处于某种供给态势，或者具有供给约束型、需求约束型、新供给约束型及过渡时期转型的特征。一般发展中国家还属于"供给约束型"，发达国家正在率先从"需求约束型"向"新供给约束型"转变。从发展过程看，总供求态势先后经历了"供给约束型—需求约束型—新供给约束型"的过程。从历史角度观察，世界各国的总供求态势陆续从"供给约束型"向"需求约束型"过渡；但是各国进入"需求约束型"的时间不同，美国在 20 世纪 20 年代初,英国是维多利亚时期(Victorian era,大约在 1850~1870 年)中期,日本是 50 年代初。未来主要发达国家将率先从"需求约束型"经济向"新供给约束型"经济过渡,也许已经开始过渡。

在不同的总供求态势下,经济增长影响因素和经济危机的性质不同,对分析框架的要求也不同。比如古典经济学是以"供给约束型"为上位前提,现代经济学以"需求约束型"为上位前提,未来经济学将会以"新供给约束型"为上位前提。

(2)美国经济危机大多源于收入分配不公,消费需求分布层次失衡,引起有效需求不足,最后导致经济危机。大萧条的症结首先在于收入分配不公。1919~1929 年,收入的大部分被很小部分富人所获得;在温饱水平以下的贫困家庭占到了美国总人口的 60% 以上。前者边际消费倾向显著递减,后者边际消费倾向比较大,等于 1(或大于 1),受收入水平限制,购买力及需求不足。

其次,消费信贷具有明显的"双刃剑"作用。一方面,信贷促进了消费需求的扩展,这也是美国经济增长的动力源;另一方面,消费过度依赖信贷及金融部门,透支未来需求,扩大了"需求不足"的风险。在金融工具的支持下,不断透支未来需求,延迟和掩盖了需求不足的问题,需求透支到了一定程度,必然发生经济危机。一些需求侧管理的财政政策和货币金融措施失去依托,引起整个社会物品供应过剩,必然会导致整个经济失调,产能闲置,经济萎缩,失业率上升。

(3)危机治理经验。回溯大萧条的机理,在收入分配结构难以改变的条件下,"整顿金融→扩大信贷→扩大总需求→走出萧条"是需求约束型经济中治理经济危机的已知路径。历史经验说明货币政策可以启动萧条经济,即"绳子"可以推车。

20 世纪 20 年代,美国刚刚进入需求约束型经济态势,胡佛政府没有宏观调控经验,不太清楚货币政策与总需求、总需求与总供给之间的利害关系,还以为是经济泡沫,采取打压需求的政策,导致经济危机。时至今日,也没有证据充分证明股市飙升就一定是经济泡沫,虽然经济泡沫往往表现于资产价格飙升,但逆命题未必成立。因此,对于需求约束型经济,当经济进入萧条时,必须慎用紧缩性货币政策。

美国 30 年代大萧条前期,总需求被打压,市场中的金融机制遭到严重破坏,金融工具与需求进入恶性循环态势,政府购买支出得不到市场机制的配合,宏观经济乘数效应极不显著,自相矛盾的财政政策之命运自然也和货币政策一样的下场了。换言之,如果经济机制本身不能正常运行,财政政策也是不能"推车"的。在罗斯福总统时期,一是采用货币政策手段调节,修复经济机制,等待市场机制慢慢将美国经济从深谷中拉出来;二是"罗斯福新政"对经济进行政府干预,采取政府购买、降低税赋和海关关税的措施,刺激消费需求、投资和出口,促使生产和市场逐渐恢复。

另外,一国发生经济危机时,若采用以邻为壑的经济政策,限制进口以提升内需,必然遭受严厉的报复,出口举步维艰,致使本国经济雪上加霜。

(4)日本经济低迷和"失去20年"的机理。自20世纪80年代以来,日本进入了"新供给约束型"经济态势,大部分产能对内需而言属于"无效供给"。由于缺乏"有效供给",日本总供给无法引领国内需求增长,经济增长只能依赖出口。

日本新供给约束型经济的基本特征有以下三个:第一,经济总量和人均量都位居世界前茅,且收入分配没有太大问题;第二,经济高涨主要依赖出口,出口是投资和进口的主要影响因素;第三,经济低迷主要是出口受阻造成的,且财政政策和货币政策或诱发经济泡沫或基本上无效。

在新供给约束型经济态势下,日本经济的出路大致有三种:一是冲破领先科技约束,构建"有效供给"平台。日本是一个技术强国,还不是科学强国,难以在科学层面领导新潮流。因此,率先实现高新科技供给的境界恐力所不及,这一出路比较遥远。二是国际经济环境转向有利,继续大量出口。日本能够扩大出口的重要前提是要有一个有利的国际经济环境。当前,欧美都陷于经济低迷之中,日元大幅度贬值的可能性不大,同时,亚洲新兴国家物美价廉的商品对日本产品有一定替代,使日本重振出口的难度更大了。因此,日本从出口之路冲出低迷也是不容易的。三是忍受长期经济低迷,或爆发深度萧条。如果日本有关当局放任不干预,经济低迷的累积效应必将使日本经济发生深度萧条。在退回到标准的"需求约束型"经济后,日本经济在低谷中借助旧有的科技平台重新恢复增长。但是,日本政府不会放弃干预,因此,将来一段时间内的日本经济继续在零增长水平附近徘徊。

所以,在"新供给约束型"经济中,任何试图拉动内需的经济政策都不可能有效。如果不能在供给侧全面出"新"以诱致总需求,那么,或者由强劲的外需(出口)弥补内需,或者长期忍受经济低迷。

(5)经济萧条治理的前提是"潜在需求"和"有效需求"之间的差额足够大。在凯恩斯经济政策 IS-LM 模型的逻辑分析中,暗含着前提假设——潜在需求与有效需求的差额足够大。投资是市场利率的函数关系,逻辑上要求市场机制有效。其中,潜在需求不是欲望,而是在近期支付能力允许时可能实现的有效需求,比如"最近历史上的消费高点"会催生潜在需求,配合经济政策刺激,推动有效需求回升,促进经济增长。所以,无论是需求约束型经济,还是新供给约束型经济,从逻辑上看,积极的经济政策有效的必要前提之一应该是潜在需求和有效需求之间的差额足够大。

基于这个结论：一是大萧条给美国经济造成了严重的负增长，且当时国民收入分配存在较大问题，致使潜在需求与有效需求之差急剧扩大，因此，罗斯福新政的止跌回升效果明显。二是大萧条时期，英国经济机制健全，潜在需求与有效需求存在较大差距，通过货币政策能够有效推动投资，使英国经济免遭"深度衰退"。三是日本自20世纪90年代初以来的大约20年中并无严重负增长，GDP总量和人均量均居世界前列，基尼系数处于比较平均到合理的区域内，潜在需求与有效需求之差不能满足投资条件。因此，"安倍经济政策"难以产生效果，拉动内需的愿望也必定无法实现。

本 章 附 录

附表2-1　　　　　日本国民经济若干指标（1）　　　　　单位：%

年份	国债依存度	租税负担率	人均GDP增长率	货币供应量年增长率	流通国债收益率	日本汇率（直接标价法）	出口额增长率	设备投资增长率
1980	32.6	21.7	7.93	9.2	8.86	226.45	28.1	7.5
1981	27.5	22.6	5.79	8.9	8.12	220.83	15.7	3.8
1982	29.7	23	3.65	9.2	7.67	245.26	3.7	1.4
1983	26.6	23.3	3.82	7.4	7.36	237.61	0.9	1.9
1984	24.8	24	6.08	7.8	6.65	237.61	15.7	12.3
1985	23.2	24	6.51	8.4	5.87	238.05	3.9	15.1
1986	21	25.2	3.08	8.7	5.82	168.03	-16.8	5.0
1987	16.3	26.7	5.33	10.4	5.61	144.52	-6.0	8.2
1988	11.6	27.2	6.58	11.2	4.57	128.2	2.8	19.9
1989	10.1	27.7	6.9	9.9	5.75	138.11	11.9	10.7
1990	10.6	27.7	8.2	11.7	6.41	144.88	8.8	11.5
1991	9.5	26.6	4.46	3.6	5.51	134.59	1.9	-0.4
1992	13.5	25.1	1.7	0.6	4.77	126.62	1.5	-6.1
1993	21.5	24.8	-0.46	1.1	3.32	111.06	-6.9	-12.9
1994	22.4	23.8	1.11	2.1	4.57	102.18	0.5	-1.9
1995	28	24	1.46	3	3.19	93.97	2.3	3.1
1996	27.6	23.8	2.07	3.3	2.76	108.81	8.2	5.7

续表

年份	国债依存度	租税负担率	人均GDP增长率	货币供应量年增长率	流通国债收益率	日本汇率（直接标价法）	出口额增长率	设备投资增长率
1997	23.5	24	0.64	3.1	1.91	120.92	13.7	4.0
1998	40.3	23.6	-2.26	4.4	1.97	131.02	-1.3	-8.2
1999	42.1	23.1	-0.93	3.7	1.64	113.94	-6.3	-0.6
2000	36.9	23.7	0.71	2.1	1.64	107.79	8.1	7.2
2001	35.4	23.7	-2.32	2.8	1.36	121.58	-5.9	-2.4
2002	41.8	22.3	-0.95	3.3	0.9	125.17	6.2	-2.9
2003	42.9	21.8	0.6	1.7	1.36	115.93	5.0	6.1

资料来源：王洛林、张李风主编：《日本经济蓝皮书》（2011），社会科学文献出版社2011年版，第333～375页。

附表2-2　　日本国民经济若干指标（2）　　上年＝100，可比价格

年份	GDP指数	居民消费指数	政府消费指数	总投资指数			
				总指数	公共投资指数	民间投资指数	
						设备投资指数	住宅投资指数
1980	102.8	101.1	103.1	99.1	95.8	107.9	90.8
1981	102.9	101.4	105.0	102.4	103.8	102.7	97.4
1982	102.8	104.4	104.7	99.7	96.9	101.1	98.8
1983	101.6	102.8	104.7	97.7	97.6	97.9	95.2
1984	103.1	102.4	102.8	105.0	96.8	108.5	97.0
1985	105.1	104.0	100.8	106.3	95.1	116.4	103.3
1986	103.0	103.3	103.8	104.2	102.2	106.2	119.9
1987	103.8	104.1	103.7	108.2	106.0	103.9	112.8
1988	106.8	104.9	103.6	113.4	104.2	117.1	98.4
1989	105.3	104.8	102.9	108.3	99.9	115.7	104.9
1990	105.2	104.6	103.2	107.7	104.4	110.1	94.6
1991	103.4	102.9	104.1	104.0	103.3	104.3	94.1
1992	101.0	102.6	102.5	97.1	114.3	92.9	98.9
1993	100.2	101.4	103.0	97.6	112.9	89.7	101.1
1994	101.1	102.7	103.2	98.7	101.3	94.3	107.2
1995	102.0	101.9	103.9	103.1	100.6	103.0	95.2
1996	102.7	102.5	102.9	107.3	105.7	101.6	111.8

续表

年份	GDP指数	居民消费指数	政府消费指数	总投资指数			
				总指数	公共投资指数	民间投资指数	
						设备投资指数	住宅投资指数
1997	101.6	100.7	100.8	100.6	92.3	108.4	87.9
1998	98.0	99.1	101.8	94.3	95.2	93.5	85.3
1999	99.9	101.0	104.2	97.5	105.7	95.7	100.2
2000	102.9	100.7	104.3	103.1	90.0	107.5	100.9
2001	100.2	101.6	103.0	98.8	97.0	101.3	94.7
2002	100.3	101.1	102.4	93.4	95.2	94.8	96.0
2003	101.4	100.4	102.8	101.5	89.2	104.4	99.0

资料来源：王洛林、张李风主编：《日本经济蓝皮书》（2011），社会科学文献出版社2011年版，第333～375页。

第三章

2008年国际金融危机形成机理及治理

第二章从历史角度展示了历史上主要经济危机的形成机理，概括了研究经济危机的理论框架。本章再次从2008年国际金融危机角度探讨其形成过程和机理，也是对历史经验的验证。主要研究内容有：一是回顾美国次贷危机及其2008年国际金融危机的爆发和演进过程；二是从总需求角度考察美国宏观经济运行逻辑，从中寻求国际金融危机发生的机理，从消费群体的收入差异、需求群体结构失衡说明经济危机的根源；三是梳理美国金融危机治理的对策及其有效性的前提和经济基础。

一、国际金融危机的形成及研究概况

（一）美国次贷危机及其国际金融危机的形成

2007年4月，美国第二大次级抵押贷款公司——新世纪金融（New Century Financial）因无力偿还共计84亿美元的债务而申请破产保护，成为"次贷危机"（subprime mortgage crisis）中第一个倒下的美国大型金融机构，引爆了美国次级抵押贷款危机。美国第五大投资银行贝尔斯登（Bear Stearns Cos.）旗下两只管理资产超过200亿美元的对冲基金于2007年7月申请破产保护，贝尔斯登也于

2008年3月被摩根大通集团（J. P. Morgan Chase & Co）收购。2008年1月，第一大抵押贷款公司美国国家金融服务公司（Countrywide Financial Corp.）也面临破产清算的困境。美国"次贷危机"引起了全球金融市场的极大恐慌，导致世界各国对风险进行重新评估，穆迪（Moody's Investors Services）、标准普尔（Standard & Poor's）一个月内共下调了千种债券的评级，引起广泛的连锁反应。经过一年多时间的演变，危机的范围不断扩大，程度不断加深，破坏性不断加剧。2008年9月后，从房贷公司到银行，一大批基金公司、投资银行、商业银行等金融机构出现巨额亏损，美国前两大投资银行高盛（Goldman Sachs）和摩根斯坦利（Morgan Stanley）获美联储批准转变为商业银行，房利美（Fannie Mae）和房地美（Freddie Mac）、雷曼兄弟（Lehman Brothers）、美林（Merrill Lynch）、美国国际集团（AIG）、华盛顿互惠银行（Washington Mutual Inc.）、美联银行（Wachovia）、富通银行（Fortis Bank）等十多家大型金融机构相继破产，被政府接管或被同行收购。其中，房利美和房地美是美国政府支持的两个最大的住房抵押贷款融资机构，拥有美国住房抵押贷款总余额的一半左右，持有了1.4万亿美元的投资组合；雷曼兄弟是美国第四大投资银行，其破产成为美国金融史上最大的金融机构倒闭案；美林是全球最大券商，被美国银行（BOA）收购；美国国际集团是美国保险业巨头；华盛顿互惠银行是美国第六大商业银行，其破产成为美国史上最大的商业银行倒闭案（2012年2月重组完成）……这些金融集团公司遭遇巨大破坏，危机影响之深度与广度令全球震惊（朱民，2009）。

美国的次贷危机迅速蔓延，演变成国际金融危机，并直接导致了世界经济的衰退。2007年2月，汇丰控股（HSBC）为其在美国的次级房贷业务增提18亿美元的坏账准备金。8月，德国两家银行——产业投资银行（IKB）和德国第二大银行Sachsen LB分别陷入流动性危机而被迫接受紧急救援；法国最大银行巴黎银行宣布卷入美国次级债。9月，英国抵押贷款公司诺森罗克银行（Northern Rock）受到储户挤兑，欧洲银行业普遍受到冲击，包括瑞银、德意志银行等在内的很多大型国际金融机构发生了巨额损失。2008年，受美国大批金融机构倒闭的影响，投资者纷纷卖出金融类股票，全球金融市场经历了1929年经济大萧条以来前所未有的剧烈震荡，从而导致全球经济环境逐步恶化，进一步对银行业造成冲击，最终影响到实体企业的生存和运作。美国通用公司（General Motors Corp.）于2008年7月隐现危机，2009年6月申请破产保护。北美最大电信设备制造商北电网络公司（Nortel Networks）于2009年1月申请破产保护。可见，全球实体经济在信贷危机和信心危机下步入深度衰退。实际上，金融危机导致信贷紧缩，信贷紧缩造成经济衰退，反过来，经济衰退导致金融机构财务状况进一步恶化，形成新的金融危机和信贷紧缩。由此形成了金融危机和实体经济衰退相互影响的恶性循环（朱民，2009）。

这次金融危机和经济衰退被认为是20世纪30年代大萧条以来最严重的一次经济危机，持续震荡，表现复杂。全球经济危机有几个表现特征：一是利率差异化扩大，世界主要货币之间的汇率波动剧烈。欧洲各国、中国和印度持续升息，美国、巴西和俄罗斯不断降息，引起美元持续贬值，美元指数连创历史新低，把经济泡沫扩散到外部。二是大宗商品、资产价格剧烈波动。危机爆发时，大宗商品、资产价格持续膨胀，泡沫风险不断上升，在创出历史高点之后已经出现了大幅回落。三是国际金融危机对实体经济的影响，从信贷、投资领域扩展到私人消费领域，最终导致世界经济增长率大幅放慢（李向阳，2009）；主要发达国家经济进入负增长，美国、日本和欧元区经济都出现了衰退，发展中国家经济增长大幅度放缓。国际货币基金组织（IMF）于2009年7月发布《世界经济展望》，描述了全球经济2005～2010年的基本走势，反映了GDP季度同比变化。2008年第二季度经济开始快速下滑，第四季度和2009年第一季度是底部。2008年第四季度，发达经济体实际GDP出现了7.5%的下降，新兴经济体经济总量也下降了4%；2009年第一季度，全球经济下降了6.5%；2009年第二季度开始回升并出现正增长。

可见，国际金融危机导致世界经济呈"V"形的变化态势：从2009年第三季度开始缓慢复苏，形成了"V"字形的探底回升（见图3-1）。2008年实际GDP的增长率，全球为3%，发达国家为0.5%，新兴发展中国家为6.1%（IMF，2009年10月公布）。

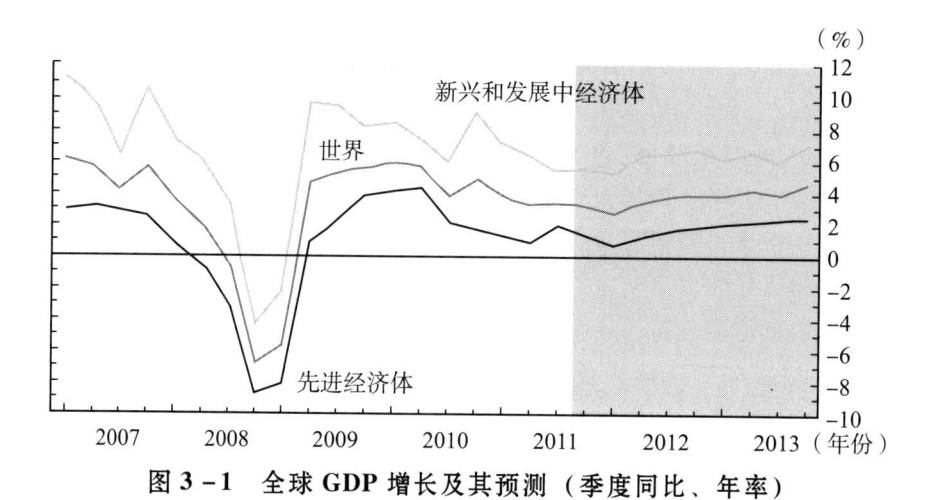

图3-1　全球GDP增长及其预测（季度同比、年率）

注：阴影部分为预期数。
资料来源：IMF：《世界经济展望》，2012年1月。

(二) 国际金融危机治理及其引起的主权债务危机

面对2008年全球金融市场的剧烈动荡，欧美各国政府大规模采取宽松的财政货币政策，阻止危机的进一步恶化，却给政府带来巨大的债务负担，最后导致欧美各国国债余额占GDP的比例大幅度增长，导致政府债务累积到接近或超过警戒线，使国际金融危机转化为欧美主权债务危机，全球经济又笼罩在主权债务危机的阴影之中。

2008年10月，冰岛的三大银行资不抵债，被冰岛政府接管，银行债务升级为主权债务。为了应对危机，冰岛政府冻结了债务的偿还，采取了严厉的紧缩政策，被迫放弃固定汇率制度。其结果是货币大幅贬值，经济运行遭到严重伤害。2009年初，国际评级机构穆迪（Moody's Investor Service）调低了乌克兰的评级，并认为东欧的形势在恶化，触发了中东欧国家的债务问题。2009年12月，国际评级机构惠誉（Fitch Ratings）将希腊主权信用评级降级，前景展望为负，同时下调希腊5家商业银行的信用级别。受此消息的影响，希腊股市大跌，欧元对美元汇率大幅下滑，触发了希腊主权债务危机。由于葡萄牙、意大利、爱尔兰和西班牙等国均像希腊一样存在严重的财政赤字和经常账户赤字，希腊主权债务问题迅速蔓延到这些国家，演变成为欧洲普遍主权债务危机（徐明棋，2009；郑联盛，2010）。特别引起国际社会担忧和重视的是，英国2010年的预算报告显示，2009～2010财年英国公共部门净债务占GDP的比例为54.1%，当年财政赤字占GDP的比例为11.8%，也存在较严重的债务问题。全世界正在进入一个借新债还旧债、中央银行印钞票的阶段，而新债只能依靠有剩余储蓄的国家来购买，进而引发全球债务危机。因此，中长期世界经济面临的最严重挑战是全球性的债务危机（余永定，2010）。

援引IMF报告显示，G20中发达经济体的政府公共债务占GDP比重从2007年的78%上升到2009年的97%，其负债已临近"债务极限"；当时欧盟绝大部分成员已相继推出财政赤字削减计划，这将导致本已疲弱的欧洲经济增长预期再降低0.25%。2009年全球GDP的实际增长率为-0.6%，各国经济增长全面下滑，发达国家为-3.2%，新兴发展中国家为2.5%（见表3-1、图3-2）。

表3-1　　IMF关于全球各经济体经济增长及其未来预测　　单位：%

经济体	2006年	2007年	2008年	2009年	2010年	2011年	2012年	2013年	2014年	2015年	2016年
世界产出	5.0	4.9	3.0	-0.6	5.2	3.9	3.1	3.3	3.3	3.4	3.2
发达经济体	3.0	2.7	0.5	-3.2	3.2	1.7	1.4	1.3	1.8	2.1	1.7

续表

经济体	2006年	2007年	2008年	2009年	2010年	2011年	2012年	2013年	2014年	2015年	2016年
美国	2.9	2.2	0.4	-2.6	3.0	1.8	2.8	2.2	2.4	2.6	1.6
欧元区	2.8	2.6	0.6	-4.1	1.9	1.5	-0.7	-0.5	0.8	2.0	1.8
日本	2.4	2.1	-1.2	-5.2	4.4	-0.6	1.9	1.6	0.1	1.1	1.0
新兴及发展中经济体	7.8	7.9	6.1	2.5	7.3	6.2	4.9	4.7	4.4	4.3	4.3
中国	11.1	11.4	9.6	8.7	10.4	9.3	7.8	7.8	7.4	6.9	6.7
印度	9.7	9.2	7.3	5.6	9.9	6.3	3.2	5.0	5.8	8.0	7.1
俄罗斯	7.4	8.1	5.6	-9.0	4.0	4.3	3.4	1.3	0.6	-2.8	-0.2
巴西	3.8	5.4	5.1	-0.4	7.5	2.7	1.0	2.5	0.1	-3.8	-3.6
南非	6.6	5.8	na	-1.7	2.9	3.5	2.5	2.2	1.4	1.3	0.3
中东欧	6.6	5.8	3.1	-4.3	4.5	5.4	4.3	2.5	1.5	4.7	3.0
东盟5国	5.7	6.3	4.7	1.3	7.0	4.5	6.2	5.2	4.5	4.9	4.9

资料来源：IMF：World Economic Outlook，2017年7月更新。

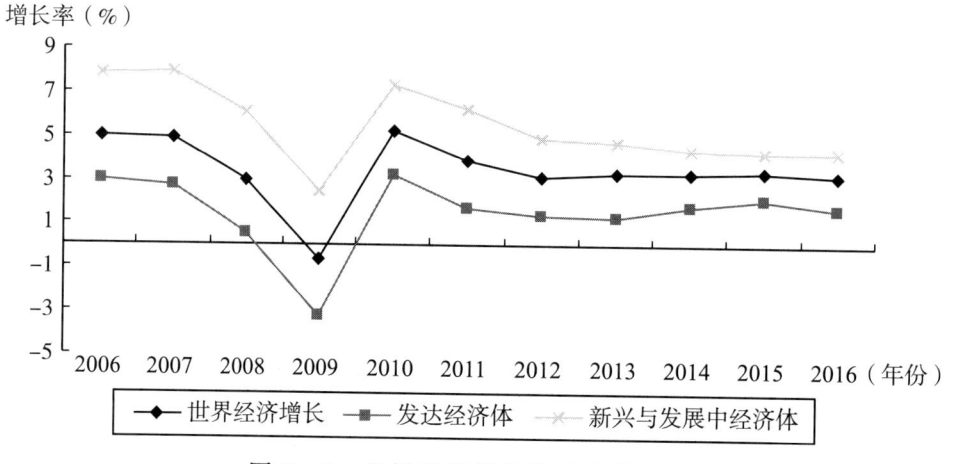

图3-2 世界经济增长情况及其预测

资料来源：IMF：World Economic Outlook，2017年7月更新。

在国际金融危机的演变过程中，各国政府实施了大规模经济刺激政策。2010年显示出明显效果，投资者和消费者信心有所恢复，发达国家补库存效应明显，新兴经济体内需增长强劲，全球经济增长达到5.2%，发达国家为3.2%，新兴发展中国家为7.3%（见表3-1、图3-2）。

2011年,各国经济刺激计划和宽松货币政策对世界经济的支撑作用明显减弱,发达国家的经济处在低迷阶段,美欧失业率居高不下、美国主权信用降级、欧债危机持续恶化,加上日本突发地震,中东、北非局势动荡,冲击石油市场。同时,新兴经济体受累于发达国家的颓势,发展后劲严重不足,并出现了较严重的结构性问题,通胀压力加大,全球经济问题继续恶化。2011年全球经济增长回落到3.9%,发达国家为1.7%,新兴发展中国家为6.2%(见表3-1、图3-2)。

实际上,国际金融危机把新兴经济体卷入,新兴市场主权财富基金向发达国家注入巨资。发达国家经济萎缩,导致新兴市场资本外逃的因素不只是短期因素,而主要是全球流动性紧缩、全球贸易再平衡等中长期因素,导致新兴市场减速压力和资本外流风险。发达国家的危机与衰退和发展中国家经济萎缩的相互影响,也形成一个恶性循环。

2012年以来的大约5年,延续了复苏趋势,但是世界经济增长疲软。首先,美国采取非常规的量化宽松政策,其中包括购入大量美国国债和房利美等机构发行的抵押贷款支持证券,并执行卖出短期国债、买入长期国债的"扭转操作",促使经济持续缓慢复苏。其次,欧元区债务危机向核心国家蔓延,经济进一步恶化。希腊、爱尔兰和葡萄牙等国家债务危机问题持续恶化,意大利和西班牙等国债务风险进一步暴露,引发金融市场持续大幅震荡,不稳定性加剧。日本推出巨大量化宽松货币政策,经济增长有所反弹,但低于预期。这个时期,新兴经济体和发展中国家仍是全球经济增长的主要推动力,但是新兴经济体增长逐步放缓(李建伟和杨琳,2011)。全球经济整体上还比较平稳,2012~2015年全球经济增长维持在3.1%~3.4%,发达国家为1.4%~2.1%,波动比较大,新兴发展中国家为4.3%~4.9%;2015年有所复苏,2016年有所下跌(见表3-1、图3-2)。

(三)对2008年国际金融危机的一般认识

自2008年的美国次贷危机引发国际金融危机后,学术界就对其原因进行了探讨,大多数研究从金融系统寻找原因,把危机爆发的原因主要归结为三个方面:金融监管不力、金融创新的滥用、虚拟经济和实体经济发展脱节。早在2006年,美国已经发现政府支持企业(Government-sponsored Enterprises,GSE)在投资组合规模方面的重要问题及其对金融稳定性的影响,政府通过了加强监管的GSE法案,但是收效甚微。肖恩·莫尔顿(Shawn Moulton,2014)研究了GSE法案与次贷危机之间的关系,发现它们之间并没有什么太大的关联。陈华和赵俊燕(2009)从对危机的传导机制的分析中得出,危机的真正实质还是滥用衍生品的创新、预支市场及社会信用导致信用危机,而虚拟经济与实体经济的严重脱离加剧了危机的爆发。熊军和高谦（2009）分析了次贷危机爆发的深层原因是金融监管放松刺激了金融创新从而积聚了巨大风险，而房价的下跌则是其爆发的直接原因。吴念鲁和杨海平（2009）从微观和宏观制度层面进行剖析，认为危机爆发的原因在于金融创新和经济虚拟化。周洛华和田立（2008）认为投资对象的收益与风险是其本身固有的，美国的次级按揭贷款的风险分散机制不能最终消除风险，美国住房市场的降温和金融衍生品的运用，使危机进一步放大和扩散。马勇、杨栋和陈雨露（2009）认为信贷扩张对危机具有一致而稳定的解释力，同时金融监管不力也是导致危机的原因之一。克里斯托弗·惠伦（R. Christopher Whalen，2008）认为次贷危机的根源来自三个方面：金融创新产品的使用、金融监管宽松和公允价值会计准则的提出。普纳南丹·阿米亚托奇（Purnanandam Amiyatoch，2011）认为银行参与证券化的程度越高，贷款违约率越高，从而危机爆发的概率也越大，加上银行缺乏筛选机制，加大了风险。不过，也有学者不认同这一点。克里斯蒂娜·佩库蒂（Cristina Peicuti，2013）认为次贷危机不应该归因于证券化，应该找出隐藏在其背后的深层原因。

刘诗白（2010）认为美国经济过度金融化和虚拟化，尤其是金融衍生产品的使用导致危机爆发，但根源还是实体经济中的生产能力与需求不足之间的矛盾。这实际上属于"形而上"高度，运用了马克思理论范式分析美国及资本主义世界经济危机的根源在于资本主义内在矛盾的表现，实质是生产相对过剩的危机，布伦纳（Robert P. Brenner，2006）早就预见，全球制造业部门生产能力的相对过剩及其必然导致的利润率下降，美国经济的破产和危机是一个基本趋势，美国家庭债务的攀升驱动美国经济周期性扩张，最终导致经济危机。具体矛盾表现为劳动者与资本力量对比失衡导致国人收入下降，引起贫富差距拉大和消费不足，致使产能过剩，在金融化影响下以金融危机的形式表现出来（朱安东，2012）。美国金融危机的根本原因是美国居民的消费需求严重超过居民收入，居民实际工资下降，靠借钱维持过去的生活水平；少部分靠借款维持超出其收入水平的生活水平。因此，美国储蓄率下降和负债率的上升，意味着风险的提高。各种衍生金融工具只能转移、掩盖风险，并不能减少风险，更不能消除风险，一旦金融危机爆发，其破坏的程度将加剧（余永定，2008）。

还有从比较角度对1929年美国大萧条与2008年国际金融危机进行比较，认为金融和经济危机的发生是资本主义制度的本质特征之一；美国政府坚持自由放任的经济思想，对市场竞争和企业行为监管不够，出现了宽松货币政策引起经济危机。1929年大萧条前，泛滥的信贷政策引起了股市的泡沫；2008年次贷危机前，美联储极其宽松的货币政策、对金融放松监管和次级贷款都达到前所未有的水平，使得经济泡沫恶性膨胀。在经济泡沫导致消费价格上涨的压力下，货币当局不得不采取紧缩货币政策,从而捅破了泡沫,引起经济危机(王森,2010;刘鹤,2013)。

上述几个方面的解释都从某一个方面解释了国际金融危机的部分原因,有必要回到具体的经济运行层面,理清楚美国经济运行供求态势这个"上位前提",从理论层面揭示国际金融危机的根本原因和深层次根源。

二、美国宏观经济运行的基本逻辑

根据美国经济运行的历史资料和数据,对美国宏观经济运行进行逻辑抽象,可以确定美国总供求态势仍然是"需求约束型"经济,这是美国经济运行的基本前提。在需求约束型经济中,有效需求不足是造成经济衰退的根本原因。以下从美国宏观经济运行机制中寻求美国金融危机发生的基本逻辑。

20世纪30年代,美国经历了经济大萧条,40年代得到了逐步恢复。在第二次世界大战期间,美国经济获得了再次繁荣的历史机遇,卷入战争的各国对美国产品需求大增,美国本土安全稳定的社会环境,赢得了产品出口的大量机会,而且集聚了世界各地的资本、人才及技术等要素,依靠其科技进步和各地资本,形成了超强的生产能力。"二战"后,美国依托其经济地位主导了国际经济贸易规则的制定,组织构建了国际货币基金组织、世界银行和关税及贸易总协定,并支撑美元成为世界货币,形成了完整的货币金融体系,具备了集聚和配置世界各地资本的超强能力。

(一)美国经济发展的产业基础

从美国支柱产业的发展看,2008年次贷危机前形成了房地产、钢铁和汽车产业三大主导产业,这也是美国经济长期增长的三大传统支柱产业。其中,把购买住宅也视为大消费概念,美国居民在此方面的"消费"对宏观经济的拉动作用巨大,甚至可以拉动几十个行业的发展,因为房地产行业的上游产业是钢材、水泥等建筑材料行业,而其下游产业是家用电器、居家用品等行业,房地产业将会带动这些产业的发展。把建筑、制造、电器装备及其组件、家具及相关产品、交通运输和仓储等行业的产出数据与房地产进行比较,发现每个行业基本上都呈现上升趋势;并且这几个行业与房地产行业的相关性很大,尤其是与家具及相关产品、建筑业、交通运输和仓储的相关性更大,都达到了0.95以上(见表3-2、表3-3)。

表 3-2　　　　　　　6 个行业的总产出指数 (2009 = 100)

年份	房地产	建筑	制造	电器装备及其组件	家具及相关产品	交通运输和仓储
1997	74.326	60.652	84.133	78.927	79.072	70.063
1998	76.320	62.653	81.683	78.594	80.087	70.590
1999	78.474	65.071	81.169	78.154	81.101	72.704
2000	80.860	67.810	82.977	79.011	82.333	77.488
2001	83.528	70.459	82.017	78.866	83.427	80.381
2002	86.349	72.395	81.173	78.230	84.250	81.711
2003	88.211	74.997	82.976	77.971	85.028	83.987
2004	90.415	80.280	86.917	80.777	86.553	86.601
2005	92.865	86.962	92.040	84.464	89.641	90.996
2006	95.799	93.574	96.081	90.795	92.331	94.866
2007	97.698	97.832	99.248	94.935	94.245	97.639
2008	99.460	100.734	106.993	99.310	97.450	104.536

资料来源：The U. S. Department of Commerce. *Bureau of Economic Analysis*, http：//www.bea.gov/industry/gdpbyind_data.htm.

表 3-3　　　　　　美国若干行业相关关系分析（1997~2008 年）

行业	房地产	制造业	家具和相关产品	电器及其组件	建筑业	交通运输及仓储
房地产	1					
制造业	0.842802	1				
家具和相关产品	0.969547	0.94323	1			
电器装置及其组件	0.825232	0.986599	0.935271	1		
建筑业	0.97917	0.926928	0.994823	0.916469	1	
交通运输及仓储	0.986414	0.906526	0.991262	0.888978	0.988173	1

资料来源：根据表 3-2 计算得出。

因此，美国次贷危机爆发前，金融业与房地产业成为美国经济高速增长的关键。金融机构的住房信贷成了房地产业高速增长的发动机，住房信贷一旦停摆，金融危机则不可避免。接下来的逻辑非常清晰，金融机构必须稳定运作，适度放大住宅需求，才能保证房地产业健康发展，否则，必将酿成大祸。然而，这不能仅靠金融业的自律，对金融的监管尤其是金融创新的监管也非常重要，如果金融监管机构对金融创新的监管过于宽松,会因金融创新产品过滥而酿成更大的危机。

(二)美国经济发展的金融支撑作用

在美国现代经济运行中,金融发挥了重要的支撑作用,从银行信贷在宏观经济运行中的关键作用就可以说明这一点。根据美国经济发展过程中 2000 年之后的运行态势可以了解金融的支撑作用。2000 年开始,美国经济经历了一次轻微衰退。2000 年第四季度开始,美国经济结束了 1991 年以来长达 10 年的高速增长期,步入了低速增长时期。主要原因是美国消费需求和投资需求的增长速度急剧下降,2001 年 "9·11 事件" 更是严重打击了美国消费者和投资者的信心,加快了美国经济增长速度的下滑。

针对此次经济衰退,从 2001 年初开始,美联储的货币政策开始了从加息转变为减息的周期,货币政策趋于宽松,目的是提升需求从而促进经济增长。在经历了 13 次降低利率之后,从 2000 年到 2003 年,美国联邦基准利率(United States Federal benchmark interest rate)从 6.5% 降低到 1%,达到过去 46 年以来的最低水平(见图 3-3)。

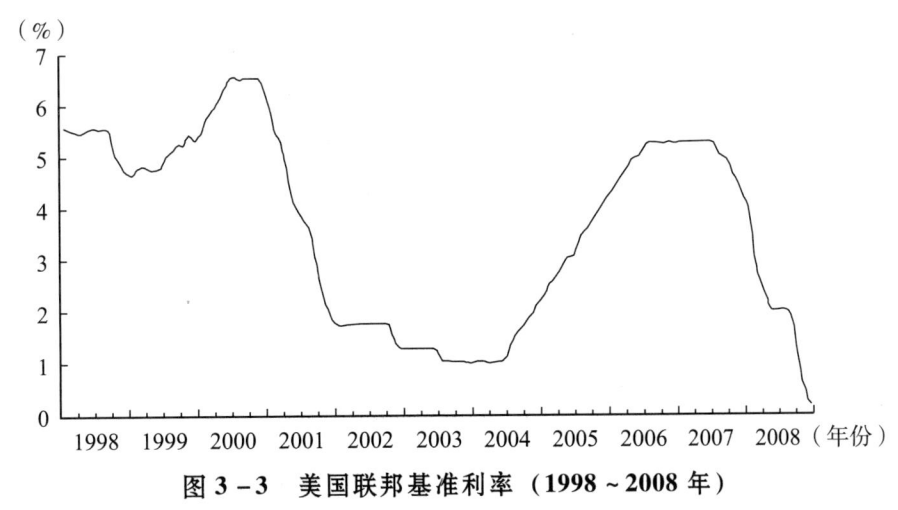

图 3-3 美国联邦基准利率(1998~2008 年)

资料来源:Board of Governors of The Federal Reserve System. Statistical Releases and Historical Data,http://www.federalreserve.gov/releases/h15/data.htm.

宽松的货币政策环境反映在房地产市场上,就是房贷款利率也同期下降,30 年期固定按揭贷款利率从 2000 年底的 8.06% 下降到 2003 年的 5.82%(见

表3-4）。这一阶段房贷款利率的持续下降，成为推动美国房地产接下来几年的持续繁荣、次级房贷市场泡沫膨胀的重要因素。

表3-4　　　30年期固定抵押贷款利率（1990~2010年）

年份	抵押贷款利率（%）	年份	抵押贷款利率（%）	年份	抵押贷款利率（%）
1990	10.13	1997	7.6	2004	5.84
1991	9.25	1998	6.94	2005	5.86
1992	8.4	1999	7.43	2006	6.41
1993	7.33	2000	8.06	2007	6.34
1994	8.35	2001	6.97	2008	6.04
1995	7.95	2002	6.54	2009	5.04
1996	7.8	2003	5.82	2010	4.69

资料来源：Board of Governors of The Federal Reserve System. Statistical Releases and Historical Data, http://www.federalreserve.gov/releases/h15/data.htm.

从美国居民的消费模式看，选择信贷消费是一种主流方式。从购房行为看，很少有美国居民全款买房，通常都是长期贷款（见图3-4）。如果使用信贷者能够按约还本付息，或者违约者较少，其经济循环尚无大碍。一般来说，银行应该把资金贷给具有第一还款来源（直接用于归还贷款方的现金流量总称）的信贷者，只有这样贷款偿还才有保障。但是低收入阶层根本不具有第一还款来源的能力，而在房地产市场异常繁荣的情况下，商业银行受到利益的诱惑还是会贷款给他们。由于低收入者的信用等级达不到标准，因而被定义为次级信用贷款者，简称次级贷款者。所谓次级按揭贷款，就是给资信条件较"次"的人提供按揭贷款。

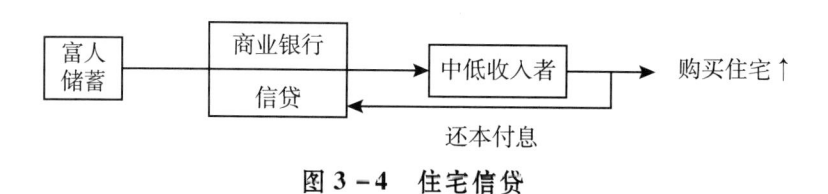

图3-4　住宅信贷

从房地产行业看，美国房地产行业的蓬勃发展为 GDP 做了不少贡献。房地产行业是国民经济的支柱产业之一，支撑了美国经济持续多年的繁荣局面，表3-5中的数据反映了美国房价与 GDP 高度相关。可见，从2001年到2007年，虽然 GDP 的增长率有所波动，但是 GDP 显然还在增加，而在2001~2004年低利息率的环境下 GDP 的增速更快（见图3-5）。

表 3-5　　房价与 GDP 的相关性分析（1991~2010 年）

	HPI	GDP
房价指数（HPI）	1	
GDP	0.957582	1

资料来源：GDP 数据见 http：//www.bea.gov/iTable/iTableHTML.cfm? reqID = 9；HPI 数据见 http：//www.fhfa.gov/DataTools/Downloads/Pages/House – Price – Index.aspx。

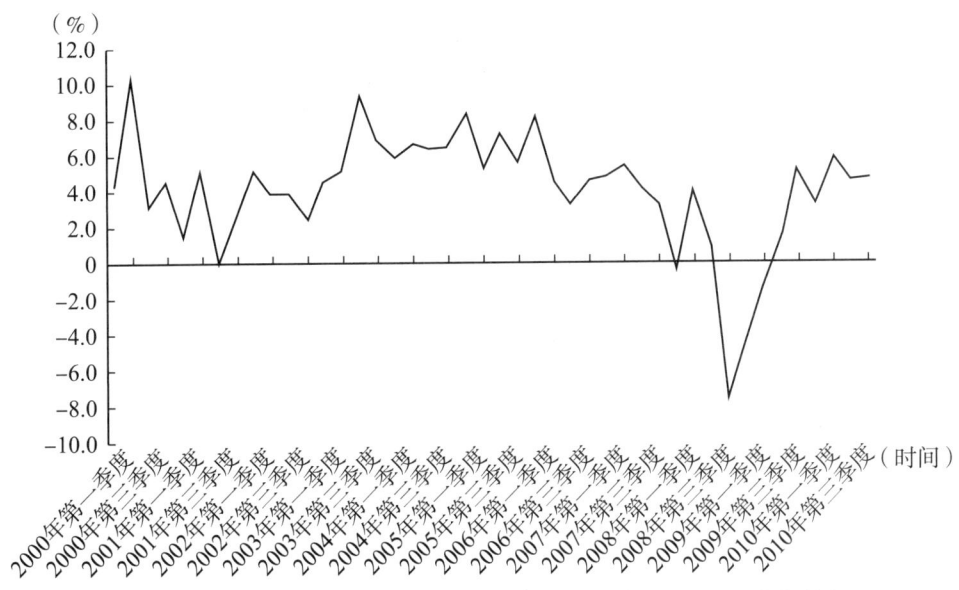

图 3-5　美国 GDP 增长率变化图（2000~2010 年）季度数据

数据来源：The U. S. Department of Commerce. *Bureau of Economic Analysis*，https：//bea.gov/national/index.htm#gdp。

三、2008 年美国金融危机的发生机理

（一）金融危机根本原因：收入分配不公平导致需求不足

如前所述，美国经济获得快速发展，居民收入和消费应该增加。那么，需求不足是如何形成的？2008 年次贷危机又是如何形成的？其基本逻辑如下：以国民收入分配不公为起点，一是分配不公导致富人大量储蓄，从而造成需求不足；二是银行系统的信贷掩盖了上述需求不足的隐患，保证了全社会的消费需求；三

是消费需求和出口需求一起促进了各个生产环节的投资需求；四是资本市场提供了投资需求所需资金；五是总需求上升，GDP 增长（见图 3-6）。国民收入分配不公是整个宏观经济运行的起点，它使社会财富出现两极分化，富人更富，穷人更穷。这就会导致社会上的储蓄主要来自富人，而穷人则为负储蓄。这种财富分配不公平的格局必然导致经济失调的危机。

图 3-6 美国宏观经济运行逻辑

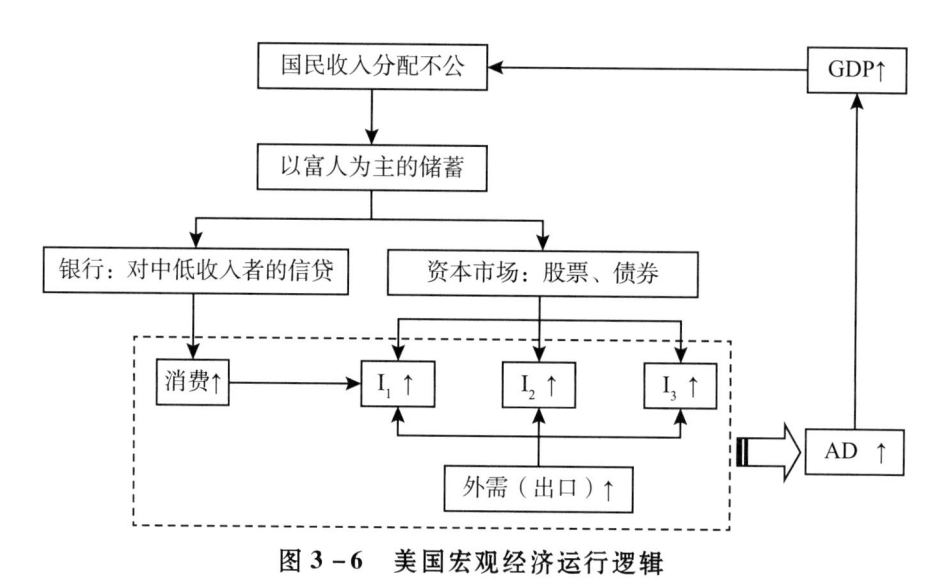

注：I_1 为消费品生产厂商投资，I_2 为资本品厂商投资，I_3 为资源品厂商投资。

在现实中，对未来的种种考虑使人们把部分当期收入储蓄起来，以备不时之需，导致边际消费倾向小于 1。如果国民收入分配公平，以投资消化储蓄，这一问题不会太大。但是，如果收入分配不公，基尼系数居高不下，富人占有绝大部分国民收入，而且边际消费倾向较小，有效需求不足的问题就出现了。

进入 21 世纪 90 年代以来，美国低收入群体占整个群体的 50%，但是收入份额却只占 15% 左右，并出现下降趋势；而高收入群体虽然只占整个群体的 5%，但收入份额却达到 30% 多，而且出现上升趋势；中等收入群体的收入占比也出现下降趋势（见图 3-7）。因此，在次贷危机爆发前，美国收入差距不断扩大。

从美国基尼系数的数据中可以看出美国的贫富差距（见表 3-6），不管是税前还是税后基尼系数都是上升的。1986 年以后，美国的税前基尼系数一直维持在 0.5 以上，而 0.5 的基尼系数已经大大超过世界公认的警戒线了。2007 年，税前的基尼系数甚至达到了 0.612，这表明美国的收入分配严重不公平，而且这种收入分化总体上是处于上升的趋势。最终，贫富差距越大，有效需求不足现象也就越严重，宏观经济将无法顺畅运行。

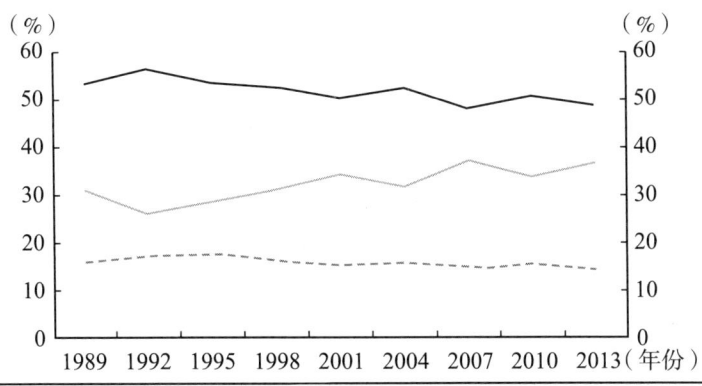

```
 (%)                                              (%)
  60                                               60
  50                                               50
  40                                               40
  30                                               30
  20                                               20
  10                                               10
   0                                                0
     1989 1992 1995 1998 2001 2004 2007 2010 2013(年份)
```

―――― 表示占总群体5%的高收入群体　　―――― 表示占总群体45%的中等收入群体
･･･････ 表示占总群体50%的低收入群体

图 3-7　不同收入群体的收入份额

资料来源：Perspectives on Inequality and Opportunity from the Survey of Consumer Finances——Remarks by Janet L. Yellen, Chair Board of Governors of the Federal Reserve System, at the Conference on Economic Opportunity and Inequality Federal Reserve Bank of Boston, http://www.federalreserve.gov/newsevents/speech/yellen20141017a.pdf.

表 3-6　　　　　　　美国的基尼系数（1979～2007 年）

年份	基尼系数（税前）	基尼系数（税后）	差异	年份	基尼系数（税前）	基尼系数（税后）	差异
1979	0.469	0.439	0.030	1994	0.532	0.503	0.028
1980	0.471	0.441	0.031	1995	0.540	0.510	0.029
1981	0.471	0.442	0.029	1996	0.551	0.521	0.030
1982	0.474	0.447	0.027	1997	0.560	0.530	0.030
1983	0.482	0.458	0.025	1998	0.570	0.541	0.029
1984	0.490	0.466	0.024	1999	0.580	0.550	0.030
1985	0.496	0.471	0.024	2000	0.588	0.558	0.031
1986	0.520	0.496	0.024	2001	0.564	0.534	0.030
1987	0.511	0.485	0.026	2002	0.555	0.525	0.030
1988	0.530	0.505	0.026	2003	0.559	0.533	0.026
1989	0.528	0.504	0.024	2004	0.575	0.549	0.026
1990	0.527	0.503	0.024	2005	—**	—**	—**
1991	0.523	0.499	0.024	2006	—**	0.504	—**
1992	0.532	0.507	0.025	2007	0.612	0.584	0.028
1993	0.531	0.503	0.028				

注：—** 表示报告中没有相应的数据。

资料来源：美国国税局（IRS）收入统计报告（SOI），https://www.irs.gov/uac/SOI-Tax-Stats-Conference-Papers-on-Individual-Tax-Statistics。

中低收入者的收入加起来都没有高收入群体的收入高。积累了大量财富的富人会把多余的资金存入银行，或者投资于资本市场。中低收入者人数众多、边际消费倾向也比较大，其收入水平有限，无法提升有效需求。

在经济形势比较好的情况下，银行通过发放消费信贷，可以增加社会总需求，而投资者也可以从资本市场获取所需资金，促进经济较快发展，但这又会进一步拉大收入差距，从而形成不良循环。但是，在经济形势不太乐观的情况下，或者出现银根收缩时，银行信贷下降，造成中低收入者消费需求大减，当传递到投资需求之后，即形成总需求锐减（见图3-8）。

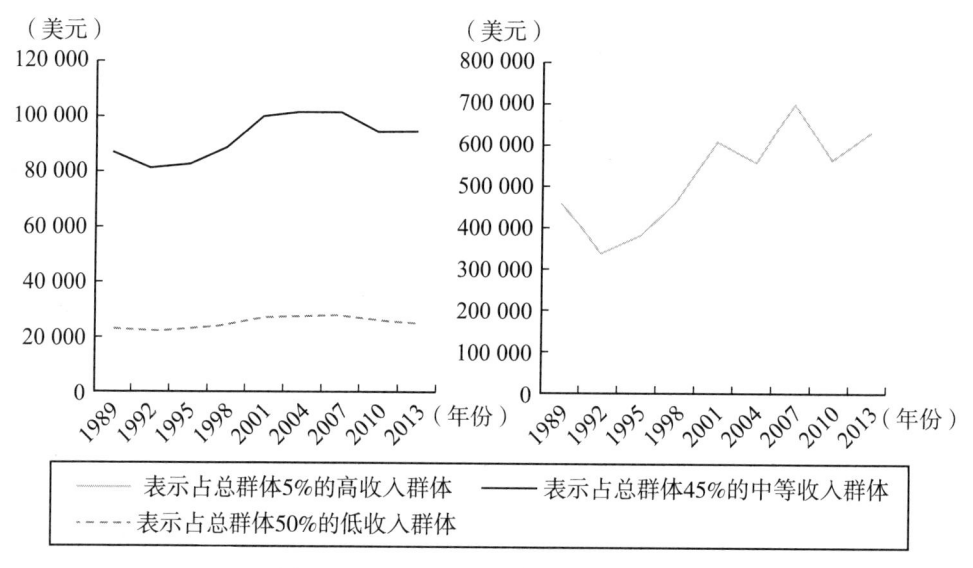

图3-8 不同收入群体的平均收入

资料来源：Perspectives on Inequality and Opportunity from the Survey of Consumer Finances——Remarks by Janet L. Yellen, Chair Board of Governors of the Federal Reserve System, at the Conference on Economic Opportunity and Inequality Federal Reserve Bank of Boston, http://www.federalreserve.gov/newsevents/speech/yellen20141017a.pdf.

（二）次贷危机爆发之条件：金融创新及其监管失效

不是每个国家都会爆发经济危机，经济危机的爆发有其深层次的原因，一是国民收入分配不公，这是经济危机爆发的根源，没有这个基本前提，是不可能出现危机的。二是金融监管的宽松，监管当局只看到房地产市场的繁荣，却忽视了银行与其他金融机构之间的资金链条关系，并放松了对金融创新产品的监管，加大了系统风险。三是金融创新的过度使用。资产支持证券（Asset Backed Securities，ABS)、抵押支持债券或者抵押贷款证券化（Mortgage – Backed Security，MBS)、担保债务凭证（Colleteralized Debt Obligation，CDO)、信用违约掉期（Credit Default Swap，CDS）的使用，使金融创新逃避了金融监管机构的监管，任由其在金融市场兴风作浪，加快了危机的脚步。只有同时具备了这三个前提条件才可能出现金融危机。

在上述原因中，前述已经说明了美国在经济快速增长过程中，导致贫富差距越来越大，收入分配不公平造成的有效需求不足隐患也在加速酝酿中。实际上，在金融危机爆发前，金融创新及其监管放松已经为美国2008年次贷危机创造了环境。最终，美国金融机构及其金融体系的运行成为金融危机是否爆发的关键。

1. 美国金融体制创新引起金融机构监控不力

从美国金融体系来看，美国金融创新异常活跃。金融创新产品是一把"双刃剑"，恰当使用，可以促进金融资源的优化配置，维护金融市场的稳定；如果盲目过度使用，就会加大整个金融市场的风险。

1999年，美国出台《金融服务现代法》，废除了《格拉斯—斯蒂格尔法》中所规定的分业经营。金融机构经营模式发生了重大转变，转而采用混业经营的模式。在混业经营背景下，由于商业银行和证券机构之间的业务可以相互交叉，难免就会出现监管的灰色地带。废除分业经营使得隔离它们的防火墙轰然倒塌，防范危机的保护伞被戳破。金融创新产品的发展涉及多个领域，分属于不同的监管机构，因而监管更加困难，这就更需要商业银行与金融监管机构之间能够相互协调和监督。然而，由于监管体系机构过于冗杂，监管职能相互交叉，权力过于分散，并没有真正达到混业经营的效果。在这种情况下，如果不及时调整，加上金融创新的盲目使用，就会使金融危机悄然而至。比如美国的证券业、基金业、保险业和期货业分别由美国证券监督委员会（SEC)、联邦保险署（SIC）和美国期货交易委员会（CFFC）监管，其中美国证券监督委员会只监管证券经纪业务，而对其投资银行业务的监管却十分宽松，这就为投行实施高杠杆提供了机会（陶长高和郑磊，2009)，从而加大了整个金融体系的系统性风险。另外，金融监管当局为了美国经济的增长，忽视了对信贷风险的控制，甚至把金融衍生品的评估与监督权也转移给私人证券评级机构，监督权再次放松，再加上次级贷款证券那时表现喜人，最终导致监管缺失，从而为危机的发生种下了一颗毒瘤。

2. 美国信贷工具创新引起房地产信贷标准放松

随着美国经济的反弹和通货膨胀的压力重新抬头，为了抑制连续走高的通胀，从2004年6月起，美联储的低利率政策开始了逆转，到2006年6月的两年时间内,经过连续17次利率调高后,联邦基准利率从1%提高到4.99%。到2006年8月,联邦基准利率上升到5.25%,标志着扩张性政策的完全逆转。[①] 连续升息,提高了购买房屋的借贷成本,因而产生了抑制房产需求和降温房产市场的作用,促发了房价的下跌,以及按揭贷款违约风险的大量增加。但是由于房价持续走高,使得包括金融机构在内的社会公众产生了还会更高的预期。银行乐观地认为,如果借款人无法偿还贷款,则收回抵押房屋,出售后仍可收回贷款的本息。同时,公众也乐观地认为,即使自己以后无法偿还借款,也可以用出售房子的钱来偿还。因此,信贷授受两旺,房价不断攀升(见图3-9)。

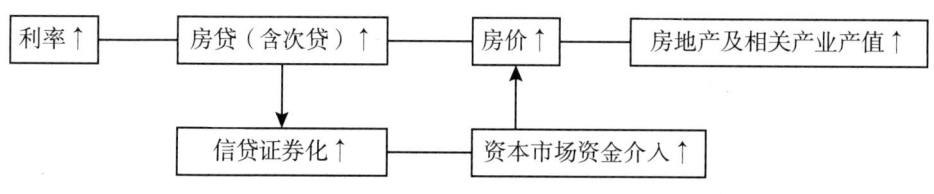

图3-9 经济高涨时期购房信贷作用机制

但是,当房价突然走低借款人违约时,银行收回抵押住宅出售,得到的资金却不能弥补贷款本息。大量借款人违约,使得金融机构大面积亏损,图3-10所示的乐观流程也就无法循环了。于是,一个"利率上升—房价下跌—金融机构亏损—利率再上升—房价再下跌……"的恶性循环波及了全美国。

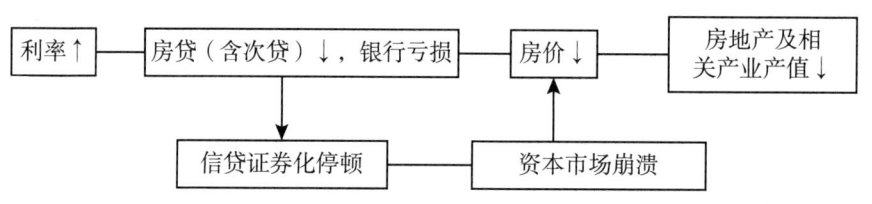

图3-10 经济萧条时期购房信贷作用机制

在危机爆发前,美国的房价一路飙升,房价升高肯定是旺盛的购买导致的,这似乎与前面的讨论不相符。比较表3-7列出的几项消费支出可以看出,消费中用于房屋的支出是最高的,占了税前收入的25%以上,而在2006年,这个比重甚至达到了27.05%。可见,中低收入的消费者没钱买房却又是住宅商品的"刚需"者,他们只能靠银行信贷才能买得起房。

---

① Statistical Releases and Historical Data. Board of Governors of The Federal Reserve System,http://www.federalreserve.gov/releases/h15/data.htm.

表3-7　　　　美国居民主要部分支出占税前收入的比较

年份	消费单位数（千）**	税前收入（美元）	食品占税前收入的比重（%）	房屋占税前收入的比重（%）	服装和服务占税前收入的比重（%）	交通运输占税前收入的比重（%）	医疗保健占税前收入的比重（%）	娱乐占税前收入的比重（%）	人身保险和养老金占税前收入的比重（%）
2000	109 367	44 649	11.55	27.59	4.16	16.61	4.63	4.17	7.54
2001	110 339	47 507	11.20	27.39	3.67	16.07	4.59	4.11	7.87
2002	112 108	49 430	10.87	26.87	3.54	15.70	4.75	4.21	7.89
2003	115 356	51 128	10.44	26.27	3.21	15.22	4.73	4.03	7.93
2004	116 282	54 453	10.62	25.56	3.33	14.33	4.73	4.07	8.86
2005	117 356	58 712	10.10	25.83	3.25	14.21	4.54	4.07	8.86
2006	118 843	60 533	10.10	27.05	3.10	14.06	4.57	3.93	8.71
2007	120 171	63 091	9.72	26.82	2.98	13.88	4.52	4.28	8.46
2008	120 770	63 563	10.12	26.92	2.83	13.54	4.62	4.46	8.82
2009	120 847	62 857	10.14	26.88	2.74	12.18	4.97	4.28	8.70
2010	121 107	62 481	9.81	26.50	2.72	12.29	5.05	4.01	8.60

注：**中的"消费单位"与"户"类似，主要包括家庭和独居的单身人士，两人以上同居分担费用。每个消费单位平均数大约2.5人。"千"表示以千为单位。

资料来源：U. S. Bureau of Labor Statistics，http：//www. bls. gov/cex/csxmulti. htm.

从图3-11的美国标准普尔/卡斯—希勒20城市房价综合指数中可以看出，2000~2006年房价一直是上升的，当美联储降息使得贷款利率下降时，房价节节攀升并在2006年7月达到历史最高点206.52。这说明了美国房地产在这段时间的蓬勃发展。

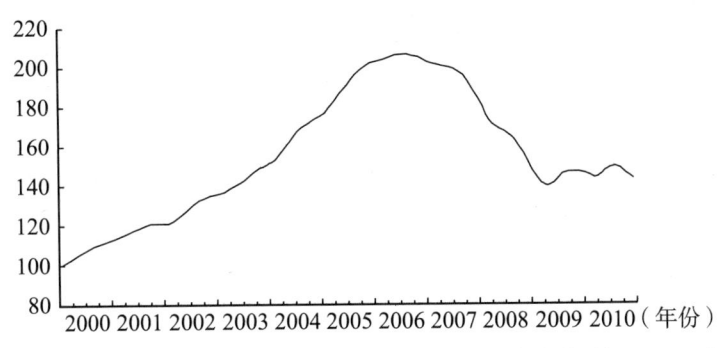

图3-11　美国标准普尔/卡斯—希勒20城市房价综合指数（2000年=100）

资料来源：S&P Dow Jones Indices LLC，http：//asia. spindices. com/indices/real-estate/sp-case-shiller-20-city-composite-home-price-index.

由于利率下降,很多蕴含着高风险的金融创新产品在房产市场上有了产生的可能性和迅速扩张的机会,其重要表现之一是,只支付利息的贷款大幅度增加,占总按揭贷款的发放比例迅速上升。这种贷款只要求购房者每月负担较低的灵活的还款额度,减轻了购房者的还款压力。有些金融机构推出"零首付",使得连那些穷得付不起利息的人都能够从银行借到钱。这样一来,银行贷款保证了房价持续上升,从而推动了房产市场的多年繁荣,即:

利率下降—按揭成本下降—按揭购房增长—房价上涨—账面资产增长—按揭购房再增长……

对 1991~2010 年抵押贷款利率与房价数据进行相关性分析,显示两者呈现负相关关系,其相关系数为 -0.78411,当贷款利率下降时,会促使更多的人贷款,从而推高房价。[①] 因此,在房地产抵押贷款标准放松的情况下,房价一直上扬,在利益的驱动下,促使房地产行业与金融机构之间展开激烈竞争,其风险不断扩大。商业银行贷款给信用级别较低的人形成次级贷款,然后再由次级贷款通过证券化打包成抵押贷款支持证券(MBS),投资银行购买了这些 MBS 之后又再次打包成担保债务凭证(CDO)。因此,在次贷危机爆发前,美国房地产次贷及其证券化比例不断上升(见表 3-8)。

表 3-8　　　　　美国证券化比例和次贷占比统计　　　　　单位:%

项目	2001 年	2002 年	2003 年	2004 年	2005 年	2006 年	2007 年
次贷占房贷的比例	7.8	7.4	8.4	13.5	21.3	20.1	6.4
次贷证券化率	54.1	62.9	61.1	75.7	76.3	74.8	55.0

资料来源:Mortgate Market Statistical Annual,2007。转引自张忠永、陈文丽:《次贷危机形成的机理及其警示》,载于《南方金融》2009 年第 4 期。

次贷证券化率 2001 年为 54.1%,2005 年达到了峰值 76.3%;次贷占房贷的比例也逐年上升,2005 年达到峰值 21.3%,这使得"问题金融"扩大到资本市场,一旦某个环节出现问题,就会出现连锁反应。1994~2006 年,次贷的违约率还比较平稳,并保持在较低的水平;2006 年开始飙升,稍后达到了 17%(见图 3-12)。可调整利率抵押贷款的使用使借款人在前两年可按固定利率还款,到了第三年就开始按浮动利率还款,这加大了借款人的风险,为其留下了违约隐患。

---

① 抵押贷款利率数据见 Statistical Releases and Historical Data. Board of Governors of The Federal Reserve System,http://www.federalreserve.gov/releases/h15/data.htm;房价数据见 http://www.fhfa.gov/DataTools/Downloads/Pages/House-Price-Index-Datasets.aspx#mp。

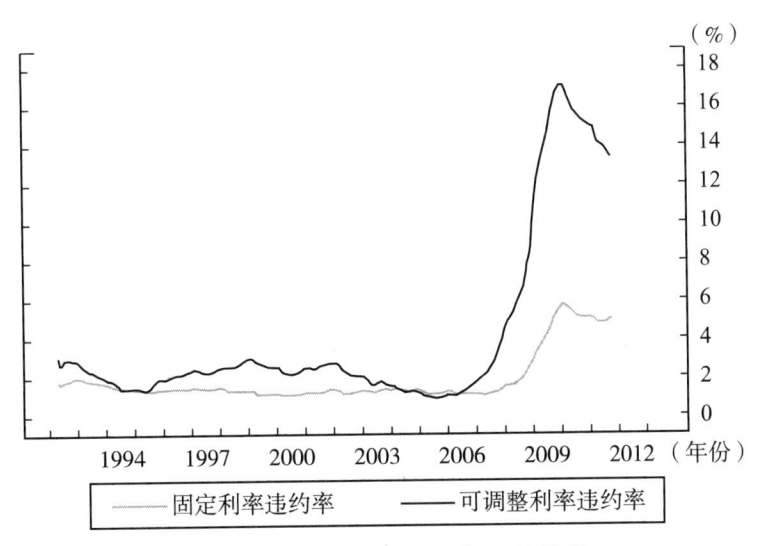

图 3–12　美国次贷违约率（月均值）

数据来源：http：//www.federalreserve.gov/publications/other-reports/files/housing-white-paper-20120104.pdf.

为了更好地销售和避免风险，投资银行还为这些金融创新设置保险工具——"信用违约掉期"（CDS），促使金融创新。一环扣一环，表面上好像更多的人承担了风险从而分散了风险，但实际上风险已经悄然从银行业转入资本市场，使风险涉及面更广。当这些金融创新产品在房地产市场风靡一时，过高的房价为其风险"掩护"。只要房地产市场繁荣，房价持续上涨，危机就不会爆发。但次级抵押贷款是基于第二还款来源的担保贷款，一旦房价下跌，就会出现违约从而使得资产证券化的现金流中断，泡沫破灭，整个金融市场出现危机。

四、2008 年美国金融危机治理：潜在需求转变为有效需求

基于前述分析，欧美发达国家在遭遇经济危机和衰退时，通常采取货币政策干预经济，即用"绳子推车"。2008 年美国金融危机之后，采取了持续数年的货币量化宽松政策，即推进凯恩斯主义模型中总需求的扩大，从而推动生产和供给的扩大，实现总需求与总供给的均衡。

在西方成熟的市场经济国家中，对经济调控通常采取间接的货币宽松政策，较少采取财政政策。"量化宽松"是指扩大一定数量基础货币的发行，减少银行的资金压力。货币量化宽松政策主要是指中央银行通过购买国债等中长期债券，

向市场注入大量流动性货币资金,以鼓励借贷,扩大私人部门投资需求和个人消费支出。在经济发展正常的情况下,央行通过公开市场业务操作,一般通过购买市场的短期证券对利率进行微调,从而将利率调节至既定目标利率。一般来说,在实行零利率或近似零利率政策后,若经济仍然难以恢复和提振,就会采取推行非常规的量化宽松政策的手段。

2008年,美国"次贷"危机爆发之后,大量金融机构破产倒闭,引发国际金融危机,之后,美国为了治理金融危机后的经济衰退,从2008年底到2014年底近6年多时间,先后采取了四轮量化宽松政策。美联储2007年8月开始连续10次降息,隔夜拆借利率由5.25%降至0~0.25%,进入了"零利率"时代。

(一) 第一轮量化宽松 (QE1) 货币政策

2008年11月25日,美联储首次公布将购买机构债和抵押贷款支持证券(MBS),标志着首轮量化宽松政策(QE1)的开始,直到2010年4月28日结束,该期间共购买了1.725万亿美元的资产,其中,机构债的采购额最高增至2 000亿美元,机构抵押贷款支持证券采购额1.225万亿美元,较长期国债证券3 000亿美元。[①] QE1主要用于购买国家担保的问题金融资产,比如购买房利美、房地美、联邦住房贷款银行与房地产有关的直接债务,目的是重建金融机构信用,向信贷市场注入流动性,用意在于稳定信贷市场。其目的仅仅在于"稳定"市场,而不是"刺激"经济。

(二) 第二轮量化宽松 (QE2) 货币政策

鉴于第一轮政策效果不明显,2010年11月4日,美联储推出第二轮量化宽松货币政策(QE2),宣布到2011年6月底结束以前,以购买美国中长期国债的方式,向市场投入6 000亿美元的流动性资金。QE2的目的是通过大量购买美国国债,压低长期利率,借此提振美国经济,特别是避免通货紧缩,并降低高达9.6%的失业率。QE2主要购买美国国债,实际上是增加基础货币投放,其主要目的不在于提供流动性,而在于为政府分忧解难,解决美国政府的财政危机。同时,美联储再通过向外部"出售"国债套现美元,增加储备规模,从而扩充了准备金规模,为未来的财政危机准备了工具。

[①] 立悟:《美联储首轮量化宽松政策回顾》(之一至四),新浪财经网,2010年11月02日,http://finance.sina.com.cn/stock/usstock/c/20101102/18208888220.shtml。

(三) 第三轮和第四轮量化宽松 (QE3、QE4) 货币政策

2012 年 9 月 14 日,美联储宣布:为了刺激经济复苏和改善就业市场,实行新一轮资产购买计划。一是联邦公开市场委员会 (FOMC) 宣布超低利率 (0 ~ 0.25%) 的维持期限将延长到 2015 年中期;二是指令纽约联储银行公开市场操作,月采购 400 亿美元的抵押贷款支持证券 (MBS);三是继续执行卖出短期国债、买入长期国债的"扭曲操作"(OT)。同时,在年底前继续实施 6 月份宣布的计划,即延长所持有证券的到期期限,并把到期证券回笼资金继续用于购买机构 MBS。由于扭曲操作到期,使得每个月产生了 450 亿美元的缺口,美联储随后推行第四轮量化宽松 (QE4) 政策来弥补,于 12 月 13 日宣布:每月采购 450 亿美元国债,替代扭曲操作;加上 QE3 每月 400 亿美元的宽松额度,美联储每月资产采购额达到 850 亿美元。这给长期利率带来向下压力,为经济恢复提供了更加宽松的金融市场环境。

2013 年开始,美国经济逐步出现温和增长态势,就业市场有改善迹象,但失业率仍然居高不下,居民消费和企业固定资产投资回暖,楼市复苏势头得到巩固,长期通胀预期保持稳定。2013 年 9 月,美联储决定维持现行的宽松货币政策不变。2013 年 12 月,美联储宣布将缩减购债规模,但是利率保持在低位运行。2014 年 1 月,美联储表示从 1 月起,把每月 850 亿美元的购债规模缩减 100 亿美元,至 750 亿美元;9 月,购债规模再次缩减至 150 亿美元;10 月 29 日,美联储议息会议宣布结束购债,标志着量化宽松货币政策全面结束。[①]

总体来看,美联储量化宽松货币政策主要是把潜在需求转变为有效需求,基本实现了扩大需求和提振美国经济的目的。一是通过增加货币供给,降低中长期市场利率,促进信贷市场恢复,鼓励企业投资,解决失业率长期居高不下的问题,促使潜在需求向有效需求转变,既扩大了投资需求,又增加了消费者收入和需求支出;二是通过货币投放,减缓通货紧缩预期,刺激消费需求,增加社会总需求,以推动物价回升;三是在国际上通过扩大美元供给,主动造成美元贬值,增加美国产品的出口竞争力,改善经常账户,以出口部门的就业增加置换由于房地产等行业萧条导致的就业流失。这些政策措施从结果上看,通过美元贬值减轻了以美元计价的美国债务负担,为政府开支提供了空间。实际上,扩大了外需,从而扩大了美国有效需求,拉动了经济增长和回升。

---

① 吴心韬:《市场静待美联储退出量宽政策》,载于《中国证券报》2014 年 10 月 30 日。

五、本章小结

对于一个经济体来说，在总供给与总需求平衡的条件下，若收入分配结构合理，即使无信贷支持，消费率也会比较高，总需求基本可以拉动总供给，未必对消费信贷过分依赖，宏观经济运行风险较小。在需求约束型经济中，消费需求对消费信贷依赖越重，总需求对货币政策的依赖就越重，宏观经济运行的风险也就越大。从2008年国际金融危机的分析中，可以得出以下结论：

（1）国民收入分配不公是美国次贷危机爆发的根源所在，这是2008年国际金融危机爆发的第一前提。收入差距过大使得少数高收入者（富人）占有大量的收入，其边际消费倾向比较低，穷人消费需求受到收入较低的限制，两者对宏观经济造成了"消费需求不足"的巨大威胁，从而引发经济危机。

（2）金融机构的信贷在需求约束型经济中扮演了提升总需求的重要角色，滥发信贷成了国际金融危机爆发的第二前提。银行将富人的储蓄借贷给中低收入者，使得有效需求保持旺盛，掩盖了收入分配不公导致的需求缺口。正是基于此，次贷危机得以萌芽。

（3）金融监管宽松和过度的金融创新，是国际金融危机爆发的第三前提。政府监管松弛，金融创新产品盛行，使得美国"次贷"盛行，甚至包藏了一些金融骗局，使得隐藏欺骗的金融"有毒"资产从货币市场蔓延到资本市场，为美国次贷危机从货币市场蔓延到资本市场创造了制度条件，催生了全面的经济危机。美国的教训表明，合理把握金融监管和金融创新的"度"，对于宏观经济运行至关重要。

（4）2008年美国金融危机爆发的机理可做如下描述：前提假设是国民收入分配不公、金融监管松弛和金融创新过度。其传递机制出现两种情形：在经济高涨时期，利率上升，引起购房贷款（含次贷）增加，一方面导致房价上升，另一方面推动信贷（房贷）证券化，吸引更多资本市场资金介入房地产市场，进一步推高房价，导致整个房地产业及其相关产业产值的上升；在经济萧条时期，利率上升，购房贷款（含次贷）降低，同时，银行出现亏损，一方面引起房价下跌，另一方面使信贷（房贷）证券化放缓或停顿，引起资本市场崩溃，打压房价，导致整个房地产业及其相关产业产值的下降。

（5）采取量化宽松货币政策有效治理金融、经济危机的前提是"潜在需求大于有效需求"，通过增加货币供给，鼓励企业投资，增加就业和收入，为潜在需求转变为有效需求创造条件；同时企业投资拉动经济增长和回升。

第四章

国际金融危机背景下对国际需求区域格局变化的考察

第二章和第三章从历史角度回顾了世界主要经济危机形成的机理及其治理过程。每次经济危机爆发后,内在经济机制一定会把经济系统拉回到低水平的"均衡"状态,并在一系列治理对策的作用下,推动经济运行回到正常的运行轨道。其中,必然伴随经济体内的需求结构变化,包括区域结构及国际经济格局的变化。本章将从区域角度深入分析需求结构的变化态势,展示发达经济体和发展中经济体产品和投资需求的变化态势,总体上阐述产品进口需求和资本输入需求的空间构成。

一、国际金融危机背景下国际进口需求的变化态势

2008 年国际金融危机爆发以来,世界经济经历了危机、缓慢复苏和低迷三个过程。全球经济增长放缓,其增速维持在 3%~4%,低于 2008 年金融危机之前的 4%~6%。在这个背景下,各国内需不断萎缩,国际市场需求表现出不稳定的态势,整体波动,向上增长的动力不足。可以从各国进口需求角度看到外部需求萎缩的变化过程。

比较而言,世界经济增长明显放慢,2000~2007 年经济平均增长率为 4.12%,危机后 2007~2013 年经济平均增长 3.02%。进口贸易从 2000 年的 65 936.94 亿美元,增加到 2007 年的 140 910.01 亿美元,进口年均增长 11.70%;受危机影响,2009 年为 125 946.38 亿美元,降低了 11.44%,之后逐渐恢复,

2013 年为 187 007.57 亿美元，2014 年为 187 908.32 亿美元，2007~2014 年进口年均增长 4.73%（见图 4-1），比国际金融危机前的增速低近 7 个百分点。可见，世界进口需求出现较大波动，并呈现萎缩趋势。

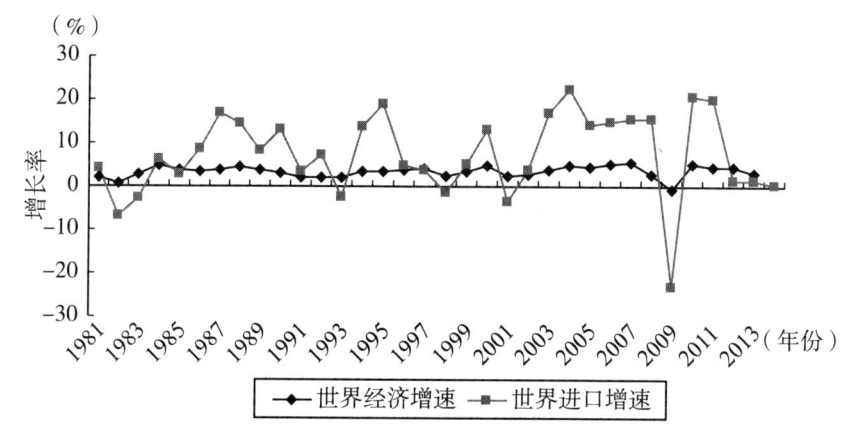

图 4-1　世界的进口增长与经济增长的关系（1981~2013 年）

资料来源：国际货币组织（IMF）。

二、国际金融危机后全球需求格局的变化和调整

国际金融危机后，各国采取不同的政策治理危机，获得了不同效果。在金融危机的冲击和政策影响下，世界各国内部需求和供给都发生了变化。从需求角度看，各国区域、各国经济体的国际需求正在进行调整。本书从全球贸易格局变化角度，重点探讨进口需求的区域布局变化、各国进口地位的变化情况。

（一）国际金融危机后主要经济体进口需求的变化

进入 21 世纪以来，世界进口需求格局发生了较大变化。2001 年，进口需求量集中度还比较高，进口需求量排前 10 位的国家或地区进口值合计占世界进口总值的比重为 59.46%；前 20 位国家或地区的进口值占 77.79%，在国际金融危机前的 2007 年，这两个比值下降为 54.53% 和 73.14%；受危机的影响，这两个比值都下降了 1~2 个百分点，并分别稳定在 53% 和 72% 左右。在国际金融危机前后，进口需求量排前 10 位和前 20 位的国家或地区占比发生了较大变化，此起彼伏，进入前 10 位和 20 位的国家或地区构成也发生了较大变化（见表 4-1）。

表 4-1　世界进口需求量排前 10~20 位经济体及其进口占世界总值的构成变化

单位：%

序列	2001 年	2005 年	2007 年	2008 年	2009 年	2010 年	2011 年	2012 年	2013 年	2014 年
1	美国 18.73	美国 16.33	美国 14.31	美国 13.25	美国 12.72	美国 12.80	美国 12.29	美国 12.69	美国 12.45	美国 12.82
2	德国 7.71	德国 7.35	德国 7.52	德国 7.37	中国 7.98	中国 9.08	中国 9.47	中国 9.88	中国 10.43	中国 10.44
3	日本 5.54	中国 6.22	中国 6.79	中国 6.93	德国 7.45	德国 6.88	德国 6.82	德国 6.33	德国 6.36	德国 6.47
4	英国 5.36	英国 4.98	英国 4.83	日本 4.67	英国 4.38	日本 4.52	日本 4.65	日本 4.82	日本 4.46	日本 4.38
5	法国 4.66	日本 4.86	日本 4.42	英国 4.32	日本 4.38	英国 4.08	英国 3.90	英国 3.75	法国 3.59	英国 3.66
6	中国 3.87	法国 4.49	法国 4.34	法国 4.25	法国 4.29	法国 3.90	法国 3.81	法国 3.61	英国 3.51	法国 3.51
7	意大利 3.75	意大利 3.63	意大利 3.63	意大利 3.43	意大利 3.29	荷兰 3.34	荷兰 3.23	荷兰 3.19	中国香港 3.32	中国香港 3.20
8	加拿大 3.52	比利时 3.01	荷兰 2.99	荷兰 3.03	荷兰 3.03	意大利 3.17	意大利 3.04	中国香港 3.01	荷兰 3.15	荷兰 3.13
9	中国香港 3.21	加拿大 2.96	比利时 2.93	比利时 2.85	比利时 2.82	中国香港 2.87	韩国 2.85	韩国 2.82	韩国 2.76	韩国 2.80

续表

序列	2001年	2005年	2007年	2008年	2009年	2010年	2011年	2012年	2013年	2014年
10	荷兰 3.10	荷兰 2.93	西班牙 2.78	韩国 2.66	中国香港 2.80	韩国 2.77	中国香港 2.78	意大利 2.66	意大利 2.56	意大利 2.51
前10位合计占比	59.46	56.75	54.53	52.77	53.14	53.41	52.84	52.75	52.59	52.91
11	比利时 2.84	中国香港 2.83	加拿大 2.70	西班牙 2.56	韩国 2.57	加拿大 2.55	比利时 2.54	印度 2.66	印度 2.49	加拿大 2.46
12	墨西哥 2.67	西班牙 2.73	中国香港 2.63	加拿大 2.50	加拿大 2.55	比利时 2.55	印度 2.51	加拿大 2.51	加拿大 2.47	印度 2.44
13	西班牙 2.46	韩国 2.46	韩国 2.53	中国香港 2.41	西班牙 2.28	印度 2.28	加拿大 2.45	比利时 2.39	比利时 2.41	比利时 2.41
14	韩国 2.24	墨西哥 2.09	墨西哥 2.00	新加坡 1.96	印度 2.12	西班牙 2.05	新加坡 1.99	新加坡 2.06	墨西哥 2.04	墨西哥 2.13
15	新加坡 1.84	新加坡 1.89	新加坡 1.87	印度 1.93	新加坡 1.95	新加坡 2.02	西班牙 1.97	墨西哥 2.02	新加坡 1.99	新加坡 1.95
16	中国台湾 1.70	中国台湾 1.71	中国台湾 1.56	墨西哥 1.89	墨西哥 1.86	墨西哥 1.96	墨西哥 1.91	西班牙 1.77	西班牙 1.78	西班牙 1.87
17	瑞士 1.33	印度 1.33	印度 1.55	俄罗斯 1.63	中国台湾 1.39	中国台湾 1.64	俄罗斯 1.66	中国台湾 1.47	俄罗斯 1.68	俄罗斯 1.50

续表

序列	2001年	2005年	2007年	2008年	2009年	2010年	2011年	2012年	2013年	2014年
18	马来西亚 1.16	瑞士 1.19	俄罗斯 1.42	中国台湾 1.47	俄罗斯 1.36	俄罗斯 1.49	中国台湾 1.53	俄罗斯 1.72	中国台湾 1.44	中国台湾 1.46
19	奥地利 1.12	奥地利 1.13	土耳其 1.21	土耳其 1.24	澳大利亚 1.26	澳大利亚 1.23	土耳其 1.31	土耳其 1.29	土耳其 1.35	土耳其 1.29
20	澳大利亚 0.97	澳大利亚 1.12	瑞士 1.14	澳大利亚 1.17	瑞士 1.23	土耳其 1.21	澳大利亚 1.27	巴西 1.21	巴西 1.28	阿联酋 1.24
前20位合计占比	77.79	75.23	73.14	71.53	71.72	72.38	71.98	71.85	71.53	71.65

资料来源：根据 UN Comtrade 数据库计算而得。

（1）多年排首位的美国进口值占比不断下降。2001年美国进口值占比为18.73%，超过了排第2位的德国1倍之多，高出11.02个百分点。之后逐步下降，国际金融危机前的2007年为14.31%，2009年下降到12.72%，近几年变化不大，保持在12.5%左右。

（2）前5位国家构成发生较大变化。中国2001年进口值排第6位，2005年上升到第3位，国际金融危机后的2009年进口需求量仅次于美国，排第2位，而且占比还在不断上升。2014年达到10.44%，比美国低2.38个百分点，超越第3位德国近4个百分点。与此同时，法国与英国交替排第5位和第6位，而且占比略有下降。

（3）第7~10位的国家或地区发生变化，国际金融危机前排第7位的意大利下降到2012年的第10位，意大利和荷兰保持在前10位，加拿大、比利时、西班牙被挤出前10位，中国香港、韩国进入前10位。

（4）第11~20位的国家发生较大变化。加拿大、比利时从国际金融危机前的前10位下降到2014年的第11位和第13位，西班牙下降到第16位。印度从危机前的第17位上升到第12位，墨西哥和新加坡保持在第14位和第15位，俄罗斯和土耳其保持在第17位和第19位，中国台湾和阿联酋排在第18位和第20位。奥地利、澳大利亚、瑞士被最终挤出前20位。另外，巴西2012~2013年上升到第20位，2014年排在第21位，被挤出前20位。如果对主要进行转口贸易的中国香港和新加坡不进行排位，那么，加拿大进入前10位，巴西和泰国可能进入前20位。

（5）进口增速比较快的国家或地区。在国际金融危机后的2007~2014年，进口增速超过世界进口平均增速（4.20%）的国家主要有荷兰（4.88%）、韩国（5.69%）、印度（11.19%）、墨西哥（5.12%）、俄罗斯（5.08%）、土耳其（5.18%）、阿联酋（9.01%）等，这些国家的位次可能还会上升。其他的在第20位以后国家，如巴西（9.59%）、泰国（6.81%）、澳大利亚（5.57%）、马来西亚（5.25%）、印度尼西亚（13.27%）、越南（16.01%）等，这些国家进口增速比较快，值得中国出口企业关注。

（二）国际金融危机后主要经济集团进口需求的变化

从全世界整体看，在国际金融危机前的2001~2007年，进口总值年均增速为14.36%，在危机后的2007~2014年，平均增速大幅度下降到4.20%。从主要经济集团看，各个经济集团进口增速及其在世界进口总值中的占比均发生较大变化（见表4-2）。

表 4-2　　　世界主要经济集团进口占世界进口总值比重　　　单位：%

年份	发达经济体（28 国）	7 国集团（G7）	欧盟27 国	新兴经济体（26 国）	金砖5 国	东盟	拉美一体化协会	中东17 国	非洲
2001	70.46	49.28	38.34	16.71	6.62	6.09	5.04	2.87	1.92
2002	69.55	48.23	39.35	17.21	7.17	6.11	4.42	3.06	1.90
2003	69.27	47.09	40.05	18.15	8.14	6.11	3.94	2.97	1.99
2004	67.57	45.49	39.30	19.44	9.02	6.05	3.94	3.20	1.92
2005	66.66	44.60	37.49	20.55	9.69	6.07	4.18	4.10	2.04
2006	65.42	43.79	36.93	21.45	10.36	6.24	4.40	3.45	2.21
2007	64.37	41.75	37.30	22.75	11.18	6.01	4.54	4.32	2.45
2008	62.13	39.79	35.69	24.19	12.09	5.92	4.81	4.84	2.81
2009	60.85	39.07	35.75	24.30	12.98	6.39	4.68	4.98	3.17
2010	58.48	37.89	33.49	26.32	14.57	6.84	5.00	5.19	3.13
2011	57.42	36.96	32.90	27.54	15.44	6.76	5.17	5.27	3.07
2012	55.97	36.35	31.39	28.43	16.04	6.82	5.32	5.46	3.04
2013	55.03	35.40	32.34	28.88	16.44	6.80	5.36	5.65	3.26
2014	55.98	35.80	32.57	28.34	16.14	7.03	5.29	5.52	3.19
2001~2007 年均增速	12.65	11.24	13.83	17.21	24.78	14.11	12.40	22.42	19.17
2007~2014 年均增速	2.11	2.26	2.57	18.15	11.54	7.70	7.59	9.29	9.60

注：①新兴经济体 26 国：中国、印度尼西亚、马来西亚、泰国、菲律宾、印度、巴基斯坦、俄罗斯、爱沙尼亚、拉脱维亚、立陶宛、乌克兰、波兰、罗马尼亚、匈牙利、保加利亚、斯洛伐克、土耳其、墨西哥、委内瑞拉、哥伦比亚、秘鲁、巴西、阿根廷、智利和南非。②拉美一体化协会国家：墨西哥、巴西、智力、哥伦比亚、委内瑞拉、阿根廷、秘鲁、厄瓜多尔、古巴、巴拿马、乌拉圭、玻利维亚、巴拉圭。③中东 17 国：土耳其、阿联酋、沙特阿拉伯、以色列、埃及、伊朗、伊拉克、科威特、卡塔尔、阿曼、约旦、黎巴嫩、巴林、也门、叙利亚、巴勒斯坦和塞浦路斯。

资料来源：根据 UN Comtrade 数据库有关数据计算而得。

（1）整个发达经济体进口增速及其占比都大幅度下降。发达经济体（28 国）①在金融危机前的 2001~2007 年平均增速为 12.65%，在金融危机后的 2007~

---

① 发达经济体 28 国：美国、德国、日本、英国、法国、意大利、加拿大、比利时、荷兰、西班牙、韩国、瑞士、奥地利、澳大利亚、瑞典、波兰、匈牙利、丹麦、爱尔兰、新西兰、挪威、葡萄牙、希腊、捷克、芬兰、冰岛、卢森堡、斯洛伐克。

2014 年平均增速为 2.11%，降低约 10.54 个百分点；在世界进口总值的占比从 2007 年的 64.37%，下降到 2014 年的 55.98%，约下降 8.39 个百分点；其中，7 国集团（G7）国家进口占比快速下降，国际金融危机前平均增速为 11.24%，危机后平均增速为 2.26%，降低约 9 个百分点；在世界进口总值的占比从 2007 年的 41.75% 下降到 2014 年的 35.80%，下降 5.95 个百分点。欧盟 27 国大部分属于发达经济体，其进口增速从危机前的 13.83% 下降为 2.57%；在世界进口总值的占比从 2007 年的 37.30% 下降到 2014 年的 32.57%，下降近 5 个百分点。

（2）新兴经济体进口需求变化与发达经济体相反，整体上增速快，在世界进口总值的占比不断上升。新兴经济体 26 国在国际金融危机前的 2001~2007 年平均增速为 17.21%，在危机后的 2007~2014 年平均增速为 18.15%；在世界进口总值的占比从 2007 年的 22.75% 上升到 2014 年的 28.34%，上升 5.59 个百分点。其中，金砖 5 国在危机前的平均增速为 24.78%，危机后的平均增速为 11.54%，降低 13.24 个百分点；在世界进口总值的占比从 2007 年的 11.18% 上升到 2014 年的 16.14%，上升了 4.96 个百分点。

（3）其他经济体进口需求出现较快增长。东盟是亚洲重要的经济体，其中有发达国家、发展中国家及新兴经济体。东盟进口增速有一定下降，国际金融危机前年均增速为 14.11%，危机后年均增速为 7.70%；在世界进口总值的占比略有上升，从 2007 年的 6.01% 上升到 2014 年的 7.03%。

拉美一体化协会 13 个国家都是发展中国家及新兴经济体，国际金融危机前年均增速为 12.40%，危机后年均增速为 7.59%；在世界进口总值的占比略有上升，从 2007 年的 4.54% 上升到 2014 年的 5.29%。

中东多年处于政治动荡和军事冲突之中，经济发展和进口贸易不稳定，近几年有所恢复，并呈现快速发展势头。中东 17 国进口需求在国际金融危机前年均增速为 22.42%，危机后年均增速为 9.29%；在世界进口总值的占比略有上升，从 2007 年的 4.32% 上升到 2014 年的 5.52%。

非洲经济相对落后，进口需求规模比较小，但近几年也获得了较快增长。整个非洲进口需求国际金融危机前年均增速为 19.17%，危机后年均增速为 9.60%；在世界进口总值的占比略有上升，从 2007 年的 2.45% 上升到 2014 年的 3.19%。

总体来看，发达经济体进口需求在世界需求总值的份额比较大，占比超过一半，但增速放慢，特别是国际金融危机后年均增速不到 3%；相反，新兴经济体进口需求份额只有发达经济体的一半，但在进入 21 世纪以来，获得了快速增长，特别是危机后仍保持快速增长。这样高低不同的增速，必然会出现发达经济体进口在世界进口需求总值中的占比不断下降，新兴经济体进口需求占比不断上升的局面。

三、国际金融危机背景下国际投资需求的变化态势

国际投资需求是指各个经济体对外国资本的需求，可以通过利用外资或 FDI 流入的程度表现出来。进入 21 世纪以来，国际资本流动加强，各国资本供给与需求不断发生变化，国际投资需求规模不断扩大。1990 年各国 FDI 流入量达到 2 080 亿美元，2000 年流入量为 14 149.99 亿美元，年均增长 21.13%，直到 2008 年国际金融危机打破了这种趋势。

在国际金融危机前，2007 年各国 FDI 流入总量为 20 019.87 亿美元，2000~2007 年平均增长 5.08%。这段时间各国引进外资呈现平稳增长态势，2007 年增长率开始下降，当年美国爆发次贷危机，2008 年演变为国际金融危机，国际投资增长率下降 9.14%。之后的几年，各国为维持自身发展，纷纷出台投资促进措施，促进跨国投资，试图利用外资促进国内经济和外贸发展。但是，国际投资出现较大波动，2009 年比上年下降 32.83%，2010 年大幅度上涨 16.41%，2012 年大幅度下降 21.75%，2013 年增长 9.15%。2013 年各国 FDI 流入量达到 14 519.65 亿美元，回落到 2001 年的投资水平。2007~2014 年，平均增长 -5.21%（见图 4-2）。可见，世界各国对 FDI 的需求不断减少。2008 年国际金融危机后，世界各个国家及经济体的投资需求发生了较大变化，FDI 流向及国际投资格局也发生了较大变化，进而导致国际投资需求总量和区域格局都发生较大变化。

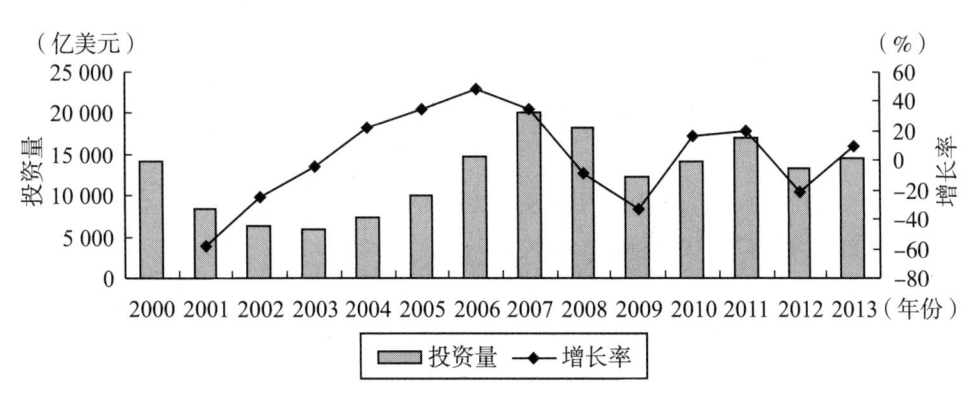

图 4-2 全球 FDI 流动量及其增长率（2000~2013 年）

资料来源：UNCTAD 数据库，http://unctadstat.unctad.org/wds/TableViewer。

(一) FDI 流向集中度的变化

国际金融危机前（2002~2007 年）资本流入量排前 10 位的国家（地区）每年引入资本占比在 50%~59% 波动，6 年引入的 FDI 总量为 35 005.67 亿美元，在世界总流入量（64 510.07 亿美元）中的占比为 54.26%；危机后（2008~2013 年）资本流入量排前 10 位的国家（地区）每年引入资本占比在 47%~57% 波动，6 年总共引进 FDI 46 991.84 亿美元，在世界总流入量（89 452.49 亿美元）中的占比为 52.53%，降低了 1.73 个百分点。说明 FDI 流入量集中度下降（见表 4 – 3）。

（1）资本流入量排前 10 位的国家（地区）不断变化，其 FDI 流入量份额也有所下降。多数年份中，美国引进 FDI 比例保持首位，仅有 2003 年被中国超过、2005 年被英国超过。危机前，中国引入 FDI 比例有所下降，从 2003 年的第 1 位，下降到 2007 年的第 5 位；危机后，中国引进 FDI 占比保持在第 2 位。巴西引进 FDI 比重在危机前排第 10 位之后，2009 年进入第 10 位，之后几年在第 4~8 位之间变化。澳大利亚引进 FDI 的占比曾经在 2004 年排第 4 位，之后几年都在第 10 位之后，2008 年进入第 9 位，之后上下波动，直至 2013 年排第 9 位。俄罗斯在 2006 年进入前 10 位，之后几年保持在第 7~9 位。英国和加拿大 FDI 引入量占比多数年份排在前列，2012 年分别排在第 9 位和第 10 位，英国 2013 年被挤出前 10 位。西班牙多数年份排在前 10 位，2009 年被挤出前 10 位，2013 年又回到第 10 位。维尔京群岛引进 FDI 不断增长，占比从第 11 位之后，挤进 2008 年的第 8 位，2013 年排第 3 位。在危机前，2003 年中国香港引进 FDI 挤进第 10 位，之后不断上升，2007 年排第 8 位；在危机后，逐步上升到第 3~5 位，超过了英国。在危机前多数年份排名靠前的新加坡，在危机后的 2008~2009 年被挤出前 10 位，2010 年再次进入前 10 位，之后排到第 6~7 位。

从期间资本流入总量看，对 2008~2013 年引入 FDI 量排序（见表 4 – 4），可以发现流入量排前 10 位的国家在危机前（2002~2007 年）引入 FDI 量为 29 954.79 亿美元，危机后（2008~2013 年）引入 FDI 量为 40 652.97 亿美元，增长 35.71%，占比从 46.43% 下降到 45.45%，下降不多。

表 4-3　世界 FDI 流入量排前 20 位国家（地区）资本流入量占比变化情况（2001~2013 年）

单位：%

序列	2001 年	2002 年	2003 年	2004 年	2005 年	2006 年	2007 年	2008 年	2009 年	2010 年	2011 年	2012 年	2013 年
1	美国 19.03	美国 11.84	中国 8.85	美国 18.41	英国 17.85	美国 16.01	美国 10.79	美国 16.84	美国 11.75	美国 13.92	美国 13.16	美国 12.07	美国 12.92
2	英国 6.42	中国 8.39	美国 8.79	中国 8.22	美国 10.51	英国 10.54	英国 9.99	中国 5.96	中国 7.78	中国 8.07	中国 7.29	中国 9.10	中国 8.53
3	荷兰 6.20	德国 8.51	荷兰 5.43	英国 7.75	中国 7.26	中国 4.91	荷兰 5.96	英国 4.89	英国 6.24	中国香港 5.82	中国香港 5.65	中国香港 5.63	维尔京 6.36
4	中国 5.60	西班牙 6.24	德国 5.36	澳大利亚 5.69	德国 4.76	加拿大 4.07	加拿大 5.84	西班牙 4.23	中国香港 4.44	德国 4.61	巴西 3.92	维尔京 5.43	俄罗斯 5.46
5	中国香港 3.74	爱尔兰 4.66	英国 4.53	西班牙 3.36	中国香港 4.11	德国 3.75	中国 4.17	俄罗斯 4.11	维尔京 3.81	新加坡 3.87	澳大利亚 3.84	巴西 4.91	中国香港 5.28
6	墨西哥 3.58	英国 4.00	西班牙 4.27	墨西哥 3.40	荷兰 3.92	中国香港 3.03	德国 4.01	中国香港 3.69	荷兰 3.16	维尔京 3.53	德国 3.49	新加坡 4.60	巴西 4.41
7	西班牙 3.39	荷兰 3.98	爱尔兰 3.77	新加坡 3.31	加拿大 2.58	意大利 2.87	西班牙 3.21	加拿大 3.38	俄罗斯 2.99	英国 3.49	维尔京 3.44	澳大利亚 4.17	新加坡 4.39
8	加拿大 3.30	墨西哥 3.82	意大利 3.21	中国香港 3.01	西班牙 2.51	俄罗斯 2.54	中国香港 3.10	维尔京 2.84	印度 2.92	巴西 3.41	俄罗斯 3.24	俄罗斯 3.80	加拿大 4.29
9	德国 3.15	加拿大 3.52	墨西哥 3.13	意大利 2.73	墨西哥 2.48	新加坡 2.49	俄罗斯 2.79	澳大利亚 2.59	澳大利亚 2.23	俄罗斯 3.04	英国 3.01	英国 3.44	澳大利亚 3.43

续表

序列	2001年	2002年	2003年	2004年	2005年	2006年	2007年	2008年	2009年	2010年	2011年	2012年	2013年
10	巴西 2.68	意大利 2.71	中国香港 3.08	巴西 2.46	意大利 2.34	卢森堡 2.15	新加坡 2.38	印度 2.59	巴西 2.12	爱尔兰 3.01	新加坡 2.96	加拿大 3.23	西班牙 2.70
前10位合计	57.09	57.67	50.42	58.34	58.32	52.36	52.24	51.12	47.44	52.77	50	56.38	47.77
11	新加坡 2.03	巴西 2.64	新加坡 2.82	维尔京 2.39	新加坡 1.81	西班牙 2.08	澳大利亚 2.23	巴西 2.48	爱尔兰 2.10	西班牙 2.80	加拿大 2.33	爱尔兰 2.88	墨西哥 2.64
12	意大利 1.78	澳大利亚 2.34	巴西 1.68	俄罗斯 2.09	俄罗斯 1.56	澳大利亚 2.05	意大利 2.19	墨西哥 1.56	新加坡 1.95	卢森堡 2.79	印度 2.13	智利 2.15	英国 2.56
13	澳大利亚 1.28	中国香港 1.07	澳大利亚 1.49	韩国 1.80	巴西 1.51	墨西哥 1.41	巴西 1.73	土耳其 1.09	德国 1.95	澳大利亚 2.52	意大利 2.02	西班牙 1.93	爱尔兰 2.45
14	爱尔兰 1.15	新加坡 0.98	俄罗斯 1.32	荷兰 1.69	韩国 1.37	印度 1.37	墨西哥 1.61	开曼群岛 1.08	加拿大 1.86	加拿大 2.00	西班牙 1.67	印度 1.82	卢森堡 2.07
15	韩国 0.78	印度 0.90	加拿大 1.24	阿联酋 1.36	阿联酋 1.09	土耳其 1.36	维尔京 1.59	卢森堡 0.93	开曼群岛 1.67	印度 1.93	爱尔兰 1.38	印度尼西亚 1.44	印度 1.94
16	奥地利 0.68	韩国 0.87	韩国 1.16	开曼群岛 1.31	奥地利 1.08	巴西 1.27	奥地利 1.56	智利 0.85	意大利 1.64	墨西哥 1.64	智利 1.38	墨西哥 1.33	德国 1.84

续表

序列	2001年	2002年	2003年	2004年	2005年	2006年	2007年	2008年	2009年	2010年	2011年	2012年	2013年
17	印度 0.65	卢森堡 0.65	奥地利 1.03	智利 0.98	开曼群岛 1.03	以色列 1.03	印度 1.27	阿联酋 0.75	卢森堡 1.58	智利 1.11	墨西哥 1.37	哥伦比亚 1.17	荷兰 1.68
18	泰国 0.61	俄罗斯 0.55	泰国 0.86	泰国 0.79	哥伦比亚 1.03	开曼群岛 1.01	爱尔兰 1.23	新加坡 0.67	墨西哥 1.42	印度尼西亚 0.97	荷兰 1.24	德国 0.99	智利 1.40
19	智利 0.50	泰国 0.53	印度 0.72	印度 0.78	土耳其 1.01	荷兰 0.94	开曼群岛 1.16	韩国 0.62	智利 1.05	韩国 0.67	印度尼西亚 1.13	土耳其 0.99	印度尼西亚 1.27
20	开曼群岛 0.47	马来西亚 0.51	智利 0.72	卢森堡 0.70	印度尼西亚 0.84	阿联酋 0.86	土耳其 1.10	以色列 0.60	西班牙 0.85	意大利 0.65	卢森堡 1.07	秘鲁 0.92	哥伦比亚 1.16
前20位合计	67.02	68.71	63.46	72.23	70.65	63.69	67.91	61.75	63.51	69.85	65.72	72	66.78

资料来源：UNCTAD数据库，http://unctadstat.unctad.org/wds/TableViewer。

表 4-4　　2008~2013 年引入 FDI 量前 20 位的
国家（地区）金融危机前后变化

国家（地区）		危机前（2002~2007 年）		危机后（2008~2013 年）		危机后比危机前增长（%）
		FDI 流入量（亿美元）	占比（%）	FDI 流入量（亿美元）	占比（%）	
世界总量		64 510.07	100.00	89 452.49	100.00	38.66
前 20 位合计		38 051.67	58.99	49 764.68	55.63	30.78
前 10 位合计		29 954.79	46.43	40 652.97	45.45	25.00
1	美国	8 212.90	12.73	12 198.75	13.64	48.53
2	中国	3 955.20	6.13	6 870.22	7.68	73.70
3	英国	6 438.15	9.98	3 489.78	3.90	-45.79
4	俄罗斯	1 358.40	2.11	3 394.68	3.79	149.90
5	巴西	1 133.53	1.76	3 154.90	3.53	178.33
6	澳大利亚	1 157.69	1.79	2 807.06	3.14	142.47
7	加拿大	2 319.99	3.60	2 576.72	2.88	11.07
8	西班牙	2 098.89	3.25	2 205.15	2.47	5.06
9	印度	690.29	1.07	1 988.12	2.22	188.01
10	德国	2 589.75	4.01	1 967.59	2.20	-24.02
11	爱尔兰	289.73	0.45	1 494.46	1.67	415.81
12	墨西哥	1 457.85	2.26	1 482.65	1.66	1.70
13	智利	412.20	0.64	1 163.74	1.30	182.32
14	荷兰	2 427.19	3.76	909.77	1.02	-62.51
15	印度尼西亚	216.23	0.34	847.89	0.95	292.12
16	土耳其	578.32	0.90	797.10	0.89	37.83
17	哥伦比亚	328.27	0.51	701.85	0.78	113.80
18	意大利	1 663.26	2.58	693.45	0.78	-58.30
19	马来西亚	290.20	0.45	522.63	0.58	80.09
20	泰国	433.63	0.67	498.17	0.56	14.88

资料来源：UNCTAD 数据库，http://unctadstat.unctad.org/wds/TableViewer。

对于 2008~2013 年引入 FDI 量排前 20 位的国家（地区），在国际金融危机前 6 年（2002~2007 年）引入 FDI 38 051.67 亿美元，危机后 6 年（2008~2013 年）引进 49 764.68 亿美元，增长 30.78%，比世界平均水平（38.66%）低

7.88 个百分点；在世界 FDI 流入总量的占比从 58.99% 下降为 55.63%，下降了 3.36 个百分点。

（2）世界各地离岸法区凭借优惠政策吸引了大量 FDI（见表 4-5）。中国香港、新加坡、卢森堡、维尔京群岛（英属）、开曼群岛（英属）等地区实行各种优惠政策，营造了便利的制度环境，税赋宽免、费用低的管理体制，为国际资本营造了良好的投资环境，为 FDI 提供了便捷的离岸公司注册地，也为跨国公司规避贸易壁垒、外汇管制提供了条件，便于企业开展资本运作。因此，大量资本以此为注册地和营运中心，开展跨国经营。进入 21 世纪以来，这些离岸法区资本流动变化比较大。中国香港、新加坡、卢森堡、维尔京群岛（英属）、开曼群岛（英属）五个地区在金融危机前 6 年 FDI 流入量合计为 4 757.42 亿美元，国际金融危机后 6 年 FDI 流入量合计为 13 038.37 亿美元，增长 174.06%；在世界 FDI 流入总量的占比从 7.39% 上升到 14.57%，提高了 7.18 个百分点。这五个地区的 FDI 流入量分别增长了 130.97%、77.19%、500.47%、608.53% 和 46.42%，远远高于世界平均水平（38.66%）。

表 4-5　　　　　世界主要离岸法区 FDI 流入情况

区域或经济体	金融危机前（2002~2007 年）		金融危机后（2008~2013 年）		金融危机后比金融危机前增长（%）
	FDI 流入量（亿美元）	占比（%）	FDI 流入量（亿美元）	占比（%）	
世界总计	64 510.07	100.00	89 452.49	100.00	38.66
中国香港	1 955.47	3.03	4 516.63	5.05	130.97
新加坡	1 503.45	2.33	2 663.97	2.98	77.19
卢森堡	222.52	0.34	1 336.16	1.49	500.47
维尔京群岛（英）	524.12	0.81	3 713.55	4.15	608.53
开曼群岛（英）	551.86	0.86	808.06	0.90	46.42
合计	4 757.42	7.39	13 038.37	14.57	174.06

资料来源：UNCTAD 数据库，http://unctadstat.unctad.org/wds/TableViewer。

2013 年，在世界 FDI 流入总量的排序中，英属维尔京群岛引进 FDI 排第 3 位，中国香港排第 5 位，新加坡排第 7 位，卢森堡排第 14 位。值得注意的是，由于这些地区实行资本自由流动政策，大部分资本以这些地区作为中转站，转移至其他地区进行投资，所以这些地区 FDI 流入量并不能真正地反映其投资需求。但是它们促进了世界资本流动，引起世界 FDI 流动格局的变化。

2013 年 FDI 流入量排前 10 位的国家（地区）有美国、中国、维尔京、俄罗斯、中国香港、巴西、新加坡、加拿大、澳大利亚和西班牙，这10国（地区）在危机前（2002~2007年）的FDI总流入量为24 219.64亿美元，危机后（2008~2013年）的FDI总流入量为44 101.63亿美元，增长82.09%；在世界FDI流入总量的占比从37.54%上升到49.30%。

除去英属维尔京群岛、中国香港、新加坡这三个主要离岸公司中心地区（国家），2013年FDI流入量排前10位的国家是美国、中国、俄罗斯、巴西、加拿大、澳大利亚、西班牙、墨西哥、英国和爱尔兰。这10个国家在2002~2007年的6年间，FDI流入量为28 422.33亿美元，占全世界的44.05%；国际金融危机后的2008~2013年6年间，FDI流入量为39 674.37亿美元，占全世界的44.35%，占比变化不大。危机后比危机前增长了39.58%，这与世界FDI流动量增长率（38.66%）相差不大。

这些引进FDI排前10位的国家在国际金融危机前后资本流入量变化趋势与世界FDI流动趋势基本一致，说明英属维尔京群岛、中国香港、新加坡这三个地区（国家）FDI流入量对世界资本流动有重要影响。

（3）FDI流入量增长率的分化。增长率排在前10位的有爱尔兰、印度尼西亚、印度、智利、巴西、俄罗斯、澳大利亚、哥伦比亚、马来西亚和中国，这10个国家在国际金融危机前6年的资本流入量为9 831.74亿美元，危机后6年的资本流入量为22 945.55亿美元，平均增长133.38%，占世界FDI流入量的比例从15.24%上升到25.65%。

综合上述两方面，FDI流入量比较大、增长率比较快的国家和地区最值得关注，如印度、爱尔兰、智利、巴西、俄罗斯、澳大利亚等，这些国家受到FDI青睐，投资机会比较多。其次是FDI流入量比较大、增长率比较慢的国家，如美国、加拿大、西班牙和墨西哥等，有较大的投资需求。最后，德国、英国、意大利、荷兰等投资需求量比较大但增长率下降的国家，或者印度尼西亚、哥伦比亚、马来西亚、土耳其、泰国等投资需求量比较小、但增速比较快的国家，仍然存在很多投资机会。

（二）全球国际投资需求的区域格局变化

2008年国际金融危机对包括发达经济体和新兴经济体在内的对外投资都造成了一定的冲击，其中发达经济体受到的冲击更为严重。2008年国际金融危机后，世界各类经济体对国际资本的需求发生了较大变化（见表4-6）。

表4-6 危机前后各个区域及经济体FDI流入量增长率变化

区域或经济体	危机前（2002~2007年）		危机后（2008~2013年）		危机后比危机前增长（%）
	FDI流入量（亿美元）	占比（%）	FDI流入量（亿美元）	占比（%）	
世界总计	64 510.07	100.00	89 452.49	100.00	38.66
发达国家（28国）	40 887.54	63.38	42 302.66	47.29	3.46
G7	25 417.18	39.40	23 205.53	25.94	-8.70
欧盟27国	27 724.13	42.98	22 376.70	25.02	-19.29
新兴经济体26国	13 073.14	20.27	25 381.40	28.37	94.15
金砖国家（5国）	7 286.58	11.30	15 781.29	17.64	116.58
东盟（10国）	2 803.05	4.35	5 386.52	6.02	92.17
拉美一体化协会（12国）	3 997.84	6.20	8 166.25	9.13	104.27
中东17国	3 219.05	4.99	4 902.72	5.48	52.30
非洲	230.21	0.36	490.75	0.55	113.17

资料来源：UNCTAD数据库，http://unctadstat.unctad.org/wds/TableViewer。

（1）发达经济与新兴经济体引入FDI的比较。发达国家FDI流量从2007年的峰值13 198.93亿美元下降至2009年的谷值6 185.96亿美元，降幅高达53.13%；相比之下，新兴经济体的降幅仅为20.36%，不足发达国家的一半。发达经济体的引入FDI增长率低于新兴经济体。在国际金融危机前的2002~2007年，发达经济体FDI流入量累计达40 887.54亿美元，危机后的2008~2013年，FDI流入量为42 302.66亿美元，增长3.46%，低于世界平均增长水平（38.66%）；在世界各国FDI流入总量的占比从金融危机前的63.38%，降低到金融危机后的47.29%，降低了16.09个百分点。新兴经济体在金融危机后的FDI流入量比金融危机前增长了94.15%，远高于发达经济体和世界平均的增长率；在世界各国FDI流入总量的占比从金融危机前的20.27%上升到金融危机后的28.37%，提升了8.1个百分点。

（2）在发达经济体中，7国集团（G7）是世界经济工业化水平最高的国家。在国际金融危机前后，引入FDI量发生了较大变化，危机后比危机前降低了8.70%；在世界FDI流入总量中的占比从39.40%下降到25.94%，降低了13.46个百分点。

（3）在新兴经济体中，金砖国家引入FDI得到大幅度提高，从国际金融危机前的7 286.58亿美元，上升到危机后的15 781.29亿美元，增长了116.58%；在世界 FDI 流入总量中的占比从 11.30% 上升到 17.64%，提高了 6.34 个百分点。

（4）其他经济体引入 FDI 量也发生了较大变化。欧盟是一体化程度比较高的经济体，资本流动量比较大。在国际金融危机前 FDI 引入量为 27 724.13 亿美元，危机后 FDI 引入量为 22 376.70 亿美元，下降了 19.29%；在世界 FDI 流入总量中的占比从 42.98% 下降为 25.02%，降低了 17.96 个百分点。

东盟 10 国经济发展水平相对落后，除新加坡和文莱属于高收入国家外，其他都是低收入的发展中国家。东盟资本流入量相对较小，但国际金融危机后比危机前大幅度提高了 92.17%；在世界 FDI 流入总量中的占比从 4.35% 上升到 6.02%，提高了 1.67 个百分点。

拉美一体化协会（12 国）包括阿根廷、玻利维亚、巴西、智利、哥伦比亚、厄瓜多尔、墨西哥、巴拿马、巴拉圭、秘鲁、乌拉圭、委内瑞拉等拉美主要国家，经济发展水平相对较高。这些国家在金融危机后扩大了 FDI 引入规模，从国际金融危机前的 3 997.84 亿美元，提高到危机后的 8 166.25 亿美元，增长了 104.27%；在世界 FDI 总流入量中的占比从 6.02% 提高到 9.13%。

中东长期以来政局不稳定，社会动荡不安，抑制了外部资本流入，在国际金融危机后 FDI 引入量发生了较大变化。中东 17 国引入 FDI 规模从危机前的 3 219.05 亿美元上升到 4 902.72 亿美元，提高了 52.30%；在世界 FDI 总流入量中占比从 4.99% 提高到 5.48%。

最后，非洲国家众多，经济水平相对落后，利用 FDI 量比较小，在世界 FDI 流入量中占比较小，但在国际金融危机后也有所提高，从 230.21 亿美元增加到 490.75 亿美元，增长了 113.17%；在世界 FDI 总流入量中的占比从 0.36% 提高到 0.55%。

可见，发达经济体引入 FDI 仍然占据重要地位，但是，国际金融危机后其在世界 FDI 中的地位大幅度下降，新兴经济体虽引入 FDI 规模比较小，却越来越受到 FDI 的青睐，FDI 流入量不断上升。危机后，新兴经济体的复苏强度远强于发达经济体，且在 2013 年新兴经济体 FDI 流入量已超越发达经济体。对于发达经济体来说，截至 2014 年 FDI 流入量仍处于下降的阶段，拐点尚未出现，复苏更是难以谈及。对于发展中国家而言，其在 2013 年的 FDI 流入量已回升至 2008 年的高位，目前仍在增长当中。

（三）国际投资方式的变化

FDI 一般可以采取两种方式进行，分别是跨国并购和绿地投资。绿地投资属于新建投资，指跨国公司等主体在东道国境内依照东道国的法律设置的部分或全部资产所有权归外国投资者所有的企业。与跨国并购相比，绿地投资将导致东道国生产能力的提高及产出和就业的增长。一般而言，在经济发展水平较低的发展中经济体中，由于缺乏必要的工业和生产技术，可能绿地投资是 FDI 的唯一选择。而在经济发展水平较高的发达经济体中，或许跨国并购更为受到 FDI 的青睐。

1. FDI 中的跨国并购方式

从出售方角度来看，国际金融危机对发达经济体的冲击大于对发展中经济体的冲击，发达经济体 FDI 跨国并购金额从 2007 年峰值的 8 918.96 亿美元下降至 2009 年的 2 365.05 亿美元，降幅高达 73.48%，之后有所恢复，但 2013 年再次降至 2 375.16 亿美元；与之相比发展中经济体所受的影响甚小，FDI 跨国并购金额进入小幅波动阶段（见图 4-3）。从规模看，危机后发达经济体仍是 FDI 跨国并购的主体，2014 年，发达经济体的 FDI 跨国并购金额为 2 745.49 亿美元，发展中经济体为 1 201.31 亿美元。

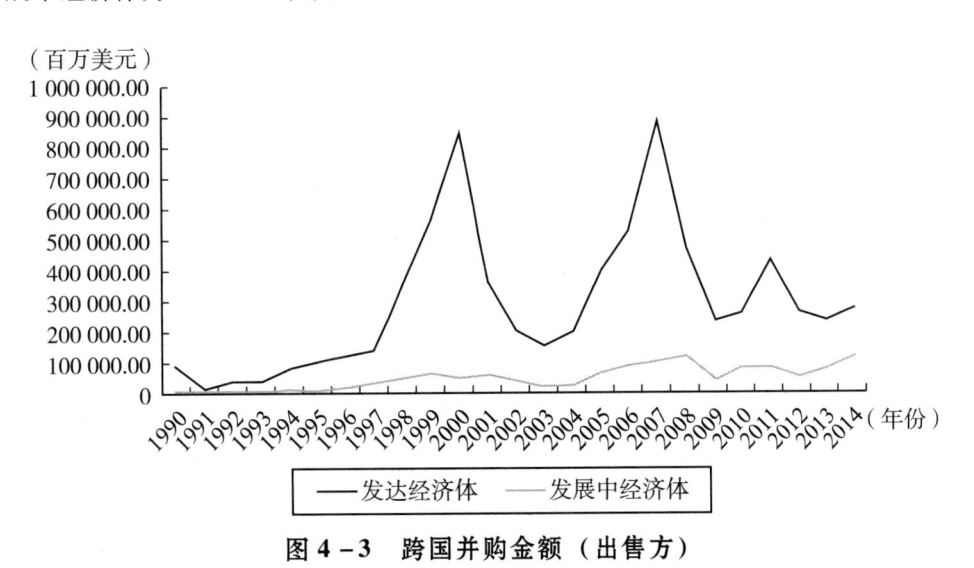

图 4-3 跨国并购金额（出售方）

资料来源：UNCTAD 数据库。

从收购方的角度来看，发达经济体 FDI 跨国并购金额从 2007 年峰值的 8 417.14 亿美元下降到 2009 年的 1 916.37 亿美元，降幅高达 77.23%，且 2013 年该数值击穿 2009 年低点再一次探底至 1 200.43 亿美元；与之相比，发展中经济体所受的影响甚小。截至 2014 年，发展中经济体在跨国并购金额上仍比不上发达经济体，前者跨国并购金额为 1 521.06 亿美元，后者为 2 283.89 亿美元。但是，从历史趋势上看两者之间的差距已显著缩小，发展中经济体正迎头赶上，且整体复苏程度强于发达经济体(见图4-4)。

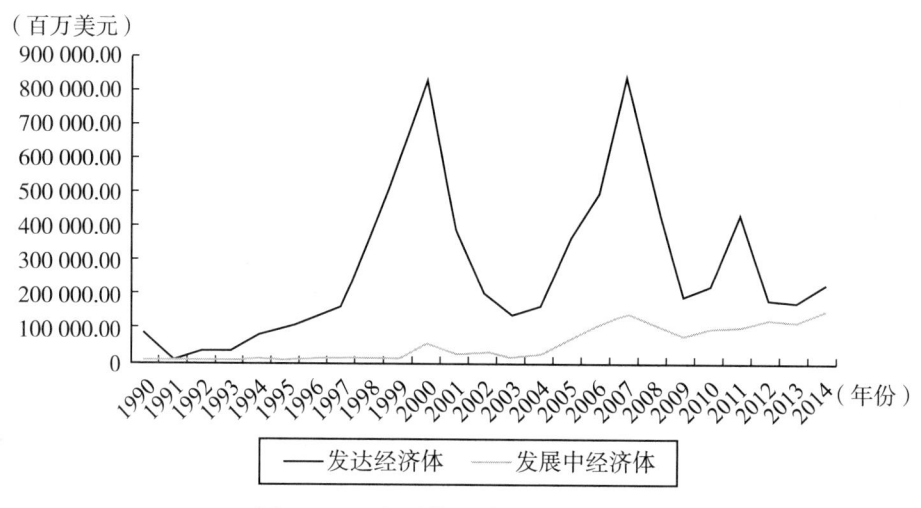

图 4-4 跨国并购金额(收购方)

资料来源:UNCTAD数据库。

总体来看,国际金融危机对发达经济体的冲击大于对发展中经济体的冲击,随着发展中经济体实体经济的进一步增长,其跨国并购规模不断扩大,超越发达经济体只是时间问题。从收购与出售规模的差额看,2014年,发达经济体引进资本大于输出资本461.6亿美元,发展中经济体则相反,引进资本小于输出资本319.75亿美元。发达经济体净流入和发展中经济体净流出的这种趋势有所扩大。

从行业的角度来看①,无论从收购方看还是出售方看,FDI跨国并购多发生在服务业,制造业次之,国际金融危机后这一趋势有所加强。无论是在危机前还是危机后,服务业所占的比例均远远大于制造业和初级行业的占比。2014年,初级行业、制造业和服务业跨国并购出售案例分别为732件、2 681件和6 283件,服务业的并购出售案例分别是制造业和初级行业的2.34倍和8.58倍。

国际金融危机对于不同行业的影响有一定差异,制造业和服务业受到了一定的冲击,初级行业几乎没有影响;但是在危机后的几年时间里,制造业和服务业都出现了一定程度的复苏,初级行业反倒是在危机后一直呈现下降的趋势。近年

---

① 根据联合国贸易和发展会议(UNCTAD)对行业的定义,初级行业包括:农林牧渔业,采矿及油气开采业;制造业包括:食品、饮料和烟草,纺织、服装和皮革,木材及木制品,出版与印刷,焦炭、石油产品和核燃料,化工产品,橡胶和塑料,非金属矿产品,金属和金属制品,机械设备,电气和电子设备,精密仪器,汽车及其他运输设备,家具制造,其他制造业;服务业包括:电力煤气水的生产和供应业,建筑业,批零贸易业,住宿餐饮业,运输仓储及通信业,金融业,商业服务业,公共管理和国防,教育,卫生和社会服务,社区、社会及个人服务活动,其他服务业。

来，全球经济的拉动引擎已逐步由制造业向服务业转变，相对而言服务业中投资机会更多，因而也可能出现更多的跨国并购出售案例。

2. FDI 中的绿地投资方式

从 FDI 绿地投资方式看，发达经济体一直是资金的主要来源，无论是金融危机前或金融危机后，发达经济体进行绿地投资的规模均大于发展中经济体。以 2014 年为例，发达经济体绿地投资金额为 4 814.43 亿美元，发展中经济体绿地投资金额为 2 083.33 亿美元，前者是后者的 2.31 倍。然而，需要注意的是，两者在关于 FDI 绿地投资金额的差距正逐步缩小，2007 年为 4 046.92 亿美元，2008 年达到近十年的高峰 6 662.42 亿美元，之后这一差距便逐步缩小，到 2014 年已缩小至 2 731.11 亿美元。随着发展中国家不断开放和发展，预计未来这一差距将进一步缩小（见图 4-5）。

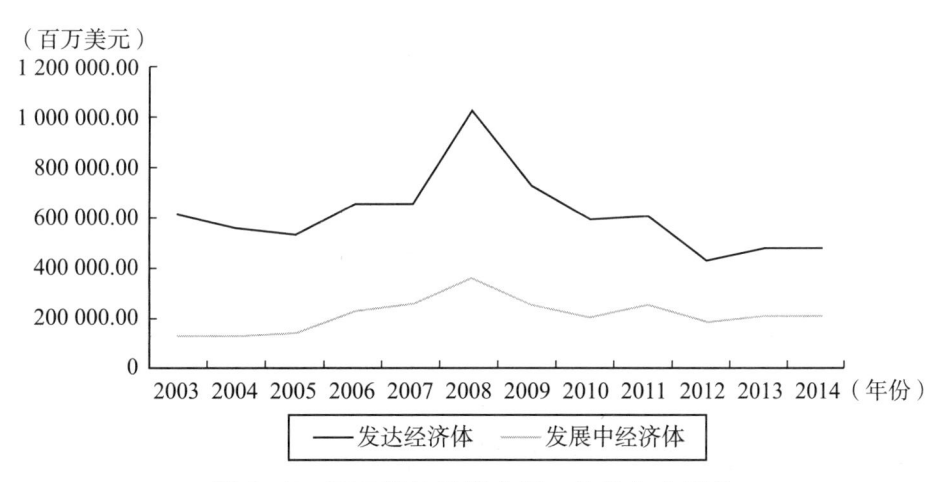

图 4-5　FDI 绿地投资金额：按资金来源分

资料来源：UNCTAD 数据库。

从行业分布的角度来看（见图 4-6），在绿地投资方面，制造业与服务业之间的差距并不如跨国投资那般巨大，国际金融危机后尽管两者都受到了一定影响，但相互之间谁强谁弱的趋势并不明显。2008 年，各行业绿地投资都达到了近十年来的顶峰，初级行业、制造业和服务业的 FDI 绿地投资金额分别是 1 326.08 亿美元、5 593.11 亿美元和 7 216.20 亿美元，2014 年分别为 423.90 亿美元、3 124.14 亿美元和 3 407.73 亿美元，分别下降了 68.03%、44.14%、55.78%。

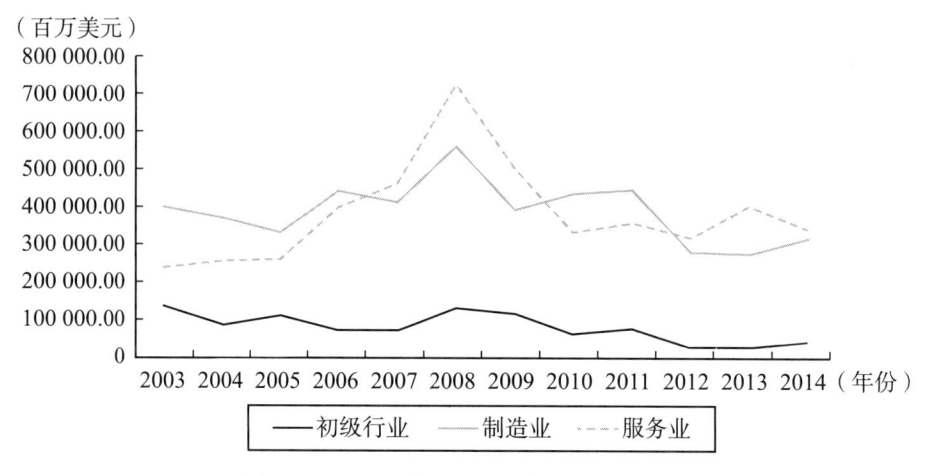

图 4-6　FDI 绿地投资金额：分行业

资料来源：UNCTAD 数据库。

具体到制造业来看，FDI 绿地投资主要集中于汽车及其他运输设备、化学及化工产品、电气和电子设备这三个子行业。其中，汽车及其他运输设备在2008年国际金融危机中的占比出现了些许下滑，但随后便恢复至危机前的水平；化学及化工产品在国际金融危机中几乎没有受到太大影响，占比反倒有所提升；电气和电子设备则在2008年出现了一定的下滑，随后也有反弹，截至2014年其占比情况仍未回到危机前的比例。

在服务业方面，FDI 绿地投资主要集中于商业服务业，电力、煤气、水的生产和供应业及建筑业等。其中，商业服务业占比的变化趋势不明显；电力、煤气、水的生产和供应业在金融危机中的占比反而提升，这或与政府投资稳增长有一定的联系；建筑业的表现也相对较为稳定。

四、本章小结

在国际金融危机背景下，各国进口需求反映出外部需求不稳定，并出现萎缩的迹象，说明国际市场需求整体波动，向上增长的动力不足；同时，世界各国对 FDI 的需求不断减少，FDI 流向及其国际投资格局发生了较大变化。相应地，国际投资需求总量和区域格局都发生较大变化。资本流入量排前10位的国家（地区）FDI 流入量份额有所下降。

（1）进入21世纪以来，世界进口需求格局逐步变化，尤其国际金融危机后变化更大。2001 年，进口需求量排前 10 位的国家或地区进口值合计占世界进口总值的比重为 59.46%；国际金融危机之前的 2007 年，该比重下降为 54.53%；之后的 2014 年为 52.91%，近几年稳定在 53% 左右。可见进口需求量集中度大幅度下降，同时，排名前 10 位的国家及其进口构成比例也发生了较大变化。

（2）各个经济体进口需求增长速度发生了分化，发达经济体和新兴经济体的进口地位发生变化。发达经济体进口需求增速放慢，国际金融危机前（2001～2007 年）的平均增速 12.65%，危机后（2007～2014 年）的平均增速为 2.11%；在世界总进口值的占比从 2007 年的 64.37%，下降到 2014 年的 55.98%。相反，新兴经济体进口需求在进入 21 世纪以来，获得了快速增长，特别是危机后仍保持快速增长，危机前的平均增速为 17.21%，危机后的平均增速为 18.15%；在世界总进口值的比值从 2007 年的 22.75%，上升到 2014 年的 28.34%。

（3）从投资需求看，FDI 流入量集中度大幅度下降，FDI 流入格局发生了较大变化。每年资本流入量排前 10 位的国家（地区）构成呈现动态变化趋势，2001 年引入资本占比为 57.09%，2007 年为 52.24%，2013 年为 47.77%，说明 FDI 流入量集中度大幅度下降，而且前 10 位的国家及其引入外资构成比例不断变化。2013 年 FDI 流入量排前 10 位的国家（地区）有美国、中国、维尔京、俄罗斯、中国香港、巴西、新加坡、加拿大、澳大利亚和西班牙，这 10 国（地区）在危机前（2002～2007 年）的 FDI 总流入量为 24 219.64 亿美元，危机后（2008～2013 年）的 FDI 总流入量为 44 101.63 亿美元，在世界 FDI 流入量的占比从 37.54% 上升到 49.30%。

另外，值得注意的是，中国香港、新加坡、卢森堡、维尔京群岛（英属）、开曼群岛（英属）等国家（地区）的优惠政策吸引了大量 FDI，危机前 6 年（2002～2007 年）FDI 流入量在世界 FDI 流入总量的占比为 7.39%，危机后 6 年（2008～2013 年）上升到 14.57%，提高了 7.18 个百分点。

（4）发达经济体的 FDI 引入量仍然占主导地位，其增长率低于新兴经济体，新兴经济体引入 FDI 量不断扩大。发达经济体危机后（2008～2013 年）FDI 流入量比危机前（2002～2007 年）增加了 3.46%，低于世界平均增长水平（38.66%）；在世界各国 FDI 流入总量的占比从危机前的 63.38%，下降到 47.29%，降低了 16.09 个百分点。其中，7 国集团（G7）危机后引入 FDI 量比危机前减少了 8.70%，其在世界 FDI 流入总量的占比从 39.40% 下降到 25.94%，降低了 13.46 个百分点。

新兴经济体在国际金融危机后的 FDI 流入量比危机前增加了 94.15%，远高于发达经济体和世界平均的增加率，其在世界 FDI 流入总量的占比从金融危机前的 20.27% 上升到 28.37%，提升了 8.1 个百分点。其中，金砖国家在危机后引入FDI量比危机前增加了116.58%，其占比从11.30%上升到17.64%，提高了6.34个百分点。

（5）从投资方式看，在跨国并购规模方面，发达经济体一直大于发展中经济体，前者为后者的1.5~2.3倍。国际金融危机对发达经济体的冲击大于对发展中经济体的冲击，危机后发展中经济体整体复苏程度强于发达经济体，随着发展中经济体实体经济的进一步增长，其跨国并购规模不断扩大，两者之间的差距已显著缩小。从收购与出售规模的差额看，2014年，发达经济体引进资本大于输出资本461.6亿美元，发展中经济体则相反，引进资本小于输出资本319.75亿美元。在FDI绿地投资方面，发达经济体一直是资金的主要来源，无论是国际金融危机前还是危机后，发达经济体进行绿地投资的规模均大于发展中经济体，前者是后者的2.31倍；但是，其差距正逐步缩小。

从投资行业看，FDI跨国并购多发生在服务业，制造业次之，国际金融危机后这一趋势有所加强。无论是在国际金融危机前还是危机后，服务业所占的比例均远远大于制造业和初级产业的占比，服务业的并购出售案例分别为制造业的2.34倍和初级产业的8.58倍。国际金融危机对于不同行业投资的影响有一定差异，制造业和服务业受到了一定的冲击，初级行业几乎没有受到影响；但是在国际金融危机后，制造业和服务业都出现了一定程度的复苏，初级行业反倒是在危机后一直呈现下降的趋势。可见，服务业中投资机会更多。从绿地投资的规模看，服务业与制造业和初级产业之间的差距并不如跨国投资的差距那么巨大，服务业是制造业的1.30倍和初级产业的5.44倍。国际金融危机对制造业的影响小于对初级产业和服务业的影响，三者分别下降了44.14%、68.03%、55.78%。

具体到产业看，制造业并购产业主要是电气和电子设备，化学及化工产品，食品、饮料和烟草，机械设备这四大行业；制造业FDI绿地投资主要集中于汽车及其他运输设备、化学及化工产品、电气和电子设备这三个子行业。服务业内部跨国并购产业主要集中于商业服务业、金融业和批零贸易业；服务业FDI绿地投资主要集中于商业服务业，电力、煤气、水的生产和供应业和建筑业等。

区域国别篇

第五章

国际金融危机后发达经济体需求结构变化

由美国次贷危机引发的国际金融危机爆发后,美国、英国、法国、德国、意大利、日本、加拿大等主要发达经济体需求结构与危机前相比发生了显著的变化。本章考察发达经济体需求结构在金融危机后的变化情况,重点揭示七国集团(G7)产品进口和服务需求结构的变化趋势,为中国准确把握国际经济形势变化、制定合适的开放经济发展提供决策参考。

一、发达经济体及其经济发展简况

发达国家(developed country),又称已开发国家,是指经济发展水平较高、技术较为先进、生活水平较高的国家,又称作工业化国家、高经济开发国家(MEDC)。已开发国家大多具有较高的人均国内生产总值(per capita GDP),但是较高的国内生产总值并不意味着就有先进的科技水平(如沙特阿拉伯开发石油、瑙鲁开发磷肥等)。

在联合国的运作中,目前并没有建立起界定哪些国家或地区属于已开发或开发中的标准。普遍观念认为,亚洲的日本和新加坡、北美的美国和加拿大、大洋洲的澳大利亚和新西兰以及欧洲属于已开发的区域或地区。联合国开发计划署(UNDP)2010年11月4日发布了《2010年人文发展报告》,按照人类发展指数对世界各国进行重新分组,把"人类发展指数"(Human Development Index,

HDI）超过0.9的国家定义为发达国家，修正后，发达国家或地区的数量由2009年的38个，上升到2010年的44个，增加了6个。

在国际贸易统计学上，南部非洲关税同盟被视为是一个已开发区域，而以色列是一个发达国家；东欧国家以及欧洲的苏联解体后的国家被认为既不是发达国家，也不是发展中国家，通常被界定为"转型国家"。

在经济合作发展组织范畴中，获得国际承认，即成为经济合作与发展组织（OECD）的成员（属于发展中国家的墨西哥和土耳其也是成员国）是成为发达国家的重要标志。基于此，北美有加拿大和美国2个国家；欧洲有22个国家；亚洲和大洋洲有4个国家（见表5-1）。

本书将OECD发达经济体中的28个国家作为研究对象，探索发达经济体进口需求结构的变化趋势。

表5-1　　　　　　　2010年发达国家或地区数量表

分类	国家
OECD中的发达经济体（28个国家）	北美2国：加拿大、美国； 欧洲22国：奥地利、比利时、捷克、丹麦、芬兰、法国、德国、希腊、匈牙利、冰岛、爱尔兰、意大利、卢森堡、荷兰、挪威、波兰、葡萄牙、斯洛伐克、西班牙、瑞典、瑞士、英国； 亚洲（大洋洲）4国：指日本、韩国、澳大利亚、新西兰
非OECD中的发达经济体（16个国家或地区）	安道尔、巴林、巴巴多斯、文莱、塞浦路斯、爱沙尼亚、中国香港、以色列、列支敦士登、马耳他、摩纳哥、卡塔尔、圣马力诺、新加坡、斯洛文尼亚、阿联酋

进入21世纪以来，发达经济体的经济发展保持着稳定的增长态势。2000～2013年，28国GDP总量由259 105.28亿美元增长至452 532.67亿美元，年平均增长率为4.38%。其中，北欧、西欧、中欧等22国2000年GDP为91 264.41亿美元，2013年达186 881.21亿美元，年均增长5.67%，领跑28个发达国家。这是欧元区成立后，欧盟成员国快速发展所呈现出来的趋势。北美的美国和加拿大两国GDP由2000年的110 242.60亿美元增长至2013年的185 948.69亿美元，年平均增长4.10%，处于稳步增长的水平。亚洲和大洋洲区域发达经济体2000年GDP为57 598.31亿美元，2013年GDP为79 702.77亿美元，年均增长率为2.53%。国际金融危机后，发达经济体经济增速低于世界平均增速，特别是欧洲经济拖累了世界经济复苏（见表5-2）。

表 5-2　　　　　　　　发达国家 28 国 GDP 增长情况

年份	世界	28 国	欧洲 22 国	北美	亚洲（大洋洲）
2000（亿美元）	328 317.33	259 105.28	91 264.41	110 242.60	57 598.31
2007（亿美元）	568 745.30	405 148.22	181 115.90	159 354.73	64 677.58
2013（亿美元）	748 689.75	452 532.67	186 881.21	185 948.69	79 702.77
2014（亿美元）	773 019.58	460 592.53	191 898.66	192 056.55	76 637.32
2000~2007 年年均增长率（%）	8.17	6.59	10.29	5.40	1.67
2007~2014 年年均增长率（%）	4.48	1.85	0.83	2.70	2.45
2000~2014 年年均增长率（%）	6.31	4.19	5.45	4.04	2.06

资料来源：世界银行数据库（DataBank of the World Bank）。

二、发达经济体商品进口需求及其结构变化态势

（一）商品进口需求变化情况

发达经济体的国际化程度比较高，在全球进口需求中占有重要地位，2014 年进口 105 686.94 亿美元，占全球总量的 56.24%。进入 21 世纪以来，发达经济体进口需求处于低速增长，并且增速震荡比较大。2001 年为负增长，增长率为 -4.14%；2007 年之前的几年增速比较快，2004 年高达 19.17%；2009 年受国际金融危机影响，增长率为 -24.48%，2010 年反弹达 17.30%；近几年，进口增速大幅度下降，2012~2014 年增长率分别为 -2.34%、-0.33% 和 1.61%。总体来看，2000~2014 年平均增长率为 5.94%，其中，2000~2007 年年均增长 9.99%，2007~2014 年年均增长 2.05%。可见，国际金融危机后发达经济体进口需求大幅度下降（见表 5-3、图 5-1）。

表5-3　　　　　　　发达经济体货物商品进口增长情况　　　　单位：亿美元，%

年份	28国	欧洲22国	北美（2国）	亚洲（大洋洲）
2000	47 108.47	25 813.34	15 040.86	6 254.27
2001	45 159.14	25 420.60	14 064.71	5 673.83
2002	46 592.80	26 544.95	14 277.29	5 770.57
2003	54 046.65	31 871.93	15 480.71	6 694.00
2004	64 409.80	38 237.85	18 056.11	8 115.84
2005	71 895.84	42 058.62	20 551.17	9 286.05
2006	81 416.24	48 104.24	22 770.77	10 541.24
2007	91 719.25	55 860.27	24 105.91	11 753.07
2008	102 813.83	62 604.35	25 884.98	14 324.51
2009	77 644.27	47 631.14	19 352.03	10 661.10
2010	91 073.05	53 839.05	23 718.74	13 515.27
2011	106 861.92	62 959.29	27 296.64	16 605.99
2012	104 359.13	59 198.28	28 114.64	17 046.21
2013	104 010.53	59 671.69	28 033.60	16 305.25
2014	105 686.94	60 565.25	28 842.85	16 278.84
2000~2007年年均增速	9.99	11.66	6.97	9.43
2007~2014年年均增速	2.05	1.16	2.60	4.76
2000~2014年年均增速	5.94	6.28	4.76	7.07

资料来源：UN Comtrade 数据库。

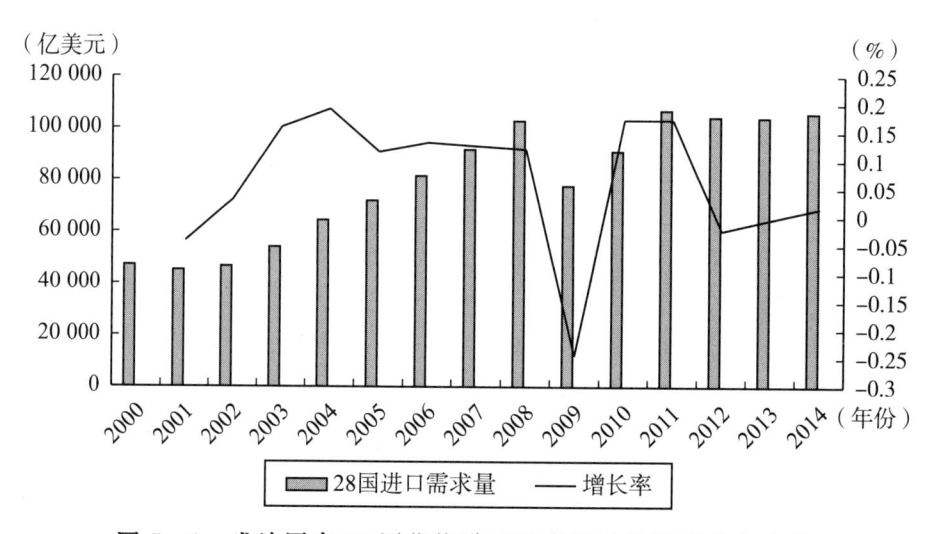

图5-1　发达国家28国货物进口需求量及增长率变化态势

资料来源：UN Comtrade 数据库。

1. 欧洲 22 国货物进口需求变化情况

进入 21 世纪以来，欧洲 22 国货物进口总额增速波动比较大，2001 年、2009 年和 2012 年为负增长，涨幅分别为 -1.52%、-23.92% 和 -5.97%；2003 年、2007 年和 2011 年达到峰值，涨幅分别为 20.07%、16.12% 和 16.94%。2013 年和 2014 年增长缓慢，增速分别为 0.80% 和 1.50%。从 2000 年的 25 813.34 亿美元增长至 2014 年的 60 565.25 亿美元，年均增长率为 6.28%（见表 5-3、图 5-2）。

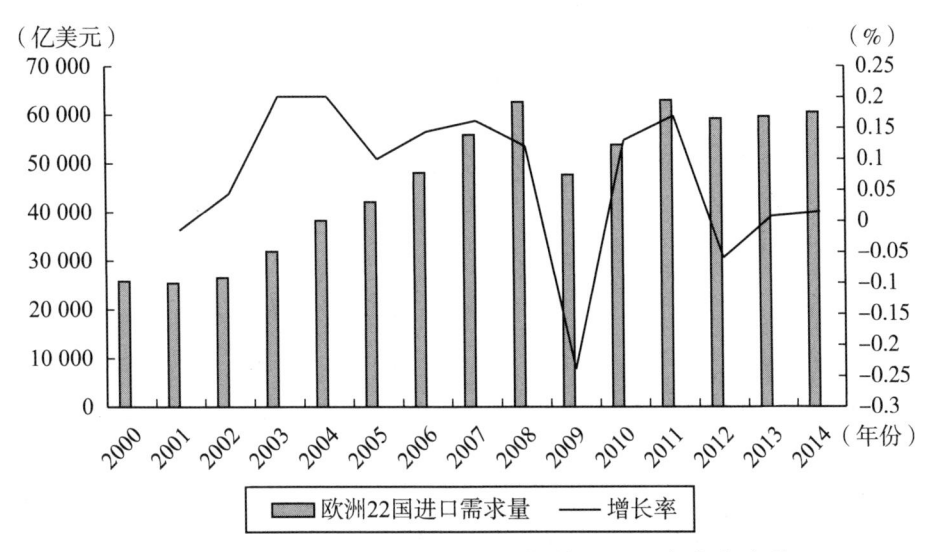

图 5-2　欧洲 22 国货物进口需求量及增长率变化态势

资料来源：UN Comtrade 数据库。

2. 北美两国货物进口需求变化情况

作为发达经济体中的领跑者、贸易大国的美国和加拿大，进出口贸易一直在全球处于领先地位。总体来看，2000 年货物进口需求为 15 040.86 亿美元，2014 年为 28 842.85 亿美元，年均增长 4.76%。具体而言，2001 年增长率为 -6.49%，受 2008 年危机影响，2009 年增长率为 -25.24%，从 2008 年的 25 884.98 亿美元降至 2009 年的 19 352.03 亿美元。危机后，2010 年反弹至 23 718.74 亿美元，增长 22.56%。2012~2014 年分别增长 3.00%、-0.29% 和 2.89%（见表 5-3、图 5-3）。

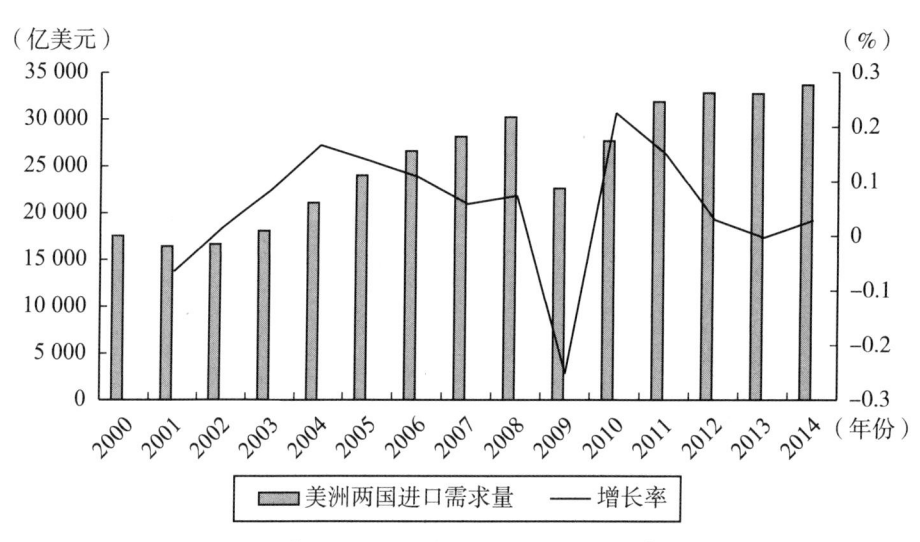

図5-3　北美两国货物进口需求量及增长率变化态势

资料来源：UN Comtrade 数据库。

3. 亚洲（大洋洲）4 国货物进口需求变化情况

进入 21 世纪以来，亚洲和大洋洲的四个国家——日本、韩国、澳大利亚和新西兰进口量呈现较快的增长趋势。从 2000 年的 6 254.27 亿美元激增至 2014 年的 16 278.84 亿美元，年平均增长率最高达 7.07%，超过 28 国总体 5.94% 的年平均增长率。虽然从总体上看增长惊人，但是具体到各个年份则分化明显。2002～2004 年达到第一个峰值，增长率达 21.24%，进口量达 8 115.84 亿美元，而 2002 年进口量为 5 770.57 亿美元。2009 年受国际金融危机影响增长率为 -25.57%，进口量从 2008 年的 14 324.51 亿美元骤降至 2009 年的 10 661.10 亿美元。2010 年进入反弹时期后，该区域进口需求迅速恢复增长，进口量激增至 13 515.27 亿美元，增长率达到 26.77%。2013 年和 2014 年增长率分别为 -4.35% 和 -0.16%（见表 5-3 和图 5-4）。

（二）商品进口需求结构变化概况

自进入 21 世纪以来，28 个代表性发达国家进口总量不断增长，其结构也不断变化，尤其在国际金融危机后，总进口增速放慢，结构发生了较大变化。从增长率看，2000～2014 年，资源密集型产品进口年均增长率为 8.52%，劳动密集型产品进口年均增长率为 5.13%，资本密集型产品进口年均增长率为 5.40%，

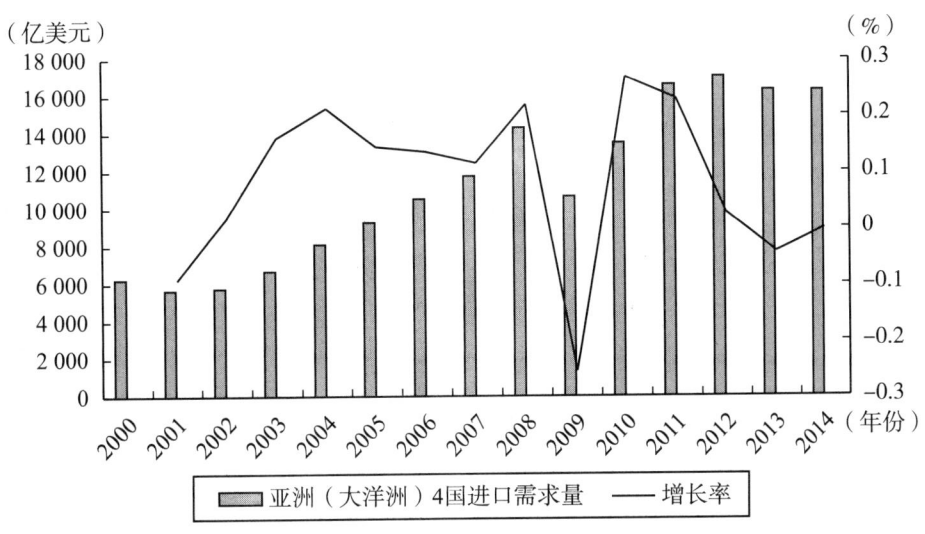

图 5-4 亚洲（大洋洲）4 国货物进口需求量及增长率变化态势

资料来源：UN Comtrade 数据库。

技术密集型产品进口年均增长率为 5.70%。可见，发达国家资源密集型产品进口增速最快，高于总体增速（6.21%），其他类产品进口增速相差不大，都低于总体平均增速（见表 5-4）。

表 5-4　　2001~2014 年发达国家（28 国）进口需求变动

单位：亿美元，%

年份	进口需求总量	资源密集型产品	劳动密集型产品	资本密集型产品	技术密集型产品
2000	47 108.47	9 570.48	6 173.40	18 910.13	9 253.95
2001	45 159.14	9 221.70	6 092.16	18 323.01	8 656.10
2002	46 592.80	9 357.09	6 317.49	19 112.99	8 919.41
2003	54 046.65	11 270.51	7 074.89	22 052.18	10 162.04
2004	64 409.80	13 876.52	7 950.64	26 478.42	12 222.38
2005	71 895.84	17 243.03	8 395.83	28 856.51	13 263.47
2006	81 416.24	20 386.73	8 990.94	32 687.95	14 933.05
2007	91 719.25	22 556.38	9 970.42	37 300.36	16 113.73
2008	102 813.83	29 685.78	10 345.40	39 319.16	17 436.61
2009	77 644.27	20 853.94	8 817.56	28 181.50	14 918.87
2010	91 073.05	24 979.70	9 561.15	33 586.74	17 433.54

续表

年份	进口需求总量	资源密集型产品	劳动密集型产品	资本密集型产品	技术密集型产品
2011	106 861.92	32 232.68	10 664.23	39 457.79	18 925.87
2012	104 359.13	32 215.93	9 998.14	37 507.46	18 574.72
2013	104 010.53	31 127.07	10 370.57	38 057.02	19 030.58
2014	105 686.94	30 076.86	12 440.44	39 486.71	20 098.43
2000~2007年年均增速	9.99	13.03	7.01	10.19	8.25
2007~2014年年均增速	2.05	4.20	3.21	0.82	3.20
2000~2014年年均增速	5.94	8.52	5.13	5.40	5.70

注：①商品分类采取国际贸易中心（ITC）分类标准，进口额的计算涵盖了所有的商品，但是艺术品、收藏品及古物（97）和未归类商品（99）不包含在2-1到2-4的分类中，两者之和在商品贸易进口额中所占的比重为2%~3%。

资料来源：原始数据来自UN Comtrade数据库。

2008年国际金融危机爆发，危机前（2000~2007年）和危机后（2007~2014年）发达国家需求及其结构发生巨大变化。发达国家总体进口年均增速大幅度下降，从危机前的9.99%下降到危机后的2.05%，下降了7.94个百分点。其中，资源密集型产品进口增速从13.03%下降到4.20%，劳动密集型产品进口增速从7.01%下降到3.21%，资本密集型产品进口增速从10.19%下降到0.82%，技术密集型产品进口增速从8.25%下降到3.20%，分别降低了8.83个、3.80个、9.37个、5.05个百分点。可见，资本密集型产品和资源密集型产品受国际金融危机影响比较大，而且资本密集型产品进口增速低于1%，接近零增长。

从构成变化上看（见图5-5），资源品占比在国际金融危机前缓慢上升，危机后快速上升，从2007年的26.25%，上升到2008年的30.67%，2012年达到峰值32.77%，2014年为29.46%。劳动密集型产品进口占比变化不大，危机前缓慢下降，危机后占比波动比较大，趋势不明显。资本密集型产品危机前缓慢下降，危机后大幅度下降，从2007年的43.40%，下降到2008年的40.62%，2009年下降到38.73%，2014年达到峰值38.67%，近几年的占比处于比较稳定时期。技术密集型产品占比危机前缓慢下降，危机后有所上升，但上升幅度不大，从2007年的18.74%，下降到2008年的低谷18.02%，2009年反弹到20.05%；近几年稳定在18%左右。所以，受到金融危机的冲击，资源密集型产品占比上升是最为显著的变化之一，资本密集型产品比重有一定下降。出现这种状况的原因在于，资源密集型产品属于初级产品，其需求弹性要远远小于作为工业制成品的资本密集型产品。从目前的情况来看，2014年，在发达国家进口需求结构中所占的比重依次是：资本密集型产品（38.67%）、资源密集型产品（29.46%）、技术密集型产品（19.68%）和劳动密集型产品（12.18%）。

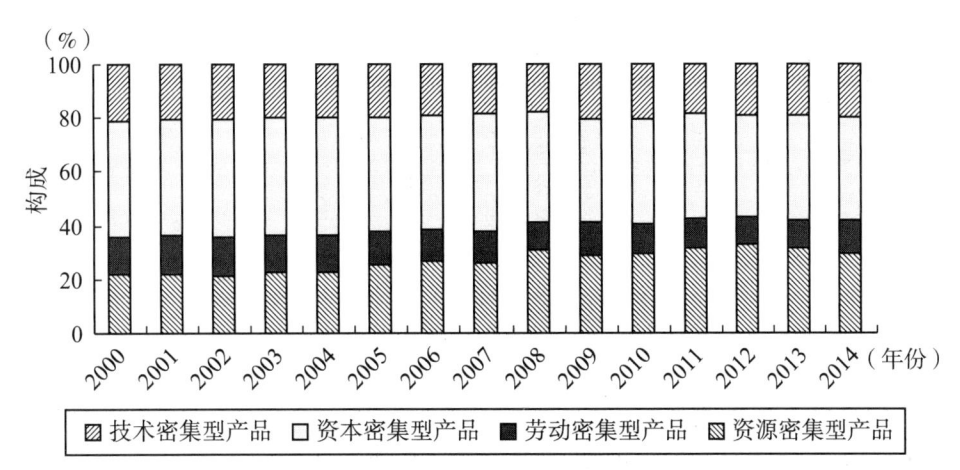

图 5-5　发达国家（28国）进口需求产品占比变化趋势

资料来源：UN Comtrade 数据库。

（三）服务进口需求变化趋势

进入21世纪以来，世界服务贸易迅速发展，2000~2014年，服务贸易进口值年均增长8.81%，其中，金融危机前（2000~2007年）年均增速为11.93%，金融危机后（2007~2014年）年均增速为5.79%，分别快于同期货物贸易进口值年均增速（7.77%）、金融危机前增速（11.70%）、金融危机后增速（4.73%）。根据UNCTAD数据计算，发现世界服务贸易与货物贸易进口值比值变化幅度比较大，2002年为24.6%，2007年为22.97%，2009年为26.67%，2011年为22.34%，2014年回升到25.54%，总体呈缓慢上升态势。

发达国家28国服务贸易总的增速放慢，比世界服务贸易平均增速慢。2000~2014年，发达国家服务贸易进口值年均增长7.55%，金融危机前年均增速为11.02%，金融危机后年均增速为4.18%。经济发达的七国集团（G7）增速更慢，同期这三个指标分别为6.06%、8.71%和3.48%（见表5-5）。

表 5-5　2000~2014 年发达国家服务进口变动

单位：亿美元，%

国家	2000年	2001年	2002年	2003年	2004年	2005年	2006年	2007年	2008年	2009年	2010年	2011年	2012年	2013年	2014年	2000~2007年年均增速	2007~2014年年均增速	2000~2014年年均增速
世界总计	14 707.65	14 871.39	16 195.68	18 575.44	22 107.53	24 571.65	27 367.56	32 362.71	36 945.30	33 588.91	36 805.45	41 105.53	42 135.23	44 117.61	47 988.73	11.93	5.79	8.81
发达国家28国合计	10 443.36	10 535.83	11 600.82	13 414.60	15 756.27	17 133.52	18 674.35	21 706.88	24 158.59	21 889.93	23 050.08	25 210.16	25 108.54	25 908.44	28 916.64	11.02	4.18	7.55
G7合计	7 324.83	7 313.10	7 650.08	8 632.72	10 032.81	10 740.13	11 584.89	13 144.23	14 272.52	13 178.97	13 794.41	14 920.43	14 858.10	15 237.99	16 700.29	8.71	3.48	6.06
美国	2 195.41	2 179.08	2 279.81	2 439.70	2 819.63	3 012.69	3 361.12	3 675.47	4 040.42	3 847.25	4 068.55	4 318.54	4 446.74	4 568.69	4 758.55	7.64	3.76	5.68
加拿大	441.18	438.43	450.70	524.54	587.76	657.49	727.60	827.88	887.91	819.10	970.90	1 062.74	1 067.65	1 061.47	1 070.24	9.41	3.74	6.53
英国	993.83	998.45	1 092.56	1 272.14	1 499.25	1 629.50	1 751.87	2 012.70	2 024.08	1 702.02	1 711.60	1 811.39	1 814.35	1 804.13	2 037.49	10.61	0.18	5.26
法国	608.02	623.33	685.71	827.65	996.42	1 070.26	1 131.83	1 294.85	1 412.55	1 652.57	1 679.85	1 917.22	1 743.00	1 889.37	2 484.27	11.40	9.76	10.58
德国	1 381.38	1 426.19	1 452.61	1 738.27	1 979.70	2 126.72	2 253.34	2 614.29	2 933.33	2 612.11	2 687.84	2 980.25	2 957.49	3 178.74	3 277.62	9.54	3.28	6.37
意大利	553.95	575.99	626.67	742.36	831.92	900.76	1 003.61	1 216.72	1 279.96	1 059.03	1 101.71	1 154.49	1 060.90	1 094.37	1 152.98	11.90	-0.77	5.38
日本	1 151.06	1 071.63	1 062.03	1 088.05	1 318.13	1 342.71	1 355.52	1 502.32	1 694.28	1 486.89	1 573.95	1 675.80	1 767.97	1 641.22	1 919.15	3.88	3.56	3.72
G7占发达国家比重	70.14	69.41	65.94	64.35	63.68	62.68	62.04	60.55	59.08	60.21	59.85	59.18	59.18	58.81	57.75			
G7占世界比重	49.80	49.18	47.24	46.47	45.38	43.71	42.33	40.62	38.63	39.24	37.48	36.30	35.26	34.54	34.80			
发达国家占世界比重	71.01	70.85	71.63	72.22	71.27	69.73	68.24	67.07	65.39	65.17	62.63	61.33	59.59	58.73	60.26			

资料来源：ITC，UNCTAD，WTO joint dataset.

发达国家服务贸易进口值低速增长导致发达国家服务进口地位下降。发达国家服务贸易进口值在世界总进口值中的比重从2000年的71.01%下降到2007年的67.07%，7年下降了3.94个百分点；金融危机后下降更快，2013年为58.73%，2014年回升到60.26%，自2007年到2014年7年下降了6.81个百分点。发达国家服务贸易进口值与货物贸易的比值比世界平均水平高许多，2002年为26.54%，2007年为26.26%，2009年高达30.08%，2011年下降到24.89%，2014年回升到29.32%，总体呈上升态势。

从七国集团看，其服务贸易进口值占世界服务贸易总值的比重从2000年的49.80下降到2007年的40.62%，金融危机后继续下降，2014年为34.80%。G7服务贸易进口值与货物贸易的比值在大多数年份低于世界平均水平，2002年为24.09%，2007年为22.34%，2009年高达26.78%（高于世界平均水平26.67%，例外），2011年下降到21.94%，2014年回升到24.82%，总体上呈缓慢上升态势，说明G7在服务贸易方面仍然具有一定优势。

三、主要发达国家进口需求结构变化

在发达经济体中，工业化水平比较高的主要有美国、英国、法国、德国、意大利、日本、加拿大七国集团（G7）。这些国家工业技术水平高，工业体系比较完整，生产规模比较大。它们的需求和供给生产代表着世界经济的发展方向，这里重点探讨美国、日本、德国、英国、法国、意大利、加拿大这些国家的产品需求情况，借此理清世界需求的演变方向。

（一）七国集团总体进口需求结构变化

进入21世纪以来，G7进口需求呈现低速增长态势。分段看，国际金融危机前（2000~2007年）进口年均增速为8.63%，危机后（2007~2014年）进口年均增速为2.38%，说明代表性发达国家进口需求大幅度萎缩。从进口需求结构看，资源密集型产品和劳动密集型产品危机后增速分别为3.00%和3.03%，分别比危机前降低了9.14个和2.91个百分点。资本密集型产品进口增速大幅度下降，危机后年均增速为1.00%，比危机前降低了7.49个百分点。技术密集型产品进口年均增长3.95%，比危机前降低了2.65个百分点（见表5-6）。

表 5-6　　　　　　　　2000~2014 年 G7 进口需求变动　　　　单位：亿美元，%

年份	进口需求总量	资源密集型产品	劳动密集型产品	资本密集型产品	技术密集型产品
2000	30 834.64	6 684.37	4 538.91	13 110.56	6 500.82
2001	29 532.49	6 389.27	4 471.89	12 625.14	6 046.21
2002	30 017.55	6 348.81	4 580.80	13 020.70	6 067.27
2003	33 953.44	7 650.04	5 028.65	14 554.53	6 720.23
2004	40 151.71	9 369.87	5 616.92	17 176.42	7 988.45
2005	44 988.11	11 644.12	5 927.46	18 699.37	8 717.18
2006	50 895.15	13 666.72	6 293.58	21 061.21	9 873.64
2007	55 058.85	14 903.00	6 796.38	23 190.68	10 168.80
2008	61 281.09	19 487.17	6 866.46	24 004.08	10 923.38
2009	46 326.31	13 615.8	5 960.89	17 335.86	9 413.77
2010	55 121.40	16 266.51	6 481.01	20 986.17	11 387.72
2011	64 811.33	20 759.02	7 144.77	24 538.35	12 369.19
2012	63 507.50	20 685.61	6 796.37	23 739.35	12 286.19
2013	62 723.92	19 384.93	6 993.87	23 850.60	12 494.52
2014	64 907.48	18 322.74	8 377.12	24 868.26	13 339.34
2000~2007 年年均增速	8.63	12.14	5.94	8.49	6.60
2007~2014 年年均增速	2.38	3.00	3.03	1.00	3.95
2000~2014 年年均增速	5.46	7.47	4.48	4.67	5.27

注：（1）原始数据来自 UN Comtrade 数据库和 ITC 数据库；（2）商品贸易进口额的计算涵盖了所有的商品，但是艺术品、收藏品及古物（97）和未归类商品（99）不包含在 2-1~2-4 的分类中，两者之和在商品贸易进口额中所占的比重在 2%~3%。

从各类产品进口情况看，进入 21 世纪以来，七国集团总的来说资源密集型产品进口占比呈上升趋势，2000 年为 21.68%，国际金融危机爆发前，上升比较快，从 2003 年的 22.53%，一直上升到 2007 年的 27.07%，2008 年达到 31.80%，之后几年继续上升，2012 年达到最高，为 32.57%，后有所下降，2014 年为 28.23%。劳动密集型产品占比经历从下降到上升的过程，从 2002 年的 15.26%，缓慢下降到 2008 年的 11.20%，之后缓慢上升至 2014 年的

12.91%。资本密集型产品占比大幅度下降,国际金融危机前,围绕42.0%波动,危机后,从2007年的42.12%下降到2009年的37.42%,2013年为38.02%,2014年为38.31%。技术密集型产品占比在危机前缓慢下降,从2000年的21.08%下降到2008年的17.83%,之后在波动之中上升,2014年达到20.55%(见图5-6)。

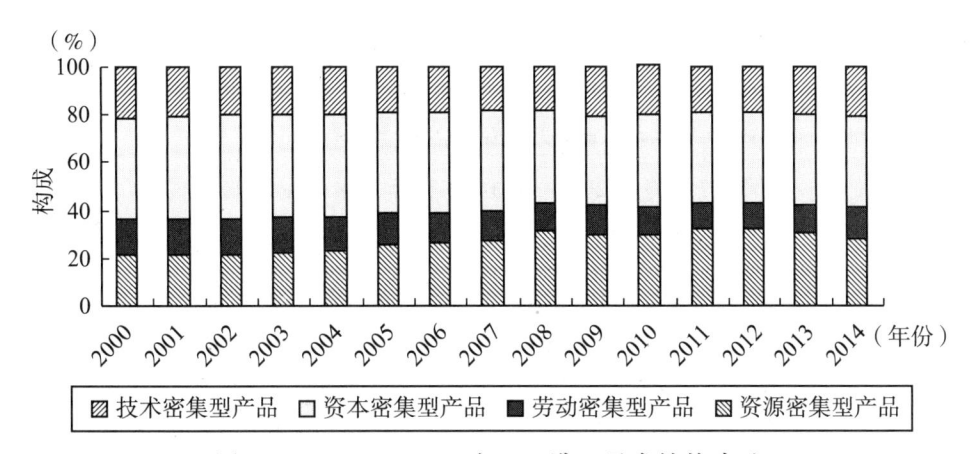

图5-6 2000~2014年G7进口需求结构变动

资料来源:UN Comtrade 数据库。

(二)美国进口需求结构变化

美国是一个贸易大国也是一个贸易强国,但是,相对其经济总量来看,其贸易规模并不大,外贸依存度保持在20%左右,国际金融危机严重时期的2009年降到18.83%,危机后有一定恢复,2011年达到峰值24.79%,2014年为23.14%。在国际金融危机前,美国进出口贸易保持上升的趋势,2001~2014年年均增长5.91%,其中出口为6.33%,进口为5.64%。2009年进出口贸易增速深度下滑至-23.27%,达到了阶段性的底部,之后开始反弹。危机前(2001~2007年)年均增长8.85%,危机后(2007~2014年)年均增长3.45%。美国进口规模大于出口,一直呈现逆差状态,国际金融危机前逆差不断扩大,2001年逆差值为4 490.68亿美元,2008年为8 649.35亿美元;2009年出现过短暂的缩窄,为5 451.84亿美元,之后仍然有扩大趋势;2014年,出口值为16 226.57亿美元,进口值24 080.99亿美元,逆差为7 854.42亿美元(见图5-7)。

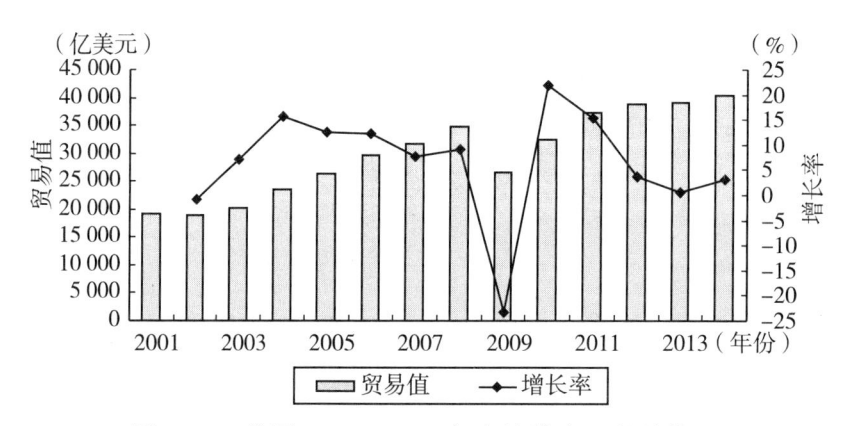

图 5-7 美国 2001~2014 年商品进出口贸易状况

资料来源：UN Comtrade 数据库。

从美国产品进口情况看，资源密集型产品和资本密集型产品进口增速大幅度下降，国际金融危机后（2007~2014 年）年均增速分别为 0.86% 和 -12.70%，劳动密集型产品和技术密集型产品进口年均增长分别为 2.98% 和 4.21%，进口增速分别降低了 11.59 个、18.7 个、1.33 个、1.3 个百分点。增速变化差距比较大，导致各类产品进口需求结构发生变化。从商品进口构成看，资源密集型产品占比在金融危机后大幅度上升，从 2005 年的 25.72% 上升到 2008 年的 32.21%，之后几年有所波动和回落，2013 年下降到 26.89%，2014 年为 24.41%。劳动密集型产品进口占比从金融危机前就开始下降，2005 年为 14.21%，2012 年下降到 10.67%，之后有所回升，2014 年为 13.33%。资本密集型产品占比从金融危机前缓慢下降，2009 年为 36.58%，之后几年缓慢上升，2014 年为 39.67%。技术密集型产品进口占比保持在 20.00% 左右，2014 年为 22.60%（见图 5-8）。

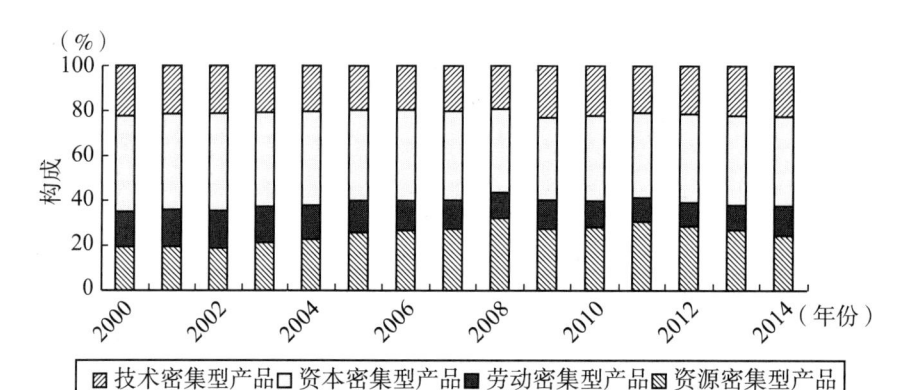

图 5-8 美国 2000~2014 年进口需求结构变动

资料来源：UN Comtrade 数据库。

从服务进口需求看，美国服务的进口继续保持稳定和缓慢的提升（见图5-9），顺差缓慢增长。服务贸易同样受到国际金融危机的影响，危机前（2001~2007年）服务进口年均增长9.10%，危机后（2007~2014年）年均增长3.76%，2009年下降了4.78%，相对商品贸易下降幅度较小。因此，服务进口与商品进口的比例有所上升，国际金融危机前平均比例为18.25%，危机后为20.13%，说明美国服务进口需求比商品需求上升快。

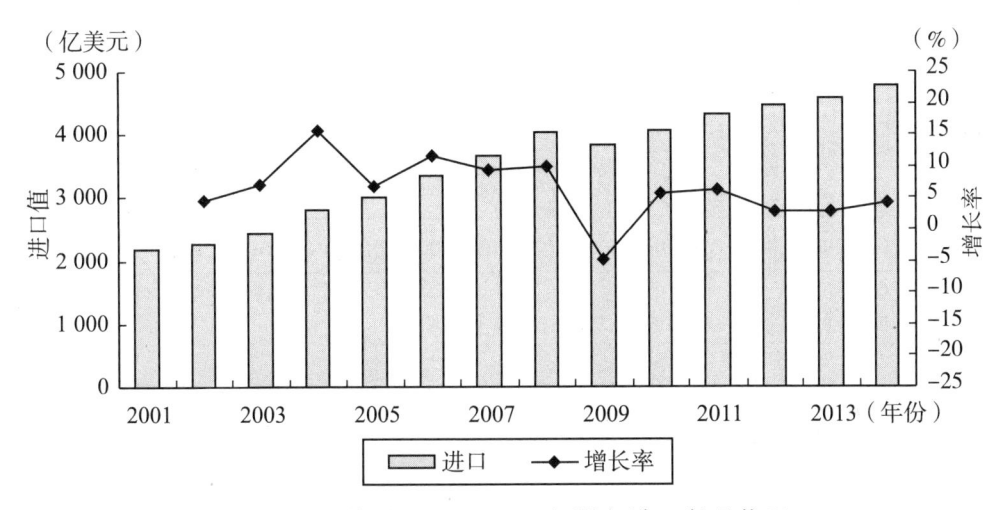

图5-9 美国2001~2014年服务进口贸易状况

资料来源：UN Comtrade 数据库。

国际金融危机引起各类服务贸易增速的分化，以危机后（2007~2014年）与危机前（2001~2007年）比较，受影响较大的是运输和旅游的进口，其进口份额下降比较快，从危机前的份额平均值23.64%和25.97%，下降为18.90%和21.94%，之后几年有所回升。金融保险服务进口份额平均值从14.55%上升到17.01%，之后几年有所下降，2010年为18.81%，也许在国际金融危机时期国际经济活动频繁，对金融服务的需求比较多，因此2009年份额达到峰值20.22%。商业服务贸易比重呈现稳步上升趋势，平均份额从危机前的12.83%上升到危机后的18.65%，这是由国际贸易规模不断扩大导致的服务需求上升。电信、计算机和信息服务贸易缓慢上升，平均份额从危机前的5.50%上升到危机后的6.93%，知识产权使用的服务贸易略有上升，从危机前的7.95%上升到8.20%。其他的如维护及维修服务和政府服务等下降幅度不大。静态地看构成变化，从2007年到2014年，旅游、运输、金融进口份额从21.29%、23.95%和17.91%下降为19.75%、23.28%和14.15%；商贸服务、电信与电子信息服务进口占比从14.75%、6.01%上升到20.54%和6.98%。别处未涵盖的知识产权使用费从 7.11% 上升到 8.63%（见图 5-10）。

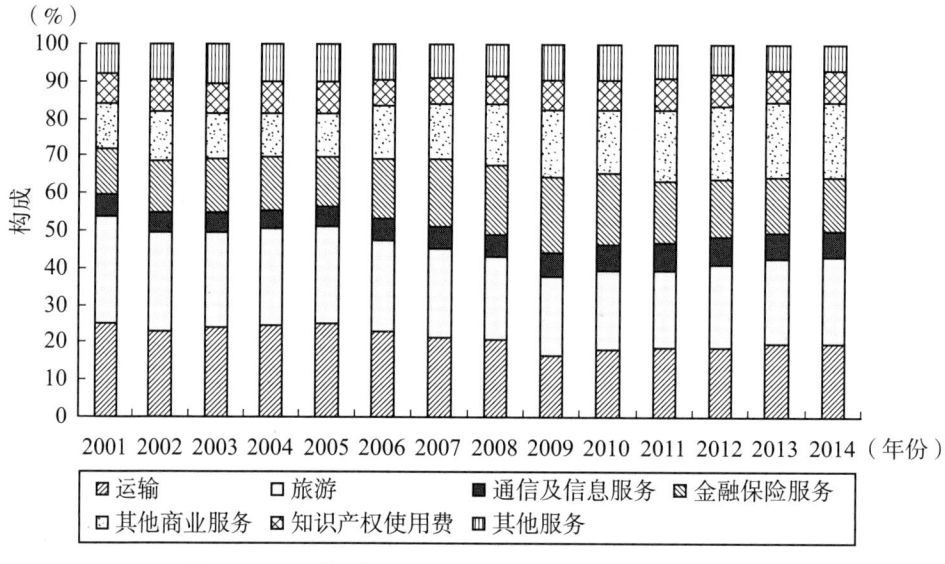

图 5-10　美国 2001～2014 年服务进口结构变化

资料来源：UN Comtrade 数据库。

（三）英国进口需求结构变化

英国是近代工业的发源地之一，较早完成了工业化并进入后工业化时代。自 20 世纪 90 年代以来，英国产业结构更加轻型化，在国内生产总值（GDP）构成中，农业份额下降到 2% 以下，工业份额进一步下降，低于 40%，服务业不断上升，在 60% 以上。进入 21 世纪以来，农业份额下降到 1% 以下，工业份额低于 30%，服务业份额在 70% 以上，之后几年，工业份额降到了 20%，服务业份额接近 80%，2014 年产业构成为 0.61%、19.67% 和 79.63%。因此，英国参与了充分的国际分工，贸易比较发达，其外贸依存度超过 40%。国际金融危机前，英国外贸依存度不断上升，2007～2009 年分别是 40.90%、44.30% 和 41.84%，危机后继续上升，2011 年达到峰值 51.08%，之后几年有所下降，2014 年为 40.70%。在金融危机背景下，商品进出口均出现了较大的波动，而服务的进出口规模则相对保持平稳。2001～2007 年英国商品外贸年均增长 10.87%，2007～2014 年年均增长 0.80%；服务贸易在这两个时期年均增速从 14.34% 下降到 1.04%。可见，国际金融危机对英国服务贸易有一定负面影响。

从英国总的对外贸易情况看，英国贸易均以商品为主，服务为辅，但是服务贸易规模比较大，与商品贸易值之比不断上升，从 2000 年的 36.66%，上升到

2007年的50.11%，2009年达到峰值52.02%，之后几年有所下降，2014年为48.76%。商品贸易可替代性大于服务贸易，其弹性也较大。商品贸易呈现逆差态势，从2007年的2 259.12亿美元，降到2009年的1 924.26亿美元，之后起伏变化比较频繁。服务贸易呈现顺差态势，2008以来呈现扩大态势，2014年为1 466.77亿美元（见图5-11）。

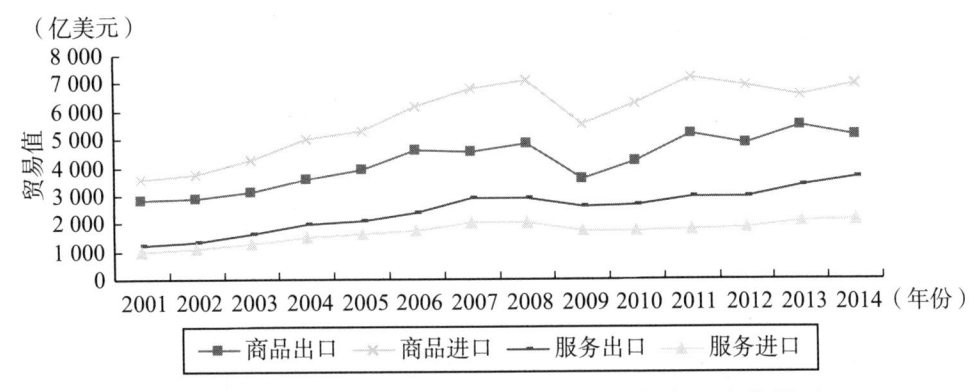

图5-11 英国2000~2014年商品与服务贸易变化情况

资料来源：UN Comtrade数据库。

从进口需求来看，危机前（2000~2007年）英国进口年均增速为8.31%，危机后（2007~2014年）进口年均增速为1.64%。从进口需求结构看，资源密集型产品和劳动密集型产品进口增速大幅度下降，危机后分别为2.04%和1.46%，比危机前降低了11.47个和6.47个百分点；资本密集型产品进口增长不稳定，危机后年均增长-0.60%；技术密集型产品进口实现了快速增长，年均增长6.88%，比危机前提高了5.18个百分点，这说明英国技术进步领先，技术密集型产品在国际市场上具有较强的竞争力。

从英国进口需求构成看，资源密集型产品占比在危机前后大幅度上升，从2005年的23.66%上升到2008年的32.26%，之后几年有所波动和回落，2012年上升到38.11%，之后几年大幅度下降，2014年下降到28.20%。劳动密集型产品进口占比波动比较大，从2002年的15.78%开始下降，2008年为12.72%，危机后在11%~15%之间波动。资本密集型产品占比在危机后波动下降，2007年为44.48%，2009年为37.68%，之后几年波动，2012年下降到最低值35.29%，2014年回升至38.07%。技术密集型产品进口占比在危机后呈现上升趋势，2007年为13.83%，2008年为15.90%，之后呈现波动上升，2014年达到19.65%（见图5-12）。

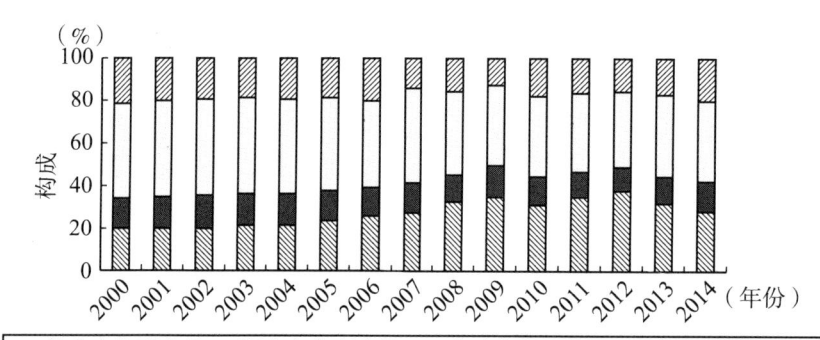

图 5-12　英国 2000~2014 年进口需求结构变动

资料来源：UN Comtrade 数据库。

(四) 法国进口需求结构变化

法国也是较早完成工业化和进入后工业化的国家，同时也是欧盟和欧元的重要支柱国家，遵从自由贸易思想，其开放度保持较高水平。受国际金融危机影响，法国外贸依存度有所下降，2007~2009 年分别是 44.96%、44.99% 和 37.82%；危机后有所上升，2012 年达到峰值 46.69%，之后几年有所下降，2014 年为 43.08%。

进入 21 世纪以来，法国商品与服务贸易进出口增长比较慢，受国际金融危机的影响严重。危机前（2000~2007 年），法国商品贸易年均增速为 11.99%，危机后（2007~2014 年）年均增为 0.91%，2009 年增速为 -22.09%；这两段时期服务贸易增速分别为 11.83% 和 9.53%。2003 年之后商品贸易出现逆差并且有扩大趋势，2009 年有所缩小，之后扩大和缩小交替出现。2011 年逆差达到峰值 1 279.51 亿美元，之后有所缩小。服务贸易一直保持顺差，2004~2012 年，顺差呈现增长态势，2012 年达到峰值 437.78 亿美元，之后有所缩小，2014 年顺差为 224.13 亿美元（见图 5-13）。

从进口需求看，商品进口需求受到金融危机影响比较大，危机前（2001~2007 年），法国商品进口年均增速为 12.99%，危机后（2007~2014 年）进口年均增速为 1.10%，增速降低了 11.89 个百分点；服务贸易受危机影响比较小，保持较快增速，危机前为 12.96%，危机后为 9.76%。从进口各部分看，资源密集型产品进口增速大幅度下降，危机后进口增速为 3.03%，比危机前降低了 9.79 个百分点；资本密集型产品进口在危机后年均增长 -0.97%；劳动密集型和技术密集型产品进口增速大幅度降低，危机后分别为 2.57% 和 3.60%，比危机前降低了 5.59 个、5.42 个百分点。

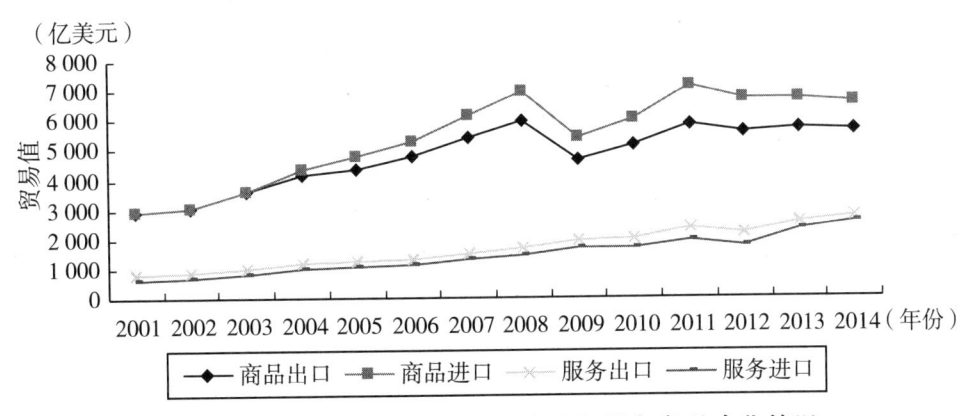

图 5-13　法国 2001~2014 年商品与服务贸易变化情况

资料来源：UN Comtrade 数据库。

从法国进口需求构成看，进入 21 世纪以来，资源密集型产品占比缓慢上升，在金融危机前后大幅度上升，从 2007 年的 23.16% 上升到 2008 年的 27.08%，之后几年有所波动和回落，2012 年最高达到 28.27%，2014 年下降到 26.02%。劳动密集型产品进口占比变化不大，危机后在 11%~14% 波动。资本密集型产品占比在危机后波动下降，2007 年为 46.73%，之后几年持续下降，2014 年下降到最低值 39.79%。技术密集型产品进口占比在危机前缓慢下降，危机后波动上升，2007 年为 17.74%，2009 年为 20.22%，2010 年达到峰值 21.56%，2014 年下降到 20.72%（见图 5-14）。

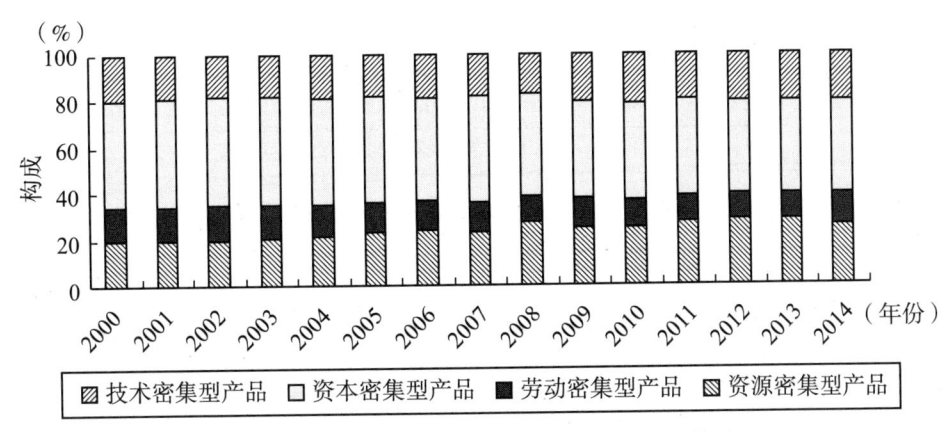

图 5-14　法国 2000~2014 年进口需求结构变动

资料来源：UN Comtrade 数据库。

（五）德国进口需求结构变化

德国既是欧盟和欧元的重要支柱国家，也是欧盟人口大国。德国工业竞争力比较强，属于贸易强国，外贸依存度比较高，根据 UNCTAD 数据计算德国外贸依存度，2007～2009 年分别是 71.89%、72.70% 和 61.89%，2009 年比上年减少了 10.81 个百分点，可见，受国际金融危机影响比较大。危机后继续上升，2011 年达到峰值 76.33%，近几年有所下降，2014 年为 70.59%。

德国贸易与其他大多数发达国家不同，除东西德合并之后存在几年贸易逆差外，20 世纪 90 年代中期以来，德国商品贸易一直处于顺差态势，说明德国商品竞争力强劲。但是，德国在服务净出口方面多年来一直是负数，处于逆差状态，2005 年以来有所缩小，2010 年逆差为 212.60 亿美元，2011 年逆差又有所上升，2013 年达到峰值 573.90 亿美元。2014 年德国外贸顺差为 2 407.44 亿美元，其中商品贸易顺差为 2 800.80 亿美元，服务贸易逆差为 393.36 亿美元（见图 5-15）。

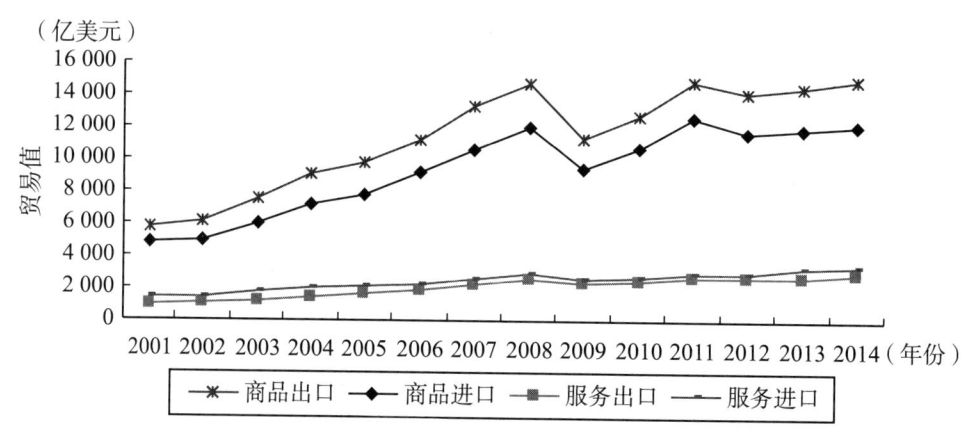

图 5-15 德国 2001～2014 年商品与服务贸易变化情况

资料来源：UN Comtrade 数据库。

从进口增长看，德国受国际金融危机影响比较大。危机前（2001～2007 年），商品与服务的进口年均增速分别为 13.86% 和 10.63%；危机后（2007～2014 年）进口年均增速分别为 1.99% 和 10.63%。从进口需求结构看，资源密集型产品进口增速大幅度下降，危机后进口增速为 4.64%，比危机前降低了 8.58 个百分点。资本密集型产品进口在危机后低速增长，年均增长 1.48%，比危机前降低了 11.11 个百分点。劳动密集型产品进口增速降低幅度比较小，危机后为 4.82%，比危机前降低了 2.48 个百分点。技术密集型产品危机后进口增速为 3.15%，比危机前降低了 8.45 个百分点。

从德国进口需求构成看，进入 21 世纪以来，资源密集型产品占比缓慢上升，在金融危机前后大幅度上升，从 2007 年的 21.92% 上升到 2008 年的 25.52%，之后几年有所波动和回落，2012 年最高达到 27.84%，2014 年下降到 24.58%。劳动密集型产品进口占比变化不大，危机后在 10%~13% 波动。资本密集型产品占比在危机后有所下降，2007 年为 46.22%，2009 年为 40.20%，之后围绕 41% 波动。技术密集型产品进口占比变化不大，围绕 20%~23% 波动（见图 5-16）。

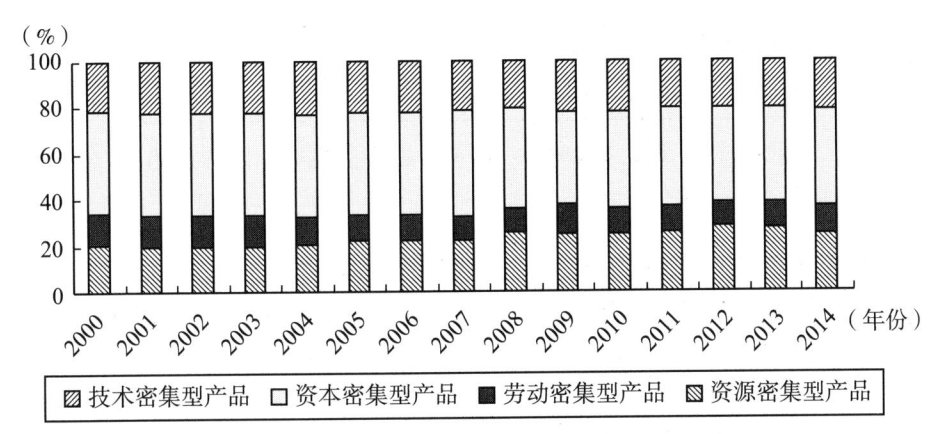

图 5-16　德国 2000~2014 年进口需求结构变动

资料来源：UN Comtrade 数据库。

（六）意大利进口需求结构变化

意大利也是欧盟和欧元的重要支柱国家，同时也是高度开放的国家，因而其遭遇国际金融危机影响的可能性比较大。进入 21 世纪以来，意大利外贸依存度不断上升，然而 2007~2009 年其外贸依存度分别是 48.08%、47.66% 和 38.77%，可见受危机影响比较大；危机后继续上升，2010 年达到峰值 49.21%，之后几年有所下降，2014 年为 46.56%。在国际金融危机前（2001~2007），意大利外贸年均增速达到 13.76%，危机后（2007~2014）年均增速接近"零增长"，为 -0.002%。意大利中小企业竞争力比较强，其轻工业产业比较发达，商品贸易由逆差转为顺差，2004~2011 年呈现为一定规模的逆差，2010 年最大逆差为 401.45 亿美元；危机后 2012 年出现顺差，2012~2014 年顺差分别为 124.25 亿美元、387.61 亿美元和 554.46 亿美元。意大利服务贸易在多数年份处于逆差状态，2001 年、2004 年和 2013 年出现了小额顺差，分别为 3.31 亿美元、148.13 亿美元和 6.35 亿美元（见图 5-17）。

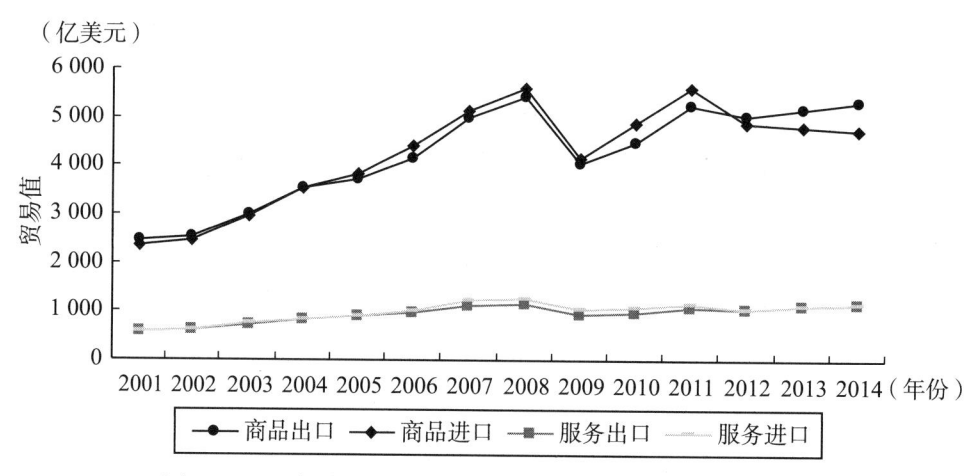

图 5-17　意大利 2001~2014 年进出口规模和结构变化

资料来源：UN Comtrade 数据库。

从进口需求看，危机前（2001~2007 年），意大利商品进口年均增速为 13.76%，危机后（2008~2014 年）进口转变为负增长，年均增速为 -0.01%。从各类进口看，劳动密集型产品进口实现了比较高的增长速度，危机后为 5.33%，但也比危机前降低了 3.9 个百分点。资源密集型产品和技术密集型产品危机后进口进入低速增长时期，增速分别为 2.73% 和 0.68%，比危机前降低了 9.68 个和 7.69 个百分点。资本密集型产品进口增速在危机后不稳定，总体呈现负增长态势，年均增长 -3.02%，比危机前降低了 15.23 个百分点。

从进口需求构成看，进入 21 世纪以来，意大利资源密集型产品占比缓慢上升，在危机前后大幅上升，从 2007 年的 24.74% 上升到 2008 年的 27.79%，之后几年有所波动和回落，2012 年最高上升到 39.4%，2014 年下降到 30.78%。劳动密集型产品进口占比小幅下降，从 2007 年的 13.63% 下降到 2012 年的 12.3%。资本密集型产品占比在危机后大幅度下降，2007 年为 47.75%，2009 年为 39.2%，2012 年最低为 36.73%。技术密集型产品进口占比经历了上升到下降的过程，2007 年为 13.88%，2010 年达到峰值 16.88%，之后几年有所下降，2014 年为 14.99%（见图 5-18）。

（七）日本进口需求结构变化

日本自第二次世界大战后崛起，逐步成为一个经济强国和外贸强国。尽管受到 1985 年"广场协议"的影响，经历了 20 多年的经济低迷，但是，日本仍然是一个外贸大国和强国。与美国一样，日本外贸依存度并不高，平均在 30%，受国

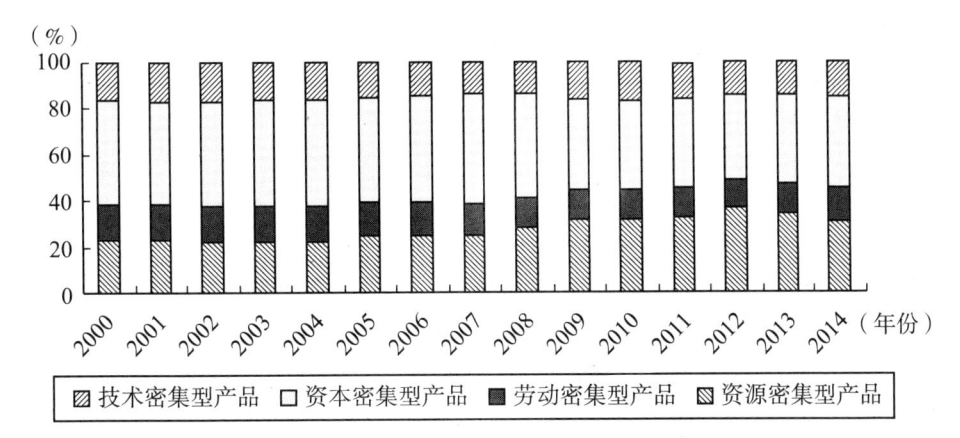

图 5-18　意大利 2000~2014 年进口需求结构变动

资料来源：UN Comtrade 数据库。

际金融危机影响，外贸依存度降到 22.35%，之后缓慢回升，2014 年达到 32.63%。进入 21 世纪以来，日本进出口贸易规模不断扩大，整体上呈现上升的态势，2009 年遭遇国际金融危机的严重挫折。危机前，日本出口值略大于进口值，进出口之间的缺口逐年缩小。金融危机后，进口金额逐渐超过出口金额，2011 年开始出现逆差，之后几年不断扩大。2014 年，日本出口为 6 902.17 亿美元，进口为 8 121.85 亿美元，逆差为 1 219.68 亿美元，同时，日本的服务业不够发达，服务贸易一直处于逆差状态，服务输出 1 637.89 亿美元，输入 1 924.26 亿美元，逆差 286.34 亿美元（见图 5-19）。

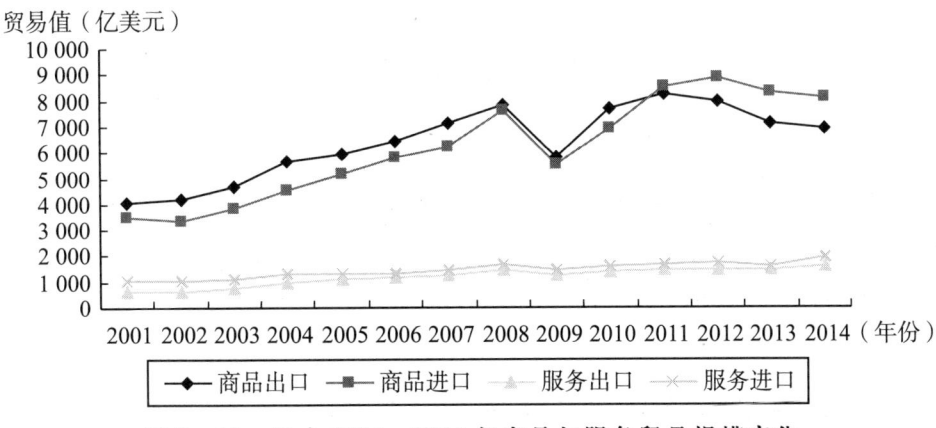

图 5-19　日本 2001~2014 年商品与服务贸易规模变化

资料来源：UN Comtrade 数据库。

从进口需求看,国际金融危机前(2000~2007年),日本进口年均增速为7.32%,危机后(2008~2014年)进口年均增速为4.27%,相对而言,日本进口需求降低幅度比较小。从各类进口需求看,资源密集型产品和资本密集型产品进口增速大幅度下降,危机后年均增速分别为5.32%和1.84%,比危机前分别降低了4.04个和5.26个百分点。劳动密集型产品进口增速小幅提高,从危机前的3.06%提高到危机后的4.04%。技术密集型产品进口年均增长4.97%,下降了1.15个百分点。

从日本进口需求构成看,资源密集型产品占比在危机后大幅度上升,从2007年的44.42%上升到2008年的51.22%,之后几年有所波动和回落,2012年最高上升到50.16%,2014年下降到47.65%。劳动密集型产品进口占比小幅下降,从2007年的11.44%下降到2008年的9.70%,之后几年回升,2014年为11.26%。资本密集型产品占比在危机后下降,2007年为25.8%,2009年为23.08%,2010年最高为23.74%,2014年为21.87%。技术密集型产品进口占比经历了"V"形变化过程,危机前缓慢下降,2007年为18.34%,2008年突然深度下降到15.80%,2009年为19.20%,之后几年波动,2014年为19.22%(见图5-20)。

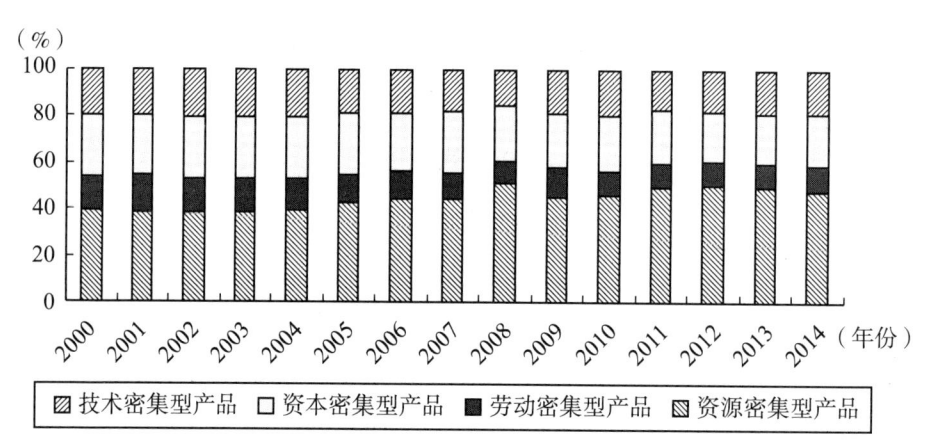

图5-20 日本2000~2014年进口需求结构变动

资料来源:UN Comtrade 数据库。

(八)加拿大进口需求结构的变化

加拿大是世界上社会最富裕、经济最发达的国家之一。依托丰富的自然资源和高度发达的科技及产业,加拿大广泛参与国际分工,对外贸依赖较大,除国际金融危机后的2009年降到49.47%外,其外贸依存度绝大多数年份保持在50%

以上。加拿大一直注重平衡贸易，差额不大，直到2009年前商品贸易顺差仍可以弥补服务贸易的逆差。2009年商品贸易出现了逆差，使得整个商品与服务贸易出现逆差，2012年逆差扩大到309.07亿美元，之后有所缩小，2014年逆差仅为97.23亿美元（见图5-21）。

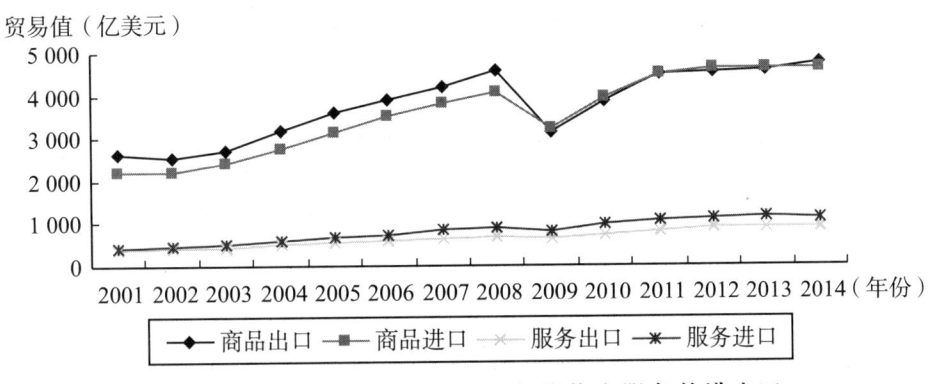

图 5-21 加拿大2001~2014年货物和服务的进出口

资料来源：UN Comtrade 数据库。

加拿大消费需求几乎未受国际金融危机的影响。危机前（2000~2007年），加拿大外贸年均增长8.79%，危机后（2007~2014年）外贸增长率为2.24%。其中，危机后进口增速比出口增速快，进口年均增速为2.81%，出口年均增速为1.71%。从进口需求构成部分看，资源密集型产品进口低速增长，危机后增速为1.96%，比危机前降低了11.8个百分点。劳动密集型产品和技术密集型产品危机后增速小幅下降，危机后增速分别为4.73%和2.53%，比危机前降低了1.57个和1.41个百分点。资本密集型产品进口进入低速增长时期，年均增长1.96%，比危机前降低了4.04个百分点。

从加拿大进口需求构成看，进入21世纪以来，资源密集型产品占比逐步上升，在危机前后更是大幅度上升，从2007年的19.07%上升到2008年的22.88%，之后几年有所波动和回落，2011年最高达到25.06%，2014年下降到22.51%。劳动密集型产品进口占比小幅下降，从2007年的10.17%下降到2008年的9.81%，之后几年上下波动，2014年为11.36%。资本密集型产品占比在危机前缓慢下降，危机后大幅下降，2007年为52.81%，2008年为49.71%，之后几年有所下降，2014年为48.86%。技术密集型产品进口占比在危机前后变化不大，2007年为17.94%，2008年为17.60%，2009年为19.81%，2014年为17.23%（见图5-22）。

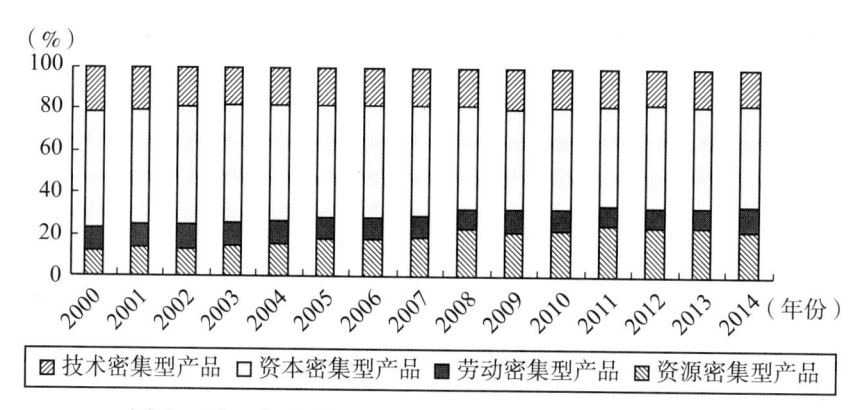

图 5-22　加拿大 2000~2014 年进口需求结构变动

资料来源：UN Comtrade 数据库。

四、本章小结

本章以经济合作与发展组织（OECD）中的发达经济体（28 国）和七国集团（G7）为分析对象，考察其进口需求变化情况。

（1）发达经济体（28 国）货物进口量 2014 年为 105686.94 亿美元，占全球进口量的 56.24%。2000~2014 年平均增长率为 5.94%。其中，国际金融危机前（2000~2007 年）进口需求年均增长 9.99%，危机后（2007~2014 年）受金融危机影响，进口年均增长 2.05%。

（2）从商品进口需求构成上看，在 2008 年国际金融危机的影响下，发达经济体（28 国）资源密集型、劳动密集型、资本密集型和技术密集型四类产品进口发生了较大变化。危机后与危机前相比，资本密集型产品和资源密集型产品增速受影响比较大，下降幅度比较大，平均增速分别下降了 9.37 个和 8.83 个百分点，资本品进口增速低于 1%，接近零增长。同时，劳动密集型产品进口增速从 7.01% 下降到 3.21%，技术密集型产品进口增速从 8.25% 下降到 3.20%。

国际金融危机引起各类产品进口构成变化：资源密集型产品占比从 2007 年的 26.25%，上升到 2008 年的 30.67%，大幅度上升 4.42 个百分点，之后几年保持缓慢上升势头；劳动密集型产品进口占比总体上呈现下降趋势，2000 年以来的几年保持稳定；资本密集型产品进口占比总体上呈现下降趋势，2007~2009 年进口占比大幅度下降，2010 年略有反弹，之后几年保持平稳态势；技术密集型产品进口占比稳定保持在 20% 左右。2014 年，各类产品进口占比为：资源密集型产品占 29.46%，劳动密集型产品占 12.18%，资本密集型产品占 38.67%，技术密集型产品占 19.68%。所以，受到危机的冲击，资源密集型产品占比上升是最为显著的变化之一，资本密集型产品比重有一定下降，劳动密集型产品和技术密集型产品变化趋势不明显。出现这种状况的原因在于，资源密集型产品属于初级产品，其需求弹性要远远小于作为工业制成品的资本密集型产品。

（3）从服务的进口需求看，进入 21 世纪以来，发达经济体（28 国）服务贸易总体增速放慢，比世界服务贸易平均增速慢。2001~2014 年，服务贸易进口值年均增长 7.45%，危机前（2001~2007 年）年均增速为 11.02%，危机后（2007~2014 年）年均增速为 4.18%。经济发达的七国集团（G7）贸易进口值增长更慢，这个指标各期分别为 6.06%、8.71% 和 3.48%。而世界服务贸易分别为 8.81%、11.93% 和 5.79%。

发达国家服务贸易进口值低速增长导致其地位下降，在世界服务贸易总进口值中的比重从 2000 年的 71.01% 下降到 2007 年的 67.07%，危机后下降更快，2013 年为 58.73%，2014 年回升到 60.26%。

发达国家服务贸易进口值与货物贸易的比值远高于世界平均水平，2002 年为 26.54%，2007 年为 26.26%，2009 年高达 30.08%，2011 年下降到 24.89%，2014 年回升到 29.32%，总体呈上升态势，说明发达国家服务及其服务贸易发展仍然具有一定优势。

（4）进入 21 世纪以来，G7 进口需求呈现低速增长态势。分段看，危机前（2001~2007 年）进口年均增速为 8.63%，危机后（2007~2014 年）进口年均增速为 0.95%，说明代表性发达国家进口需求大幅度萎缩。

从各类进口看，资源密集型产品和劳动密集型产品在金融危机后的增速分别为 3.00% 和 3.03%，比危机前降低了 9.14 个、2.91 个百分点。资本密集型产品进口增速大幅度下降，金融危机后年均增速为 -2.95%，比危机前降低了 11.44 个百分点。技术密集型产品进口年均增长 3.95%，比危机前降低了 2.65 个百分点。

从进口需求构成看，总体上呈上升趋势。金融危机前，资源密集型产品进口占比上升比较快，2008 年之后的几年继续上升，2012 年达到峰值 32.57%，之后几年有所下降，2014 年为 28.23%。劳动密集型产品占比在金融危机前缓慢下降，危机之后缓慢上升至 2014 年的 12.91%。资本密集型产品占比大幅度下降，金融危机前围绕 42.0% 波动，危机后大幅度下降至 2014 年的 38.31%。技术密集型产品占比在金融危机前缓慢下降，危机之后在波动之中上升，2014 年达到 20.55%。

总体上看，与国际金融危机前比较，在危机后，发达经济体资源型产品进口呈现上升趋势，近几年稍有降低；劳动型产品进口呈下降趋势，近几年下降减缓，有上升压力；资本型产品进口呈下降趋势，继续下降的态势不明显；技术型产品进口下降趋势不明显，保持平稳发展态势。

第六章

国际金融危机后新兴经济体需求结构变化

进入21世纪后的十多年,经济增长速度较快、经济规模不断提升的新兴市场国家,包括中国、巴西、印度、俄罗斯、南非等,在本次国际金融危机中抵抗住了冲击,减缓了世界经济衰退幅度,引领世界经济增长。本章重点研究除中国外的金砖国家以及墨西哥、土耳其、泰国、马来西亚、波兰、印度尼西亚等国家的经济发展特征,揭示其需求结构在国际金融危机前后的变化,展示其收入水平和需求层次不断上升的趋势。

一、新兴经济体的基本特征

(一)新兴经济体界定

20世纪90年代以来,发展中国家的经济增长速度明显高于发达国家,其中,新兴经济体经济增长率又高于一般的发展中国家。新兴经济体(亦称为新兴市场,emerged markets)是一个相对概念,是指相对成熟或发达市场而言目前正处于发展中的经济体。根据某些经济学者或研究机构的主流观点(张宇燕和田丰,2010),新兴经济体的划分主要根据六类标准:一是经济增长速度。贾因(S. C. Jain)提出,经济社会活动或商业活动正在迅速增长或处于工业化进程中的经济体被认为是新兴经济体。二是经济增速和制度体系的选择。阿诺德和魁尔奇（Arnold and Quelch）认为，新兴经济体的界定标准为"经济增速以及自由经济或市场经济"的选择。另外，霍斯金森（Hoskisson）等把通过"实行自由经济政策促进经济快速发展的国家"定义为新兴经济体国家。三是同期出口增速。法国社会展望和国际信息研究中心（CEPII）把同时满足人均GDP低于发达国家的50%，以及同期出口增速高于发达国家增速10%的国家定义为新兴国家。四是金融市场发展水平。IMF在《全球金融稳定报告2004》中将金融市场发展水平低于发达国家，但仍能吸引大量外资的发展中国家定义为新兴国家。五是信息化程度。印度知识社团中心（Center for Knowledge Societies）提出，在非完全工业化背景下，信息化程度发展较快的国家或地区为新兴经济体。六是对政治的重视程度。伊恩·布雷默（Ian Bremmer）认为还要考虑政治影响力，其对新兴经济体的重要程度与经济一样。

IMF在2009年10月的《世界经济展望》中界定了26个新兴经济体——中国、印度尼西亚、马来西亚、泰国、菲律宾、印度、巴基斯坦、俄罗斯、爱沙尼亚、拉脱维亚、立陶宛、乌克兰、波兰、罗马尼亚、匈牙利、保加利亚、斯洛伐克、土耳其、墨西哥、委内瑞拉、哥伦比亚、秘鲁、巴西、阿根廷、智利和南非（亦简称E26，见表6-1）。本书主要研究除中国外的25个国家，分析新兴市场国家经济的发展态势及其与中国的经济关系。

表6-1　　　　　　　主要新兴市场国家市场分类描述

国别	国土面积（万平方千米）	总人口（2013年，万人）	人均GDP（2013年，美元）	人类发展指数（2013年）	GDP 2007~2013年平均增速（%）	贸易依存度（%）
印度尼西亚	190.0	25 287.0	3 509	0.629	12.34	42.42
马来西亚	32.9	3 019.0	10 547	0.769	8.98	138.95
泰国	51.3	6 720.0	5 674	0.690	7.88	123.78
菲律宾	29.9	10 006.0	2 790	0.654	11.16	43.78
印度	298.0	126 751.0	1 504	0.554	9.27	42.91
巴基斯坦	79.6	18 515.0	1 307	0.515	8.82	28.26
俄罗斯	1 707.5	12 703.0	14 818	0.788	8.62	39.76
乌克兰	60.3	4 496.0	3 919	0.740	3.85	79.61
爱沙尼亚	4.5	129.1	19 031	0.846	2.37	157.11

续表

国别	国土面积（万平方千米）	总人口（2013年，万人）	人均 GDP（2013年，美元）	人类发展指数（2013年）	GDP 2007~2013年平均增速（%）	贸易依存度（%）
拉脱维亚	6.4	206.0	15 205	0.814	2.09	97.26
立陶宛	6.5	302.8	16 003	0.818	3.65	141.74
波兰	31.2	3 822.0	13 393	0.821	3.48	79.33
罗马尼亚	23.8	2 175.5	8 910	0.786	2.25	73.47
保加利亚	11.0	727.8	7 328	0.782	4.99	120.37
匈牙利	9.3	997.6	13 404	0.831	-0.73	155.85
斯洛伐克	4.9	544.6	17 706	0.840	4.17	173.77
土耳其	78.3	7 584.0	10 815	0.722	3.75	48.77
墨西哥	197.2	12 380.0	10 629	0.775	5.88	60.48
委内瑞拉	91.6	3 085.0	12 472	0.748	7.95	35.54
哥伦比亚	114.1	4 893.0	8 097	0.719	14.26	30.96
秘鲁	128.5	3 075.0	6 674	0.741	11.23	41.26
巴西	851.4	20 204.0	11 310	0.730	9.33	21.48
阿根廷	278.0	4 180.0	11 766	0.811	11.07	30.78
智利	75.7	1 752.0	15 775	0.819	9.15	56.27
南非	122.1	5 318.0	6 620	0.629	3.67	56.60
中国	960.0	136 407.0	6 747	0.699	18.89	45.30
合计（平均）	5 444.0	415 280.4			11.46	

资料来源：IMF 界定的 26 个新兴经济体国家，国土面积以及总人口数据来自《2013 年世界人口状况报告》；GDP 原始数据来自世界银行网站；数据来自国际贸易中心网站；人类发展指数数据来自《2013 年人类发展状况报告》。

（二）新兴经济体经济社会特征

进入 21 世纪以来，新兴经济体的经济增长表现更加强劲，尤其在国际金融危机后，新兴经济体增长态势总体良好，在世界经济中的地位进一步提升，因此，有必要总结新兴经济体的特征。

1. 新兴经济体经济特征

从各项经济指标看，新兴经济体表现为以下经济特征（见表 6-1）。

(1) 多数经济体地大人多，资源优势明显。新兴经济体国土面积大、人口多，包括中国在内的 26 个国家国土总和达 5 444 万平方千米，占世界陆地面积 14 950 万平方千米（包括南极洲）的 36.41%。总人口占世界总人口的比例约为 60%，2013 年新兴经济体人口 41.53 亿人，占世界总人口 72.40 亿人的 57.36%。地大人多使得新兴经济体国家的资源或劳动力要素优势明显。

(2) 多数国家还属于欠发达地区，经济相对落后。根据《2013 年人类发展报告》，在 26 个新兴经济体中，爱沙尼亚、拉脱维亚、立陶宛、波兰、匈牙利、斯洛伐克、智利、阿根廷 8 个国家的人类发展指数（Human Development Index，HDI）高于 0.8，其他 18 个国家的 HDI 均低于 0.8，其中，巴基斯坦和印度的 HDI 分别为 0.515 和 0.554，远低于世界平均 HDI 水平（0.694）。

从人均 GDP 来看，根据世界银行的统计数据，除人类发展指数高于 0.8 的 8 个国家和俄罗斯、马来西亚、土耳其、委内瑞拉、巴西、墨西哥外，其他新兴经济体 2013 年人均 GDP 均低于 1 万美元，其中巴基斯坦、印度、菲律宾、印度尼西亚和乌克兰的人均 GDP 处于极低水平，分别为 1 307 美元、1 504 美元、2 790 美元、3 509 美元和 3 919 美元。

(3) 新兴经济体实现了高速增长，在世界经济中的地位不断提升。新兴市场及发展中经济体的经济增长表现优异，并逐渐成为世界经济格局中的重要力量。进入 21 世纪后的十多年，其平均增长率大部分为正，实现了经济快速增长。尽管受到国际金融危机的影响，但新兴经济体在 2007～2013 年的平均增速仍达到 11.46%，远远高于世界平均增速（3%～5%）；更是高于发达经济体平均 3% 以下的增速。

从 GDP 总量来看，2003 年开始，发达经济体占世界 GDP 的比重明显下降，而新兴与发展中经济体占世界 GDP 的比重一路上升，从 2003 年的 20.4% 到 2010 年的 34.2%。IMF 数据显示，2007 年新兴经济体 GDP 达 119 529.01 亿美元，占世界的 21.99%；2013 年达到 229 238.65 亿美元，占 30.98%。新兴与发展中经济体的地位还有上升的潜力与空间。

(4) 新兴经济体各国不断深入参与国际经济。自 2001 年以来，新兴经济体的外贸依存度不断上升。从外贸依存度来看，根据世界银行数据整理，2012 年，有 23 个国家的进出口依存度超过 20%，到了 2013 年，除了巴西外贸依存度为 21.48% 外，其他国家外贸依存度都在 30% 以上，其中马来西亚、泰国、爱沙尼亚、立陶宛、保加利亚、匈牙利、斯洛伐克的进出口依存度超过了 100%。由此可知，新兴经济体力量正在步入上升期，将在一段时期内成为全球经济增长的重要动力和源泉。

从利用外资方面来看，新兴市场国家总体上呈增长趋势，但是波动频繁。根据世界银行数据整理,2012 年中国以 2 534.75 亿美元排名第一;其次是巴西,规模为 761.11 亿美元;再次是俄罗斯,为 514.16 亿美元。由此可见,金砖国家利用外资的规模在新兴经济体中遥遥领先。但是 2012 年 26 个国家中有 10 个国家的利用外资规模较上年有所减少。

2. 新兴经济体的地缘关系和文化特征

从地缘关系来看,新兴经济体主要分布在东亚、南亚、东欧和拉美等地区。印度尼西亚、马来西亚、泰国、菲律宾属于东盟,相互合作程度比较高。东欧等新兴经济体大部分属于经济体制转型国家,这几个国家都是东欧社会主义国家解体后产生的并进行了体制转型,部分国家加入欧盟,东欧的几个欧盟成员经济发展程度和经济收入比较高,内部组织与合作程度也很高。除墨西哥外,位于拉美的国家是前西班牙殖民地国家,组成了南美联盟。其他的国家,包括位于南亚、东欧、中东、拉美和非洲南部等地区的新兴经济体,其经济发展都比较好(见表 6-2)。

表 6-2　　　　　新兴经济体的地缘政治关系和文化特征

地缘关系	国家	文化差异(语言、宗教)	民主程度及市场机制
东盟	印度尼西亚	印度尼西亚语,伊斯兰教	总统制与共和制,市场经济
	马来西亚	马来语(多教)	君主立宪议会制,市场经济
	泰国	泰语,佛教	君主立宪政体,市场经济
	菲律宾	菲律宾语/英语,天主教	总统制与共和制,市场经济
南亚	印度	印度语,印度教	议会制,市场经济
	巴基斯坦	乌尔都语,英语,伊斯兰教	准总统与共和制,转型经济
东欧	俄罗斯	俄语,东正教	总统制与共和制,转型经济
	乌克兰	俄语,东正教	共和制,市场经济
东欧欧盟	爱沙尼亚	爱沙尼亚语,基督教	议会制与共和制,转型经济
	拉脱维亚	拉脱维亚语,基督教	议会制与共和制,转型经济
	立陶宛	立陶宛语,天主教	议会制与共和制,市场经济
	罗马尼亚	罗马尼亚语,东正教	民主共和制,转型经济
	保加利亚	保加利亚语,东正教	民主共和制,转型经济
	匈牙利	匈牙利语,天主教	议会制共和制,转型经济
	斯洛伐克	斯洛伐克语,天主新教	联邦制,市场经济
	波兰	波兰语,天主教	公开选举,市场经济

续表

地缘关系	国家	文化差异（语言、宗教）	民主程度及市场机制
南美联盟	委内瑞拉	西班牙语，天主教	联邦共和制，转型经济
	哥伦比亚	西班牙语，天主教	总统制共和制，市场经济
	秘鲁	西班牙语，天主教	共和制，市场经济
	巴西	葡萄牙语，天主教	总统制共和制，市场经济
	阿根廷	西班牙语，天主教	联邦制，市场经济
	智利	西班牙语，天主教	总统制共和制，市场经济
西亚/中东	土耳其	土耳其语，伊斯兰教	议会制共和制，市场经济
拉美	墨西哥	西班牙语，天主教	总统制共和制，市场经济
南部非洲	南非	英语，天主教	总统制共和制，市场经济

资料来源：根据各国官方网站资料整理。

从宗教信仰来看，位于东欧的俄罗斯、乌克兰、罗马尼亚、保加利亚信仰东正教；除爱沙尼亚、拉脱维亚信仰基督教外，其他位于东欧、南美的新兴市场国家及南非、东南亚的菲律宾信仰天主教；位于中亚的新兴市场国家、南亚的巴基斯坦、东南亚的印度尼西亚信仰伊斯兰教；南亚的印度信仰印度教；东南亚的泰国信仰佛教，马来西亚信仰多种宗教。

3. 新兴经济体发展水平的分层次特征

继"金砖国家"之后，新兴市场国家从经济发展潜力方面又分为"钻石十一国""展望五国"，均被认为是经济发展潜力仅次于金砖国家的新兴经济体。

"金砖国家"（BRICS）由巴西、俄罗斯、印度、中国、南非的英文首字母组成，音似英文"砖"（BRICK），这些国家多是国土大国或人口大国，主要有以下特征（见表6-1）：一是自然资源和劳动力资源底蕴丰厚。金砖五国国土面积总和达3 939万平方千米，占世界土地面积的26.34%，人口30.14亿人，占世界总人口的41.62%。二是经济增长速度比较快，各国2007~2013年年均增速：中国为18.89%，印度为9.27%，巴西为9.33%，俄罗斯为8.62%，增速超过世界GDP年均增长率。即使南非增速比较慢，也超过一些发达国家，达到3.67%。三是发展水平比较高，除印度外，其他金砖国家经济发展水平比较高，人均GDP和人类发展指数都比较高。

"钻石11国"包括巴基斯坦、埃及、印度尼西亚、伊朗、韩国、菲律宾、墨西哥、孟加拉国、尼日利亚、土耳其、越南11个国家，目前在经济发展上表现良好，国际社会普遍看好其前景。其中的巴基斯坦、印度尼西亚、菲律宾、墨西哥、土耳其属于新兴经济体（E26）。"新钻11国"普遍拥有劳动力资源和能源较为丰富的特点。其中人口超过1亿的国家有印度尼西亚、巴基斯坦、孟加拉国、菲律宾、尼日利亚与墨西哥。据中国外交部网站（https://www.fmprc.gov.cn/web）展示的资料，2014年，印度尼西亚的人口达到2.5亿，巴基斯坦人口接近2亿，孟加拉国人口超过1.5亿，尼日利亚人口1.7亿，墨西哥人口1.2亿、菲律宾人口超过1亿。伊朗、尼日利亚和墨西哥都是产油大国，越南、印尼、埃及以及菲律宾也有石油与天然气出产。

"展望五国"（VISTA）是由越南、印度尼西亚、南非、土耳其、阿根廷的英文首字母组成的谐音英文单词 Vista，意为展望、眺望的意思，其中的印尼、南非、土耳其、阿根廷属于E26。"展望五国"的共同特点是天然资源以及人口和劳动力资源十分丰富，据中国外交部网站（https://www.fmprc.gov.cn/web）展示的资料，2014年其人口超过5亿。"展望五国"对引进外资持积极态度，政治稳定，中产阶级正在崛起，个人消费增长。在资源储量方面，南非的黄金产量世界第一，印度尼西亚的天然气和煤炭出口量排名世界第一，镍的产量在世界上排第四位。

可见，新兴经济体国家大多自然资源丰富，蕴藏各类矿藏资源，劳动力资源丰富，人口众多而且年轻化。从人均GDP水平来看，新兴经济体的人均GDP水平均不高，相对较高的国家主要有马来西亚、俄罗斯、爱沙尼亚、拉脱维亚、立陶宛、波兰、斯洛伐克、土耳其、墨西哥、委内瑞拉、巴西、阿根廷、智利等，人均GDP超过1万美元。从增长率来看，2007~2013年，印度尼西亚、菲律宾、印度、巴西、哥伦比亚、秘鲁、阿根廷、智利等国家平均增长率都超过9%，其他新兴经济体GDP增长较缓慢，匈牙利为负增长（见图6-1）。

综合起来，按照人均GDP和HDI可以把新兴经济体国家分成几个层次：

（1）经济社会发展比较先进的国家：马来西亚、俄罗斯、爱沙尼亚、拉脱维亚、立陶宛、波兰、匈牙利、斯洛伐克、土耳其、墨西哥、委内瑞拉、巴西、智利、阿根廷。这14个国家的人均GDP都在1万美元以上，HDI在0.7以上（见表6-1），而且马来西亚、俄罗斯、巴西、智利、阿根廷等国家还实现了快速增长。

（2）经济社会发展相对落后的国家：泰国、罗马尼亚、保加利亚、哥伦比亚、秘鲁、南非6个国家，人均GDP在0.5万~1万美元，HDI在0.6~0.8之间，其中哥伦比亚、秘鲁经济实现了较高速度的增长。

（3）经济社会发展最落后的国家：印度尼西亚、菲律宾、印度、巴基斯坦、乌克兰。这5个国家的人均GDP在0.5万美元以下，HDI在0.6~0.7之间，除乌克兰经济增速较低以外，其他国家都有较高的增长速度。

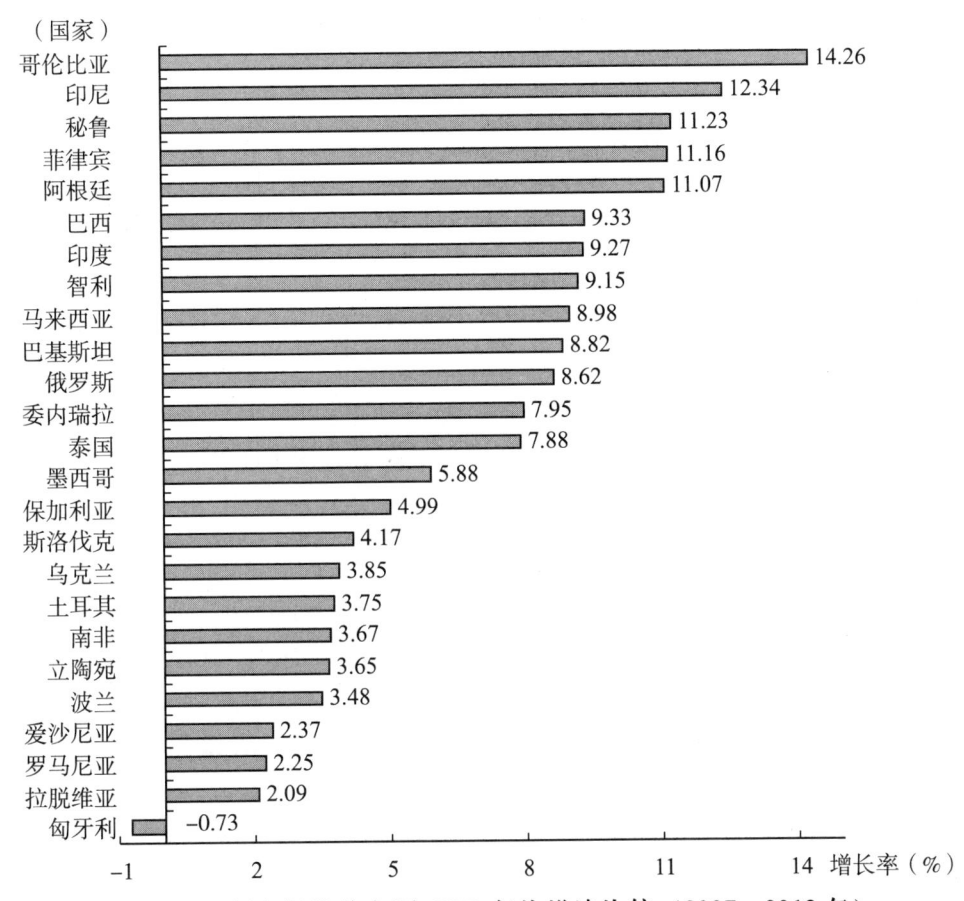

（国家）
哥伦比亚　14.26
印尼　12.34
秘鲁　11.23
菲律宾　11.16
阿根廷　11.07
巴西　9.33
印度　9.27
智利　9.15
马来西亚　8.98
巴基斯坦　8.82
俄罗斯　8.62
委内瑞拉　7.95
泰国　7.88
墨西哥　5.88
保加利亚　4.99
斯洛伐克　4.17
乌克兰　3.85
土耳其　3.75
南非　3.67
立陶宛　3.65
波兰　3.48
爱沙尼亚　2.37
罗马尼亚　2.25
拉脱维亚　2.09
匈牙利　-0.73

-1　　2　　5　　8　　11　　14　增长率（%）

图6-1　新兴经济体各国GDP年均增速比较（2007～2013年）

资料来源：根据世界银行网站数据计算。

二、新兴经济体进口需求及其结构变化态势

（一）新兴经济体商品进口需求总体变化态势

进入21世纪以来，新兴经济体经济快速发展，进口需求也实现了快速增长。从26个新兴经济体总体看，2001～2013年，进口需求从10 526.06亿美元上升到54 015.58亿美元，年均增速达到14.60%，其中2007～2013年，年均增长9.08%，比国际金融危机前2001～2007年的增速20.40%少11.32个百分点（见

图 6-2），金融危机后，新兴经济体进口需求增速放慢。

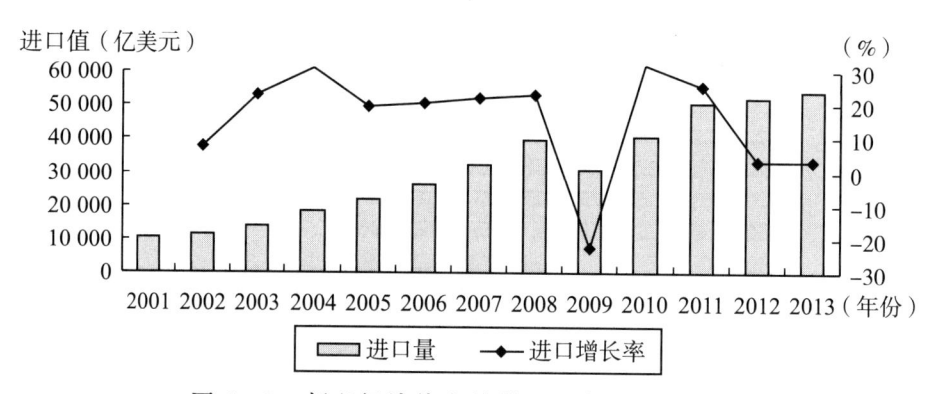

图 6-2 新兴经济体商品进口需求量增长过程

资料来源：UN Comtrade 数据库和 ITC 数据库。

尽管在金融危机影响下，新兴经济体进口量下降了 22.56%，但是，其进口在世界进口中的占比并没有下降，2001 年的占比为 16.71%，后不断上升到 2007 年的 22.75% 以及 2008 年的 24.19%，再到 2009 年的 24.30% 和 2013 年的 28.88%（见图 6-3）。同时，危机前（2001~2007 年）新兴经济体进口累计达 123 608.64 亿美元，占世界总进口量 605 741.75 亿美元的 20.41%，危机后（2007~2013 年）新兴经济体进口累计达 267 563.15 亿美元，占世界总进口量 998 012.33 亿美元的 26.81%，占比提升了 6.4 个百分点，说明新兴经济体占全球总进口量的比重依然呈上升趋势。

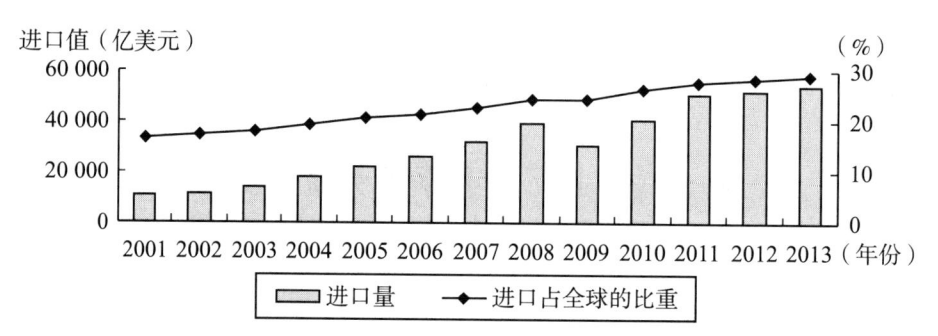

图 6-3 新兴经济体商品进口在世界贸易中地位变化过程

注：2001 年和 2002 年的数据缺少巴基斯坦。

资料来源：UN Comtrade 数据库和 ITC 数据库。

除中国外的 25 个新兴经济体进口需求对中国具有重要意义。2003 年，25 个新兴经济体进口量为 8 090.53 亿美元，2013 年为 34 515.66 亿美元，年均增长 15.61%；占全球的比重从 12.77% 上升到 18.46%。这对于中国出口贸易及市场多元化发展具有一定意义。

根据 UN Comtrade 数据库,在除中国外的 25 个新兴经济体中,进口量排名前 10 位国家依次是:印度(4 660.46 亿美元)、墨西哥(3 812.10 亿美元)、俄罗斯(3 149.45 亿美元)、土耳其(2 516.61 亿美元)、泰国(2 507.08 亿美元)、巴西(2 396.20 亿美元)、马来西亚(2 058.14 亿美元)、波兰(2 056.14 亿美元)、印尼(1 866.19 亿美元)、南非(1 034.41 亿美元),这 10 个国家的进口情况对于中国有重要意义。

从其他 25 个新兴经济体国家看,按照 2003~2013 年进口需求的平均增长速度看,大体上可以分为三个梯队层次(见图 6-4)。

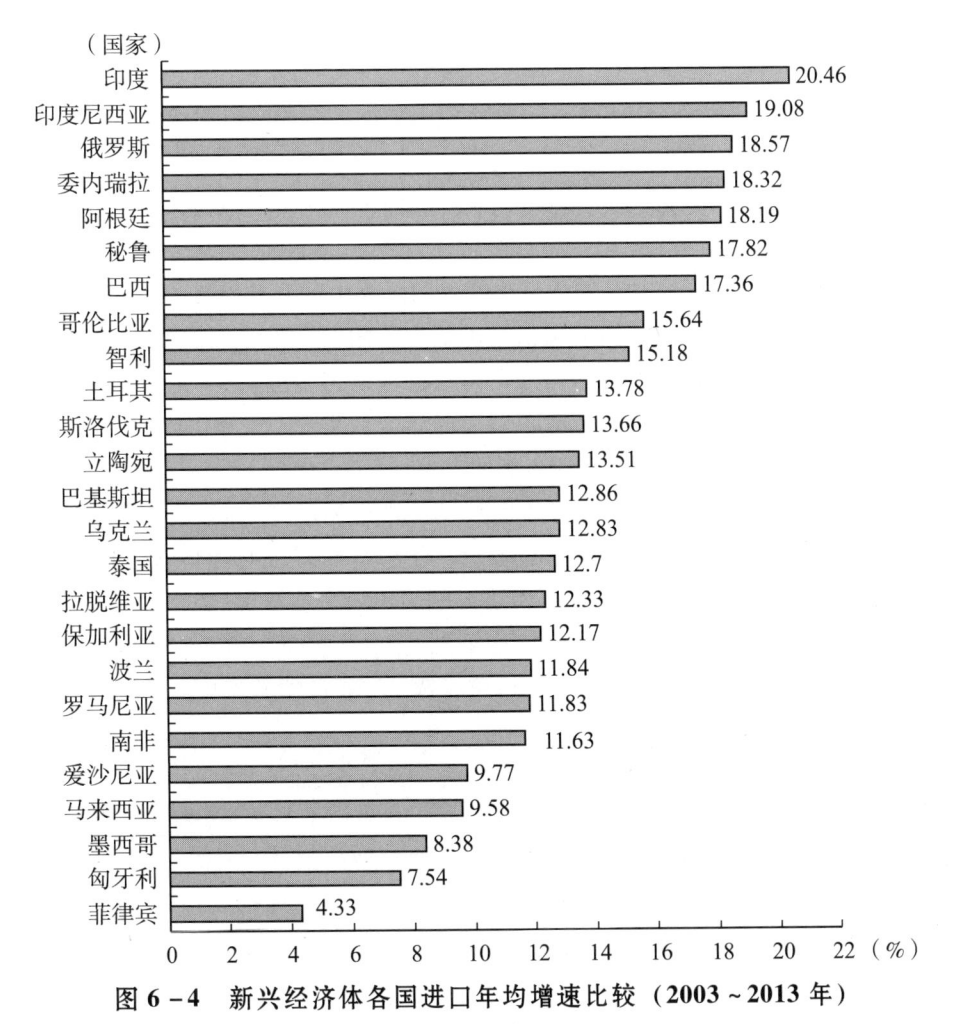

国家	年均增速(%)
印度	20.46
印度尼西亚	19.08
俄罗斯	18.57
委内瑞拉	18.32
阿根廷	18.19
秘鲁	17.82
巴西	17.36
哥伦比亚	15.64
智利	15.18
土耳其	13.78
斯洛伐克	13.66
立陶宛	13.51
巴基斯坦	12.86
乌克兰	12.83
泰国	12.7
拉脱维亚	12.33
保加利亚	12.17
波兰	11.84
罗马尼亚	11.83
南非	11.63
爱沙尼亚	9.77
马来西亚	9.58
墨西哥	8.38
匈牙利	7.54
菲律宾	4.33

图 6-4 新兴经济体各国进口年均增速比较(2003~2013 年)

资料来源:根据 UN Comtrade 数据库有关数据计算。

第一个层次为增长速度大于 15% 的国家，包括印度、印度尼西亚、俄罗斯、委内瑞拉、阿根廷、秘鲁、巴西、哥伦比亚、智利 9 个国家，其中有 6 个南美国家。

第二个层次为增长速度在 10%～15% 的国家，包括土耳其、斯洛伐克、立陶宛、巴基斯坦、乌克兰、泰国、拉脱维亚、保加利亚、波兰、罗马尼亚、南非 11 个国家，其中有 7 个欧洲国家。

第三个层次是增长速度小于 10% 的国家，包括爱沙尼亚、马来西亚、墨西哥、匈牙利、菲律宾 5 个国家。

（二）新兴经济体商品进口需求结构的演变趋势

根据前面介绍，按照 HS 编码（1992）中的产品分类，综合考虑产品中不同要素的投入比例，将贸易商品分为四大类，即资本、劳动、技术以及资源密集型产品。然后，分别计算新兴经济体各类别产品的进口比重，以此来反映其进口需求结构的变动趋势。

由于分析新兴经济体进口结构变化的目的是为中国调整出口结构和产业提供指导，因此这里的新兴经济体不包括中国数据。同时，巴基斯坦的数据不完整，暂时不考虑在内。因此此处数据是除中国和巴基斯坦以外的 24 个新兴经济体国家的商品进口数据。原始数据为联合国商品贸易数据库（UN Comtrade）和国际贸易中心数据库（ITC）2001～2013 年的数据。

通过分类和计算得到新兴经济体四类产品进口需求变化状况（见表 6-3）。2001～2013 年，资源密集型产品增速最快，年均增速高达 16.31%；同时，资本密集型产品和技术密集型产品进口增速分别为 12.59% 和 10.16%；劳动密集型产品的增长速度在四类产品中最慢，年均增长率为 9.89%。显然，在国际金融危机影响下，新兴经济体四类产品的进口都保持了一定的增长速度。

表 6-3　　　　　新兴经济体各类商品进口需求变动　　　单位：亿美元、%

时间	进口总量	资源密集型	劳动密集型	资本密集型	技术密集型
2001	8 090.53	1 684.71	905.33	3 420.43	1 958.79
2002	8 379.01	1 734.88	932.61	3 564.44	2 012.31
2003	9 680.30	2 082.14	1 054.98	4 189.47	2 198.52
2004	12 433.33	2 749.16	1 252.34	5 476.99	2 748.61
2005	14 955.30	3 598.15	1 398.03	6 559.29	3 172.99

续表

时间	进口总量	资源密集型	劳动密集型	资本密集型	技术密集型
2006	18 037.52	4 380.97	1 601.45	7 851.41	3 818.54
2007	22 176.84	5 400.33	1 967.25	9 929.06	4 462.39
2008	27 770.63	7 675.11	2 276.72	12 188.45	5 233.88
2009	20 231.85	5 451.55	1 774.28	8 351.12	4 301.48
2010	26 087.18	7 178.05	2 206.15	10 861.24	5 356.43
2011	32 667.08	9 845.64	2 642.71	13 558.16	5 860.80
2012	33 543.15	10 230.14	2 682.05	14 148.17	6 101.96
2013	34 033.15	10 322.57	2 807.52	14 199.67	6 256.36
2001~2007年年均增速	18.30	21.43	13.81	19.44	14.71
2007~2013年年均增速	7.40	11.40	6.11	6.14	5.79
2001~2013年年均增速	12.72	16.31	9.89	12.59	10.16

注：(1) 进口商品不包括艺术品、收藏品及古物 (97) 和未归类商品 (99)，其合计在商品进口额中所占的比重在2%~3%；(2) 不包括中国和巴基斯坦数据。

资料来源：UN Comtrade 数据库和 ITC 数据库。

在国际金融危机后，新兴经济体四类产品进口变化趋势是：资源密集型产品进口增速从危机前的 21.43% 下降到危机后的 11.40%；劳动密集型产品进口增速从危机前的 13.81% 下降到危机后的 6.11%；资本密集型产品进口增速从危机前的 19.44% 下降到危机后的 6.14%；技术密集型产品进口增速从危机前的 14.71% 下降到危机后的 5.79%。

四类产品进口增速不同进而引发结构的变化，即新兴经济体需求结构的变动（见图 6-5）。在新兴经济体进口需求构成中，国际金融危机前后各类呈现不同变化，资源密集型产品占比呈上升态势，从 2001 年的 20.82%，逐步上升到 2008 年的 27.64%，2009 年略有下降，然后继续上升至 2013 年的 30.33%。劳动密集型产品占比最小，危机前稳步下降，从 2001 年的 11.19% 下降到 2008 年的 8.20%；危机后的构成有一定波动，2009 年上升到 8.77%，再逐步下降，2012 年为 8.00%，2013 年上升到 8.25%。资本密集型产品进口一直保持主导地位，其比重在 41%~45% 变动。危机前，资本密集型产品进口处于上升态势，从

2001 年的 42.28%，上升到 2008 年的 44.77%；危机后，呈现下降趋势，2013 年下降到 41.72%。技术密集型产品占比从长期看呈下降趋势，从 2001 年的 24.21%，下降到 2008 年的 18.85%；国际金融危机后有一定波动，保持在 17.8%~21.3%，2013 年为 18.38%。

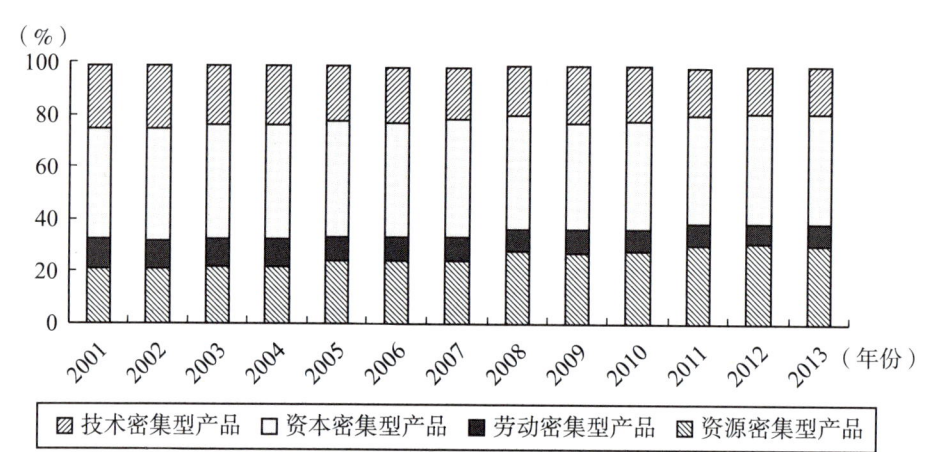

图 6-5　新兴经济体商品进口需求结构的演变趋势

注：中国和巴基斯坦不包括在内。
资料来源：UN Comtrade 数据库和 ITC 数据库。

可见，资本密集型产品仍为新兴经济体进口需求结构中占比最大的产品，虽总体趋势略有下降，但占比保持在 40% 以上，而且变化不大。资源密集型产品进口需求呈现上升趋势，上升幅度比较大，进入 21 世纪以来大约上升了 10 个百分点，其构成已经达到 30% 以上。劳动密集型产品进口略有下降，其占比不到 10%；技术密集型产品进口呈现下降趋势，其占比不到 20%。

三、新兴经济体代表国家的进口需求结构变化

为了更细致地分析新兴经济体商品进口需求结构的变动态势，本书选取了 2013 年新兴经济体中商品贸易进口需求量排名前 10 位的国家来重点分析，这 10 个国家依次是印度、墨西哥、俄罗斯、土耳其、泰国、巴西、马来西亚、波兰、印度尼西亚和南非，10 国进口总值达 26 023.17 亿美元，占新兴经济体进口总值的 76.46%（见表 6-4），其进口需求结构变化具有一定代表性。

表 6-4　　　2013 年新兴经济体进口值前 10 大国家各类产品
进口变化情况　　　　　　　单位：亿美元，%

国家	进口总值	资源型产品	劳动密集型产品	资本型产品	技术密集型产品
新兴经济体总和	34 033.15	10 322.57	2 807.52	14 199.67	6 256.36
印度	4 660.46	2 798.28	176.71	1 162.43	411.81
墨西哥	3 812.10	615.56	300.80	1 790.36	1 019.35
俄罗斯	3 149.45	501.30	393.24	1 588.21	601.72
土耳其	2 516.61	849.98	250.09	1 118.48	294.11
泰国	2 507.08	841.78	128.78	1 030.55	505.67
巴西	2 396.21	608.31	150.96	1 175.02	461.39
马来西亚	2 062.51	563.36	91.23	757.38	640.82
波兰	2 017.85	445.23	232.31	956.04	333.73
印度尼西亚	1 866.29	639.47	156.52	824.97	231.01
南非	1 034.61	307.89	93.75	409.56	160.61
10 国合计	26 023.17	8 171.16	1 974.41	10 813.00	4 660.38
10 国占总和的比重	76.46	79.16	70.33	76.15	74.49

注：不考虑中国进口情况。
资料来源：根据 UN Comtrade 数据库有关数据计算而成。

总体来看，这 10 个国家的进口值不断扩大，在国际金融危机的影响下，资源型产品进口呈现上升趋势；对劳动密集型产品的进口需求都比较低，较金融危机前略有下降；对资本型产品的进口需求都比较大，但占比呈现下降态势；技术密集型产品进口呈现下降态势。各类产品构成由高到低分别是资本型产品、资源型产品、技术型产品和劳动型产品。

（一）印度进口需求结构变化

在印度的商品进口中，资源密集型产品和资本密集型产品所占比重比较大，这两类产品的进口占比之和达 80% 之多，其中资源密集型产品占比约为 60%，而印度对技术密集型产品和劳动密集型产品的进口比重很低，两者占比之和不足 15%。从动态看，在国际金融危机前后这四大类产品构成变化不大。资源密集型产品占比在危机前就已经呈下降之势，从 2001 年的 57.08% 下降到 2007 年最低为52.02%；危机后，从2008年的52.62%开始上升，2010年迅速反弹到56.93%，2013年达到60.04%。资本密集型产品则相反，危机前，其进口比重不断上升，从2001年的25.15%上升到2007年的30.43%；危机后，其进口比重不断下降，2013年为24.94%。技术密集型产品在危机前缓慢上升，从2001年的9.05%上升到2008年的12.78%；危机后，从2009年的13.36%下降到2013年的8.84%。劳动密集型产品进口占比略有波动，总体上呈现缓慢下降趋势（见图6-6）。

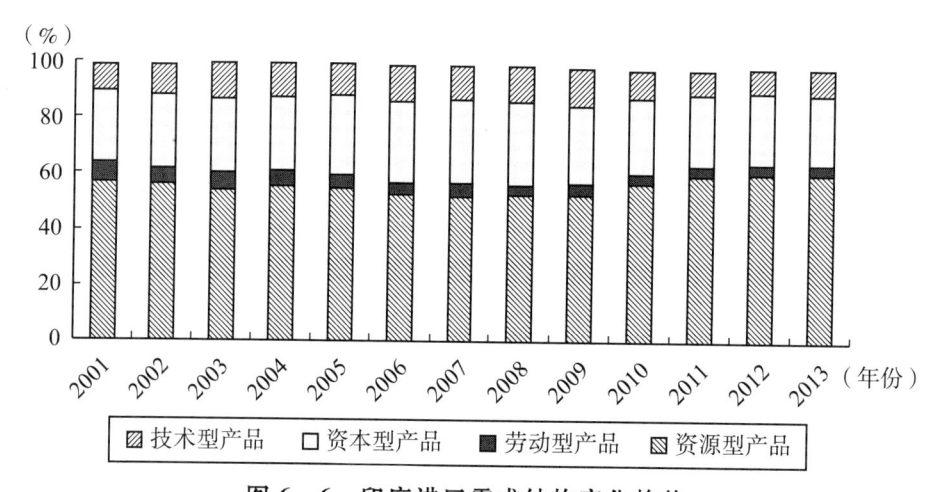

图6-6 印度进口需求结构变化趋势

资料来源：UN Comtrade数据库和ITC数据库。

（二）墨西哥进口需求结构变化

在墨西哥进口需求中，资本密集型产品进口比重高达44%以上，同时，技术密集型产品进口比重占25%以上，资源密集型和劳动密集型产品进口比重分别在15%和10%左右。资源密集型产品进口比重在国际金融危机前已经不断上升，从2001年的10.10%，上升到2008年的17.78%；危机后，占比有所波动，2013年为16.15%。劳动密集型产品进口比重呈现下降趋势，从2001年的12.23%，下降到2008年的8.78%，2013年为7.89%。资本密集型产品进口比重从2003年的49.73%，下降到2009年的44.94%，之后几年略有上升，2013年达到46.97%。技术密集型产品进口比重从2001年的29.45%，下降到2008年的26.65%；危机后，2009年反弹到29.17%，之后几年有所下降，2013年为26.74%（见图6-7）。

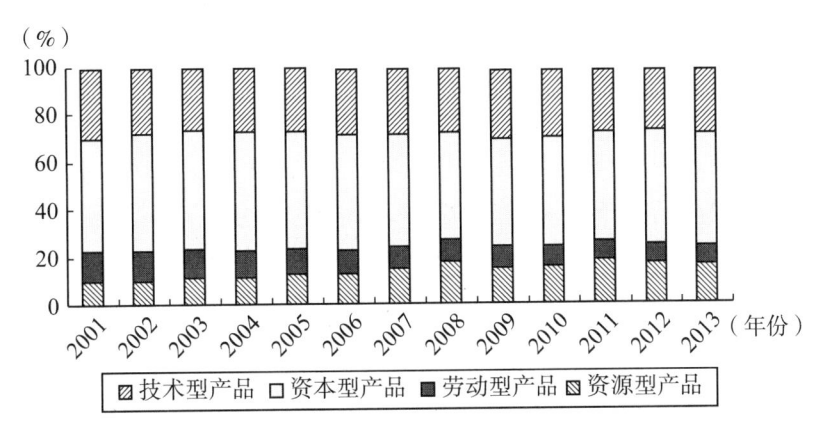

图 6-7 墨西哥进口需求结构变化趋势

资料来源：UN Comtrade 数据库和 ITC 数据库。

（三）俄罗斯进口需求结构变化

在俄罗斯进口需求中，资本密集型产品比重较大，达到 50% 以上，同时，技术密集型产品进口比重约为 20%，资源密集型和劳动密集型产品进口比重在 16% 以下。金融危机后，资源密集型产品进口比重从 2008 年的 15.79% 猛升至 2009 年的 19.16%，之后下降，2010 年为 16.53%，随后，围绕 15% 上下波动。劳动密集型产品进口比重有所上升，从 2008 年的 9.60% 上升到 2013 年的 12.49%。资本密集型产品进口比重经历了大幅度下降，从 2008 年的 52.72% 下降到 2009 年的 42.70%，然后缓慢回升到 2013 年的 50.43%。技术密集型产品进口比重总体呈上升趋势，从 2008 年的 17.05% 上升到 2013 年的 19.11%（见图 6-8）。

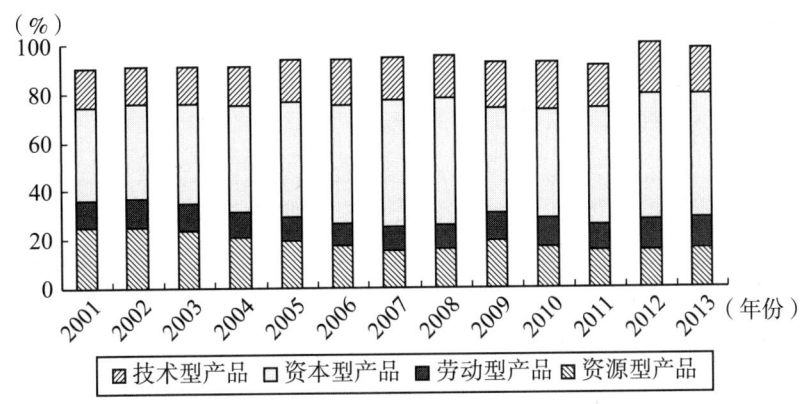

图 6-8 俄罗斯进口需求结构变化趋势

资料来源：UN Comtrade 数据库和 ITC 数据库。

（四）土耳其进口需求结构变化

土耳其的资本密集型产品进口比重较大，达到 43% 以上，同时，资源密集型产品进口比重达到 30% 以上，劳动密集型和技术密集型产品进口比重在 12% 以下。资本密集型产品进口占比自 2004 年的 50.79% 开始，呈逐步下降趋势，在危机期间有所波动，从 2009 年的 45.94%，上升到 2010 年的 46.80%，随后下降至 2013 年的 44.44%。资源密集型产品进口比重从 2004 年的 22.39% 开始，逐步上升到 2008 年的 31.71%，2009 年跌落到 28.02%，之后占比在波动中回升，2013 年为 33.77%。劳动密集型产品进口比重围绕 10% 左右波动。技术密集型产品进口比重波动幅度较大，维持在 10%~15%（见图 6-9）。

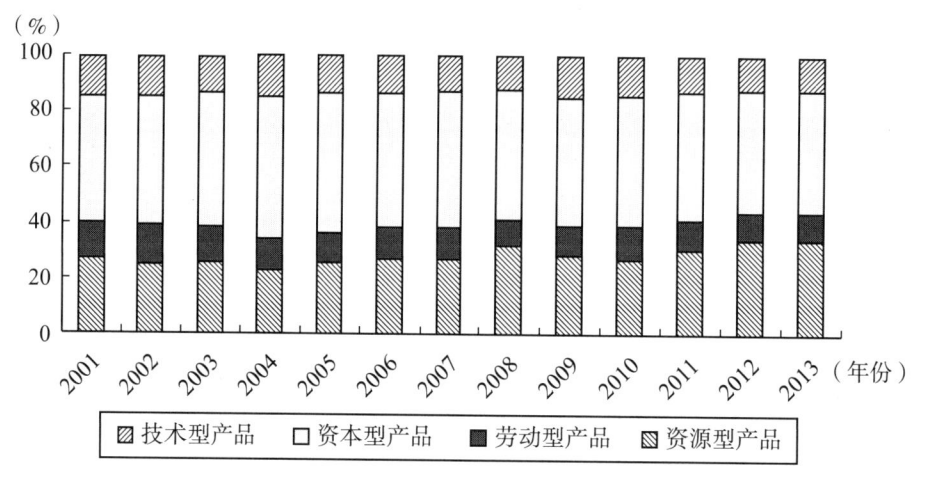

图 6-9　土耳其进口需求结构变化趋势

资料来源：UN Comtrade 数据库和 ITC 数据库。

（五）泰国进口需求结构变化

泰国的资本密集型产品进口比重保持在 40% 以上，资源密集型产品进口比重也在 30% 以上，技术密集型产品进口比重保持在 20% 左右，劳动密集型产品进口比重不超过 10%。从动态角度看，资源密集型产品进口比重呈现上升趋势，受国际金融危机影响，从 2008 年的 31.31%，下降到 2009 年的 28.94%，之后回升到 2013 年的 33.58%。资本密集型产品进口比重在危机后有一定波动，保持在 41%~45%。劳动密集型产品进口比重在 5%~6% 波动。技术密集型产品进口比重整体上呈现下降趋势，金融危机影响下，从 2008 年的 19.60% 上升到 2009 年

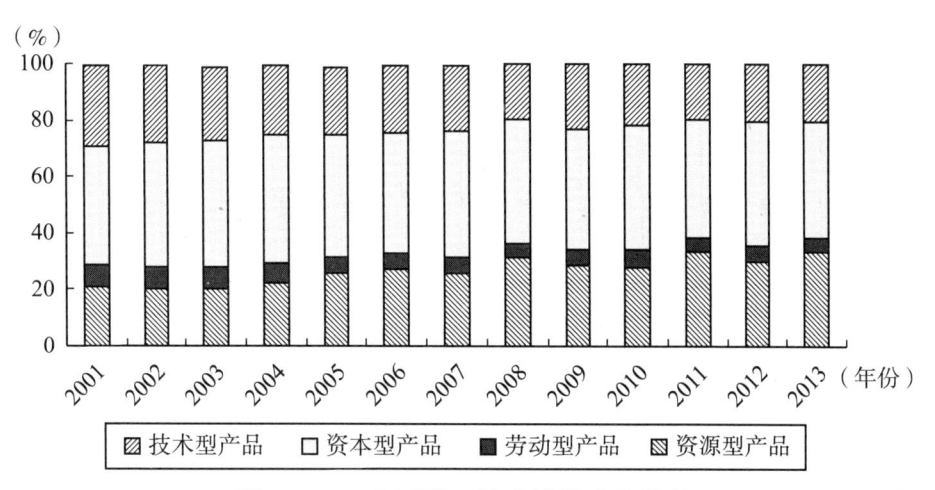

的 23.22%，然后下降到 2013 年的 20.17%（见图 6-10）。

图 6-10　泰国进口需求结构变化趋势

资料来源：UN Comtrade 数据库和 ITC 数据库。

（六）巴西进口需求结构变化

巴西国际需求以资本密集型产品为主，其占比高达 50%，其次是资源型产品，劳动密集型产品进口需求占比最低，在 6% 左右，技术密集型产品占比大约在 20%。国际金融危机前后，劳动密集型产品进口占比比较稳定，2008 年最低为 5.24%，2012 年最高为 6.53%。资源型产品进口占比在危机前后波动较大，2001~2008 年，进口占比从 21.16% 缓慢上升到 26.44%，2009 年大幅度下降到 21.57%，之后又上升到 2013 年的 25.38%。资本密集型产品进口占比从 2001 年的 47.23% 上升到 2009 年的 50.89%，危机后呈现平稳态势但略有下降，2013 年为 49.04%。技术密集型产品占比则刚好相反，危机前缓慢下降，从 2001 年的 25.64% 下降到 2008 年的 19.28%，危机后反弹到 21.46%，2013 年回落到 19.00% 左右。从总的趋势看，资源密集型产品进口占比上升，技术密集型产品进口占比下降，呈现一升一降的态势（见图 6-11）。

（七）马来西亚进口需求结构变化

马来西亚进口需求结构变化以资源型产品的上升与技术密集型产品下降为主要特征。2001 年以来，资源型产品占比缓慢上升，从 12.80% 上升到 2008 年的 21.06%；2009 年稍有下降，之后继续回升至 2013 年的 27.31%。技术密集型产

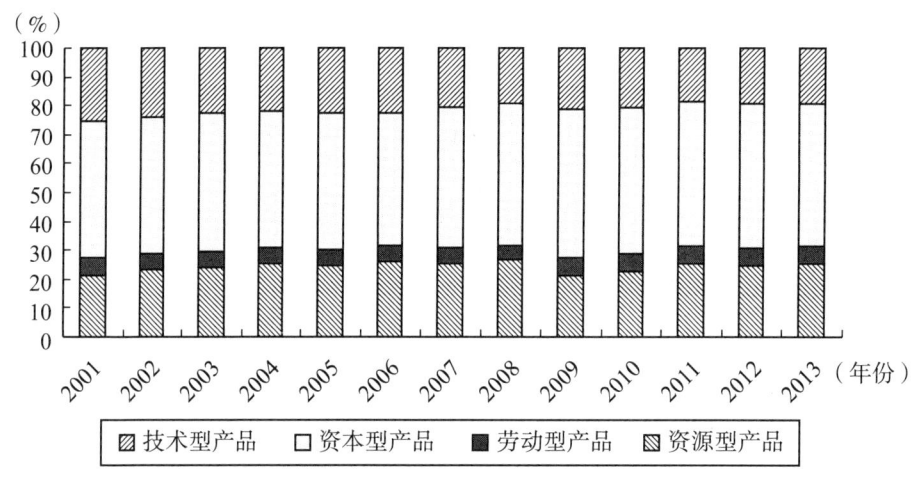

图 6-11 巴西进口需求结构变化趋势

资料来源：UN Comtrade 数据库和 ITC 数据库。

品则相反，占比呈下降趋势，从 2002 年的 47.93% 下降到 2009 年的 35.72%，2010 年回升一点，为 36.24%，之后几年继续下降，2013 年为 31.07%。劳动密集型产品进口需求占比略有下降，在 5% 左右波动。资本密集型产品占比在危机前缓慢上升，危机后在波动中略有下降，从 2001 年的 33.80% 上升到 2007 年的 38.09%，2008 年下降到 37.92%，2009 年反弹到 39.68%，之后几年有所下降，2013 年为 36.72%（见图 6-12）。

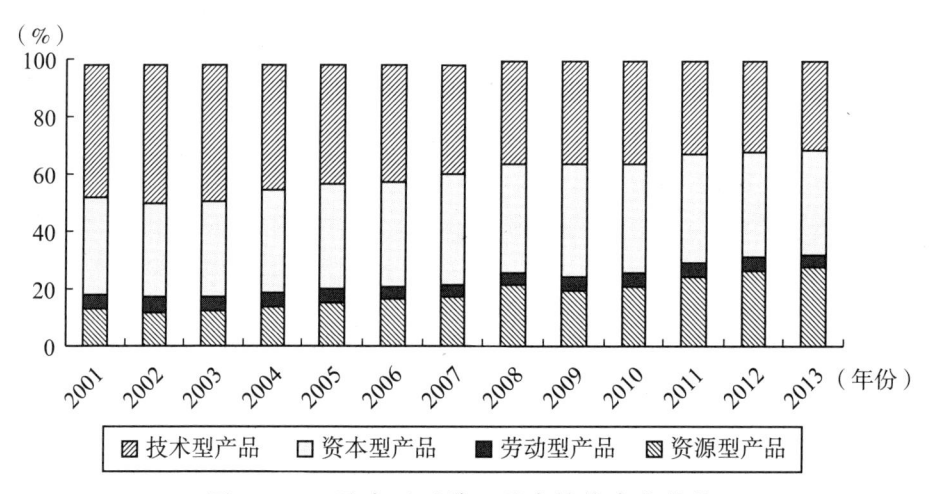

图 6-12 马来西亚进口需求结构变化趋势

资料来源：UN Comtrade 数据库和 ITC 数据库。

(八) 波兰进口需求结构变化

波兰需求结构以资本密集型产品为主,其次是资源型产品。国际金融危机前后,发生了一定变化。危机前,资源型产品进口需求占比在18%左右波动;危机后明显上升,从2007年的17.88%上升到2013年的22.06%。劳动密集型产品进口占比一直下降,危机后延续这种下降趋势,从2007年的12.33%,下降到2013年的11.51%。资本密集型产品占比在危机前不断上升,危机后有所下降,从2007年的50.86%,下降到2013年的47.38%。技术密集型产品进口占比变化不大,从2003年的15.86%上升到2009年的18.79%,之后几年有所下降,2013年为16.54%(见图6-13)。

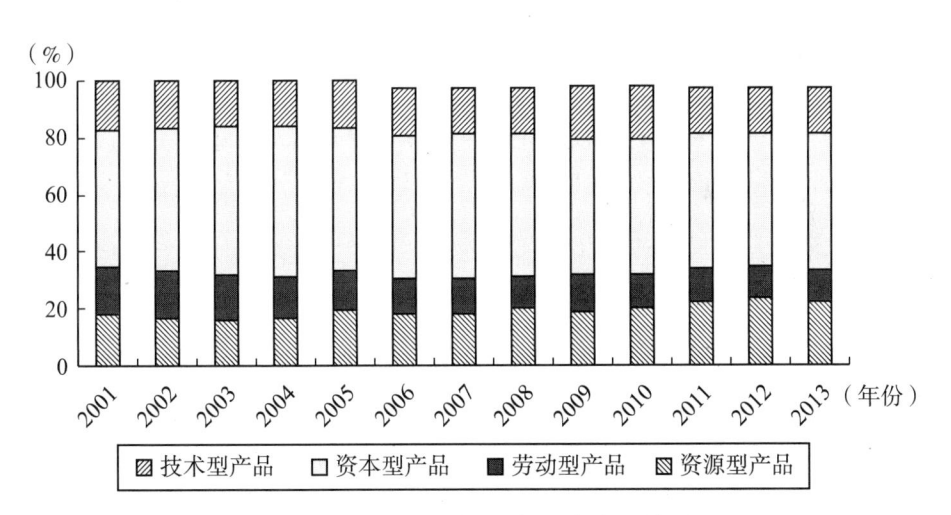

图6-13 波兰进口需求结构变化趋势

资料来源:UN Comtrade 数据库和ITC 数据库。

(九) 印度尼西亚进口需求结构变化

印度尼西亚进口需求以资本密集型产品和资源密集型产品为主,两项合计达到78.0%。危机前,资源型产品进口占比不断上升,从2001年的29.07%,上升到2007年的41.26%;危机后大幅度下降,2008年为32.25%,2009年为29.74%,之后逐步上升,2013年达到34.26%。资本密集型产品进口占比一直下降,从2001年的51.42%下降到2007年的42.25%,危机后缓慢回升,2013年为44.20%。技术密集型产品占比从2001年的6.22%缓慢上升到2007年的9.81%,

在金融危机影响下，2008年大幅度上升到14.10%，2009年达到16.73%，之后缓慢下降至2013年的12.39%。劳动密集型产品进口占比在危机前呈现下降态势，危机后有所上升，从6.67%上升到2013年的8.39%（见图6-14）。

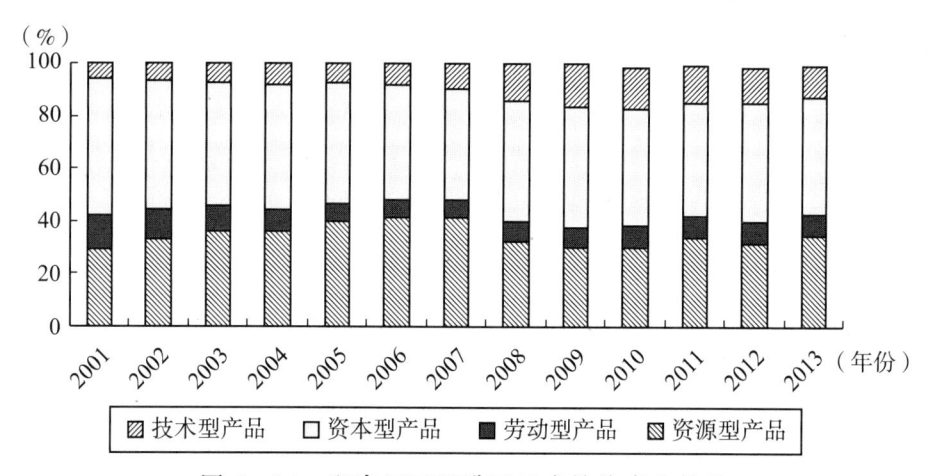

图6-14 印度尼西亚进口需求结构变化趋势

资料来源：UN Comtrade 数据库和 ITC 数据库。

（十）南非进口需求结构变化

南非进口需求以资本密集型和资源密集型产品为主，两项占比达70%。资源密集型产品进口占比在危机前呈现波浪式上升态势，从2001年的21.61%，上升到2007年的26.40%，2008年大幅度上升到30.36%，之后几年在30%左右波动，2013年为29.76%。劳动密集型产品进口占比变化不大，在9%左右波动。资本密集型产品进口占比在危机前上升，2007年达到41.80%，之后呈现下降态势，2013年为39.59%。技术密集型产品进口占比总体上呈现下降趋势，2007年为15.59%，之后有所回升，2009年达到17.69%，之后几年缓慢下降，2013年为15.52%（见图6-15）。

总体来看，这10个国家进口值不断扩大，从15 993.66亿美元提高到26 023.17亿美元，年均增长8.45%，在新兴经济体总和中的占比从72.12%上升到76.46%。在其进口产品构成中，总体上是资本密集型产品需求排第1位，资源密集型产品排第2位，其后是技术密集型产品和劳动密集型产品。在国际金融危机影响下，其进口需求结构发生了较大变化（见表6-5）。

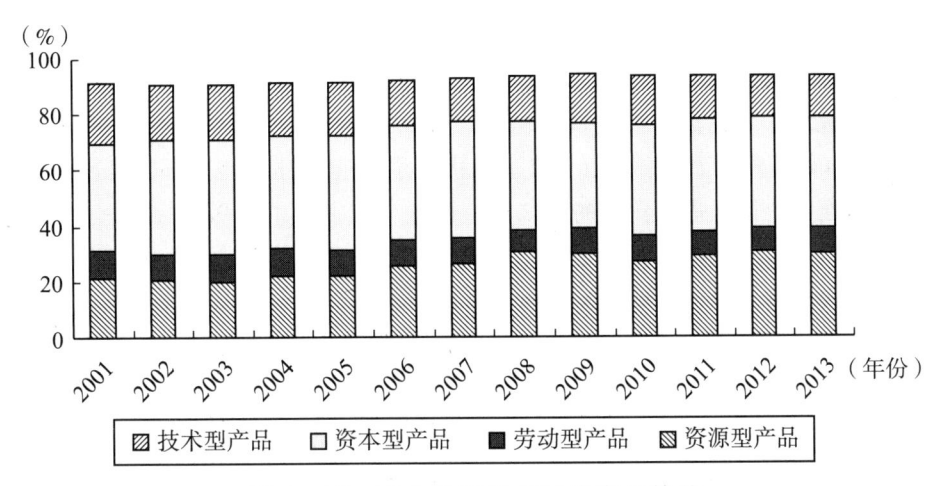

图 6-15 南非进口需求结构变化趋势

资料来源：UN Comtrade 数据库和 ITC 数据库。

表 6-5 新兴经济体主要大国进口需求结构变化：2007 年与 2013 年比较

单位：%

经济体	资源密集型产品占比		劳动密集型占比		资本密集型产品占比		技术密集型占比	
	2007 年	2013 年	2007 年	2013 年	2007 年	2013 年	2007 年	2013 年
新兴经济体总计	24.35	30.33	8.87	8.25	44.77	41.72	20.12	18.38
10 国平均结构	25.36	31.40	8.06	7.59	44.55	41.55	20.06	17.91
印度	52.02	60.04	4.38	3.79	30.44	24.94	12.01	8.84
墨西哥	14.59	16.15	9.61	7.89	47.09	46.97	27.32	26.74
俄罗斯	15.44	15.92	9.77	12.49	51.67	50.43	17.55	19.11
土耳其	27.22	33.77	11.13	9.94	48.93	44.44	12.50	11.69
泰国	25.60	33.58	5.63	5.14	44.87	41.11	23.20	20.17
巴西	25.32	25.39	5.73	6.30	48.25	49.04	20.68	19.26
马来西亚	17.15	27.31	4.42	4.42	38.09	36.72	38.51	31.07
波兰	17.88	22.06	12.33	11.51	50.86	47.38	16.38	16.54
印度尼西亚	41.26	34.26	6.67	8.39	42.25	44.30	9.81	12.39
南非	26.40	29.76	8.89	9.06	41.80	39.59	15.59	15.52

资料来源：UN Comtrade 数据库和 ITC 数据库。

（1）资源密集型产品进口需求呈现上升趋势。资源密集型产品进口占比从危机前 2007 年的 24.35% 上升到危机后 2013 年的 30.33%。除印度尼西亚外，大多数国家的资源密集型产品进口占比呈现上升态势。其中,进口需求量排新兴经济体首位的印度属于人口大国,以资源密集型产品为主的消费品进口比高达50%以上,远远高于其他类产品进口比例,而且从2007年的52.02%,上升到2013年的60.04%,提高了8个多百分点。其次是泰国和土耳其,资源密集型产品进口比重排在各自国家进口比重的第二位,而且分别上升了7.98个百分点和6.55个百分点;有丰富矿物燃料、金属、宝石等资源的墨西哥和俄罗斯则对资源密集型产品的进口需求较低,而且上升幅度微小。

(2) 对劳动密集型产品的进口需求都比较低。新兴经济体劳动资源丰富,劳动密集产品普遍具有一定竞争力,因而对劳动密集产品进口需求较少。在危机前后,劳动密集型进口占比略有下降,从8.87%下降到8.25%。其中,占比较高的是俄罗斯、波兰、土耳其,都在10%左右,俄罗斯呈现上升态势,从2007年的9.77%上升到12.49%;波兰和土耳其略有下降。事实上,劳动密集型产品在新兴经济体商品出口中占有较高地位。

(3) 对资本密集型产品进口需求都比较大,绝大多数是排在各类产品需求的首位,占比一般都在40%以上。除印度外,俄罗斯、波兰、巴西、墨西哥等资本密集型产品进口占比较高,高达50%。在危机影响下,总体上资本密集型产品进口占比有所下降,除巴西、印度尼西亚上升外,大多数国家进口占比呈现下降态势。

(4) 新兴经济体国家经济呈现快速发展态势,对技术密集型产品有一定需求,但是不会太高。从总体上看,技术密集型产品进口占比在危机后呈现下降态势,从2007年的20.12%下降到2013年的18.38%。其中,马来西亚、墨西哥、俄罗斯的进口占比比较高,排各自进口比重的第二位,特别是印度尼西亚,其技术密集型产品进口占比高达30%以上。其次是泰国和土耳其,进口比重排各自进口比重的第三位。印尼、俄罗斯和波兰的进口占比呈现上升态势。

四、本章小结

新兴经济体以经济快速发展而著称,2007~2013年平均增速达到11.46%,远远高于世界3%~5%和发达经济体3%以下的平均增速。在世界经济总量中,新兴经济体所占经济份额接近1/3,2013年达到229 238.65亿美元,占30.98%,比2007年上升了近9个百分点。在国际金融危机影响下,新兴经济体需求及其结构发生了显著变化。

（1）国际金融危机后，新兴经济体进口需求增速放慢，但在全球的贸易地位不断上升。进入21世纪以来，新兴经济体进口需求实现了快速发展，2001~2013年年均增速达到14.60%，其中2001~2007年为20.40%，2007~2013年为9.08%，下降了11.32个百分点。但是，新兴经济体进口需求在全球贸易中的份额不仅没有下降，反而继续上升，危机前6年（2002~2007年）新兴经济体进口累计占世界总进口量的20.41%，危机后6年（2007~2013年）占比为26.81%，占比提升了6.4个百分点，说明新兴经济体占全球进口需求量的总比重依然呈上升趋势。

（2）在国际金融危机影响下，新兴经济体对资源密集型、劳动密集型、资本密集型和技术密集型四类产品的进口都保持了一定的增长速度，其变化趋势是：①资源密集型产品占比重呈上升态势，受国际金融危机的影响不大，从2001年的20.82%，逐步上升到2008年的27.64%，2009年略有下降，然后继续上升至2013年的30.33%。②劳动密集型产品占比总体呈下降趋势，危机后的占比围绕8%波动。③资本密集型产品进口一直保持主导地位，在国际金融危机前处于上升态势，其占比从2001年的42.28%，上升到2008年的44.77%；危机后呈现下降趋势，2013年下降到41.72%。④技术密集型产品占比从长期看呈下降趋势，2001年的占比为24.21%，下降到2008年的18.85%；国际金融危机后有一定波动，保持在17.8%~21.3%，2013年为18.38%。2013年四类产品的占比排序是资本密集型产品（40%以上）、资源密集型产品（30%左右）、技术密集型产品（20%左右）、劳动密集型产品（10%以下）。

（3）进口需求量排前10位的主要新兴经济体进口值不断扩大，年均增长8.45%，在新兴经济体总和中的占比从72.12%上升到76.46%。其需求结构变化趋势分别如下。

印度资源密集型产品进口占比约为60%，资本密集型产品占比为20%多，技术密集型产品和劳动密集型产品的进口占比之和约为15%。资源密集型产品占比从危机前的下降转变为危机后的上升态势；资本密集型产品则相反，从危机前的上升转变为危机后的下降态势；技术密集型产品占比在危机前缓慢上升，危机后转变为下降态势；劳动密集型产品进口占比略有波动，总体上呈现缓慢下降趋势。

墨西哥资本密集型产品进口比重高达44%以上，技术密集型产品进口比重占25%以上，资源密集型和劳动密集型产品进口比重分别在15%和10%左右。危机后，资源密集型产品进口比重缓慢上升；劳动密集型产品进口比重缓慢下降；资本密集型产品进口比重略有上升；技术密集型产品进口比重略有下降。

俄罗斯资本密集型产品比重较大，达到50%以上，技术密集型产品进口比重约为 20%，资源密集型和劳动密集型产品进口比重在 16% 以下。金融危机后，资源密集型产品进口比重有一定波动；劳动密集型产品进口比重有所上升；资本密集型产品进口比重经历了大幅度下降，然后缓慢回升到 2013 年的 50.43%。技术密集型产品进口比重总体呈上升趋势。

土耳其的资本密集型产品进口比重在 43% 以上，资源密集型产品进口比重在 30% 以上，劳动密集型和技术密集型产品进口比重不到 25%。金融危机后，资本密集型产品进口占比总体呈逐步下降趋势；资源密集型产品进口比重逐步上升；劳动密集型产品进口比重缓慢下降；技术密集型产品进口比重在波动中下降。

泰国的资本密集型产品进口比重保持在 40% 以上，资源密集型产品进口比重也在 30% 以上，技术密集型产品进口比重保持在 20% 左右。在危机后，资源密集型产品进口比重呈现上升趋势；资本密集型产品进口比重略有波动；劳动密集型产品进口比重占比缓慢下降；技术密集型产品进口比重整体上呈现下降趋势。

巴西资本密集型产品占比高达 50%，技术密集型产品占比大约在 20%。在国际金融危机后，劳动密集型产品进口占比维持在 6% 左右；资源型产品进口占比在危机前后波动较大，之后几年呈现上升趋势；资源密集型产品占比上升，技术密集型产品占比下降，呈现一升一降的态势，2013 年前者为 49.04%，后者为 19.00%。

马来西亚进口需求结构变化以资源型产品的上升与技术密集型产品下降为主要特征，2013 年前者占比为 27.31%，后者为 31.07%；劳动密集型产品进口略有下降，在 5% 左右波动；资本密集型产品占比危机后在波动中略有下降，2013 年为 36.72%。

波兰需求结构以资本密集型产品为主，其次是资源型产品，2013 年占比分别为 47.38% 和 22.06%。国际金融危机后，资源型产品进口占比明显上升；劳动密集型产品进口占比继续下降，2013 年占比为 11.51%；资本密集型产品占比有所下降；技术密集型产品进口占比变化不大，2013 年为 16.54%。

印尼进口需求以资本密集型产品和资源密集型产品为主，两项合计达到 78.00%。国际金融危机后，资源型产品进口占比从 2007 年的 41.26% 大幅度下降到 2008 年的 32.25%，之后不断上升；资本密集型产品进口占比呈现下降态势；技术密集型产品占比缓慢下降；劳动密集型产品进口占比有所上升。

南非进口需求以资本密集型产品和资源密集型产品为主，两项占比达 70%。资源密集型产品进口占比呈现波浪式上升态势；劳动密集型产品进口占比变化不大，在 9% 左右波动；资本密集型产品进口占比呈现下降态势；技术密集型产品进口占比总体上呈现下降趋势。

新兴经济体这 10 个国家的进口值不断扩大,其需求的产品构成中,由高到低分别是资本型密集产品、资源型密集产品、技术密集型产品和劳动密集型产品。在国际金融危机影响下,资源型产品进口呈现上升趋势;对劳动密集型产品的进口需求都比较低,略有下降;对资本型产品的进口需求都比较大,占比呈现下降态势;技术密集型产品进口呈现下降态势。

总体来看,在金融危机影响下,在进口需求的构成中,新兴经济体资源型产品进口呈上升态势,受国际金融危机的影响不大;劳动密集型产品进口呈下降趋势,金融危机后的几年保持比较平稳态势;资本密集型产品进口尽管仍然保持主导地位,但是有所下降;技术密集型占比从长期看呈下降趋势,但下降趋势减缓。

第七章

国际金融危机后"海上丝绸之路"沿线国家需求结构变化[*]

近几年,"丝绸之路经济带"与"21世纪海上丝绸之路"(亦简称"一带一路")建设作为一项国际倡议,引发了学术界的研究热潮。"海上丝绸之路"沿线分布有30多个国家,其中大部分是发展中国家,对中国出口多元化及其与海上丝绸之路国家经贸合作具有一定意义。根据中国开放型经济的发展战略需要,本章对"海上丝绸之路"沿线国家的需求及其结构进行探讨,主要按照航段分区域研究东南亚航段、南亚及波斯湾航段、红海湾及印度洋西岸航段各国需求及其结构变化。

一、"海上丝绸之路"沿线国家范围与进口需求构成划分

(一)"海上丝绸之路"沿线国家基本情况

21世纪的"海上丝绸之路"(海上新丝路)与古代"海上丝绸之路"有别。"海上新丝路"被赋予了新内涵,是指基于古代"海上丝绸之路",依托现代运

---

[*] 本章部分内容已经发表,这里进行了数据补充和更细致的分析,参见陈万灵和吴旭梅:《海上丝绸之路沿线国家进口需求变化及其中国对策》,载于《国际经贸探索》2015年第4期。

输工具连接起来的海上货物通道,通过海上互联互通、港口及其城市合作机制建立起来的国际沿海经济带,包含了依托国家(地区)形成的海洋经济合作关系(陈万灵和何传添,2014)。

这条"海上新丝路"将中国和古代"海上丝绸之路"沿线各国串联起来,形成了以中国为起点、贯穿亚洲、欧洲和非洲的海洋经济带,包括东亚、南亚、波斯湾、红海湾及印度洋西岸沿海 30 多个国家。大体上分为三段:

(1)中国至东南亚航段(10 个)。古代海上丝绸之路早已把中国与东南亚各国密切联系起来。中国至东南亚航段节点国家,包含越南、菲律宾、马来西亚、文莱、印度尼西亚、泰国、新加坡、柬埔寨、缅甸、老挝、东帝汶等,除了老挝属于内陆国家,其他都是海洋国家。为了便于研究,这里所指的中国至东南亚航段国家不包含东帝汶,仅指东盟 10 国,其面积约为 448 万平方千米,2014 年人口约为 6.25 亿,GDP 为 24 745.43 亿美元(见表 7 - 1)。中国与东盟经贸关系密切,2010 年建立了自由贸易区,2015 年 11 月对中国与东盟自贸协定进行了修订(升级版),并与新加坡也建立了中新自由贸易区(2009 年),进一步合作的基础良好。

表 7 - 1　　　　　　　　东南亚航段基本情况

国别	国土面积(万平方千米)	2014 年人口(万人)	2007 年GDP(亿美元)	2014 年GDP(亿美元)	GDP 区域构成(%)	2014 人均GDP(美元)	2014 年人类发展指数(HDI)	2007 ~ 2014 年GDP增长率(%)
合计	448.07	62 470.2	13 207.30	24 745.43	100.00	3 961	0.524 ~ 0.901	10.26
印度尼西亚	190.46	25 287.0	4 322.17	8 886.48	35.91	3 514	0.684	10.82
马来西亚	32.98	3 033.3	1 935.53	3 269.33	13.21	10 778	0.773	8.35
菲律宾	30.00	10 107.2	1 493.60	2 849.27	11.51	2 819	0.660	13.96
新加坡	0.07	547.0	1 778.66	3 080.51	12.45	56 316	0.901	9.68
文莱	0.58	42.9	122.48	151.02	0.61	35 203	0.852	2.87
泰国	51.40	6 720.0	2 469.77	3 738.04	15.11	5 563	0.722	6.18
缅甸	67.85	5 415.5	182.33	628.02	2.54	1 160	0.524	24.52
越南	32.96	9 079.6	774.14	1 860.49	7.52	2 049	0.638	14.98
柬埔寨	18.10	1 546.6	86.39	165.51	0.67	1 070	0.584	9.79
老挝	23.68	691.1	42.23	116.76	0.47	1 689	0.569	16.42

资料来源:商务部有关数据库、IMF 数据库、联合国开发计划署。

（2）中国至南亚及波斯湾航段（13个）。中国至南亚及波斯湾航段节点国家包括孟加拉国、斯里兰卡、印度、巴基斯坦、马尔代夫、伊朗、伊拉克、科威特、沙特、卡塔尔、巴林、阿联酋、阿曼13个国家。

该航段地处西亚、中亚和南亚交汇处，南濒印度洋，无论是陆路还是海路，南亚和印度洋都是中国的重要出海通道。该航段区域为867万平方千米，2014年人口约为17.95亿，GDP达48 358.31亿美元（见表7-2）。其中，阿联酋、阿曼、巴林、卡塔尔、科威特和沙特阿拉伯属于海湾合作委员会（海合会，Gulf Cooperation Council，GCC）成员，中国与海合会建立了战略对话机制（2010年6月），并且正在进行中国与海合会自由贸易区（FTA）谈判。中国与巴基斯坦关系良好，于2007年建立了中国与巴基斯坦自由贸易区，在互联互通建设上取得了初步成效；与印度的自由贸易区建设已经完成了前期可行性研究。

表7-2　　　　　　　　　南亚及波斯湾航段基本情况

国别	国土面积（万平方千米）	2014年人口（万人）	2007年GDP（亿美元）	2014年GDP（亿美元）	GDP区域构成（%）	2014年人均GDP（美元）	2014年人类发展指数（HDI）	2007~2014年GDP增长率（%）
合计	867.15	179 473.8	28 001.81	48 358.31	100.00	2 694	0.537~0.851	9.98
孟加拉国	14.40	15 845	684.15	1 854.15	3.83	1 170	0.558	14.37
斯里兰卡	6.56	2 109.8	323.51	745.88	1.54	3 535	0.750	13.89
印度	298.00	126 751	12 387.00	20 495.01	42.38	1 617	0.586	9.31
巴基斯坦	80.39	18 590.8	1 523.86	2 501.36	5.17	1 345	0.537	8.23
马尔代夫	11.80	33.8	15.42	28.54	0.06	8 444	0.698	9.19
伊朗	164.80	7 845	2 860.58	4 041.32	8.36	5 151	0.749	4.65
伊拉克	43.71	3 443.2	888.38	2 211.30	4.57	6 422	0.642	29.60
科威特	1.78	341.3	1 147.22	1 723.50	3.56	50 498	0.814	6.44
沙特	214.97	2 828.8	4 159.09	7 524.59	15.56	26 600	0.836	10.42
卡塔尔	1.14	209.0	797.12	2 100.02	4.34	100 479	0.851	17.54
巴林	0.06	140.6	217.31	338.62	0.70	24 084	0.815	8.08
阿联酋	8.29	988.1	2 579.16	4 016.47	8.31	40 648	0.827	11.07
阿曼	21.25	347.4	419.01	777.55	1.61	22 382	0.783	9.94

资料来源：商务部有关数据库、IMF数据库、联合国开发计划署。

(3) 中国与红海湾及印度洋西岸航段（11 个）。该航段主要包括也门、埃及、苏丹、厄立特里亚、吉布提、索马里、肯尼亚、坦桑尼亚、莫桑比克、马达加斯加、南非 11 个国家。该航段除索马里外的区域面积为 767 万平方千米，2014 年人口约为 3.33 亿，GDP 达 8 949.90 亿美元，经济发展相对落后（见表 7-3）。该航段的坦桑尼亚、莫桑比克等国家与中国传统友谊深厚。中国与非洲国家共同创建了中非合作论坛（2000 年），建立了部长级会议、高官会、企业家大会等多层次的对话与合作机制，中非合作论坛成为该航段集体对话与合作的有效机制。

表 7-3　　　　　　　　红海湾及印度洋西岸航段基本情况

国别	国土面积（万平方千米）	2014 年人口（万人）	2007 年 GDP（亿美元）	2014 年 GDP（亿美元）	GDP 区域构成（％）	2014 年人均 GDP（美元）	2014 年人类发展指数（HDI）	2007~2014 年 GDP 增长率（％）
合计	767.35	33 303.8	5 696.15	8 949.90	100.00	2 687	0.393~0.682	10.37
也门	52.80	253.6	216.57	432.29	4.83	17 046	0.500	12.20
埃及	100.15	8 453.0	1 304.78	2 864.35	32.00	3 389	0.682	6.94
苏丹	186.15	4 003.5	458.99	738.16	8.25	1 844	0.473	16.60
厄立特里亚	12.13	649.7	13.18	38.58	0.43	594	0.381	9.52
吉布提	2.20	90.6	8.48	15.89	0.18	1 754	0.467	10.98
肯尼亚	58.27	4 553	319.58	607.70	6.79	1 335	0.535	16.78
坦桑尼亚	94.81	5 072	215.01	479.32	5.36	945	0.488	11.97
莫桑比克	80.16	2 520.3	91.93	166.84	1.86	662	0.393	5.42
马达加斯加	58.70	2 390.1	73.43	105.95	1.18	443	0.498	2.59
南非	121.99	5 318	2 994.20	3 500.82	39.12	6 583	0.658	10.37

资料来源：商务部有关数据库、IMF 数据库、联合国开发计划署。

（二）"海上丝绸之路"沿线国家分析范围

鉴于"海上丝绸之路"沿线国家数据的可得性，本书选取其中具有一定经济规模和代表性的23国作为研究对象，包括中国至东南亚航段的8国，即越南、菲律宾、马来西亚、文莱、印度尼西亚、泰国、新加坡、柬埔寨；中国至南亚及波斯湾航段的10国，即孟加拉国、斯里兰卡、印度、巴基斯坦、伊朗、科威特、沙特阿拉伯、卡塔尔、巴林、阿曼；中国至红海湾及印度洋西岸航段的5国，即也门、埃及、肯尼亚、坦桑尼亚、莫桑比克等（陈万灵和吴旭梅，2015）。

进入21世纪以来，"海上新丝路"沿线代表性国家呈现了较快的增长态势。2000～2014年，沿线23个代表性国家的GDP总量由21 305.58亿美元增长至46 209.98亿美元，增长率为5.69%。其中东南亚航段国家（东盟8国）2000年的GDP总量为7 149.60亿美元，2014年为14 175.55亿美元，年均增长率为5.01%；南亚及波斯湾航段国家（10国）2000年的GDP总量为12 946.23亿美元，到2014年增长至29 820.61亿美元，年均增长率为6.14%；红海湾及印度洋西岸航段国家（5国）2000年的GDP总量为1 209.75亿美元，该区域2014年的GDP总量为2 213.82亿美元，年均增长率为4.41%。显然，这些国家遭遇国际金融危机的严重冲击，危机后（2007～2014年）经济增速2.21%远远低于危机前（2000～2007年）增速9.28%（见表7-4）。

表7-4　　海上新丝路沿线23国家GDP增长状况　　单位：亿美元，%

年份	总和	东南亚航段（8国）	南亚、波斯湾航段（10国）	红海湾及印度洋西岸航段国家（5国）
2000	21 305.58	7 149.60	12 946.23	1 209.75
2007	39 650.46	12 982.74	24 518.85	2 148.87
2014	46 209.98	14 175.55	29 820.61	2 213.82
2000～2007年年均增长率	9.28	8.90	9.55	8.55
2007～2014年年均增长率	2.21	1.26	2.84	0.43
2000～2014年年均增长率	5.69	5.01	6.14	4.41

资料来源：世界银行数据库（DataBank of the World Bank）。

二、"海上丝绸之路"沿线代表性国家进口需求及其结构变化

(一)进口需求变化

进入21世纪以来,"海上新丝路"沿线23国进口需求呈现快速增长态势。总体上看,这23国物品进口总量由2000年的4 970.27亿美元增长至2014年的22 298.86亿美元,年均增长率为11.32%。其中各个年份增长率不稳定,有一定波动,特别是2009年受国际金融危机影响,出现-22.54%的负增长;有三年达到峰值,2004年为28.02%,2008年为22.54%,2010年反弹高达39.04%,之后几年各国经济萎缩,进口增长率有所下降,2014年为0.36%,进口需求进入低速增长时期(见图7-1)。危机前(2000~2007年)进口年均增长13.64%,危机后(2007~2014年)进口年均增长9.04%。因此,从货物进口规模上看,"海上新丝路"沿线国家的进口需求总体上不断扩大,各航段进口需求都呈现快速增长态势,以下详细分析。

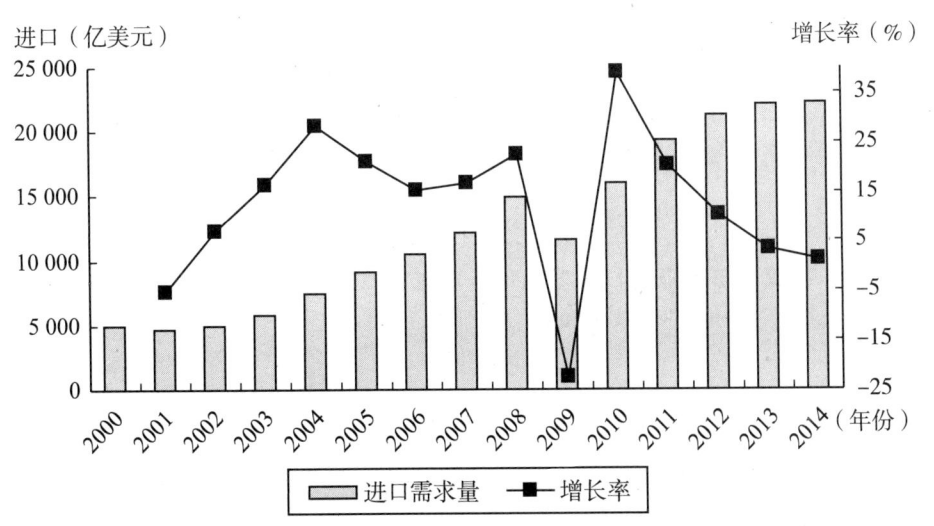

图7-1 海上新丝路沿线23国进口需求量及增长率变化态势

注:以下各表图数据计算方法与此相同:商品贸易进口额的计算涵盖了所有的商品,但是艺术品、收藏品及古物(97)和未归类商品(99)不包含在2-1到2-4的分类中,两者之和在商品贸易进口额中所占的比重在2%~3%。

资料来源:UN Comtrade数据库和ITC数据库。

1. 东南亚航段国家进口需求变化状况

东南亚航段国家（8国）货物进口贸易总额从2000年的3 562.69亿美元增长到2014年的12 350.37亿美元，年均增长率为9.29%。但各个年份不稳定，2001年和2009年为负增长，分别为-8.19%和-21.49%；2004年、2008年和2010年达到峰值，分别为26.42%、22.27%和30.96%。2011~2014年增速放缓，各年进口贸易额分别为11 091.05亿美元、11 942.58亿美元、12 168.29亿美元、12 350.37亿美元，增速分别为20.30%、7.68%、1.89%和1.50%。国际金融危机前（2000~2007年）进口年均增长10.87%，危机后（2007~2014年）进口年均增长7.73%（见表7-1、图7-2）。

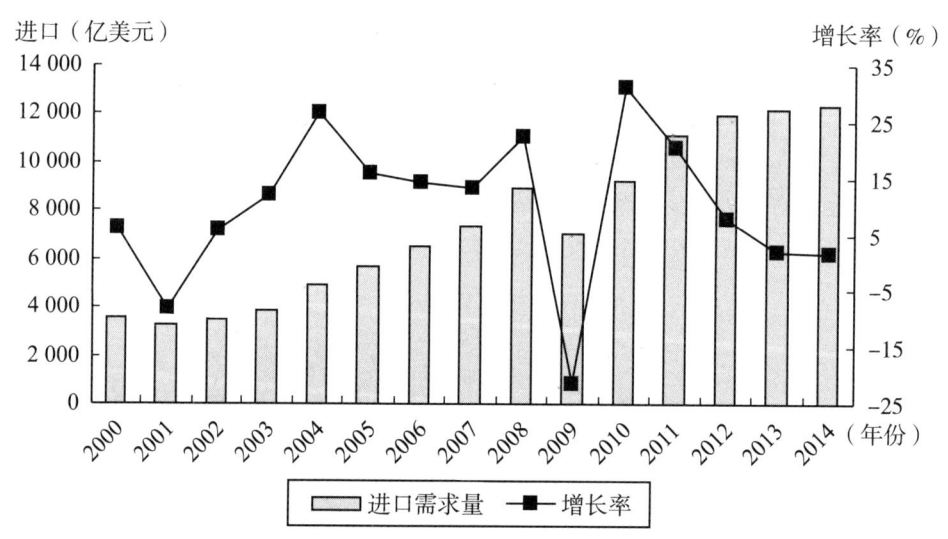

图7-2 东南亚航段国家（8国）进口需求量及增长率变化态势

资料来源：UN Comtrade 数据库和 ITC 数据库。

2. 南亚及波斯湾航段国家进口需求变化状况

进入21世纪，随着南亚及波斯湾航段国家经济的快速发展，进口需求也呈现出了较高的增长趋势。2000年进口1 222.03亿美元，2014年进口8 724.03亿美元，年均增长15.07%，其间波动幅度比较大。国际金融危机后，2009年进口需求量大幅度下滑-25.82%，降至4 040.77亿美元，2010年大幅反弹58.71%，达到6 000.77亿美元。从2011年到2014年，各年进口贸易额分别为7 335.60亿美元、8 768.13亿美元、8 695.66亿美元、8 724.03亿美元，增长率分别为22.24%、19.53%、-0.83%和0.33%。国际金融危机前（2000~2007年）进口年均增长 19.90%，危机后（2007~2014 年）为 10.44%（见表 7-2、图 7-3）。

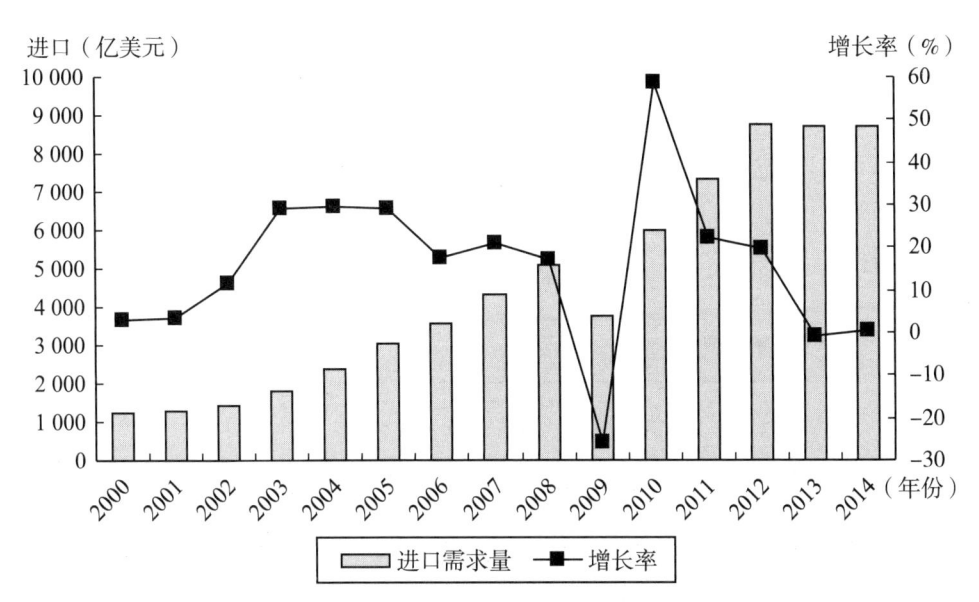

图 7-3 南亚及波斯湾航段国家（10 国）进口需求量及增长率变化态势
资料来源：UN Comtrade 数据库和 ITC 数据库。

3. 红海湾及印度洋西岸航段国家进口需求发展状况

"海上新丝路"的红海湾及印度洋西岸航段国家（5 国）的进口贸易额虽然较小，但在进入 21 世纪后，该区域的进口需求在总量上还是呈现出了较快的增长趋势。2000~2014 年，从 185.56 亿美元增长至 1 224.46 亿美元，年均增长率达到 14.43%，其间进口需求量的增长率波动剧烈，其中 2000 年的增长率为 15.25%。2001~2003 年，进口都是负增长，最低为 2002 年的 -5.37%；2004 年反弹至 48.40%，2006 年增长 11.55%，2008 年飙升至 75.92%，2009 年进口需求量大幅下跌，出现了 -13.80% 的负增长率。危机前（2000~2007 年）进口年均增长 14.52%，危机后（2007~2014 年）进口年均增长 14.34%，平均增速保持稳定，但各个年份的增速不稳定。随着 2010 年全球经济开始出现缓慢复苏，该区域的进口需求也在渐渐恢复增长并逐步达到平稳状态，2011 年和 2012 年的增长率分别为 6.40% 和 8.83%，到 2013 年和 2014 年进口需求逐步加大，增长率高达 22.84% 和 14.34%（见表 7-3、图 7-4）。从平均增速看，该航段国家受到国际金融危机的影响比较小。

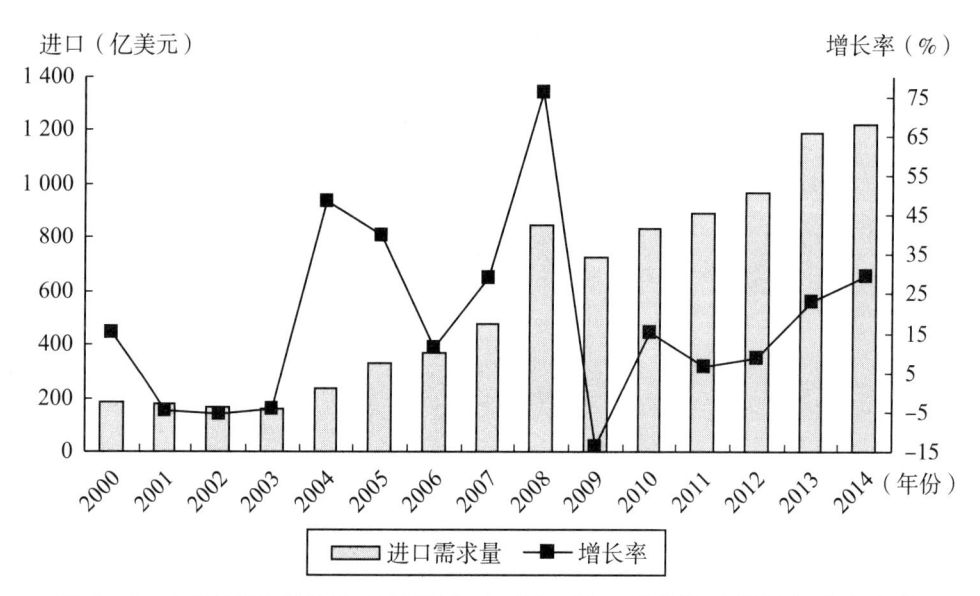

图 7-4 红海湾及印度洋西岸航段（5 国）进口需求量及增长率变化态势
资料来源：UN Comtrade 数据库和 ITC 数据库。

（二）进口需求结构变化

随着"海上新丝路"沿线 23 国商品进口总量不断扩大，各类商品增长速度不同，引起其构成的变化。2000~2014 年，资源密集型产品进口年均增长 14.58%，其构成比例大幅度上升，从 24.56% 上升到 36.85%；劳动密集型产品进口年均增长 12.10%，其比重从 7.85% 上升到 8.16%；资本密集型产品进口年均增长 10.90%，其比重变化不大，从 37.03% 下降到 35.15%；技术密集型产品进口年均增长 7.73%，其比重大幅度下降，从 30.56% 下降到 19.34%（见图 7-5）。其中，国际金融危机前（2000~2007 年），资源密集型产品进口年均增长 17.38%，其构成比重大幅度上升，从 24.56% 上升到 30.80%；劳动密集型产品进口年均增长 9.02%，其比重从 7.85% 下降到 5.87%；资本密集型产品进口年均增长 14.61%，其比重变化不大，从 37.03% 上升到 39.31%；技术密集型产品进口年均增长 9.80%，其比重大幅度下降，从 30.56% 下降到 24.01%。危机后（2007~2014 年），资源密集型产品进口年均增长 11.85%；大幅上升，其占比上升到 36.85%；劳动密集型产品进口年均增长 15.28%，其比重上升到 8.66%；资本密集型产品进口年均增长 7.31%，其比重变化较小，下降到 35.15%；技术密集型产品进口年均增长 5.71%，其比重降幅较大，下降到 19.34%。

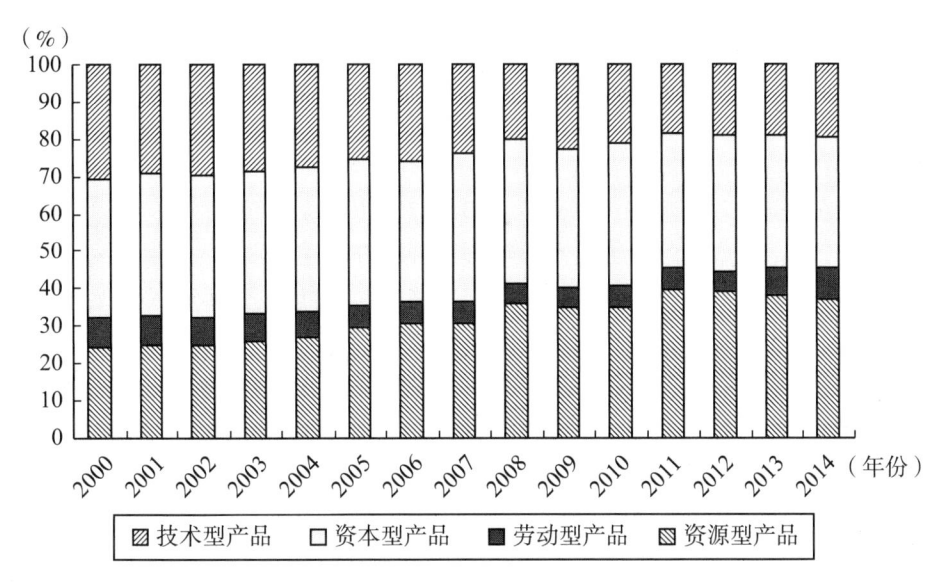

图 7-5　海上新丝路（23 国）进口需求结构变化态势

资料来源：UN Comtrade 数据库和 ITC 数据库。

1. 东南亚航段国家进口需求结构变化状况

东南亚航段国家（8 国）的进口需求在总量不断扩大的过程中，其需求结构也发生了巨大变化。2000～2014 年，资源密集型产品进口增长速度最快，年均增长 13.72%；其次是劳动密集型产品和资本密集型产品，年均增长率分别为 10.52% 和 8.84%；最后，技术密集型产品增长速度最慢，年均增长 6.15%。各类商品进口增长率不同导致进口需求结构变化（见表 7-5）。

表 7-5　东南亚航段 8 国各类商品进口需求变动情况

单位：亿美元、%

产品类别	2000 年	2004 年	2007 年	2010 年	2012 年	2014 年	2000～2014 年年均增长率
合计	3 562.69	4 900.83	7 334.13	9 219.29	11 758.99	12 350.38	9.29
资源密集型产品	651.25	1 032.13	1 887.49	2 641.72	3 768.10	3 939.01	13.72
劳动密集型产品	241.58	289.47	383.04	513.83	639.32	979.50	10.52
资本密集型产品	1 316.99	1 857.57	2 785.15	3 503.11	4 380.98	4 310.35	8.84
技术密集型产品	1 352.86	1 721.66	2 278.45	2 560.63	2 970.59	3 121.52	6.15

资料来源：UN Comtrade 数据库和 ITC 数据库。

通过各类商品的进口构成变化可以说明进口需求结构的演变：2000～2014年，在该区域进口需求构成中，资源密集型产品占比从18.28%提高到31.89%，表现出了强劲的增长势头；劳动密集型产品占比从6.78%缓升至7.93%，其地位逐渐弱化；技术密集型产品占比从37.97%减少到25.26%，但是仍然占据了较高的份额；资本密集型产品的占比从36.97%小幅度下降至34.90%，但其占比在进口需求结构中仍维持了较高且较为稳定的份额（见图7-6）。值得注意的是，在国际金融危机期间，技术密集型产品进口占比的快速下降和资源密集型产品进口占比的陡然抬升，其结果是技术密集型产品和资源密集型产品进口占比在危机前后互换位置。各类产品的进口需求占比由大到小排列依次是：资本密集型产品（34.90%）、资源密集型产品（31.89%）、技术密集型产品（25.27%）和劳动密集型产品（7.93%）。

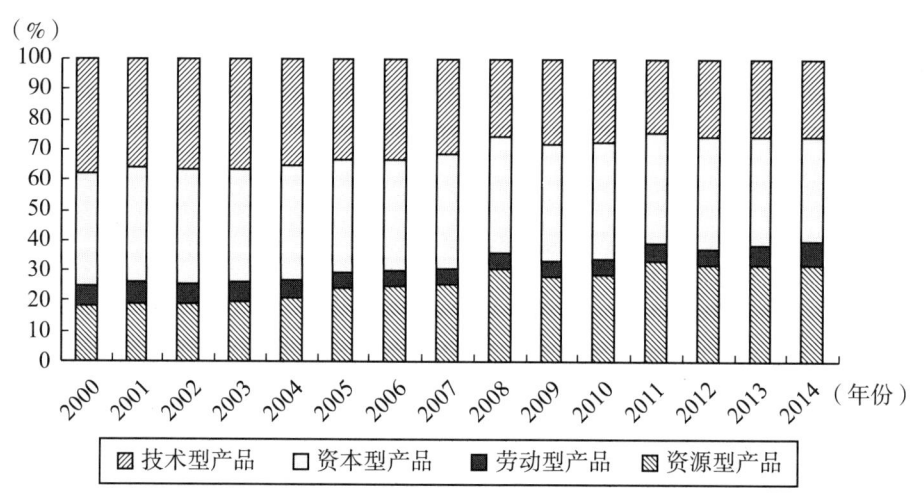

图7-6 东南亚航段国家（8国）进口需求产品占比变化趋势

资料来源：UN Comtrade 数据库和ITC 数据库。

2. 南亚及波斯湾航段国家进口需求结构分析

南亚及波斯湾航段国家（10国）商品进口需求量在2000～2014年年均增长率维持在15.10%。其中，资源密集型产品增长速率最快，年均增长率达到15.60%；其次是技术密集型产品与资本密集型产品，年均增速分别为15.34%和14.78%；劳动密集型产品的进口需求量增速最慢，年均增长13.87%。不同增速引起各类产品进口量构成发生变化（见表7-6）。

表 7-6　　南亚及波斯湾航段 10 国各类商品进口需求变动情况

计量单位：亿美元、%

产品类别	2000 年	2004 年	2007 年	2010 年	2012 年	2014 年	2000~2014 年年均增长率
合计	1 222.02	2 357.69	4 352.26	6 000.77	8 768.13	8 752.81	15.10
资源密集型产品	501.55	882.74	1 653.32	2 687.18	4 002.81	3 817.22	15.60
劳动密集型产品	130.54	201.12	293.87	330.76	625.28	804.86	13.87
资本密集型产品	447.85	954.65	1 819.34	2 265.06	3 194.55	3 083.54	14.78
技术密集型产品	142.08	319.17	585.72	717.77	945.49	1 047.19	15.34

资料来源：UN Comtrade 数据库和 ITC 数据库。

南亚及波斯湾航段国家（10 国）进口构成在 2007 年前后显著变化。2000~2007 年，资源密集型产品和技术密集型产品占比有一定波动，但变化不大；资本密集型产品占比略有上升，劳动密集型产品占比出现下降趋势。2007 年后，资源密集型产品占比大幅度上升，从 2007 年的 37.99% 上升到 2011 年的 48.79%，2014 年占比略有下降（43.76%）；资本密集型产品占比出现大幅度下降，从 41.80% 下降到 35.02%，下降了 7.69 个百分点；技术密集型产品占比略有下降，从 13.46% 下降到 12.00%；而劳动密集型产品占比出现反弹，从 6.75% 升至 9.23%。值得注意的是这种变化在国际金融危机之前就已启动，之后延续和加剧了这种变化趋势，尤其是资源密集型产品和资本密集型产品进口占比向相反方向变化。其结果是各类产品进口比重由大到小排列依次是：资源型产品（43.76%）、资本型产品（35.02%）、技术型产品（12.00%）和劳动型产品（9.22%）（见图 7-7）。

3. 红海湾及印度洋西岸航段国家进口需求结构分析

红海湾及印度洋西岸航段国家（10 国）商品进口量规模比较小，但增速比较快，2000~2014 年年均增长率维持在 14.43%；其中，劳动密集型产品增长速率最快，年均增长率达到 16.20%；其次是资源密集型产品与资本密集型产品，其进口年均增速分别为 14.66% 和 13.94%；技术密集型产品进口增速最慢，年均增长 13.76%（见表 7-7）。

[图表：南亚及波斯湾航段10国进口需求产品占比变化态势，2000—2014年，分技术型产品、资本型产品、劳动型产品、资源型产品]

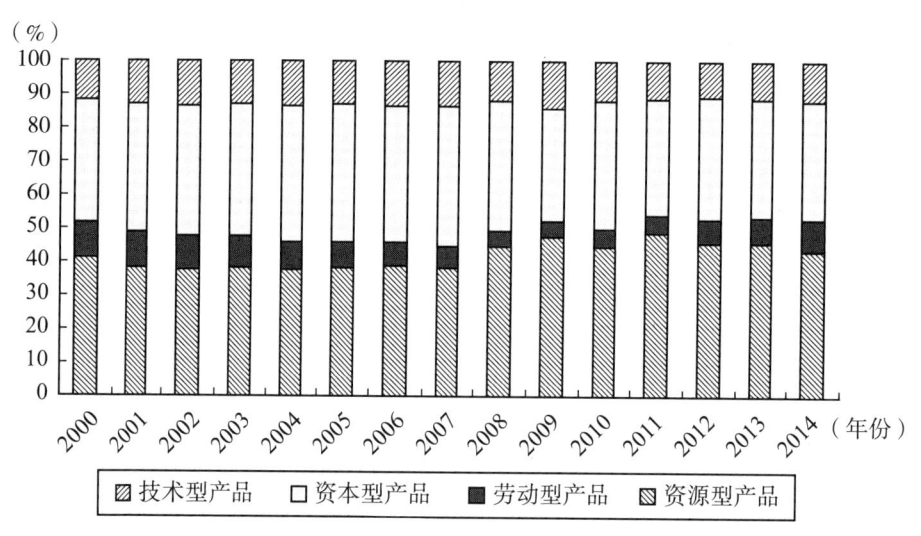

图7-7　南亚及波斯湾航段10国进口需求产品占比变化态势

资料来源：UN Comtrade 数据库和 ITC 数据库。

表7-7　红海湾及印度洋西岸航段5国各类商品进口需求变动情况

单位：亿美元、%

产品类别	2000年	2004年	2007年	2010年	2012年	2014年	2000~2014年年均增长率
合计	185.56	238.24	479.36	836.05	968.03	1 124.47	14.43
资源密集型产品	68.03	91.47	206.91	318.66	441.40	461.73	14.66
劳动密集型产品	17.90	23.63	36.82	75.31	73.99	146.51	16.20
资本密集型产品	75.88	93.64	178.61	351.51	367.72	471.85	13.94
技术密集型产品	23.76	29.50	57.01	90.57	84.93	144.38	13.76

数据来源：UN Comtrade 数据库和 ITC 数据库。

从各类进口需求构成看，2000~2014年，劳动密集型产品和技术密集型产品占比变化相对较小，其中劳动密集型产品占比出现上升，从9.65%上升到11.97%，而技术密集型产品占比呈现缓慢下降态势，从12.8%下降到11.79%；资源密集型产品占比总体呈现上升趋势，受国际金融危机影响出现较大波动，2007~2009年其占比大幅度下降，从43.17%下降到34.41%，之后逐渐回升，2012年达到45.6%，2014年降至37.71%；而同期资本密集型产品占比刚好相反，先是大幅度上升，从37.26%上升到45.10%，2010年开始下降，2014年占比为38.54%。各类产品进口占比由大到小排列依次是：资本密集型产品（38.54%）、资源密集型产品（37.71%）、技术密集型产品（11.79%）和劳密集型产品（11.97%）（见图7-8）。

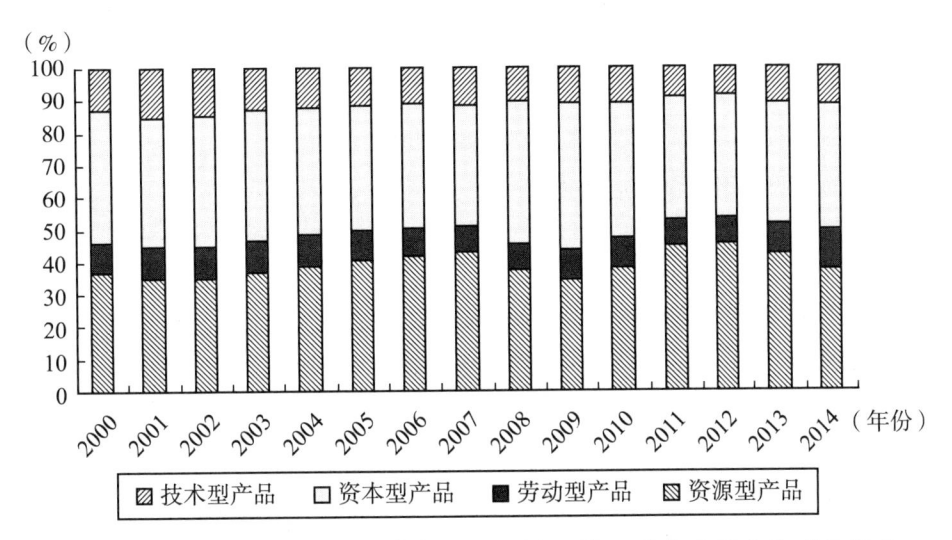

图7-8 红海湾及印度洋西岸航段（5国）进口需求产品占比变化趋势

资料来源：UN Comtrade 数据库 ITC 数据库。

总体来看，"海上丝绸之路"沿线国家在国际金融危机后，进口需求结构发生了显著变化，资源密集型产品占比大幅度上升，技术密集型产品占比大幅度下降，劳动密集型产品占比略有上升，资本密集型产品占比略有下降。其中，东盟国家技术密集型产品和资源密集型产品进口占比在危机前后互换位置，技术密集型产品进口占比快速下降和资源密集型产品进口占比陡然抬升，劳动密集型产品占比上升和资本密集型产品占比下降的幅度相当。南亚及波斯湾航段在国际金融危机后资源密集型产品和资本密集型产品进口占比向相反方向变化，资源密集型产品占比已经达到50%以上，资本密集型产品占比下降到1/3左右，技术密集型产品占比略有下降，劳动品占比出现反弹。红海湾及印度洋西岸航段劳动密集型产品占比上升和技术密集型产品占比下降幅度较小，资本密集型产品占比先是大幅度上升后下降，技术密集型产品占比呈现缓慢下降态势。

三、本章小结

"海上丝绸之路"沿线分布有30多个国家，本章选择了具有一定经济规模和代表性的国家23个，包括东南亚航段（8个）、南亚及波斯湾航段（10个）、红海湾及印度洋西岸航段（5个）三段，对其进口需求结构变化进行了分析，得出了以下几点结论。

（1）国际金融危机引起"海上丝绸之路"沿线国家进口需求增速变缓。进入21世纪以来，"海上新丝路"沿线23国总体进口需求呈现快速增长态势，总体上在2000～2012年年增长率为12.13%。2008年国际金融危机引起各国经济萎缩，进口增长率有所下降，2009年为-22.54%，2012年为1.92%，进口需求进入低速增长时期。危机前（2002～2007年）进口年均增长19.31%，危机后（2007～2012年）进口年均增长10.11%。

（2）各航段进口增速在国际金融危机后出现分化。东南亚航段8国和南亚及波斯湾航段10国在危机后进口增速大幅度降低，前者在危机前进口增速为16.23%，危机后为9.90%；后者分别为24.40%和9.84%。红海湾及印度洋西岸航段5国危机后进口增速大幅度提高，分别为17.22%和21.13%，似乎没有受到负面影响。

（3）国际金融危机后，各航段需求结构发生了较大变化。

东南亚航段：技术密集型产品进口占比快速下降和资源密集型产品进口占比陡然抬升，各类进口需求占比由大到小排列依次是：资本密集型产品（34.90%）、资源密集型产品（31.89%）、技术密集型产品（25.27%）和劳动密集型产品（7.93%）。

南亚及波斯湾航段：资源密集型产品进口占比上升，而资本密集型产品进口占比下降。其结果是各类产品进口比重由大到小排列依次是：资源密集型产品（43.76%）、资本密集型产品（35.02%）、技术密集型产品（12.00%）和劳动密集型产品（9.22%）。

红海湾及印度洋西岸航段：2007～2009年其资源密集型产品占比大幅度下降，之后逐渐回升；而同期资本密集型产品占比刚好相反，先是大幅度上升，后下降。类产品进口占比由大到小排列依次是：资源密集型产品（38.54%）、资本密集型产品（37.71%）、技术密集型产品（11.79%）和劳动密集型产品（11.97%）。

总体来看，在"海上丝绸之路"沿线23国进口需求构成中，资源密集型产品进口呈现上升趋势，累积上升幅度比较大，国际金融危机对此影响比较小，虽然之后几年增速放缓，但是其地位赶上甚至超过了资本密集型产品的地位；劳动密集型产品进口在危机影响下有所下降，后逐渐恢复到危机前地位；资本密集型产品进口呈现缓慢下降趋势，累积起来，其地位已经低于资源型产品；技术密集型产品进口呈现下降趋势，累积下降幅度比较大。所以，"海上丝绸之路"沿线国家资源密集型产品与技术密集型产品呈现"一升一降"态势，资本密集品下降和劳动密集型产品变化不大。

应用篇

第八章

全球需求结构变化对中国出口贸易的影响

自中国加入世界贸易组织（WTO）以来，中国通过进出口贸易、利用外资和对外投资与世界经济保持密切联系。2008年国际金融危机导致世界各国需求及其需求结构的变化，通过国际市场机制，对中国经济产生深远影响。本章主要探讨国际金融危机对全球需求结构的影响，从而分析对中国出口贸易的影响。首先，展示中国进出口贸易基本态势；其次，揭示国际进口需求与中国出口贸易的关系，并进一步分析世界进口需求结构变化对中国出口贸易的影响；最后，针对中国各类出口市场的结构效应，运用恒定市场模型进行深入分析，反映世界各类市场进口需求结构变化对中国出口的影响。

一、国际金融危机背景下中国进出口贸易变化态势

（一）中国进出口贸易变化态势

进入21世纪以来，中国获得了更多国际贸易和投资机会，贸易得到快速发展。据UN Comtrade数据库数据计算，2001~2014年，中国外贸平均增速达17.84%，其中，出口增速为18.21%，进口增速为17.41%，分别高于同期世界平均速度的8.22%、8.98%和8.77%。

在2008年国际金融危机发生后的几年，中国外贸出现了剧烈波动。受其影响，2009年中国外贸为负增长，2010年出现了恢复性高速增长，2011年增速放缓，2012年延续了缓慢增长的趋势，2013年有所恢复，2014年仍处于低速增长态势。说明在国际金融危机后，世界各国需求下降，对中国而言，外需减弱，出口受到影响，对外贸易进入低速增长时期。危机前（2001~2007年），出口平均增速为28.89%，同期世界出口平均增速为14.59%；但是，危机后（2007~2014年），出口贸易增速大幅度下降，中国出口平均增速为9.77%，同期世界出口贸易平均增速为4.40%。国际金融危机对中国出口带来严重影响，使中国出口进入低速增长时期（见表8-1、图8-1）。

表8-1　　中国出口贸易变化情况（2001~2014年）　　单位：亿美元，%

年份	中国进出口值	中国出口值	出口增速	中国进口值	进口增速
2000	4 742.27	2 492.03		2 250.24	—
2001	5 096.51	2 660.98	6.78	2 435.53	8.23
2002	6 207.66	3 255.96	22.36	2 951.70	21.19
2003	8 509.88	4 382.28	34.59	4 127.60	39.84
2004	11 545.54	5 933.26	35.39	5 612.29	35.97
2005	14 219.06	7 619.53	28.42	6 599.53	17.59
2006	17 603.96	9 689.36	27.16	7 914.61	19.93
2007	21 761.75	12 200.60	25.92	9 561.15	20.80
2008	25 632.55	14 306.93	17.26	11 325.62	18.45
2009	22 072.02	12 016.47	-16.01	10 055.55	-11.21
2010	29 737.65	15 777.64	31.30	13 960.02	38.83
2011	36 417.83	18 983.88	20.32	17 433.95	24.88
2012	38 669.81	20 487.82	7.92	18 181.99	4.29
2013	41 590.00	22 090.07	7.82	19 499.92	7.25
2014	43 048.94	23 428.08	6.06	19 620.86	0.62
2001~2007年平均增速	27.37	28.89		25.60	
2007~2014年平均增速	10.24	9.77		10.82	
2001~2014年	17.84	18.21		17.41	

资料来源：UN Comtrade数据库。

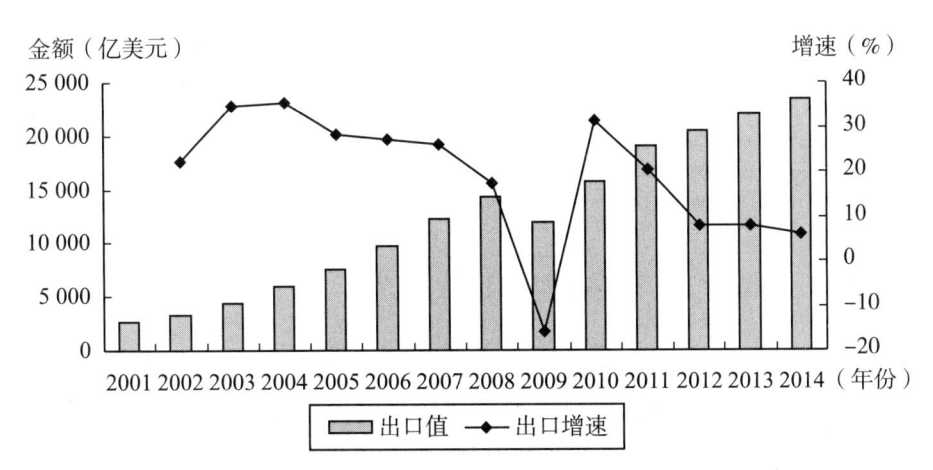

图 8-1　中国出口与出口增速变化过程（2001~2014 年）

资料来源：UN Comtrade 数据库。

从进口看，进入 21 世纪以来，中国进口从快速增长转变为低速增长。2001~2014 年，中国进口值平均增速为 17.41%。2003 年进口增速高达 39.84%，之后缓慢下降，直到爆发国际金融危机，2009 年出现负增长，为 -11.21%。之后，中国进口值出现"下台阶"态势，2001~2007 年，年均增长 25.60%，危机后的 2007~2014 年，年均增长 10.82%（见表 8-1、图 8-2）。

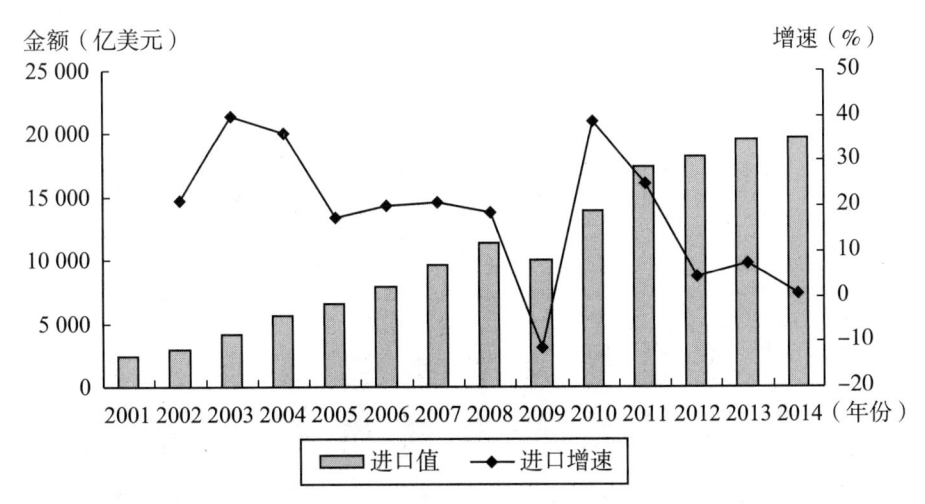

图 8-2　中国进口与进口增速变化过程（2001~2014 年）

资料来源：UN Comtrade 数据库。

中国进口需求是全球需求的一部分，同样也遭到了国际金融危机的影响，中国进口增速下降，进入低速增长时期，但是，与世界平均水平相比，国际金融危机前中国进口增速比世界平均增速高出 11.24 个百分点，危机后仍然高出 6.62

个百分点。中国凭借进口份额的快速增长，推动其进口值占世界进口总值的比重不断上升，从 2001 年的 3.87%。上升到 2007 年的 6.79%。2010 年进口值反弹，快速提高了占比及其在世界贸易中的地位，达到 9.89%，2014 年已经达到 10.44%。

（二）中国出口贸易结构变化趋势

中国出口结构变化的总体趋势是资本密集型产品、技术密集型产品出口占比呈现上升态势，劳动密集型产品和资源密集型产品出口占比呈现下降态势。2001～2013 年，中国出口平均增速为 19.29%，其中 2001～2007 年平均增速为 28.90%，2007～2013 年平均增速为 10.40%。基于 HS 编码（1992）分类形成资源、劳动、资本和技术密集型产品四大类，2013 年，这四大类产品出口占比分别为 6.94%、26.62%、36.84% 和 29.49%。2001 年以来，中国各类出口的总体态势是资源密集型产品与劳动密集型产品出口比重下降，资本和技术密集型产品出口比重上升。资源密集型产品占比从 2001 年的 10.41% 开始一直下降；资本密集型产品 2003 年占比达到 35.09%，首次超过劳动密集型产品的占比（32.71%），并至今保持主导地位；技术密集型产品 2007 年的占比为 28.24%，超过劳动密集型产品的出口占比（26.35%），并一直小幅领先（见图 8-3）。

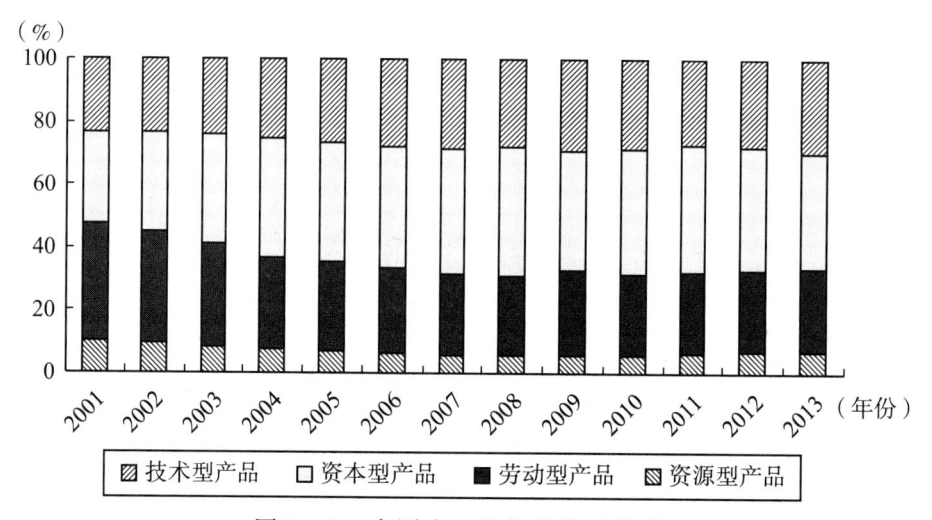

图 8-3 中国出口结构的演变趋势

资料来源：UN Comtrade 数据库和 ITC 数据库。

1. 中国对发达经济体出口结构变化趋势

从总体看，在中国对发达经济体的出口构成中，资本密集型产品出口占比均最高，技术密集型产品紧随其后，再次是劳动密集型产品，最后是资源密集型产品。2014 年，这四类产品的出口占比分别是 37.22%、29.95%、29.32% 和 3.51%（见图 8-4）。

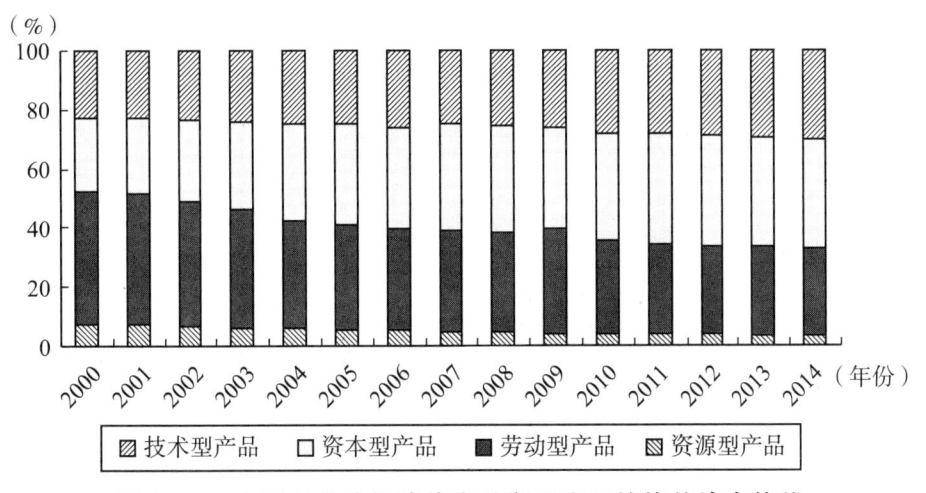

图 8-4 中国对发达经济体商品贸易出口结构的演变趋势

资料来源：UN Comtrade 数据库和 ITC 数据库。

从动态看，中国对发达经济体的商品出口结构的演变趋势体现在：四类产品中资本密集型产品占比和劳动密集型产品占比呈现互补趋势，从 2000 年到 2014 年劳动密集型产品占比逐步下降而资本密集型产品占比逐步上升。而资本密集型产品占比和技术密集型产品占比波动幅度较小，从 2000 年到 2014 年，资本密集型产品出口占比上升了 12.76 个百分点，资源密集型产品占比下降了 4.18 个百分点，技术密集型产品出口占比上升了 7.08 个百分点，劳动密集型产品出口占比下降了 15.66 个百分点。

但国际金融危机后，商品出口结构变化较大。危机前（2000~2007 年），中国对发达经济体的资源密集型产品出口占比下降了 3.01 个百分点，资本密集型产品出口占比上升了 11.76 个百分点，技术密集型产品出口占比上升了 2.16 个百分点，劳动密集型产品出口占比下降了 10.90 个百分点。危机之后（2007~2014 年），资本密集型产品占比和劳动密集型产品占比较危机前变化较大。其中，劳动密集型产品出口占比下降了 3.82 个百分点，资本密集型产品出口占比上升了 0.50 个百分点，技术密集型产品出口占比上升了 4.64 个百分点，资源密集型产品出口占比下降了 1.31 个百分点。

2. 中国对新兴经济体出口结构变化趋势

总的来说，在中国对新兴经济体的出口构成中，资本密集型产品出口占比均为最高，其次是劳动密集型产品，再次是技术密集型产品。最后是资源密集型产品。2013 年，这四类产品出口占比分别是 43.63%、27.10%、24.27% 和 5.00%（见图 8-5）。

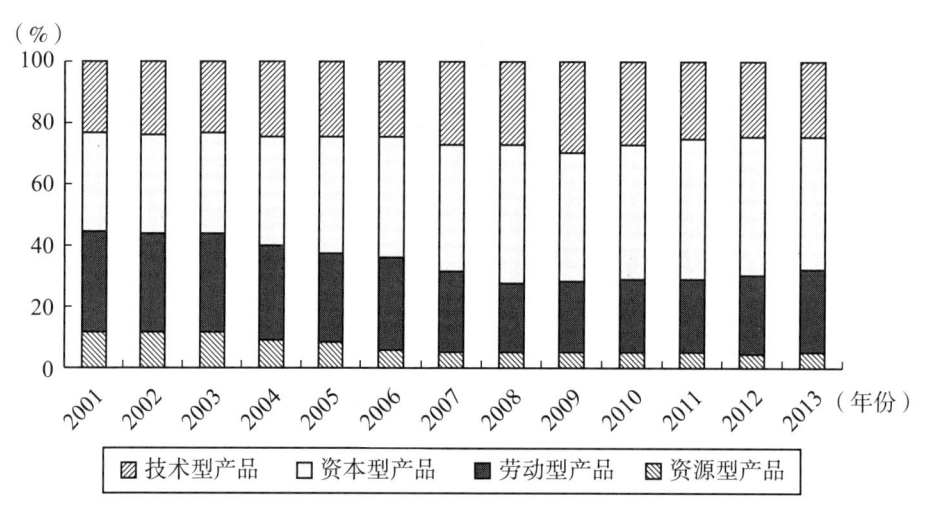

图 8-5 中国对新兴经济体商品贸易出口结构的演变趋势

注：巴基斯坦不包括在内。
资料来源：UN Comtrade 数据库和 ITC 数据库。

从动态看，中国对新兴经济体的商品出口结构的演变趋势体现在：四类产品中资本密集型产品占比最大且上升最快，并逐渐远超其他三类产品。从 2001 年到 2013 年，资本密集型产品出口占比上升了 11.38 个百分点，劳动密集型产品出口占比下降了 5.67 个百分点，技术密集型产品出口占比上升了 1.29 个百分点，资源密集型产品占比下降了 6.83 个百分点。

但国际金融危机后，结构演变趋势稍有不同。从危机前的 2007 年到 2013 年，中国对新兴经济体的资源密集型产品出口占比下降了 0.25 个百分点；劳动密集型产品出口占比有所回升，上升了 1.03 个百分点；资本密集型产品出口占比上升了 1.96 个百分点；技术密集型产品出口占比下降了 2.69 个百分点。技术密集型产品在中国对新兴经济体出口中的占比在金融危机前后变化较大，并在当前呈下降趋势，说明中国出口技术密集型产品至其他国家的份额要高于出口至新兴经济体的份额。

二、世界进口需求变化对中国出口贸易的影响

(一) 中国出口贸易与世界进口需求变化趋势基本一致

从全世界看,出口量与进口量对等,汇率、运输成本及交易费用会导致出口值与进口值存在差异。世界进口反映各国进口需求,必须由各国出口来满足。就中国而言,世界进口需求就是中国出口的主要原因。对比 1981~2013 年中国出口态势与世界总进口量变化,发现中国出口与世界进口高度相关 (见图 8-6)。1983 年,中国出口增速与上年相比回落 1.82 个百分点,与世界出口增速回升 3.95 个百分点相背离;1998 年,中国出口增速回升 19.48 个百分点,与世界出口增速回落 0.9 个百分点相背离。除了这两年外,其他年份增长和下降态势基本一致,特别是 2001 年,中国加入世界贸易组织 (WTO),进一步扩大了开放,其出口与世界市场更加密切地联系在一起。

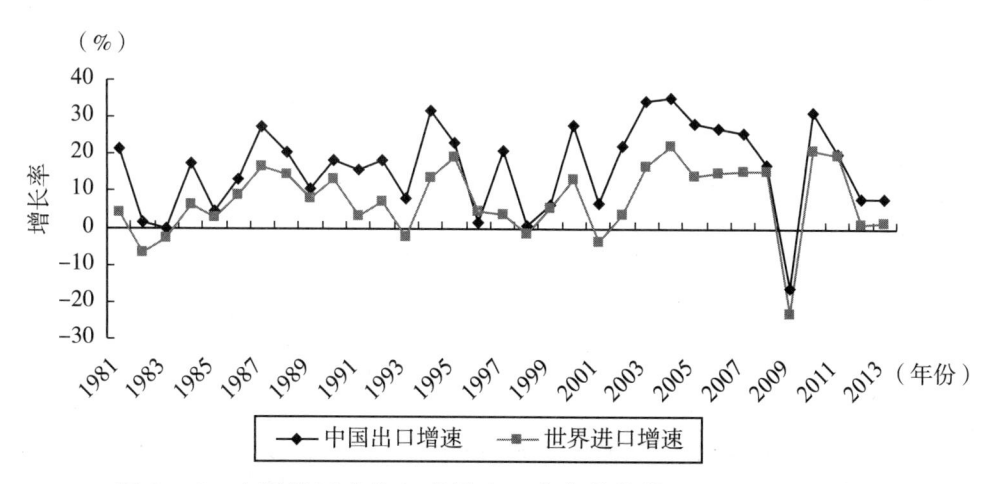

图 8-6 中国进口变化与世界出口变化的比较 (1981~2013 年)

资料来源:据商务部《中国对外经济贸易统计年鉴》《全国进出口情况统计》以及国际货币组织 (IMF) 有关数据整理。

运用上述数据进行相关性分析,可以更准确说明中国出口与世界进口市场的关系。假定其他因素不变,考察中国出口与世界进口的相关性。假定 Y 代表中国出口增速,X 代表世界进口增速,Z 代表世界经济增速。相关性分析结果表明 Y

和 X 的相关系数为 0.873437,其伴随概率 probability 数值小于 0.05,表示中国出口增速与世界进口增速两者之间存在显著的、高度相关关系。Y 和 Z 的相关系数为 0.613,X 和 Z 的相关系数为 0.724,两对变量的 probability 数值都小于 0.05,说明都存在显著的相关关系。由此表明中国出口增速与世界经济增长的相关性比较弱,因为世界上国家众多,与中国进行贸易的国家有限,世界平均的经济增长率把那些与中国经贸关系密切的国家的经济增长掩盖了起来。

综合来看,国际金融危机使世界经济遭受重大损害,世界经济增长大幅度降低,各国国民经济收入下降也打压了居民消费预期,各国消费需求萎缩,引起各国进口需求和投资需求都大幅度下降。面对外部需求减弱,中国出口贸易增速大幅度降低,进入低速增长时期。

(二) 中国贸易在世界贸易中的地位

2001 年中国加入世界贸易组织 (WTO),对外贸易得到快速发展,在世界贸易中的地位不断提高。根据 UN Comtrade 数据计算 (见表 8-2),2001~2014 年中国贸易规模不断踏上新台阶,2007 年出口规模超过美国,成为第二大出口国,占比为 8.88%;2009 年进口规模超过德国,成为第二大进口国,占比为 7.98%;2010 年,出口规模超过德国,成为第一大出口国,占比为 10.43%,之后几年一直保持第一出口国的位置。2013 年,中国进出口贸易总额达 41 589.99 亿美元,占世界贸易的比重为 11.15%,超过美国的 10.47%,成为"第一大贸易国"。但是,进口占 10.43%,落后于美国的 12.45%。显然,中国还不能称为"贸易强国"。

表 8-2　　　　　　　中国出口贸易与世界贸易比较　　　　单位:亿美元,%

年份	中国出口值	中国进口值	世界出口值	世界进口值	中国出口占世界出口的比例	中国进口占世界进口的比例
2001	2 660.98	2 435.53	6 1073.19	63 002.03	4.36	3.87
2002	3 255.96	2 951.70	64 040.76	65 833.70	5.08	4.48
2003	4 382.28	4 127.60	74 632.11	76 786.74	5.87	5.38
2004	5 933.26	5 612.29	90 993.09	93 765.05	6.52	5.99
2005	7 619.53	6 599.53	103 681.49	106 094.87	7.35	6.22
2006	9 689.36	7 914.61	119 804.60	122 351.38	8.09	6.47

续表

年份	中国出口值	中国进口值	世界出口值	世界进口值	中国出口占世界出口的比例	中国进口占世界进口的比例
2007	12 200.60	9 561.15	138 238.81	140 910.01	8.83	6.79
2008	14 306.93	11 325.62	159 721.39	163 388.40	8.96	6.93
2009	12 016.47	10 055.55	123 150.09	125 946.38	9.76	7.98
2010	15 777.64	13 960.02	151 285.74	153 676.99	10.43	9.08
2011	18 983.88	17 433.95	181 940.39	184 028.55	10.43	9.47
2012	20 487.82	18 181.99	181 992.56	183 964.44	11.26	9.88
2013	22 090.07	19 499.92	186 098.07	187 007.57	11.87	10.43
2014	23 428.08	19 620.86	186 824.44	187 908.32	12.54	10.44
2001~2007年平均增速	28.89	25.60	14.59	14.36	—	—
2007~2014年平均增速	9.77	10.82	4.40	4.20	—	—
2001~2014年平均增速	16.81	16.07	8.31	8.12	—	—

三、世界进口需求结构变化对中国出口贸易的影响

(一) 世界进口需求结构变化对中国出口贸易的效应分解方法

1. 效应分解模型

随着经济全球化不断推进，全球进口需求不断上升，进口需求结构也在不断改变。中国出口只有适应全球进口需求结构的变化，才能获得更多机会，这

就要不断对出口结构进行调整和升级。因此，运用恒定市场份额模型（Constant Market Share Model，CMS）的方法，探讨中国外出口变动的原因或者来源。CMS将一国或地区的产品贸易变动因素分解为需求效应、结构效应以及出口竞争力效应，并且能够用数量比例关系来分别列示各类效应对出口增长促进作用的大小。

恒定市场份额模型是用来反映影响一国或地区出口增长各个因素作用方向和程度的模型，在国际上被广泛采用，能够解释一个国家产品贸易波动的原因。CMS由泰森斯基（Tyszynski，1951）首次提出，后来经过多次修改完善，得到广泛应用（Fredoun，2006）。该模型的假设前提为：倘若一国或地区贸易竞争力保持不变，那么，一国或地区在国际市场中的份额应保持不变。CMS模型可以将一国或地区出口增长各个因素的作用方向和程度进行分解，形成三大效应：

（1）贸易规模效应，即由国际市场进口规模变化所引起的该国或地区出口额的变化，也可以指一个贸易伙伴进口规模变化引起的出口变化。

（2）贸易结构效应。结构效应基于双边贸易结构的比较，可细分为商品结构效应和市场结构效应。前者是指出口国适应贸易伙伴进口商品结构变化所引起的出口增加；后者是指由各个贸易伙伴出口量及增长速度变化所引起的出口增加。这里主要分析商品结构效应。如果出口国商品供给能主要集中在进口国需求增长较快的商品上，两国之间的贸易就会增加得很快。

（3）竞争力效应，即一国出口产品比进口国其他贸易伙伴国的产品更具优势所引起的出口增加。竞争力效应反映一国的综合出口能力，包括价格、包装、质量以及服务等诸多方面的优势。可以通过对一个国家的出口市场份额进行事后分析来研究包含价格因素和非价格因素的竞争力的变化情况。

CMS模型的基本公式如下：

$$X^2 - X^1 = \sum_i \sum_j r_{ij} X_{ij}^1 - \sum_i \sum_j (X_{ij}^2 - X_{ij}^1 - r_{ij} X_{ij}^1)$$

$$= rX^1 + \sum_i (r_i - r) X_i^1 + \sum_i \sum_j (r_{ij} - r_i) X_{ij}^1$$

$$+ \sum_i \sum_j (X_{ij}^2 - X_{ij}^1 - r_{ij} X_{ij}^1) \tag{8.1}$$

式（8.1）考虑了市场结构效应的因素，倘若只考虑单个市场时，则不考虑市场结构效应，此时公式简化为：

$$X^2 - X^1 = rX^1 + \sum_i (r_i - r) X_i^1 + \sum_i (X_i^2 - X_i^1 - r_i X_i^1) \tag{8.2}$$

在式（8.2）中，将X^1、X^2分别表示为甲国在第1期和第2期对乙国某产品的出口规模；$X^2 - X^1$表示两个时期之间甲国的出口增长量；X_i^1、X_i^2分别表示甲国在第 1 期和第 2 期对乙国 i 类产品的出口规模；r、r_i 分别表示两个时期之间乙国总进口增长率以及 i 类产品的进口增长率。rX^1 表示需求效应，即乙国进口需求变动引起甲国出口变动的部分。$\sum_i (r_i - r) X_i^1$ 表示商品结构效应，即甲国出口产品结构变化引起甲国出口变动的部分，若这些商品的进口增长率高于总体进口增长水平，则其值为正，有正的商品结构效应，反之为负。$\sum_i (X_i^2 - X_i^1 - r_i X_i^1)$ 表示竞争力效应，即甲国出口产品的竞争力变动引起甲国出口变动的部分，若为正，则竞争力对出口起促进作用，说明 A 国能够与其他出口国进行有效的竞争，反之为负，会产生阻碍作用。

2. 数据的选取和处理

为了更清晰地说明国际金融危机前后中国对各类经济体出口的变化，有必要对中国对发达经济体 2000~2014 年的出口数据分两个阶段来研究：第一阶段范围为 2001~2007 年，即中国加入世界贸易组织到危机爆发的时间段；第二阶段为 2008~2013 年，即危机爆发后的时间段。根据前述，依据 HS-1992 编码体系，把产品分成资本密集型、劳动密集型、技术密集型和资源密集型四大类，研究数据来自联合国商品贸易数据库（UN Comtrade）和国际贸易中心数据库（ITC DATABASE）。

（二）中国对发达经济体出口的效应分解

1. 模型分析结果：金融危机前（2000~2007 年）的分析

将发达经济体看成一个整体市场，不考虑市场结构调整。2000~2007 年，中国对发达经济体的出口增长了 6 663.57 亿美元，通过对其出口增长效应 CMS 模型分解（见表 8-3），发现其中因竞争力提升引起的出口增长部分为 4 622.44 亿美元，对中国出口的贡献占比为 69.37%。发达经济体对进口产品的需求增加引起的需求规模效应为 31.55%。而这一阶段的商品结构效应为负作用，占比为 -0.92%。说明中国出口的商品结构与发达经济体进口的商品结构不相符，对中国出口产生了负作用。

表8-3　中国对发达国家出口增长的 CMS 模型分解（2001～2007年）

单位：百万美元，%

产品类别	出口增长总量		需求规模效应		商品结构效应		竞争力效应	
	绝对值	比重	绝对值	比重	绝对值	比重	绝对值	比重
资源密集型产品	23 255.32	100	27 043.49	116.29	-6 421.80	-27.61	2 633.64	11.32
劳动密集型产品	198 500.03	100	76 496.39	38.54	10 395.95	5.24	111 607.69	56.23
资本密集型产品	272 169.35	100	62 318.49	22.90	-113.08	0.042	209 963.94	77.14
技术密集型产品	172 432.43	100	44 416.72	25.76	-10 023.49	-5.81	138 039.20	80.05
合计	666 357.13	100	210 275.09	31.56	-6 162.42	-0.92	462 244.47	69.37

资料来源：UN Comtrade 数据库和 ITC 数据库。

从产品类别来看，中国资源密集型产品出口增长主要由发达经济体进口需求规模扩大引起，其需求规模效应占比116.29%。劳动密集型产品出口增长主要依靠竞争力效应，占比为56.23%；其次是需求效应，占比为38.54%。资本密集型产品出口增长主要来自竞争力效应，占比为77.14%；其次是需求效应，占比为22.90%。技术密集型产品出口增长主要来自竞争力效应，占比为80.06%。可见，在国际金融危机前，中国资源密集型产品出口的需求规模效应较强，其他三大类产品竞争力效应较强；除劳动密集型产品外的其他三大类商品结构效应都为负，说明不能满足新兴经济体进口结构变化的需要。

首先，在中国对发达经济体出口量排名前十的行业产品中，机电产品，纺织品及原料，家具、玩具、杂项制品，化工产品，塑料、橡胶，运输设备产业的竞争力效应占比都在50%以上，尤其是机电产品和运输设备等资本密集型产品竞争力效应更强，其占比超过70%；其次，需求规模效应比较强的行业有家具、玩具、杂项制品，贱金属及制品，鞋靴、伞等轻工产品，化工产品，光学、钟表、医疗设备，皮革，其需求规模效应在50%以上；再次，贱金属及制品等有一定的结构效应，纺织品及原料、运输设备有微弱的结构效应，其他产品结构效应为负值，基本不能满足发达市场产品结构变化，而且与发达国家结构变化方向相反（见表8-4）。

表 8-4　主要产品出口增长的 CMS 模型分解 (2001~2007 年)

单位：百万美元，%

产品类别	出口增长总量		需求规模效应		商品结构效应		竞争力效应	
	绝对值	比重	绝对值	比重	绝对值	比重	绝对值	比重
机电产品	310 243.84	100	48 569.41	15.66	-1 551.82	-0.50	263 226.25	84.84
纺织品及原料	74 558.90	100	22 242.75	29.83	3 125.33	4.19	49 190.82	65.98
家具、玩具、杂项制品	68 885.01	100	35 417.60	51.42	-1 336.86	-1.94	34 804.27	50.53
贱金属及制品	65 514.04	100	49 260.56	75.19	22 920.45	34.99	-6 666.97	-10.18
鞋靴、伞等轻工产品	17 929.14	100	12 321.64	68.72	-204.51	-1.14	5 812.01	32.42
化工产品	21 079.73	100	10 702.16	50.77	-1 932.41	-9.17	12 309.98	58.40
塑料、橡胶	20 869.28	100	9 614.90	46.07	-50.71	-0.24	11 305.10	54.17
光学、钟表、医疗设备	12 314.05	100	6 973.66	56.63	-269.65	-2.19	5 610.04	45.56
运输设备	14 421.40	100	3 626.72	25.15	270.45	1.88	10 524.23	72.98
皮革	11 401.38	100	5 914.99	51.88	2 021.04	17.73	3 465.36	30.39

资料来源：UN Comtrade 数据库和 ITC 数据库。

2. 模型分析结果：金融危机后 (2008~2014 年) 的分析

国际金融危机后的 2008~2013 年，中国对发达经济体的总出口增长了 259 053.16 亿美元，其中，发达经济体进口需求规模扩大引起中国出口增长了 63 227.35 亿美元，占 24.41%；中国出口竞争力引起中国出口增加了 202 638.89 亿美元，占 78.22%。商品结构效应依然为负 (见表 8-5)。可见，中国出口竞争力仍是中国对发达经济体出口增长的主导因素。

从产品类别来看，中国资源密集型产品对发达国家出口效应整体为负，与发达国家需求变化方向相反。劳动密集型产品仍然有较强竞争力，其出口增长的需求效应占 55.18%；资本密集型产品出口增长的竞争力效应占比为 102.19%；技术密集型产品出口增长的竞争力效应和需求效应分别占 81.09% 和 31.95%。除劳动密集型产品外,其他三大类的商品结构效应都为负效应(见表8-5)。

表8-5　中国对发达国家出口增长的CMS模型分解(2008~2014年)

单位:百万美元,%

产品类别	出口增长		需求规模效应		商品结构效应		竞争力效应	
	绝对值	比重	绝对值	比重	绝对值	比重	绝对值	比重
资源密集型	-4 628.89	100	1 389.89	-30.03	6 485.41	-140.11	-12 504.19	270.13
劳动密集型	36 117.72	100	19 928.62	55.18	7 010.70	19.41	9 178.41	25.41
资本密集型	101 597.43	100	1 662.74	1.64	-3 885.42	-3.82	103 820.11	102.19
技术密集型	125 966.90	100	40 246.10	31.95	-16 423.76	-13.04	102 144.56	81.09
合计	259 053.16	100	63 227.35	24.41	-6 813.07	-2.63	202 638.89	78.22

资料来源:UN Comtrade数据库和ITC数据库。

国际金融危机后,中国对发达经济体出口排名前十的行业产品仍然保持比较高的竞争力效应,维持一定的市场规模效应,而结构效应低且多数为负效应。所以,中国对发达经济体出口的机会如表8-6所示。

表8-6　中国对发达国家主要产品出口增长的CMS模型分解

(2008~2014年)　　　　　　　　单位:百万美元,%

产品类别	出口增长总量		需求规模效应		商品结构效应		竞争力效应	
	绝对值	比重	绝对值	比重	绝对值	比重	绝对值	比重
机电产品	183 732.70	100	18 746.30	10.20	1 828.07	0.99	163 158.33	88.80
纺织品及原料	18 121.73	100	12 782.56	70.54	1 960.05	10.82	3 379.12	18.65
家具、玩具、杂项制品	967.74	100	2 665.01	275.38	-5 576.83	-576.27	3 879.57	400.89
贱金属及制品	-7 952.55	100	21 557.88	-271.08	-28 533.82	358.80	-976.62	12.28
鞋靴、伞等轻工产品	8 575.83	100	10 973.46	123.96	-308.97	-3.60	-2 088.66	-24.36
化工产品	12 164.51	100	4 157.42	34.18	-2 852.58	-23.45	10 859.66	89.27
塑料、橡胶	17 043.75	100	4 400.44	25.82	9.57	0.056	12 633.74	74.13

续表

产品类别	出口增长总量		需求规模效应		商品结构效应		竞争力效应	
	绝对值	比重	绝对值	比重	绝对值	比重	绝对值	比重
光学、钟表、医疗设备	13 962.76	100	6 566.72	47.03	-87.08	-0.62	7 483.11	53.59
运输设备	8 547.43	100	1 901.72	22.25	-2 157.13	-25.24	8 802.83	102.99
皮革	2 090.23	100	6 056.97	289.78	-306.93	-14.68	-3 659.81	-175.09

资料来源：UN Comtrade 数据库和 ITC 数据库。

（1）主要靠竞争力获得市场机会。出口规模排前 10 位的产品都有较高的竞争力效应。竞争力效应占比超过 50% 的主要是家具、玩具、杂项制品，运输设备，化工产品，机电产品，塑料、橡胶，光学、钟表、医疗设备等产品，尤其是家具、玩具、杂项制品和运输设备产品的竞争力特别强，其竞争力效应超过 100%；鞋靴、伞等轻工产品以及皮革的竞争力效应为负。

（2）依靠大规模生产满足新兴市场需求规模增加并获得出口机会。皮革，家具、玩具、杂项制品，鞋靴、伞等轻工产品有较强的规模效应；同时，纺织品及原料，光学、钟表、医疗设备，化工产品有一定的规模效应，其他规模效应比较弱。

（3）从结构效应看，需求结构效应较高的产品主要有贱金属及制品，规模效应为 358.8%；其次是纺织品及原料；其他产品如贱金属及制品的需求规模效应为负。所以，中国出口的产品基本不能满足发达市场产品结构变化的需要。

3. 模型分析结果：两个阶段比较

发达经济体在国际金融危机后进行了结构调整，中国对发达经济体出口增长的动力来源发生了较大变化（见表 8-3、表 8-5、表 8-7）。

表 8-7　　　　　　两个阶段分解效应所占比重的升降　　　　　　单位：%

产品类别	需求规模效应占比变化	商品结构效应占比变化	竞争力效应占比变化
资源密集型产品	-86.26	167.72	-281.45
劳动密集型产品	16.64	14.17	-30.82
资本密集型产品	-21.26	-3.4	25.05
技术密集型产品	6.19	-7.23	1.03
总出口	-7.14	-1.71	8.85

资料来源：UN Comtrade 数据库和 ITC 数据库。

(1) 对发达经济体出口总效应。国际金融危机后（2008~2013年），中国对发达经济体的出口贸易仍然主要依靠竞争力效应来扩大出口，其竞争力效应为78.22%，比危机前（2001~2007年）提高了8.85个百分点。其次是需求规模效应，危机后为31.55%，比危机前下降了7.14个百分点。但是中国对发达经济体出口增长的结构效应为负值，而且还有所下降，说明中国对发达国家出口商品的结构更加恶化。

(2) 从四大类产品看，中国资源型产品对发达经济体出口的需求规模效应和竞争力效应比重分别大幅下降了86.26个和281.45个百分点，其商品结构效应比重增加了167.72个百分点。劳动型产品出口的需求规模效应和结构效应比重提高，竞争力效应比重下降。资本型产品出口的需求规模效应比重大幅下降，结构效应比重略有下降，竞争力效应比重上升了25.05个百分点。技术型产品的需求规模效应占比上升了6.19个百分点，竞争力效应比重略有上升，商品结构效应比重下降了18.85个百分点。

(3) 从中国对发达经济体出口排名前10位的产业看，国际金融危机前后，中国对发达经济体出口效应变化较大（见表8-8）。一是出口产品结构变化引起的出口增长正效应，变化最大的是贱金属及制品出口增长的商品结构效应占比上升了323.81个百分点；其次，纺织品及原料，光学、钟表、医疗设备，机电产品，塑料、橡胶结构效应占比有小幅上升。二是结构负效应，结构负效应占比下降最多的是家具、玩具、杂项制品，下降了574.33个百分点；其次，皮革、运输设备商品结构效应占比分别下降了32.41%和27.12%，化工产品，鞋靴、伞等轻工产品也有小幅下降。

表8-8　金融危机后比危机前主要产品出口效应占比的变化　　　单位：%

产品类别	需求规模效应占比变化	商品结构效应占比变化	竞争力效应占比变化
机电产品	-5.46	1.49	3.96
纺织品及原料	40.71	6.63	-47.33
家具、玩具、杂项制品	223.96	-574.33	350.37
贱金属及制品	-346.27	323.81	22.46
鞋靴、伞等轻工产品	55.24	-2.46	-56.78
化工产品	-16.59	-14.29	30.88
塑料、橡胶	-20.25	0.8	19.96

续表

产品类别	需求规模效应占比变化	商品结构效应占比变化	竞争力效应占比变化
光学、钟表、医疗设备	-9.6	1.57	8.03
运输设备	-2.89	-27.12	30.01
皮革	237.9	-32.41	-205.48

资料来源：UN Comtrade 数据库和 ITC 数据库。

在劳动密集型产业中，纺织品及原料出口效应出现一定的调整，竞争力效应下降 47.33 个百分点，需求规模效应上升 40.71 个百分点，分别达到 18.65% 和 70.54%。鞋靴、伞等轻工产品需求规模效应上升 55.24 个百分点，竞争力效应下降 56.78 个百分点，分别达到 123.96% 和 -24.36%。家具、玩具杂项制品产业出口效应发生了较大变化，竞争力效应提升 350.37 个百分点，需求规模效应上升 223.96 个百分点，但是，商品结构效应大幅度下降 574.33 个百分点。皮革及其制品出口的需求规模效应变化较大，占比上升 237.9 个百分点，竞争力效应占比下降 205.48 个百分点（见表 8-6、表 8-8）。

在资本密集型产业中，机电产品、化工产品、贱金属及其制品、塑料及橡胶产业竞争力效应上升，需求规模效应下降。变化较大的是贱金属及制品需求规模效应下降 346.27 个百分点，商品结构效应提升 323.81 个百分点。其他产品的需求规模效应都有一定下降，竞争力效应都有所提升。

在技术密集型产业中，运输设备竞争力效应提升 30.01 个百分点，需求规模效应下降 2.89 个百分点，商品结构效应大幅度下降 27.12 个百分点。光学、钟表和医疗设备的竞争力效应比重上升 8.03 个百分点，需求规模效应下降 9.6 个百分点。

（三）中国对新兴经济体出口的效应分解

1. 模型分析结果：金融危机前（2001~2007 年）的分析

将新兴经济体看成一个整体市场，运用 CMS 模型对中国对新兴经济体出口增长的因素效应进行分解，如表 8-9 所示。

表 8-9 中国对新兴经济体出口增长的 CMS 模型分解
(2001~2007 年)　　　　　单位：百万美元，%

产品类别	出口增长总量		需求规模效应		商品结构效应		竞争力效应	
	绝对值	比重	绝对值	比重	绝对值	比重	绝对值	比重
资源密集型产品	6 654.77	100	6 458.64	97.05	-573.30	-8.61	769.42	11.56
劳动密集型产品	39 427.37	100	9 518.33	24.14	2 769.66	7.02	27 139.39	68.83
资本密集型产品	68 007.47	100	15 196.90	22.35	-1 675.78	-2.46	54 486.35	80.12
技术密集型产品	43 490.00	100	7 272.24	16.72	-419.69	-0.97	36 637.45	84.24
合计	157 628.87	100	43 109.51	27.35	-4 592.20	-2.91	119 133.50	75.58

资料来源：UN Comtrade 数据库和 ITC 数据库。

国际金融危机前，中国对新兴经济体出口增长了 1 576.29 亿美元，其中由于竞争力提升带来的出口增长部分为 1 191.34 亿美元，即竞争力效应对中国出口的贡献占比为 75.58%。新兴经济体对进口产品的需求增加引起的需求规模效应为 27.35%。而这一阶段的商品结构效应为负作用，占比为 -2.91%，说明中国出口的商品结构与新兴经济体进口的商品结构不相符，少部分产品对中国出口产生了负作用。

从产品类别来看，中国资源密集型产品出口增长主要由新兴经济体进口需求规模扩大引起，其需求效应占比为 97.05%。劳动密集型产品出口增长主要依靠竞争力效应，占比为 68.83%，其次是需求效应，占比为 24.14%。资本密集型产品出口增长主要来自竞争力效应，占 80.12%。技术密集型产品出口增长主要来自竞争力效应，占 84.24%。除劳动密集型产品外，其他三大类产品的商品结构效应都为负值，同时，在金融危机前，中国资源密集型产品出口的需求规模效应较强，其他三大类产品的竞争力效应较强，说明不能满足新兴经济体进口结构变化的需要。

首先，在中国对新兴经济体出口排名前十的行业产品中，除鞋靴、伞等轻工产品外，其他产业的竞争力效应占比都在 60% 以上，尤其是机电产品、贱金属及制品、塑料和橡胶等资本密集型产品竞争力效应较强，占比超过 80%。其次，需求规模效应比较强的行业有鞋靴及伞等轻工品，家具、玩具、杂项制品和化工产品，其需求规模效应在 30% 以上，分别为 75.90%、35.85% 和 31.81%。再次,纺织品及原料、陶瓷和玻璃、塑料和橡胶、运输设备等有一定的结构效应,其他产品则较弱,基本不能满足新兴市场的产品结构变化,而被排挤在新兴市场外部(见表8-10)。

表8-10　　　　主要产品出口增长的 CMS 模型分解

(2001~2007年)　　　　　单位:百万美元,%

产品类别	出口增长总量		需求规模效应		商品结构效应		竞争力效应	
	绝对值	比重	绝对值	比重	绝对值	比重	绝对值	比重
纺织品及原料	24 418.76	100	3 578.43	14.65	1 582.14	6.48	19 258.20	78.87
家具、玩具、杂项制品	4 970.37	100	1 781.93	35.85	-70.31	-1.41	3 258.74	65.56
鞋靴、伞等轻工产品	3 751.79	100	2 847.44	75.90	-10.17	-0.27	914.51	24.38
陶瓷、玻璃	2 959.74	100	680.82	23.00	17.57	0.59	2 261.35	76.40
机电产品	62 355.46	100	11 053.97	17.73	-7 561.62	-12.13	51 455.24	82.52
贱金属及制品	17 879.89	100	3 298.46	18.45	-479.22	-2.68	15 060.64	84.23
化工产品	10 750.35	100	3 419.74	31.81	-317.10	-2.95	7 647.72	71.14
塑料、橡胶	5 603.54	100	1 038.78	18.54	15.60	0.28	4 549.16	81.18
运输设备	7 889.71	100	1 635.02	20.72	33.08	0.42	6 221.60	78.86
光学、钟表、医疗设备	7 014.75	100	874.45	12.47	-46.89	-0.67	6 187.20	88.20

资料来源:UN Comtrade 数据库和 ITC 数据库。

2. 模型分析结果:金融危机后(2007~2013年)的分析

国际金融危机后的 2007~2013 年,中国对新兴经济体的出口增长了 1 796.29 亿美元,其中,新兴经济体进口需求规模扩大引起中国出口增长了

522.11亿美元,占29.07%;中国出口竞争力引起中国出口增加了1 339.14亿美元,占74.55%;商品结构效应依然为负值(见表8-11)。可见,中国出口竞争力仍是中国对新兴经济体出口增长的主导因素。

表8-11　　　中国对新兴经济体出口增长的CMS模型分解

(2007~2013年)　　　　　　　　单位:百万美元,%

产品类别	出口增长		需求规模效应		商品结构效应		竞争力效应	
	绝对值	比重	绝对值	比重	绝对值	比重	绝对值	比重
资源密集型	8 039.41	100	4 313.83	53.66	148.11	1.84	3 577.47	44.50
劳动密集型	59 240.69	100	12 162.62	20.53	5 596.71	9.45	41 481.35	70.02
资本密集型	75 525.02	100	17 135.47	22.69	647.09	0.86	57 742.45	76.45
技术密集型	36 990.15	100	12 269.50	33.17	-544.69	-1.47	25 265.34	68.30
合计	179 628.92	100	52 211.40	29.07	-6 284.40	-3.50	133 913.84	74.55

资料来源:UN Comtrade数据库和ITC数据库。

从产品类别来看,资源密集型产品对中国出口增长是需求规模效应和竞争力效应共同推动的结果,其占比分别为53.66%和44.50%。劳动密集型产品仍然有较强竞争力,其出口增长的竞争力效应占70.02%。资本密集型产品出口增长的竞争力效应占比为76.45%。技术密集型产品出口增长的竞争力效应和需求规模效应分别占68.30%和33.17%。除技术密集型产品外,其他三大类产品的商品结构效应都为正值(见表8-11)。

在国际金融危机后,中国对新兴经济体出口排名前十的行业产品仍然保持比较高的竞争力效应并维持一定的市场规模效应,商品结构效应低而且多数为负效应。所以,中国对新兴经济体出口的机会如表8-12所示。

表8-12　　　主要产品出口增长的CMS模型分解

(2007~2013年)　　　　　　　　单位:百万美元,%

产品类别	出口增长		需求规模效应		商品结构效应		竞争力效应	
	绝对值	比重	绝对值	比重	绝对值	比重	绝对值	比重
纺织品及原料	24 288.18	100	7 918.60	32.60	1 719.67	7.08	14 649.91	60.32
家具、玩具、杂项制品	13 526.86	100	3 168.83	23.43	201.59	1.49	10 156.44	75.08

续表

产品类别	出口增长		需求规模效应		商品结构效应		竞争力效应	
	绝对值	比重	绝对值	比重	绝对值	比重	绝对值	比重
鞋靴、伞等轻工产品	7 300.65	100	2 611.12	35.77	-54.05	-0.74	743.58	64.97
陶瓷、玻璃	6 089.50	100	772.28	12.68	-25.74	-0.42	5 342.97	87.74
机电产品	57 276.94	100	17 337.33	30.27	-5.11	-0.01	39 944.72	69.74
贱金属及制品	13 500.85	100	1 654.66	12.26	335.97	2.49	11 510.23	85.26
化工产品	12 311.25	100	4 179.18	33.95	-257.05	-2.09	8 389.12	68.14
塑料、橡胶	11 191.76	100	2 966.85	26.51	27.20	0.24	8 197.70	73.25
运输设备	9 618.96	100	1 032.66	10.74	237.30	2.47	8 348.99	86.80
光学、钟表、医疗设备	8 609.58	100	2 036.80	23.66	-43.01	-0.50	6 615.79	76.84

资料来源：UN Comtrade 数据库和 ITC 数据库。

（1）主要靠竞争力获得市场机会。出口规模排前 10 位的产品，都有较高的竞争力效应。竞争力效应占比超过 80% 的主要是陶瓷、玻璃，运输设备、贱金属及制品等；竞争力效应占比在 70%~80% 的主要有家具、玩具、杂项类制品，塑料和橡胶、光学、钟表和医疗设备等；其他产品竞争力效应占比在 60%~70%。

（2）依靠大规模生产满足新兴市场需求规模的增加并获得出口机会。需求规模效应较高的产品主要有鞋靴、伞等轻工产品，化工产品，纺织品及原料，机电产品，其出口增长的需求效应占比都在 30% 以上。需求规模效应占比在 20%~30% 的产品主要有塑料及橡胶，光学、钟表和医疗设备，家具、玩具、杂项制品等。

（3）在新兴市场结构变化中，中国产品的商品结构效应都比较低，基本上不能获得出口机会，甚至被排挤出市场。中国有微弱商品结构效应的是纺织品及原料，家具、玩具、杂项制品，贱金属及制品，塑料和橡胶，运输设备等。其他产品出口的结构效应为负，被排挤在新兴市场外部。所以，中国出口的产品基本不能满足新兴市场产品结构变化的需要。

3. 模型分析结果：两个阶段比较

新兴经济体在国际金融危机后进行了进口结构调整，中国对其出口增长的动力来源总体上变化不大，但内部各类产品的动力来源发生了较大变化（见表8-9、表8-11、表8-13）。

表8-13　　　　两个阶段分解效应所占比重的升降　　　　单位：%

产品类别	需求规模效应占比变化	商品结构效应占比变化	竞争力效应占比变化
资源密集型产品	-43.39	10.45	32.94
劳动密集型产品	-3.61	2.43	1.19
资本密集型产品	0.34	3.32	-3.67
技术密集型产品	16.45	-0.50	-15.94
总出口	1.72	-0.59	-1.03

资料来源：UN Comtrade 数据库和 ITC 数据库。

（1）对新兴经济体的出口总效应。国际金融危机后（2007~2013年），中国对新兴经济体的出口贸易仍然依靠竞争力效应，其次是靠新兴经济体进口规模拉动的需求规模效应。其竞争力效应和需求规模效应的占比分别为74.55%和29.07%，比危机前（2001~2007年）提升了-1.03个百分点和1.72个百分点。中国对新兴经济体出口增长的结构效应仍然比较低，而且还有所下降，说明中国不合理的出口商品结构没有得到实质性改变。

（2）从四大类产品看，中国资源密集型产品对新兴经济体出口的需求规模效应比重大幅下降了43.39个百分点，商品结构效应和竞争力效应比重分别增加了10.45个和32.94个百分点。劳动密集型产品出口的需求规模效应比重略有下降，商品结构效应和竞争力效应比重略有上升。资本密集型产品出口的需求规模效应和商品结构效应比重略有上升，竞争力效应比重略有下降。技术密集型产品的需求规模效应占比大幅度上升了16.45个百分点，竞争力效应比重大幅度下降了15.94个百分点，商品结构效应比重略有下降。

（3）从中国对新兴经济体出口排名前10名的产业看，其结构效应占比的变化都不大（见表8-14）。陶瓷和玻璃、塑料和橡胶、鞋靴和伞等轻工产品的商品结构效应比重略有下降，除此之外，其余产业的商品结构效应占比均有所上升，机电产品结构效应比重最大上升了12.12个百分点，其次，贱金属及制品上升了5.17个百分点，其他类产品的商品结构效应比例比金融危机前均有所提升，但提升程度不大。除机电产品和贱金属及制品外，其他产业产品的出口增长效应基本由竞争力效应和需求规模效应此消彼长共同作用形成。

表8-14 金融危机前后主要产品出口效应占比的变化 单位：%

产品类别	需求规模效应占比变化	商品结构效应占比变化	竞争力效应占比变化
纺织品及原料	17.95	0.60	-18.55
家具、玩具、杂项制品	-12.42	2.90	9.52
鞋靴、伞等轻工产品	-40.13	-0.47	40.59
陶瓷、玻璃	-10.32	-1.01	11.34
机电产品	12.54	12.12	-12.78
贱金属及制品	-6.19	5.17	1.03
化工产品	2.14	0.86	-3.00
塑料、橡胶	7.97	-0.04	-7.93
运输设备	-9.98	2.05	7.94
光学、钟表、医疗设备	11.19	0.17	-11.36

资料来源：UN Comtrade 数据库和 ITC 数据库。

在劳动密集型产业中，纺织品及原料的出口效应发生了较大变化，竞争力效应下降 18.55 个百分点，需求规模效应上升 17.95 个百分点，分别达到 60.32% 和 32.60%。鞋靴、伞等轻工产品的竞争力效应提升 40.59 个百分点，需求效应下降 40.13 个百分点，分别达到 64.97% 和 35.77%。陶瓷和玻璃产业的竞争力效应提升 11.34 个百分点，需求效应下降 10.32 个百分点，分别达到 87.74% 和 12.68%。家具、玩具、杂项制品类产业竞争力效应提升 9.52 个百分点，需求效应下降 12.42 个百分点，分别达到 75.08% 和 23.43%。

在资本密集型产业中，机电产品、化工产品、贱金属及其制品、塑料及橡胶产业竞争力效应下降，需求效应上升。变化较大的是机电产品，其竞争力效应下降 12.78 个百分点，需求规模效应上升 12.54 个百分点，商品结构效应提升 12.12 个百分点，分别达到 69.74%、30.27% 和 -0.01%。其他产业变化不大。

在技术密集型产业中，运输设备竞争力效应提升 7.94 个百分点，需求效应下降 9.98 个百分点，分别达到 86.80% 和 10.74%。光学、钟表和医疗设备的竞争力效应比重下降 11.36 个百分点，需求效应上升 11.19 个百分点，分别达到 76.84% 和 3.66%。

(四) 中国对"海上丝绸之路"代表国家出口的效应分解

中国与东南亚、南亚及西亚国家虽然地理位置相隔较远,但持续两千多年的"丝绸之路"把各国友谊连接在一起,经贸合作历史悠久。改革开放以来,中国更加注重同东南亚、南亚以及西亚国家的经贸往来,与东南亚国家建立了密切的经济贸易关系。在"一带一路"倡议背景下,中国与"海上丝绸之路"沿线国家的经贸合作将会出现广阔的发展前景。为了探讨中国与"一带一路"合作伙伴的经贸现状及未来的合作空间,本书采用恒定市场份额模型,定量分析"海上丝绸之路"沿线代表国家产品进口结构变化对中国出口的影响。本章基于中国对"海上丝绸之路"代表国家的产品出口情况,分析其规模变动的原因,并重点分析产品结构和产品竞争力对出口规模变动的影响。

1. 东南亚航段 8 国进口结构变化的效应

(1) 针对国际金融危机前 (2000~2007) 的分析。中国对东南亚 8 国的出口份额增长了 70 267.67 亿美元,其中,65 371.84 亿美元来自中国出口产品竞争力的提高,贡献比例达 93.13%。东南亚航段 8 国进口规模的扩大在一定程度上促进了中国对其出口的增长,占比为 7.28%。此阶段的商品结构效应为负效应,其值为 -0.32% (见表 8-15),说明中国出口商品结构和东南亚 8 国进口商品结构存在一定的错位,对出口产生了抑制作用,但作用有限。

表 8-15　　危机前中国对东南亚航段 8 国出口增长的
CMS 模型分解 (2000~2007 年)　　　　单位:亿美元,%

产品类别	出口增长	需求规模效应		商品结构效应		竞争力效应	
	绝对值	绝对值	比重	绝对值	比重	绝对值	比重
机电产品	31 696.75	2 408.24	7.60	-0.59	-0.002	29 289.10	92.40
纺织品及原料	8 866.58	615.70	6.94	-49.53	-0.56	8 300.40	93.61
贱金属及制品	10 902.59	608.33	5.58	-75.83	-0.70	10 370.09	95.12
化工产品	4 577.55	381.22	8.33	-11.41	-0.25	4 207.75	91.92
家具、玩具、杂项制品	1 189.40	93.49	7.86	-3.11	-0.26	1 099.20	92.40
运输设备	4 275.26	324.17	7.58	-66.77	-1.56	4 017.87	93.98
矿产品	3 426.50	322.59	9.41	-2.14	-0.06	3 106.05	90.65

续表

产品类别	出口增长 绝对值	需求规模效应 绝对值	需求规模效应 比重	商品结构效应 绝对值	商品结构效应 比重	竞争力效应 绝对值	竞争力效应 比重
塑料、橡胶	1 661.55	120.94	7.28	-2.04	-0.12	1 542.65	92.84
光学、钟表、医疗设备	2 664.22	164.59	6.18	-10.11	-0.38	2 509.73	94.20
陶瓷、玻璃	1 007.08	78.15	7.76	-0.08	-0.008	929.01	92.25
出口合计	70 267.67	5 117.42	7.28	-221.59	-0.32	65 371.84	93.13

资料来源：国际贸易中心，http://www.intracen.org。

从出口排前十大类的商品看，其商品结构效应均为负值，对出口产生阻碍作用，其中运输设备的结构效应较强为 -1.56%，机电产品的结构效应最弱为 -0.002%。这说明在商品结构效应为负的每一大类商品中，中国出口过多的集中在某些产品需求增长较慢的商品上，这些商品的进口增长速度低于该类产品的总进口增速。但同时可以发现，前面所列的机电产品、贱金属及制品、化工产品、塑料和橡胶、运输设备、陶瓷和玻璃等10大类产品的出口增长中竞争力效应所占的比重很大，均在90%以上，说明中国出口竞争力的提高成为决定该阶段中国对东南亚航段8国各类产品出口增长的最主要因素。

（2）针对国际金融危机后（2007~2014）的分析。中国对东南亚航段8国的总出口增长了131 987.96亿美元，增量较危机前翻了近一番。其中14 478.43亿美元来自该8国进口规模的扩大，贡献比例为10.98%；118 444.35亿美元来自中国出口产品竞争力的提高，贡献比例为89.74%；-432.47亿美元来自商品结构效应，贡献比例为 -0.32%（见表8-16）。

表8-16　危机后中国对东南亚8国出口增长的
CMS模型分解（2007~2014年）　　　单位：亿美元，%

产品类别	出口增长 绝对值	需求规模效应 绝对值	需求规模效应 比重	商品结构效应 绝对值	商品结构效应 比重	竞争力效应 绝对值	竞争力效应 比重
机电产品	39 375.60	5 016.73	12.74	-6.02	-0.02	34 364.89	87.27
纺织品及原料	23 918.98	2 330.40	9.74	-117.78	-0.49	21 706.36	90.75
贱金属及制品	19 034.19	2 165.16	11.38	-156.24	-0.82	17 025.28	89.45
化工产品	7 524.19	936.06	12.44	-48.17	-0.64	6 636.29	88.20
家具、玩具、杂项制品	12 398.26	865.19	6.98	-22.77	-0.18	11 555.84	93.21

续表

产品类别	出口增长	需求规模效应		商品结构效应		竞争力效应	
	绝对值	绝对值	比重	绝对值	比重	绝对值	比重
运输设备	5 742.76	755.88	13.16	-40.30	-0.70	5 027.18	87.54
矿产品	6 721.47	747.19	11.12	-8.64	-0.13	5 982.91	89.01
塑料、橡胶	7 000.34	644.10	9.20	-2.71	-0.04	6 358.95	90.84
光学、钟表、医疗设备	4 384.10	515.36	11.76	-5.23	-0.12	3 873.96	88.36
陶瓷、玻璃	5 888.07	502.35	8.53	-24.61	-0.42	5 410.33	91.89
出口合计	131 987.96	14 478.43	10.98	-432.47	-0.32	118 444.35	89.74

资料来源：国际贸易中心，http://www.intracen.org。

在国际金融危机后，产品竞争力效应所带来的出口增量及其贡献比例都表明：中国对东南亚8国的出口增长主要归功于中国出口产品竞争力的提高，出口前十大产品竞争力贡献比重均在87%以上。其中机电产品，纺织品及原料，贱金属及制品和家具、玩具、杂项制品这四大类产品的出口增量在出口增长总量中占很大比重，分别为87.27%、90.95%、89.45%和93.21%，但相比于危机前，机电产品、纺织品及原料和贱金属及制品的竞争力贡献度略有下降。危机后十类产品的需求效应贡献度较危机前整体略有提高，运输设备、机电产品及化工产品三类产品的出口增长中需求规模效应所占的比重相对较大，分别为13.16%、12.74%和12.44%，说明危机后东南亚8国这三类产品进口规模的扩大成为中国对其出口增长的重要原因。此外，危机前后，结构效应所带来的出口增量和贡献比例均为负数，且贡献比重很低，这说明中国这十类出口产品的商品结构和东南亚8国进口需求结构还存在一定程度的错位。比较分析可知，较2000～2007年，机电产品、贱金属及制品、化工产品、运输设备、矿产品和陶瓷与玻璃这六大类产品的结构错位在缓慢加大，这在一定程度上加大了对这些产品出口增长的抑制作用；而纺织品及原料，家具、玩具、杂项制品，塑料、橡胶和光学、钟表、医疗设备这四大类产品的结构错位在逐步减小，说明危机后中国这四大类产品的出口对东南亚8国进口需求结构做出了积极的调整，进而对这些产品出口增长的抑制作用有所减弱。

2. 南亚及波斯湾航段10国进口结构变化的效应

（1）针对国际金融危机前（2000～2007年）的分析。中国对南亚及波斯湾航段10国的总出口增长了64 965.99亿美元，其中58 109.95亿美元来自中国出口产品竞争力的提高，贡献比例达95.16%。南亚及波斯湾航段10国进口规模的占比为 5.27%，进口规模的扩大在一定程度上促进了中国对该区域的出口增长。该阶段的商品结构效应为负效应 -0.29%（见表 8-17），说明中国出口商品结构和南亚及波斯湾航段 10 国进口商品结构存在一定的错位，对出口产生了较小的抑制作用。

表 8-17　危机前中国对南亚及波斯湾 10 国出口增长的 CMS 模型分解 (2000~2007 年)　　单位：亿美元，%

产品类别	出口增长	需求规模效应		商品结构效应		竞争力效应	
	绝对值	绝对值	比重	绝对值	比重	绝对值	比重
机电产品	17 032.29	794.51	4.66	-6.82	-0.04	16 244.60	95.38
纺织品及原料	6 393.38	491.31	7.68	-35.36	-0.55	5 937.43	92.87
贱金属及制品	8 199.59	267.48	3.26	-36.13	-0.44	7 968.24	97.18
化工产品	4 797.54	340.35	7.09	-20.32	-0.42	4 477.51	93.33
家具、玩具、杂项制品	1 204.80	70.03	5.81	-0.86	-0.07	1 135.63	94.26
塑料、橡胶	1 773.71	93.17	5.25	-6.02	-0.34	1 686.56	95.09
运输设备	2 263.36	108.20	4.78	-19.92	-0.88	2 175.07	96.10
陶瓷、玻璃	1 094.28	62.36	5.70	-0.24	-0.02	5 410.33	91.89
鞋靴、伞等轻工品	352.65	31.66	8.98	-0.55	-0.16	321.54	91.18
光学、钟表、医疗设备	634.33	45.39	7.16	-0.50	-0.08	589.43	92.92
出口合计	43 745.92	2 304.45	5.27	-126.70	-0.29	41 630.54	95.16

资料来源：国际贸易中心，http://www.intracen.org。

国际金融危机前，机电产品、纺织品及原料、贱金属及制品、化工产品、塑料和橡胶、运输设备、陶瓷和玻璃等 10 大类产品的需求效应和竞争力效应均为正数，且产品竞争力效应贡献程度最大，贡献比例均在 92% 以上，远高于需求规模效应和商品结构效应（见表 8-17）。这说明中国对南亚及波斯湾 10 国各类产品出口增长的决定因素是出口产品竞争力的提高，并集中在机电产品、纺织品及原料和贱金属及制品三大类产品。该阶段商品总需求规模效应的贡献度为 5.27%，前十大产品各自需求规模效应的贡献比例浮动的区间为 4.78%~8.98%，这说明该区域进口规模的扩大对出口增长具有促进作用，但作用不大。而前十类产品的商品结构效应则均为负值且贡献程度小，对出口产生较弱的阻碍作用，其中纺织品及原料的商品结构效应为 -0.55%，机电产品的商品结构效应为 -0.04%，这说明在商品结构效应为负的各类商品中,中国的出口集中在某些小类(章)产品需求增长较慢的商品上,并且其进口增长速度低于该类产品的总进口增速。

(2)针对国际金融危机后(2007~2014年)的分析。中国对南亚及波斯湾航段10国的总出口增长了64 965.99亿美元,比危机前的出口增长翻了一番。其中,贡献比重最大的仍是竞争力效应(58 109.95亿美元),贡献比例高达89.45%;其次是需求规模效应,该阶段中国自南亚及波斯湾航段10国的进口规模为7 550.69亿美元,贡献比重为11.62%;而商品结构效应为负值-311.47,贡献比例为-0.48%。以上数据表明危机后中国对南亚及波斯湾航段10国的前十大类产品的出口增长主要由中国产品的竞争力拉动,南亚及波斯湾航段10国的进口需求也起到一定的促进作用,但相对较小,而中国与该区域商品结构的错位则抑制了出口增长(见表8-18)。

国际金融危机后,中国对南亚及波斯湾航段10国的出口增长仍取决于产品竞争力。前十大产品竞争力效应所引致的出口增量比危机前有明显增加,但竞争力效应的贡献度有所降低。相比于危机前,该阶段商品需求规模效应的贡献度也有所扩大,即该区域进口规模的加大促进了中国对这些商品的出口,而商品需求结构的贡献比例则有增有减。出口增量居前的机电产品、纺织品及原料、贱金属及制品和化工产品的贡献比例由2000~2007年的92%以上下降到86.76%、89.03%、88.46%和88.26%,这说明中国这些产品的竞争力有所下滑。与此同时,它们的需求规模效应贡献比例均上升至11%以上,这表明该区域这四类产品的进口规模在扩大且有利于中国的出口增长。在需求结构上,机电产品和化工产品的结构错位有所减弱,对出口增长的阻碍也随之减小,而纺织品及原料和贱金属及制品的结构不对称趋于明显,对出口增长的阻碍变大。

表8-18　　　危机后中国对南亚及波斯湾10国出口增长的
CMS模型分解(2007~2014年)　　　单位:亿美元,%

产品类别	出口增长	需求规模效应		商品结构效应		竞争力效应	
	绝对值	绝对值	比重	绝对值	比重	绝对值	比重
机电产品	17 582.80	2 329.63	13.25	-2.39	-0.01	15 255.56	86.76
纺织品及原料	10 128.95	1 200.78	11.86	-89.59	-0.88	9 017.76	89.03
贱金属及制品	6 959.01	917.75	13.19	-114.36	-1.64	6 155.62	88.46
化工产品	7 993.47	965.18	12.08	-26.32	-0.33	7 054.60	88.26
家具、玩具、杂项制品	6 519.64	540.54	8.29	-5.81	-0.09	5 984.91	91.80
塑料、橡胶	5 189.52	498.51	9.61	-14.57	-0.28	4 705.58	90.68

续表

产品类别	出口增长	需求规模效应		商品结构效应		竞争力效应	
	绝对值	绝对值	比重	绝对值	比重	绝对值	比重
运输设备	2 647.27	342.90	12.95	-40.79	-1.54	2 345.17	88.59
陶瓷、玻璃	3 881.72	383.18	9.87	-10.99	-0.28	3 509.53	90.41
鞋靴、伞等轻工品	2 143.23	183.24	8.55	-6.05	-0.28	1 966.04	91.73
光学、钟表、医疗设备	1 920.39	188.98	9.84	-0.60	-0.03	1 732.00	90.19
出口合计	64 965.99	7 550.69	11.62	-311.47	-0.48	58 109.95	89.45

资料来源：国际贸易中心，http://www.intracen.org。

3. 红海湾及印度洋西岸航段 5 国结构变化的效应

（1）针对国际金融危机前的分析。危机前（2000～2007年）中国对红海湾及印度洋西岸航段 5 国的总出口增长了 5 524.53 亿美元，其中 5 188.56 亿美元来自出口产品竞争力的提高，贡献比例达 93.92%。南亚及波斯湾航段 10 国进口规模的占比为 6.81%，进口规模的扩大促进了中国对该区域的出口增长。该阶段的商品结构效应为负效应，占比为 -0.53%（见表 8-19），说明中国出口商品结构和红海湾及印度洋西岸航段 5 国进口商品结构存在错位，对出口增长产生了一定的阻碍作用。

中国对红海湾及印度洋西岸航段 5 国出口的前十大类商品，其商品结构效应所带来的出口增量及贡献比例均为负值，对出口产生阻碍作用。其中运输设备的阻碍作用最大（-1.52%），其次是贱金属及制品（-1.09%），这说明中国出口的这两类产品和该区域进口的这两类产品在进出口商品的结构上错位较严重，从而加大了中国出口这些产品的阻力。在竞争力效应上，机电产品、纺织品及原料、贱金属及制品和运输设备的出口增量较多，贡献比例都在 93% 以上，竞争力的提升大大的促进了出口的增长。该阶段商品的需求效应的贡献比例为正，但都低于 10%，有利于出口的增长，但促进作用远小于竞争力效应（见表 8-19）。

表 8-19 危机前中国对红海湾及印度洋西岸航段 5 国出口增长的 CMS 模型分解（2000～2007年） 单位：亿美元，%

产品类别	出口增长	需求规模效应		商品结构效应		竞争力效应	
	绝对值	绝对值	比重	绝对值	比重	绝对值	比重
机电产品	1 528.94	98.52	6.44	-0.26	-0.02	1 430.68	93.57
纺织品及原料	1 452.61	107.53	7.40	-6.29	-0.43	1 351.37	93.03

续表

产品类别	出口增长 绝对值	需求规模效应 绝对值	需求规模效应 比重	商品结构效应 绝对值	商品结构效应 比重	竞争力效应 绝对值	竞争力效应 比重
贱金属及制品	763.91	45.37	5.94	-8.35	-1.09	726.89	95.15
塑料、橡胶制品	420.39	28.06	6.67	-2.18	-0.52	394.51	93.84
运输设备	523.77	26.63	5.08	-7.97	-1.52	505.11	96.44
化工产品	296.31	27.23	9.19	-1.22	-0.41	270.30	91.22
家具、玩具、杂项制品	156.36	13.26	8.48	-1.41	-0.90	144.51	92.42
鞋靴、伞等轻工产品	125.71	12.14	9.66	-0.16	-0.13	113.73	90.47
陶瓷、玻璃	171.08	11.012	6.44	-1.38	-0.81	161.45	94.37
光学、钟表、医疗设备	85.45	6.73	7.88	-0.29	-0.34	79.00	92.46
出口合计	5 524.53	376.49	6.81	-29.51	-0.53	5 188.56	93.92

资料来源：国际贸易中心，http：//www.intracen.org。

（2）针对国际金融危机后的分析。危机后（2007～2014年）中国对红海湾及印度洋西岸航段5国的总出口增长了13 009.50亿美元，增幅是危机前的两倍。其中需求规模效应、商品结构效应和竞争力效应所占的比重分别为10.81%、-0.43%和90.12%。相比于2000～2007年，需求结构效应所占的比重仍很小且为负值，但数值略有降低，说明产品的需求结构不对称虽然对出口增长的抑制作用仍在但趋于减弱；商品需求效应所占比重增加，对中国出口的贡献作用加大；竞争力效应所占比重下降，但降幅不大，可见仍是影响出口增长的最主要因素。

国际金融危机后，贱金属及制品和运输设备类产品出口增长中的三种效应变动较大（见表8-20），其中贱金属及制品的需求规模效应所占比重由5.94%上升到11.73%，提高了5.79个百分点；商品结构效应所占比重增至-0.45%，提高了0.64个百分点，说明该类产品的需求结构错位在逐步扩大，对出口增长的负效应增强；竞争力效应所占比重降至88.72%，降低了6.43个百分点，但仍是促进出口增长的最主要因素。而运输设备类产品需求规模效应比重上升到12.71%，提高了7.63个百分点，进口规模的扩大对出口增长的促进作用愈发明显；商品结构效应所占比重降至-1.01%，降低了0.51个百分点，降幅虽小但说明该类产品的需求结构出现了调整，对出口增长的负效应减弱；竞争力效应所占比重虽然降低了8.14个百分点，但比重仍高达88.30%，成为出口增长的主导力量。此外，机电产品和纺织品及原料的需求效应与需求结构效应都在增加，但结构效应对出口增长所带来的负效应在增强，同时竞争力效应比重的下降也削弱了其在产品出口增长中的贡献程度。

表 8 – 20　危机后中国对红海湾及印度洋西岸航段 5 国出口增长的
CMS 模型分解（2007～2014 年）　　　单位：亿美元，%

产品类别	出口增长 绝对值	需求规模效应 绝对值	比重	商品结构效应 绝对值	比重	竞争力效应 绝对值	比重
机电产品	2 987.185	359.87	12.05	-3.02	-0.10	2 630.34	88.05
纺织品及原料	3 185.132	336.16	10.55	-26.96	-0.85	2 875.94	90.29
贱金属及制品	1 530.492	179.55	11.73	-6.87	-0.45	1 357.81	88.72
塑料、橡胶制品	997.714	104.55	10.48	-1.47	-0.15	894.63	89.67
运输设备	700.988	89.09	12.71	-7.10	-1.01	619.00	88.30
化工产品	669.75	79.46	11.86	-3.32	-0.50	593.60	88.63
家具、玩具、杂项制品	935.43	81.10	8.67	-1.22	-0.13	855.54	91.46
鞋靴、伞等轻工产品	942.01	75.07	7.97	-0.83	-0.09	867.78	92.12
陶瓷、玻璃	674.57	65.41	9.70	-4.64	-0.69	613.79	90.99
光学、钟表、医疗设备	386.24	36.09	9.34	-0.08	-0.02	350.23	90.68
出口合计	13 009.50	1 406.35	10.81	-55.49	-0.43	11 724.05	90.12

资料来源：国际贸易中心，http：//www.intracen.org。

四、本章小结

总体上看，世界进口需求变化对中国出口贸易产生了较大影响，两者同升同降，相关性比较大。2008 年国际金融危机引起全球需求结构变化，对中国进出口贸易产生了严重影响。危机后，中国进出口贸易增速大幅度降低，但是，中国进口值和出口值在世界进口总值和出口总值中的份额不断上升。

（1）中国对外出口结构变化态势：危机后与危机前相比，中国对发达经济体出口结构的变化为：资源密集型产品延续危机前变化，其占比继续下降 1.31 个百分点；劳动密集型产品出口占比继续下降，下降幅度收窄；资本密集型产品占比上升幅度减小；技术密集型产品出口占比继续上升。2014 年的出口结构如下：资源密集型产品为 3.51%，劳动密集型产品为 29.32%，资本密集型产品为 37.22%，技术密集型产品为 29.95%。

中国对新兴经济体出口结构的变化为：资源密集型产品出口占比继续下降；

劳动密集型产品出口占比回升；资本密集型产品出口占比上升幅度变小；技术密集型产品出口占比与危机前变化方向相反，占比下降幅度大于危机前上升幅度。2013年，资源密集型产品的占比为5.00%，劳动密集型产品的占比为27.10%，资本密集型产品的占比为43.63%，技术密集型产品的占比为24.27%。

（2）运用恒定市场份额模型（CMS）对中国出口变化效应的来源进行分解。CMS将产品贸易变动的动因分为需求规模效应、商品结构效应以及出口竞争力效应。世界各国的需求结构在国际金融危机后发生了变化，中国对外出口增长的动力来源也发生了较大变化。

首先，从对发达经济体的出口总效应看，国际金融危机后（2007~2013年），中国对发达经济体的出口贸易仍然依靠竞争力效应来扩大出口，其竞争力效应比危机前有所（2001~2007年）提高。其次，依靠进口规模拉动的需求规模效应比危机前有所下降。最后，中国对发达经济体出口增长的商品结构效应为负值，而且还有所下降。

首先，从对新兴经济体的出口总效应看，国际金融危机后，中国对新兴经济出口的竞争力效应仍然较高，但是有所下降。其次，需求效应比危机前有所提升。最后，结构效应仍然比较低，为负值，而且还有所下降。

总体来看，无论对发达经济体还是对新兴经济体，中国出口增长的结构效应更加恶化，说明中国不合理的出口商品结构没有得到实质性改变。

（3）从中国对外出口的四大类产品看，就对发达经济体的出口而言，资源密集型产品的需求规模效应比重大幅下降，商品结构效应大幅度上升，竞争力效应比重大幅度下降；劳动密集型产品出口的需求规模效应和商品结构效应比重提高，竞争力效应比重下降；资本密集型产品出口的需求规模效应比重大幅下降，商品结构效应比重略有下降，竞争力效应比重上升；技术密集型产品的需求规模效应占比上升，竞争力效应比重略有上升，商品结构效应比重下降。

就对新兴经济体的出口而言，资源密集型产品对新兴经济体出口的需求效应比重大幅下降，商品结构效应和竞争力效应比重上升；劳动密集型产品出口的需求效应比重略有下降，商品结构效应和竞争力效应比重略有上升；资本密集型产品出口的需求效应和商品结构效应比重略有上升，竞争力效应比重略有下降；技术密集型产品的需求效应占比上升，竞争力效应比重下降，商品结构效应比重略有下降。

（4）主要产业的出口变化效应：从中国对外出口值比较大的产业来看，其需求结构变化引起的出口变化效应比较大。

就中国对发达经济体出口排名前10位的产业而言，一是出口产品结构变化引起的出口增长正效应，变化最大的是贱金属及制品，其出口增长的商品结构效应占比大幅度上升；其次，纺织品及原料，光学、钟表、医疗设备，机电产品，塑料、橡胶的商品结构效应占比有小幅上升。二是结构负效应，商品结构效应占比变化最大的是家具、玩具、杂项制品，其商品结构效应大幅度下降；其次，皮革、运输设备商品结构效应占比下降不大，化工产品、鞋靴、伞等轻工产品的结构效应有微幅下降。

从中国对新兴经济体出口排名前10位的产业看，其商品结构效应占比变化都不大。除陶瓷和玻璃、塑料和橡胶制品、鞋靴和伞等轻工产品的商品结构效应比重略有下降外，其余产业的商品结构效应占比均有所上升，机电产品、贱金属及制品结构效应比重上升幅度不大，而其他类产品的商品结构效应比例则微幅上升。

（5）中国对"海上新丝路"三大航段国家出口的前10大产品主要集中在机电产品，纺织品及原料，贱金属及制品，化工产品，运输设备，轻工品（家具、玩具、塑料、橡胶、鞋靴、伞、杂项制品等）光学、钟表、医疗设备和陶瓷、玻璃等产品，所列产品的需求规模效应和竞争力效应均为正值，对出口增长具有促进作用；其中出口竞争力的贡献比例都在86%以上，是影响出口增长的主导力量。这说明中国出口的这些产品在"海上新丝路"沿线国家的市场上具备很强的竞争力；与此相反，这些产品的需求结构效应都为负且比重较小，需求结构的错位在一定程度上阻碍了出口的增长，这表明中国有必要加强对这些产品出口结构的调整，以尽早适应进口国家的市场需求。

第九章

全球需求结构变化对中国产业调整的影响

全球需求结构变化必然通过贸易与投资的传递效应对中国产业发展产生影响，要求对国内产业结构进行战略调整。本章主要分析外部需求结构变化态势对中国产业结构的影响。首先运用非竞争型投入产出模型分析中国出口和进口的合理性，分析进口和出口对中间产品投入和产业结构变化情况的影响；其次分析中国收入水平及消费结构、扩大内需政策对产业结构的影响；最后探讨中国产业结构优化升级的战略调整。

一、全球需求结构变化与产业联系的研究方法

(一) 全球需求结构变化与中国产业结构的联系机理

随着经济全球化的深入发展，各国经济已经融入产业全球化分布和全球产业链中。全球产业变化及其产业结构演化离不开世界各国需求及其国际需求变化。一个国家产业成长及其结构演化受到其他国家的国际需求变化、产品生产能力和国际供给变化的影响。世界各国需求变化及其国际需求结构变化引起全球供给与需求失衡，从而导致国际经济危机；反过来，国际经济危机又影响各国经济发展，影响各国生产能力和产业发展，从而影响各国收入和需求变化，引起全球需

求及其各类需求不同程度的变化，进而影响全球产业链布局变化。

相对中国而言，全球需求就是外部需求，严格地说就是除中国本身需求以外的外部需求，即外需。外需通过外贸联系国内需求和供给从而影响产业发展和结构调整。在经济全球化不断加深的背景下，中国产业结构的演化规律不仅受国内因素主导，更多的是受外部国际因素，主要是国际产业结构演化趋势的深刻影响（蔡昉、王德文和曲玥，2009）。1997年亚洲金融危机、2008年国际金融危机等不同程度地引发外需市场波动，对中国出口及其产业发展、产业结构演进带来重大影响。所以，在国际金融危机的影响下，中国采取了一系列应对措施，其中，外贸政策与汇率调整等因素变化成为短期影响产业结构演化的重要因素；同时，为了应对外需萎缩，中国采取了扩大内需的宏观调控政策，对产业结构变化产生重要影响。在国内需求条件与国家经济发展战略的共同作用下，这种内外因素的互动影响将对中国未来产业结构调整与优化升级产生深远影响。近年来有学者关注在外需与内需此消彼长的过程中，中国产业结构调整的方向与战略问题（邱丽，2009）。

从产业结构的演化机理看，库兹涅茨（S. Kuznets，1989）基于发达经济体发展的经验研究，揭示了经济发展阶段与产业结构演化的一般规律。罗斯托（W. Rostow，2001）主要从供给角度分析，考察供给因素与要素结构变化对产业结构的影响。钱纳里（H. Chenery）和赛尔奎因（M. Syrquin，1998）从贸易结构角度考察了外部需求因素对发展中经济体产业结构演变的影响。国内学者基于中国经济发展的不同阶段，早期研究较多关注于"要素禀赋条件与产业结构的演化机理"。例如，基于中国对外开放与引进外资战略，探讨FDI及其技术溢出效应对中国产业结构演化的影响；基于外向型区域发展特点，探讨外资和外贸互动对产业结构的影响问题（刘力，2005）。随着中国对外开放程度的不断加深，一些学者开始关注对外贸易结构对产业结构演化规律的影响（陈建华和马晓遥，2009；谷永芬和洪娟，2011）。

基于前期相关文献的经验研究，中国产业结构调整的动力机制可以概括为三个方面：一是基于供给条件的调整；二是基于需求条件的调整，包括应对外需变化的外贸政策和内需政策；三是经济发展战略与产业政策因素的影响。例如，2008年国际金融危机以后，为了应对国际金融危机引起的外需波动的风险，中国实施了扩大内需的政策，这一政策分别从供给与需求两个方面对产业结构调整产生深刻影响。需要指出的是，需求因素对产业结构调整的影响应一般视为"短期"因素。从长期来看，产业结构调整与升级有必要从供求态势与发展战略相结合的角度来分析（见图9-1）。

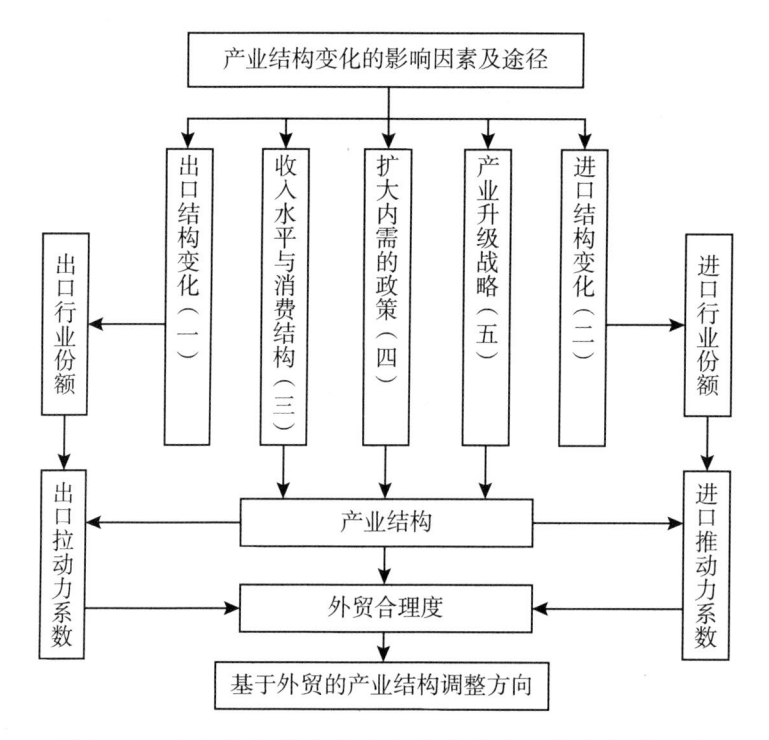

```
                ┌─────────────────────────┐
                │ 产业结构变化的影响因素及途径 │
                └─────────────────────────┘
                            │
       ┌────────┬───────────┼───────────┬────────┐
       ▼        ▼           ▼           ▼        ▼
    ┌─────┐ ┌───────┐  ┌───────┐  ┌───────┐  ┌─────┐
    │出口 │ │收入水平│  │扩大内需│  │产业升级│  │进口 │
    │结构 │ │与消费 │  │的政策 │  │战略   │  │结构 │
    │变化 │ │结构   │  │(四)  │  │(五)  │  │变化 │
    │(一)│ │(三)  │  │       │  │       │  │(二)│
    └─────┘ └───────┘  └───────┘  └───────┘  └─────┘
```

图 9-1　产业结构演化的动力机制及产业结构调整方向

因此，本章重点揭示外需及外贸变化与国内产业调整的联系机理，探讨外需条件变化与国内政策调整之间的动态响应机制，探讨中国产业结构演化的动力机制与产业结构调整方向，并综合考虑中国发展战略与产业升级目标。

（二）基于产业联系的外贸合理度评价的方法问题

传统评价外贸合理度的方法主要依赖一国外贸商品或服务结构，依据其产业层次与技术层次及其附加值评价外贸合理度。这种评价方法对外贸结构与本国产品结构的匹配程度以及进出口贸易对国民经济的作用缺乏考虑。事实上，一国贸易结构并不一定是一国产业结构的真实反映，而各国比较优势产品对本国经济的拉动作用的差异也非常大。因此，将贸易结构与产业结构进行关联分析，基于贸易的商品或服务部门的产业联系效应来评价一国贸易的合理度，有助于克服传统外贸合理度评价方法的局限性。

外贸合理度指数是评价贸易结构与产业结构匹配程度的合成指标。该指标基于部门投入产出关系，观察不同产业的影响力系数与感应力系数，并与其行业的进出口结构份额相关联，评价一国对外贸易的合理度及其变化特征。沈利生和吴振宇（2003）最早构建了外贸合理度指数，并测算了1997年中国的外贸商品结构出口与进口合理度指数。此后，国内学者多采用中国公布的各年竞争性投入产出表测算中国外贸商品的合理度指数（耿献辉，2010；杨丽华，2011）。另外，还有学者利用2002年地方投入产出表分析新疆、北京和江苏等地外贸商品结构及其合理度（王建军和马序昌，2005；唐宜红和杨琦，2007；高颖林，2008）。黄伟、张阿玲和张晓华（2005）通过全国首次研制的中国2000年区域间投入产出联结表，分析中国不同区域的外贸商品结构的合理度。

需要指出的是，以上研究都是基于竞争型投入产出表，所得出的影响力系数和感应力系数存在明显缺陷。这主要是由于不能将进口产品与国内中间投入品分开计算，从而可能高估出口拉动与进口推动的作用，据此计算的影响力系数与感应力系数失真，进而影响外贸结构合理度指数的排序，毕竟出口部门通过后向关联拉动本国生产，进口部门通过前向关联推动本国生产。

从现实看，在当代国际分工深化与垂直专业化加强的背景下，中间产品贸易规模大且结构复杂，足以引起特别关注。特别是加工贸易方式的中间产品进口比重较高，需要将进口中间品剔除，才能理解加工贸易出口对经济体的实际带动作用。学术界对此关注较多，迪恩等（Dean et al.，2007）的测算显示，中国出口价值的35%来自进口投入，一些行业甚至超过50%；考夫曼等（Koopman et al.，2008）估计，中国出口的国外价值含量高达50%左右，在一些高技术部门，出口的国外价值含量达到80%左右。虽然进口中间品比重较高，夸大了中国出口贸易规模，甚至是高估了产业前后向联系效应，但却不能否认进口中间产品对国民经济增长的积极推动作用，这种推动作用是通过产业前向联系实现的。进口中间品作为下游产业的供给投入，对于缓解国内生产供给不足，特别是对国内生产的瓶颈部门，具有不可替代的作用；同时必须注意最终产品进入消费则不具备前向联系。

因此，进口中间品的前向联系效应的测算有必要依据非竞争型投入产出表。胡梅尔等（Hummel et al.，2001）最早利用非竞争型投入产出模型建立了垂直专业化的分析框架；刘遵义、陈锡康和杨翠红（2007）采用非竞争型投入占用产出模型对中美贸易顺差提供了解释；国内学者（北京大学中国经济研究中心课题组，2006；黄先海和韦畅，2007；李宏艳和齐俊妍，2008；文东伟和冼国明，2010）对中国垂直专业化水平及其影响进行了较多探讨。沈利生（2010）采用非竞争型投入产出模型并引入增加值率对影响力系数的测算方法做了修正，构建了出口对增加值的拉动力系数。

需要说明的是，尽管很多学者关注进口对经济增长的作用，但因为不能区分出进口中间品或消费品，从而制约了以进口中间品为变量的相关研究。基于非竞争型投入产出模型的进口外贸合理度指数的研究文献比较缺乏，问题在于：该研究基于国家统计局发布的中国投入产出表。该投入产出表每5年公布一次，属于竞争型投入产出表，先前相关研究据此测算相关系数并与对应年份贸易结构份额合成外贸合理度指数，属于静态分析；而对外贸合理度指数的动态变化进行观察，远比静态指数分析意义更大。因此，外贸合理度指数的动态变化可以清晰反映贸易结构与产业结构的趋势性特征以及贸易政策与经济波动的影响效果。特别是采用非竞争型投入产出表估算产业部门的拉动力与推动力，则更能反映开放经济条件下，一国出口与进口产品对本国经济的真实带动作用。

（三）基于外需变化的产业结构调整的研究思路与方法

鉴于上述分析，本章侧重于需求条件的分析，分别从外需变化与内需变化两个层面探讨对中国产业结构调整的影响。从外部需求变化看，主要从中国产品出口探讨产业结构适应性和合理度；从内需变化看，主要从进口需求、收入及消费需求、内销政策三个角度探讨产业结构的合理度。基于这些分析，探讨中国加快产业结构调整的战略对策。

为了理清中国产业结构变化态势，本章运用投入产出表来寻求要素、中间产品、进口产品等投入与消费品、资本品、出口产品等产出的关系，计算产品转换系数或弹性系数，并计算其合理度指数。一是基于非竞争型投入产出表，把投入区分为进口中间投入与国内中间投入，目的是准确反映加工贸易的特征；二是采取动态分析方法，分析1995~2011年世界投入产出表，探讨投入产出关系的变化趋势；三是通过敏感因素分析方法，分析扩大内需政策、贸易政策调整、战略性新兴产业支持政策等对产业结构的影响。

因此，本章采用非竞争型投入产出模型，以区分中间投入中的本国生产与进口中间品，其优点在于：可以扣除进口中间品的影响，因而更能反映基于加工贸易方式的出口对经济的真正拉动作用。非竞争型投入产出表的形式如表9-1所示，其中，x_{ij}^d表示国内产业各部门之间生产过程的消耗；x_{ij}^m表示进口产品中用于国内产业各部门生产过程的消耗。可以得出显示非竞争型投入产出关系的模型如下：

$$\sum_{j=1}^{n} x_{ij}^d + Y_i^d = X_i, \quad i = 1, 2, \cdots, n \tag{9.1}$$

$$\sum_{j=1}^{n} x_{ij}^m + Y_i^m = M_i, \quad i = 1, 2, \cdots, n \tag{9.2}$$

$$\sum_{i=1}^{n} x_{ij}^d + \sum_{i=1}^{n} x_{ij}^m + r_j = X_j, \quad j = 1, 2, \cdots, n \tag{9.3}$$

公式（9.1）和公式（9.2）为投入产出行模型，描述了总产出（或进口）与中间消耗和最终使用的平衡关系。公式（9.3）为投入产出列模型，描述了总投入与中间供给和增加值的平衡关系。

表 9–1　　　　　开放经济条件下非竞争型投入产出简化表

部门	中间使用		最终使用				进口	总产出
	1 2 ⋯ n		消费	资本形成	出口	合计		
国内产品中间投入	1 2 ⋮ n	x_{ij}^d	c_i^d	in_i^d	ex_i^d	Y_i^d		X_i
进口产品中间投入	1 2 ⋮ n	x_{ij}^m	c_i^m	in_i^m		Y_i^m	M_i	
增加值	r_j							
总投入	X_j							

二、基于外贸出口的产业结构合理度分析

外部市场变化首先反映在出口规模及出口结构的变化上，出口国家需要根据外部市场变化及时调整本国的生产结构和消费结构，抑或是开拓新的市场以应对市场波动的风险。从理论上讲，一国出口结构与产业结构存在一定的相关性，其出口竞争力也是其产业结构比较优势的反映。如果一国出口产品份额较低的部门，在本国产业份额较高，说明该部门主要用于本国消费且不具备国际竞争力；或者，一国出口产品份额较高的部门，在本国产业份额较低，或者对本国其他产业部门的拉动作用也较低，则表明该部门出口对本国经济增长的贡献有限。

因此，评价一国的产业结构合理度，特别是出口导向型经济的产业结构合理性，需要建立产业结构与出口结构配置程度的评价指标体系。该指标体系应具有如下功能——如果一国出口产品份额较大、竞争力较强的部门对本国其他部门具有较高的拉动作用，同时，该部门的产业份额也相对较高，对本国经济拉动能力

强,对本国的经济增长贡献高,则该国的出口结构与产业结构的匹配程度较高,该部门的出口结构与产业结构的合理度较高;反之,若该部门的出口份额、产业份额及对其他部门的拉动作用的匹配程度较低,则该部门的出口结构与产业结构的合理度较低。

本部分将通过构建出口合理度指数,观察中国出口结构与产业结构的匹配程度与合理度,并通过出口合理度指数的动态变化,分析外需市场(出口结构)变化对产业结构合理性的影响。

(一)总需求拉动力系数与出口合理度指数的构建

1. 总需求拉动力系数

令国内产品的直接消耗系数为 $a_{ij}^d = \dfrac{x_{ij}^d}{x_j}$,$j = 1, 2, \cdots, n$,代入公式(9.1)得:

$$\sum_{j=1}^{n} a_{ij}^d X_j + Y_i^d = X_i, \quad i = 1, 2, \cdots, n \tag{9.4}$$

因为各部门的总产出与总投入相等,所以可将公式(9.4)写成矩阵形式为 $A^d X + Y^d = X$,进而求得:

$$X = (I - A^d)^{-1} Y^d \tag{9.5}$$

把 $Y^d = c^d + in^d + ex^d$ 代入公式(9.5),得到:

$$X = (I - A^d)^{-1} c^d + (I - A^d)^{-1} in^d + (I - A^d)^{-1} ex^d \tag{9.6}$$

公式(9.6)表示最终需求与总产出的关系,连接两者是乘数矩阵 $(I - A^d)^{-1}$。$(I - A^d)^{-1}$ 被定义为国内产品里昂惕夫逆矩阵,它表示从国内投入产品的横向来看,消费、投资和出口对总产出的拉动作用。该里昂惕夫逆矩阵中的元素 $\bar{a}_{ij}'$ 表示 j 部门1单位的最终产品对 i 部门产出的本国中间品完全消耗,即 j 部门一单位的最终需求对 i 部门国内生产的拉动作用是多少。用里昂惕夫逆矩阵中的元素 $\bar{a}_{ij}'$ 计算的影响力系数即为总需求(包括出口)拉动力系数。这里将里昂惕夫逆矩阵元素的列和定义为拉动力,令 $u = (1, 2, \cdots, n)$,各部门对总产出的拉动力为:

$$l = u \begin{bmatrix} \bar{a}_{11}' & \bar{a}_{12}' & \cdots & \bar{a}_{1n}' \\ \bar{a}_{21}' & \bar{a}_{22}' & \cdots & \bar{a}_{2n}' \\ \vdots & \vdots & \vdots & \vdots \\ \bar{a}_{n1}' & \bar{a}_{n2}' & \cdots & \bar{a}_{nn}' \end{bmatrix} = \left(\sum_{i=1}^{n} \bar{a}_{i1}', \sum_{i=1}^{n} \bar{a}_{i2}', \cdots, \sum_{i=1}^{n} \bar{a}_{in}' \right) \tag{9.7}$$

令各部门的增加值率为：$R = (\bar{r}_1, \bar{r}_2, \cdots, \bar{r}_n)$，$\bar{r}_i = \dfrac{r_i}{X_i}$，对增加值的拉动力为：

$$l' = (\bar{r}_1, \bar{r}_2, \cdots, \bar{r}_n) \begin{bmatrix} \bar{a}'_{11} & \bar{a}'_{12} & \cdots & \bar{a}'_{1n} \\ \bar{a}'_{21} & \bar{a}'_{22} & \cdots & \bar{a}'_{2n} \\ \vdots & \vdots & \vdots & \vdots \\ \bar{a}'_{n1} & \bar{a}'_{n2} & \cdots & \bar{a}'_{nn} \end{bmatrix} = \left(\sum_{i=1}^{n} \bar{r}_1 \bar{a}'_{i1}, \sum_{i=1}^{n} \bar{r}_2 \bar{a}'_{i2}, \cdots, \sum_{i=1}^{n} \bar{r}_n \bar{a}'_{in} \right)$$

(9.8)

进一步计算，每一部门拉动力系数是该部门的拉动力与所有部门拉动力均值的比值，即部门总产出拉动力系数为：

$$L_j = \dfrac{l_j}{\dfrac{1}{n}\sum_{j=1}^{n} l_j}, \quad j = 1, 2, \cdots, n \tag{9.9}$$

部门增加值拉动力系数为：

$$L'_j = \dfrac{l'_j}{\dfrac{1}{n}\sum_{j=1}^{n} l'_j}, \quad j = 1, 2, \cdots, n \tag{9.10}$$

拉动力系数表示某产业增加一个单位产品最终需求时，对国民经济中各个产业的生产需求（拉动程度）与平均程度的比较，所以该系数体现了各部门需求对总产出（增加值）拉动作用的相对差异。如果拉动力系数大于1，那就表明该产业对其他产业的拉动作用超过了全部产业的平均水平。拉动力系数越大，表示该产业增加一单位需求时，对各部门以及经济发展的拉动力也越大。

2. 出口合理度指数构建

出口合理度指数是测算一国贸易结构与产业结构匹配程度的合成指标。将每一种出口产品的出口份额与该产品部门的拉动力系数相乘，得出该部门的出口拉动力，对所有部门的出口拉动力进行加总即得出一国的出口合理度指数。根据沈利生和吴振宇（2003）构建的外贸合理度指数，出口合理度指数的计算公式为：

$$EXL_j = \dfrac{EX_j}{EX} L_j \quad j = 1, 2, \cdots, n$$

其中，EXL_j 是第 j 种出口商品的拉动力，EX_j 是第 j 种商品的出口额，EX 是总出口额，L_j 是第 j 种出口商品的拉动力系数。所以出口产品的合理度指数为：

$$IEX = \sum_{j=1}^{n} EXL_j$$。当出口合理度指数越大时，说明出口商品结构的比例排序与该部门的拉动力系数排序越是一致，出口商品结构越是合理。

为了能够体现出口部门的产业份额差异，在计算出口合理度指数时，将各部门的增加值份额作为权重对拉动力系数的分母进行加权平均处理。进行加权平均后的总产出拉动力系数和增加值拉动力系数的计算公式为：

$$总产出拉动力系数：L_j^* = \frac{l_j}{\sum_{j=1}^{n}(r_j^* \cdot l_j)}, \quad j=1, 2, \cdots, n \quad (9.11)$$

$$增加值拉动力系数：L{'}_j^* = \frac{l{'}_j}{\sum_{j=1}^{n}(r_j^* \cdot l{'}_j)}, \quad j=1, 2, \cdots, n \quad (9.12)$$

其中，$r_j^* = \frac{r_j}{\sum_{j=1}^{n} r_j}$，即为各部门的产业份额指标。

因此，在计算一国出口合理度指数时，需要考虑出口份额、产业份额和产业部门拉动力系数，经过产业份额修正的出口合理度指数计算公式如下：

$$基于总产出的出口合理度指数：IEX = \sum_{j=1}^{n} EXL_j^* \quad (9.13)$$

$$基于增加值的出口合理度指数：IEX' = \sum_{j=1}^{n} EXL{'}_j^* \quad (9.14)$$

（二）中国出口合理度指数及其演化特征

1. 各产业部门拉动力系数测算

（1）数据来源与处理方法。本节各国投入产出数据来自欧盟委员会研制的"世界投入产出数据库"（The world input-output database，WIOD），投入产出数据为2011年，该数据库包含27个欧盟国家和13个其他主要国家（含中国）1995~2011年的非竞争型投入产出表。其中，中国35个部门的供给使用表（supply utility table，SUT）区分了本国中间投入与进口中间投入。该数据库虽有1995~2011年中国35个部门的非竞争型投入产出表，但该表中的国内产品投入部分中第19个部门汽车和摩托车的销售、维护和维修、燃料零售销售，第31个部门公共管理和强制型社会保障国防的横向数据为零，第35个部门私人住户从业人员的行和列数据全为零。

在计算拉动力系数时，需要使用国内产品部分推导出来的里昂惕夫逆矩阵和完全供给矩阵，为了保证计算时能够求出这两个矩阵，本书做了如下处理：

将 19 部门的行和列数据并入 20 部门，将 31 部门并入 33 部门、35 部门并入 34 部门。然后根据这 32 个部门的非竞争型投入产出模型计算出里昂惕夫逆矩阵和进口中间品的完全供给矩阵，进而求得各部门的拉动力系数和出口合理度指数。

（2）基于总产出的拉动力系数。为了观察拉动力系数较高部门的出口份额变化，选取总产出拉动力系数（1995~2011 年均值）大于 1 的部门（见表 9 - 2）。在这 19 个部门中，16 个部门属于工业及制造部门，仅有 3 个第三产业部门。

表 9 - 2　　总产出拉动力系数（1995~2011 年均值）大于 1 部门出口排序变化

总产出拉动力系数大于 1 的部门	拉动力系数 I	出口份额排序					
		1995 年	2000 年	2005 年	2008 年	2009 年	2011 年
运输机械	1.272156	17	13	9	8	8	6
皮革和鞋类	1.255455	4	6	10	12	13	11
金属及金属制品	1.235538	3	3	3	3	4	4
建筑业	1.231956	25	27	26	24	22	26
橡胶及塑料制品	1.221828	6	7	8	10	10	9
纺织原料及纺织制品	1.204391	1	2	2	2	2	2
电气机械及器材制造业	1.188726	8	8	4	4	3	3
木材及其制品	1.186612	16	24	23	25	24	23
化学品及化学制品制造业	1.153728	14	5	5	5	6	5
电子和光学设备	1.152757	2	1	1	1	1	1
其他非金属矿物	1.149392	12	14	15	15	15	15
纸浆、纸、印刷及文教体育用品业	1.146629	20	23	25	27	26	25
食品、饮品及烟草加工业	1.117468	5	10	12	13	12	12
制造业及废品废料	1.090144	9	9	11	9	9	8
空运	1.082784	18	17	14	14	14	14
酒店及餐饮业	1.043246	13	19	20	16	16	17
电力、天然气及水的供给	1.028984	26	28	28	30	30	29
水运	1.025358	21	20	13	11	11	13
煤炭、精炼石油及核燃料加工业	1.017315	23	21	19	22	23	20

首先,电子和光学设备、纺织原料及纺织制品、金属及金属制品的出口份额位次居前且比较稳定。

其次,位次明显上升的部门包括运输机械(从第17位上升到第6位)、电气机械及器材制造业(从第8位上升到第3位)、化学品及化学制品制造业(从第14位上升到第5位)、空运(从第18位上升到第14位)、水运(从第21位上升到第13位)。

最后,位次明显下降的部门包括皮革和鞋类(从第4位降到第11位),木材及其制品(从第16位降到最低第25位)、纸浆、纸、印刷及文教体育用品业(从第20位降到最低第27位)、食品、饮品及烟草加工业(从第5位降到最低第12位)、酒店及餐饮业(从第13位降到最低第20位);而建筑业,电力、天然气及水的供给,煤炭、精炼石油及核燃料加工业这些部门的出口份额较低且比较稳定。

2008~2009年,出口份额降到历年最低位次的部门有:食品、饮品及烟草加工业,皮革和鞋类,橡胶及塑料制品,纸浆、纸、印刷及文教体育用品业,表明金融危机对这四个部门影响较大,其他部门出口排序均未有变化趋势。

(3)基于增加值的拉动力系数。基于增加值的拉动力系数(1995~2011年均值)大于1的部门共14个(见表9-3),其中服务业部门11个,第一产业部门2个,制造业部门仅1个。从出口份额的排序来看,1995年的出口结构明显不同于2000年以后,1995年食品、饮品及烟草加工业,农林渔业,矿石采掘业和其他运输及旅行社等部门排序靠前,2000年以后这些部门出口排序明显下降且在国际金融危机期间(2008~2009年)出口排序降至最低,这表明传统出口部门在危机期间所受影响较大。而地产业、教育和公共管理及卫生医疗一直保持排序偏后位置,表明这些部门主要是国内服务业,出口份额相对较低,受外需变化影响不明显。

表9-3 增加值拉动力系数大于1的部门出口排序变化

增加值拉动力系数大于1的部门	拉动力系数Ⅱ	出口份额排序					
		1995年	2000年	2005年	2008年	2009年	2011年
地产业	1.114562	32	32	32	32	32	32
金融及保险业	1.092805	27	30	29	28	28	28
农林渔业	1.077641	7	16	18	23	20	16
酒店及餐饮业	1.065100	13	19	20	16	16	17
零售业	1.060105	31	18	21	18	18	19
批发业	1.060105	30	4	5	6	5	7
教育	1.053366	29	31	31	31	31	31

续表

增加值拉动力系数 大于1的部门	拉动力系数Ⅱ	出口份额排序					
		1995年	2000年	2005年	2008年	2009年	2011年
食品、饮品及烟草加工业	1.044362	5	10	12	13	12	12
陆运	1.037364	19	22	22	17	17	18
其他运输及旅行社	1.022813	10	25	27	26	27	27
公共管理及卫生医疗	1.017524	28	29	30	29	29	30
矿石采掘业	1.017038	11	15	16	20	25	24
居民服务和其他服务业	1.012887	15	12	17	19	19	21
邮电业	1.012500	24	26	24	21	21	22

对比分析表9-2与表9-3，基于总产出拉动力系数大于1的部门主要是工业及制造业部门，这些部门的出口份额排序变化较大；而基于增加值拉动力系数大于1的部门主要是服务业，这些部门的出口排序在2000年以后总体变化并不大，但仍然可以观察到传统出口部门受到金融危机影响。

此外，也可以观察到，对总产出拉动力系数较高部门的出口份额排序靠前，而对增加值拉动力系数较高部门的出口排序相对偏后，这表明中国出口部门对总产出的拉动作用要明显高于对增加值的拉动作用。在32个部门中，只有酒店及餐饮业、食品、饮品及烟草加工业是总产出拉动力系数与增加值拉动力系数均大于1的部门，其他部门对总产出的拉动作用与对增加值的拉动作用则是呈此消彼长态势。

2. 中国出口合理度指数的变化特征

出口份额排序变化仅仅在一定程度上反映了出口结构的变化，但如果份额变化不足以引起相对位次变化时，或虽然引起位次变化但实际份额变化却较小时，都不能清晰地显示这种变化的真实影响，特别是不能反映各部门影响的叠加效果。为了更清晰地反映出口份额变化及其部门叠加效果，构建出口合理度指数是可行的。

构建出口合理度指数［公式（9.13）、公式（9.14）］已考虑了出口份额的动态变化、部门拉动力系数的动态变化，以及不同年份各部门的产业份额变化，据此分析外需变化与出口份额的差异及其所引起的中国产业结构动态调整，以及贸易结构与产业结构的匹配程度与合理度变化的特征。

（1）基于总产出的出口合理度指数（见图9-2）。基于总产出拉动力系数的出口合理度指数在2004年之前基本保持稳定，2004~2007年呈上升趋势，而2008年以后则掉头下降，形成"V"形谷底，2009年开始大幅回升。由此显示在国际金融危机期间，贸易结构与产业结构的匹配程度明显下降，这期间出口份额相对较高部门的拉动力系数可能较低，从而降低了出口合理度。

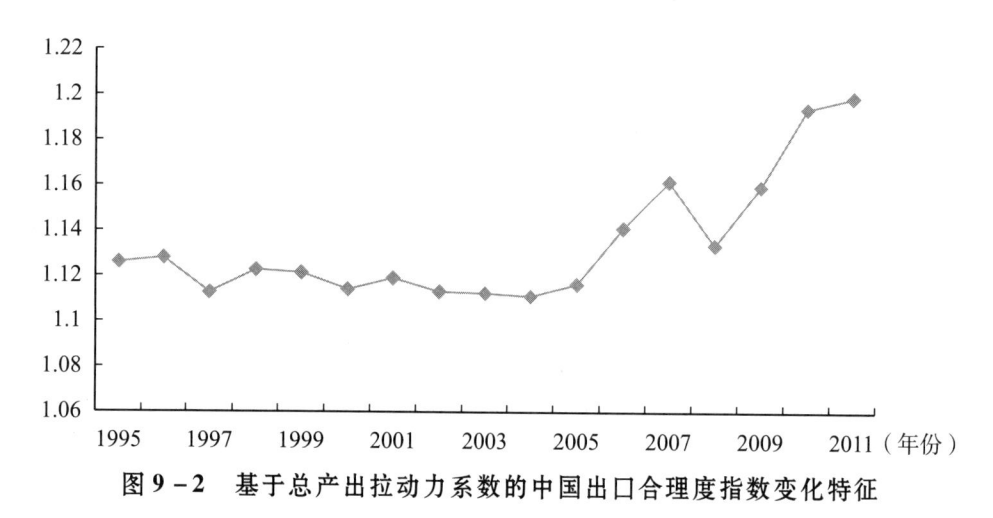

图9-2　基于总产出拉动力系数的中国出口合理度指数变化特征

进一步观察拉动力系数的动态变化（见图9-3）。2004年以来，拉动力系数持续上升的部门包括纺织原料及纺织品制品，皮革和鞋类，木材及其制品，纸浆、纸、印刷及文教体育用品业，橡胶及塑料制品，电气机械及器材制造业，电子和光学设备，运输机械等，这些部门的出口份额近年来也在上升或相对保持稳定，从而推动中国出口合理度指数形成上升态势。

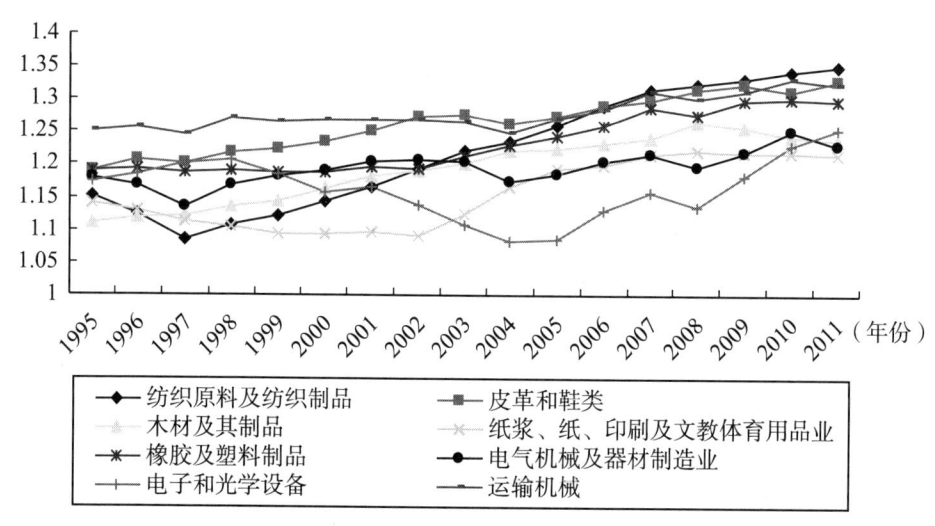

图9-3　1995年以来总产出拉动力系数持续上升的主要部门

(2) 基于增加值的出口合理度指数（见图 9-4）。基于增加值拉动的出口合理度指数从 1997 年即已开始下降，2002~2004 年下降幅度最大，这期间基于总产出的出口合理度指数并没有明显变化，而基于增加值的出口合理度指数（增加值拉动力系数是在总产出拉动力系数基础上乘以增加值率得出的）下降只能是由出口部门的增加值率下降导致的。

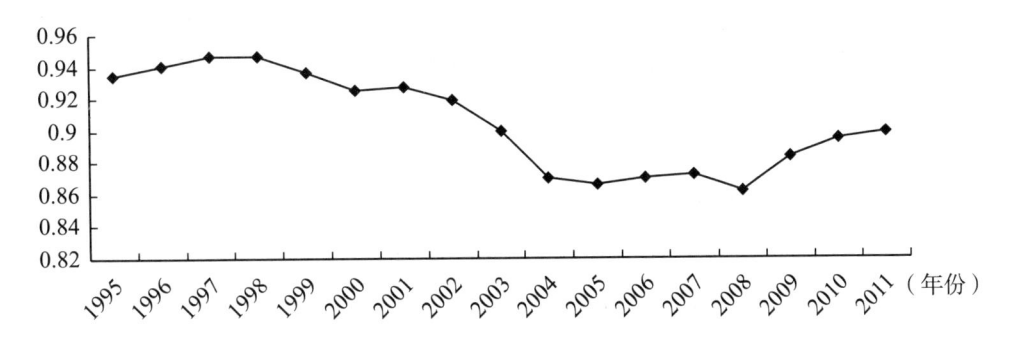

图 9-4 基于增加值拉动力系数的中国出口合理度指数变化特征

2005~2007 年，基于总产出的出口合理度指数则是上升且主要出口部门的拉动力系数也呈上升态势，但由于中国增加值拉动力系数较高的部门出口排序相对偏后，因此拉动力系数的改善的作用效果并不明显，而出口部门增加值率下降态势也没有明显好转，基于增加值的出口合理度指数总体处在较低水平。2008 年以后，增加值出口合理度指数开始呈上升态势，由于这期间各部门的增加值率没有明显变化，因此上升动力主要来自出口部门拉动力系数上升等因素。

分析图 9-2 与图 9-4 可以发现，基于总产出的出口合理度指数与基于增加值的出口合理度指数形成鲜明对比，2004 年总产出出口合理度指数开始上升，但增加值合理度指数则大幅下降，显示出中国出口对总产出的贡献与对增加值的贡献形成鲜明对比。

2001 年中国正式加入 WTO，基于总产出的角度，扩大出口政策确实拉动了整个经济的发展，2004 年开始，中国基于总产出角度的出口合理度指数快速上升。但从增加值角度来看，由于增加值率没有得到明显改善，中国大量低附加值的自然资源部门出口，使得基于增加值的出口商品结构合理度指数大幅下降。

2008 年，两个合理度指数均为低点，反映出金融危机影响的最大时点。而在金融危机之后，中国的出口商品结构合理度指数无论是基于增加值或是总产出都呈现出大幅回升态势。究其原因，一是贸易结构改善的促进作用，二是出口部门拉动力系数上升所致，而这期间中国各部门增加值率基本没有明显变化。

(三) 出口合理度指数的跨国比较

在分析出口合理度时,选取不同经济发展水平的亚洲经济体——韩国与日本,以及欧美经济体——德国、法国、英国和美国六个国家,分别测算各经济体的出口合理度指数并与中国该指数进行比较分析,观察不同发展阶段经济体该指标的变化趋势特征,以及金融危机对各经济体的影响效果,从而为中国贸易结构与产业结构调整提供经验启示。

1. 各国出口结构比较

为了便于比较,本书选择各国 1995~2011 年出口份额均值占比列于前 70% 的主要部门(见表 9-4)。在这些部门中,(1)电子和光学设备是中国第一大出口部门,但出口份额的年度波动最大(标准差为 0.063),而该部门也是其他国家的主要出口部门,其中英国与韩国的出口波动均较高。(2)中国与韩国的纺织原料及纺织制品出口份额均进入前 70%,且出口年度波动也相对较高。(3)中国的运输机械出口份额未进入前 70%,但该部门却是其他国家的主要出口部门,且各年度出口份额较稳定,而韩国该部门出口波动较高(标准差为 0.025)。(4)在服务业部门中,英国、美国两国的金融及保险业和租赁及其他商业活动出口份额进入前 70%,但两部门出口年度波动亦较高。中国只有批发业出口进入前 70%,且年度波动较大。(5)中国和韩国的电子和光学设备、金属及金属制品、电器机械及器材制造的出口均值都非常接近,这三个部门的出口占总出口的 40% 左右。唯一不同的是中国纺织原料及纺织制品、皮革和鞋类、橡胶及塑料制品等轻工业出口份额比韩国高,而韩国的重工业(运输机械)的出口份额远远高于中国。

表 9-4　　七国出口列入前 70% 部门的出口份额均值
（1995~2011 年）　　　　　　　　　　单位:%

部门	中国	韩国	日本	德国	英国	法国	美国
电子和光学设备	28 (0.063)	28 (0.022)	24 (0.018)	14 (0.009)	14 (0.042)	12 (0.014)	16 (0.019)
纺织原料及纺织制品	15 (0.035)	7 (0.035)	—	—	—	—	—
金属及金属制品	7 (0.008)	7 (0.011)	10 (0.013)	9 (0.008)	5 (0.006)	6 (0.006)	4 (0.004)

续表

部门	中国	韩国	日本	德国	英国	法国	美国
批发业	5 (0.020)	—	7 (0.011)	—	—	—	10 (0.006)
电气机械及器材制造	5 (0.013)	6 (0.007)	12 (0.010)	13 (0.008)	6 (0.012)	8 (0.003)	8 (0.004)
化学品及化学制品制造	4 (0.007)	8 (0.007)	—	12 (0.006)	11 (0.005)	14 (0.010)	7 (0.007)
皮革和鞋类	4 (0.012)	—	—	—	—	—	—
橡胶及塑料制品	4 (0.006)	—	—	—	—	—	—
运输机械	—	16 (0.025)	21 (0.014)	20 (0.015)	12 (0.012)	18 (0.013)	13 (0.010)
食品，饮品及烟草加工业	—	—	—	4 (0.003)	—	7 (0.005)	—
金融及保险业	—	—	—	—	9 (0.038)	—	7 (0.011)
租赁及其他商业活动	—	—	—	—	11 (0.023)	5 (0.003)	7 (0.009)
矿石采掘业	—	—	—	—	5 (0.007)	—	—
出口份额占比合计最大与最小值变幅	66~76	69~74	72~75	68~74	70~76	70~71	69~73

注：（1）表格中（—）表示该部门出口份额未进入前70%。（2）括号内数值为1995~2011年各部门出口份额的标准差。

2. 产业部门拉动力系数的跨国比较

（1）基于总产出的拉动力系数。通过比较拉动力系数及其排序变化，可以反映出各国产业结构优化调整与部门间的相对技术效率变化趋势。表9-5的总产出拉动力系数排序显示：①各国出口部门对总产出的拉动力系数排序总体上较增加值拉动力系数排序靠前，且制造业对总产出的拉动力普遍高于服务业。②各国出口部门对总产出拉动力系数排序变化较大，7国合计约24个部门的排序变动超过（或等于）4位，其中变化最大的是法国的金属及金属制品，从第16位（1995年）上升到第3位（2011年），韩国该行业从第25位上升到第3位。而中国该部门对总产出拉动力系数排序则从位列第1（1995年）降至第11位（2011年）。③除了中国外，其他六国的运输机械部门的出口对总产出的拉动力系数排名都非常靠前，并且在六国的排序变化不大。日本的运输机械部门的出口对总产出的拉动力系数一直排在第一位，说明该部门的出口对经济的拉动至关重要。

（2）基于增加值的拉动力系数。表9－5的增加值拉动力系数排序显示：①制造业对增加值的拉动力普遍低于服务业，因此，服务业出口对一国增加值贡献较大。②各国出口部门对增加值拉动力系数排序变化超过（或等于）4位的有约12个部门，其中变化最大的是中国的纺织原料及纺织制品业，排序从第28位（1995）上升到第14位（2011年），不仅如此，该部门对总产出拉动力系数排序同期亦从第8位升为第1位，而同期韩国该部门对总产出的拉动力排序没有明显变化，对增加值的拉动力上升了10位。③在主要出口部门中，中国和日本的批发业出口对增加值的拉动作用最大，而英国、法国和美国增加值拉动力系数最大的出口部门是金融及保险业和租赁及其他商业活动这两个部门，并且三国的租赁及其他商业活动部门的出口对增加值的拉动力系数排名一直都比较稳定。

对总产出的拉动揭示了该部门的产业链长度及作为中间品的投入比重，产业链越长，作为中间品投入比重越高，则拉动力系数越大；同时也表明该部门的技术效率较高。而对增加值的拉动作用则是通过企业利润、税收贡献、固定资产折旧及工资体现出来的，更能反映生产活动的福利效应。表9－5显示，中国对总产出拉动作用较大的部门对增加值的拉动作用反而较小；或者对增加值拉动作用较大部门对总产出的拉动作用则较小，显示出两者明显的逆向相关关系。

表9－5　　　出口份额前70%行业的拉动力系数排序变化

国家	出口份额前70%行业	总产出拉动力系数排序				增加值拉动力系数排序			
		1995年	2000年	2005年	2011年	1995年	2000年	2005年	2011年
中国	电子和光学设备	7	8	16	5	32	31	32	31
	纺织原料及纺织制品	8	9	3	1	28	28	23	14
	金属及金属制品	1	2	7	11	23	26	27	30
	批发业	25	24	28	29	8	8	6	4
	电气机械及器材制造	6	5	9	8	21	24	30	28
	化学品及化学制品	10	11	10	10	22	27	26	29

续表

国家	出口份额前70%行业	总产出拉动力系数排序				增加值拉动力系数排序			
		1995年	2000年	2005年	2011年	1995年	2000年	2005年	2011年
韩国	电子和光学设备	11	14	14	8	28	30	28	24
	纺织原料及纺织制品	10	11	9	9	30	29	29	20
	金属及金属制品	25	27	24	3	4	5	5	28
	电气机械及器材制造	5	7	2	4	25	22	23	22
	化学品及化学制品	8	5	11	14	29	31	31	31
	运输机械	1	2	5	1	26	24	20	21
日本	电子和光学设备	8	9	9	5	24	27	23	24
	金属及金属制品	2	4	5	7	29	28	29	30
	批发业	25	26	26	25	7	8	8	8
	电气机械及器材制造	4	6	7	9	21	22	24	23
	运输机械	1	1	1	1	18	21	21	22
德国	电子和光学设备	19	21	22	24	24	25	26	24
	金属及金属制品	15	18	19	19	28	26	27	29
	电气机械及器材制造	11	15	16	15	22	23	21	20
	化学品及化学制品	16	17	18	21	25	27	25	25
	运输机械	7	4	5	7	29	30	29	30
	食品饮品及烟草加工	3	1	1	3	21	20	19	23
英国	电子和光学设备	21	23	26	26	31	32	30	29
	金属及金属制品	9	12	12	25	25	25	29	30
	电气机械及器材制造	14	15	15	23	24	28	26	27
	化学品及化学制品	16	10	8	12	28	29	28	26
	运输机械	10	14	11	22	32	31	31	31
	金融及保险业	17	5	20	9	6	11	6	5
	租赁及其他商业活动	31	30	30	30	3	3	3	3
法国	电子和光学设备	10	16	16	5	28	29	28	28
	金属及金属制品	16	14	11	3	26	24	27	27
	电气机械及器材制造	23	21	21	6	24	23	23	24
	化学品及化学制品	5	8	8	9	29	28	30	30
	运输机械	2	4	4	12	30	31	31	31
	食品饮品及烟草加工	1	1	1	1	14	14	13	16
	租赁及其他商业活动	26	26	24	23	6	6	6	8

续表

国家	出口份额前70%行业	总产出拉动力系数排序				增加值拉动力系数排序			
		1995年	2000年	2005年	2011年	1995年	2000年	2005年	2011年
美国	电子和光学设备	14	12	21	31	29	29	24	13
	金属及金属制品	13	14	10	4	27	25	25	29
	批发业	27	30	30	29	9	5	7	7
	电气机械及器材制造	11	11	13	14	28	28	26	26
	化学品及化学制品	9	8	6	7	25	27	29	30
	运输机械	4	6	5	3	31	30	31	31
	金融及保险业	21	22	19	17	2	3	3	4
	租赁及其他商业活动	26	28	28	28	4	6	5	5

注：皮革和鞋类、橡胶及塑料制品两部门只有中国的出口份额进入前70%，矿石采掘业只有英国进入前70%，因此本表的跨国比较分析省略了这三个部门。

3. 各国出口合理度指数的变化特征

（1）基于总产出的出口合理度指数变化（见表9-5、图9-5）。从各国出口合理度指数看，除美国1998年大幅波动外，其他国家在1995~2005年总体较平稳，之后其他年份总体上都有小幅的上升，显示这期间各国出口结构调整初见成效。

比较而言，日本的出口合理度指数最高，一直在1.24以上，远超过其他的国家。通过比对日本与其他各国的出口结构与出口对总产出的拉动力系数，发现日本运输机械的总产出拉动力系数高，而且日本该部门的出口比重也非常高，这使得日本的出口商品结构合理度远高于其他国家。

英国出口合理度指数最低，在1.05以下，呈逐年下降趋势。对比英国主要出口部门总产出拉动力系数排序及其变化，其主要出口部门——电子和光学设备、金属及金属制品、电气机械及器材制造、化学品及化学制品、运输机械、租赁及其他商业活动等，总产出拉动力系数排序较低，且近年来呈明显下降趋势，因此，英国的出口部门对其总产出拉动力系数相对较低，出口合理度指数也为七国最低。

其他国家出口合理度指数一直在1.1~1.2波动。2000年以前，中国、韩国和德国的该指数没有太大差距。据韩国《对外贸易法》，2000年1月1日起，外贸行业完全自由化，任何个人和企业均可自由从事对外贸易活动。此后，韩国的该指数开始快速提升，而中国在2004年以后出口合理度指数也开始上升，超过美国。2008~2009年，各国出口合理度指数都出现了从高点回落的现象，在一定程度上反映出各国为应对金融危机而进行的出口结构调整，客观上也抑制了出口合理度指数的上升态势。

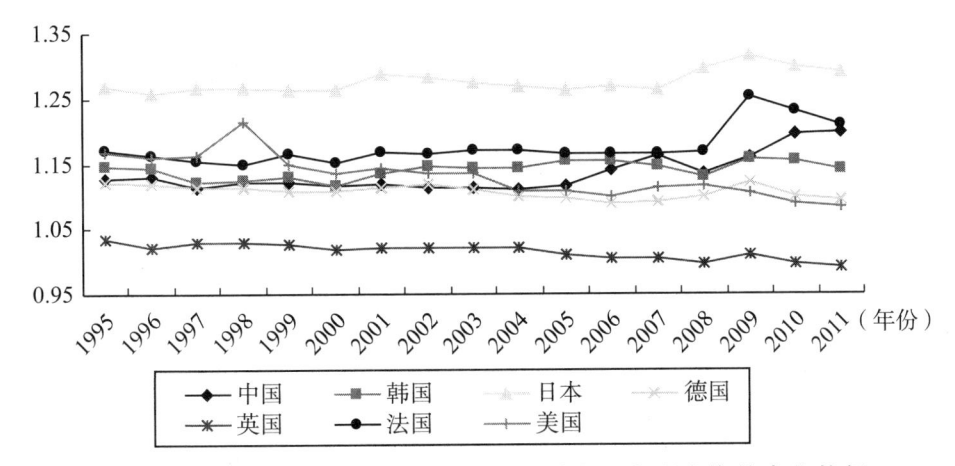

图 9 – 5　基于总产出拉动力系数的七国出口合理度指数变化特征

（2）基于增加值的出口合理度指数（见图 9 – 6）。从增加值出口合理度指数看，各国均呈不同程度的下降趋势（除英国比较稳定外）。其中，日本、美国出口合理度指数均处在较高水平。通过比对日本的出口结构和出口对增加值的拉动力系数，发现日本的运输机械、电子和光学设备、电气机械及器材制造业的出口额和对增加值的拉动力系数都比较高。美国服务业出口份额较高，且服务对增加值的拉动力系数排序靠前，因此其增加值出口合理度指数保持在较高水平。此外，1998 年美国的增加值出口合理度指数亦出现明显波幅，1998 年各部门拉动力系数均明显高于其他年份，从而导致该年份出现异常值（见图 9 – 5、图 9 – 6）。

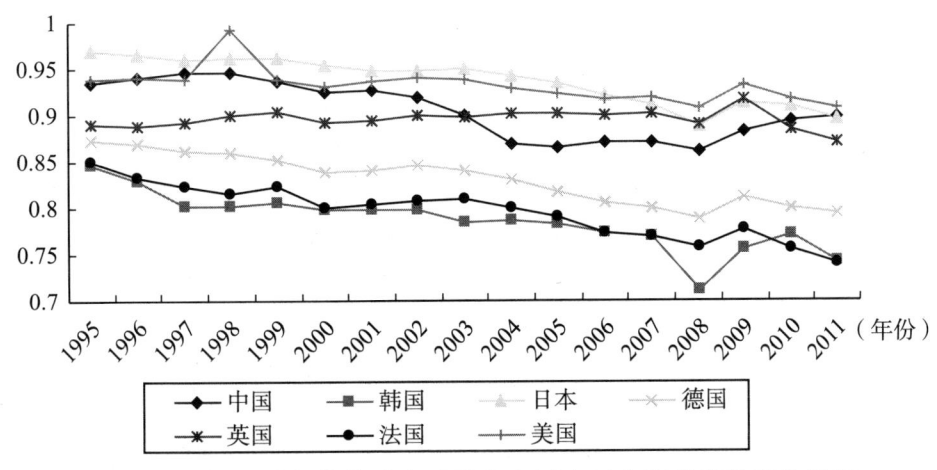

图 9 – 6　基于增加值拉动力系数的七国出口合理度指数变化特征

韩国的增加值出口合理度指数是最低的，这与韩国以出口制造业为主且主要出口部门的增加值拉动力系数排序靠后有关，也显示了韩国的出口商品结构从拉动总产出角度来看是比较合理的,而从出口对增加值作用的角度来看,则其合理度较低。

英国的增加值出口合理度指数一直比较高并且非常稳定地在 0.9 左右小幅波动,与基于总产出出口合理度指数形成鲜明对比,英国出口部门对增加值的拉动作用明显高于对总产出的拉动作用。一方面由于英国的服务业出口份额相对较高且服务对增加值拉动作用排序较前,另一方面也与英国政府奉行的自由贸易政策有关。英国对外贸的管理基本开放,在一般情况下,政府不干涉企业的对外经济贸易行为,因此英国的出口部门是基于增加值拉动的比较优势,这将带来更高的福利效应,其增加值出口合理度较高且较为稳定。

与其他六国相比,中国该指数总体居中上位置,正如前文所揭示的,该指数在 2002~2004 年出现了大幅下降,降幅达到 5.3%,但 2008 年起开始稳步回升。

从国际金融危机的影响来看,各国该指数在 2008 年均出现阶段性低点,而 2009 年从高点回落的现象也较为明显。2008 年国际金融危机波及了世界大部分国家,七国出口合理度指数都不同程度地下降,降幅最大的是韩国,最小的是中国。此后,各国纷纷实施改善出口贸易结构的政策,2009 年基于增加值的出口合理度指数虽然出现短暂回升,但 2010 年该指数则呈现进一步下降趋势(中国除外),这一现象或可解释为,继国际金融危机后的欧债危机的持续影响又开始显现。

三、基于外贸进口的产业结构合理度分析

进口分为消费品进口与中间品进口,消费品进口主要是满足国内消费需求,改善国民福利之需;中间品进口是为了克服本国生产部门的瓶颈,作为生产原料投入到生产过程中,一方面是克服本国资源短缺,另一方面是为解决技术缺乏,如进口机器设备等。中间品进口比重高,推动本国经济的作用显著。因此,可以通过观察一国进口中间品的比重、进口中间品的推动力系数,以及两者合成的进口合理度指数,评价一国进口结构与产业结构的匹配程度,以及一国贸易中通过进口政策调整对产业结构调整的作用效果。因此,中间品进口对促进本国经济增长的作用不容忽视。

使用非竞争型投入产出表来分析中间产品投入变化情况,为区分中间品投入中本国使用与进口量提供了便利,以下利用非竞争型投入产出模型,推导进口推动力系数,并构建进口合理度指数,观察 1995~2011 年中国及韩国、日本、德国、英国、法国和美国各国的进口合理度指数变化,分析进口政策对中国产业结

构调整的影响效果,以及金融危机对中国进口合理度的影响等。

(一) 中间品推动力系数与进口合理度指数的构建

1. 中间品推动力系数

依据表9-1的非竞争型投入产出表得到中间品生产模型如下:

$$\sum_{i=1}^{n} x_{ij}^{d} + \sum_{i=1}^{n} x_{ij}^{m} + r_j = X_j, \quad j = 1, 2, \cdots, n \tag{9.15}$$

其中,x_{ij}^{d} 表示国内产业各部门之间生产过程的消耗;x_{ij}^{m} 表示进口产品中用于国内产业各部门生产过程的消耗;r_j 为 j 部门增加值;X_j 为 j 部门供给。

令国内生产与进口中间品的直接供给系数分别为 $b_{ij}^{d} = \dfrac{x_{ij}^{d}}{X_i}$,$b_{ij}^{m} = \dfrac{x_{ij}^{m}}{M_i}$,将其代入公式(9.15),其中,$X_i$ 为 i 部门产出,M_i 为 i 部门进口,则有:

$$\sum_{i=1}^{n} b_{ij}^{d} X_i + \sum_{i=1}^{n} b_{ij}^{m} M_i + r_j = X_j \tag{9.16}$$

由于 B^{dT} 和 B^{mT} 是 B^d 和 B^m 的转置,将公式(9.16)写成矩阵形式:

$$B^{dT} X + B^{mT} M + R = X \tag{9.17}$$

再变换为:$X = (I - B^{dT})^{-1} B^{mT} M + (I - B^{dT})^{-1} R \tag{9.18}$

公式(9.18)将总产出分解成两部分,一部分是由进口供给带来的,另一部分则是由本国初始投入(增加值)带来的。其中,$(I - B^{dT})^{-1} B^{mT}$ 可以定义为进口(中间品)完全供给系数。该乘数矩阵中的每一个元素 $\bar{b}_{ij}'$ 表示 i 部门进口一单位中间品对 j 部门总产出的完全供给,即 i 部门一单位中间品进口对 j 部门总产出的推动作用。

此处将进口完全供给系数矩阵元素列和定义为进口推动力,令 $u = 1, 2, \cdots, n$,各部门对总产出的推动力为:

$$t = u \begin{bmatrix} \bar{b}_{11}' & \bar{b}_{12}' & \cdots & \bar{b}_{1n}' \\ \bar{b}_{21}' & \bar{b}_{22}' & \cdots & \bar{b}_{2n}' \\ \vdots & \vdots & \vdots & \vdots \\ \bar{b}_{n1}' & \bar{b}_{n2}' & \cdots & \bar{b}_{nn}' \end{bmatrix} = (\sum_{i=1}^{n} \bar{b}_{i1}', \sum_{i=1}^{n} \bar{b}_{i2}', \cdots, \sum_{i=1}^{n} \bar{b}_{in}') \tag{9.19}$$

在公式(9.19)中 B^{dT} 和 B^{mT} 分别由 B^d 和 B^m 转置而来,行和已转换成列和,保证了列项相加的各项分母解相同。通常情况下,计算产业关联系数即是以行业推动力为分子,并以各行业的推动力平均值为分母(如影响力系数与感应力系数)。此处借鉴杨丽华(2011)方法,以部门增加值份额为权系数计算进口部门的推动力系数,如此处理,可将国民经济各部门的规模差异因素也体现出来。设各部门的增加值份额为 $r_j^* = \dfrac{r_j}{\sum_{j=1}^{n} r_j}$,则有总产出推动力系数如下:

$$T_j = \frac{t_j}{\sum_{j=1}^{n} r_j^* t_j}, \quad j = 1, 2, \cdots, n \tag{9.20}$$

需要指出的是,进口部门的增加值由国外部门实现,因而进口中间品只是推动了本国总产出的增长,但对本部门的增加值没有推动作用,这一点在公式(9.18)中也可以看出,因为 B^{MT} 只作用于 M 上并对总产出有直接推动作用,而对基于国内投入增加值 R 则并无直接作用。因而,这里不做增加值推动力系数的测算。

2. 中间品进口合理度指数

中间品进口合理度指数即是指进口部门份额与各中间品部门推动力系数的乘积之和,其计算公式如下:

$$IIM = \sum_{j=1}^{n} IM_j T_j \tag{9.21}$$

其中,IM_j 为部门进口份额,即部门进口额与总进口额的比值;T_j 为中间品进口推动力系数。IIM 指数越大,说明进口份额排序与中间品进口推动力系数排序越是一致,进口结构越合理。

(二)中国进口合理度指数及其演化特征

1. 基于总产出的中国部门推动力系数

通过计算,总产出推动力系数均值(1995~2011 年)大于 1 的部门共 15 个(见表 9-6),其中,制造业 7 个,服务业 5 个,农工矿部门共 3 个。

表 9-6 总产出推动力系数(1995~2011 年均值)大于 1 的部门的进口排序变化

总产出推动力系数大于1的部门	推动力系数 1995~2011 年均值	进口份额排序					
		1995 年	2000 年	2005 年	2008 年	2009 年	2011 年
矿石采掘业	1.799462	6	5	3	2	2	2
陆运	1.534317	24	25	15	12	17	14

续表

总产出推动力系数大于1的部门	推动力系数1995~2011年均值	进口份额排序					
		1995年	2000年	2005年	2008年	2009年	2011年
纸浆、纸、印刷及文教体育用品业	1.430447	10	9	13	17	15	17
煤炭、精炼石油及核燃料加工业	1.425105	13	10	9	9	10	9
批发业	1.285123	22	20	18	19	21	18
化学品及化学制品制造业	1.278400	3	2	2	3	3	3
金属及金属制品	1.275952	4	4	5	5	5	5
木材及其制品	1.207701	15	16	25	26	26	24
橡胶及塑料制品	1.195817	11	13	12	13	12	11
租赁及其他商业活动	1.153540	17	11	7	6	6	8
农林渔业	1.096084	8	7	8	8	8	7
水运	1.086127	28	26	28	31	31	31
金融及保险业	1.060593	25	18	23	25	25	26
电力、天然气及水的供给	1.042539	29	29	27	28	28	29
纺织原料及纺织制品	1.029581	5	6	10	15	14	16

制造业进口份额排序相对靠前，而服务业除租赁及其他商业活动外，其他部门的进口排序均较靠后。1995~2011年进口份额保持相对稳定且排序靠前的部门是：化学品及化学制品制造业、金属及金属制品、橡胶及塑料制品、农林渔业等；而矿石采掘业、陆运、租赁及其他商业活动的进口份额总体呈上升态势；纸浆、纸、印刷及文教体育用品业，纺织原料及纺织制品的进口份额呈下降趋势。其中2000~2005年进口结构发生了明显变化，许多部门进口份额排序也都发生了明显变化。但水运，电力、天然气及水的供给两部门的进口份额排序长期居后，而且金融及保险业除2000年进口份额排序有明显上升外，其他年份排序都比较靠后。

2. 中国进口合理度指数变化特征

从进口合理度指数的变化趋势来看（见图9-7），1997年以来，中国进口合理度指数不断下降，2002~2003年的下降幅度最大。进一步观察推动力系数变化，这期间推动力系数大于1的主要制造业部门都呈明显下降趋势，这反映出中国产业结构调整处在阵痛期，部门转型已开始但升级效应尚没有显现。尽管2004

年后这些部门的推动力系数仍然呈下降态势，但进口合理度指数则是反转上升。这种上升动力显然是通过进口结构的改善获得的。

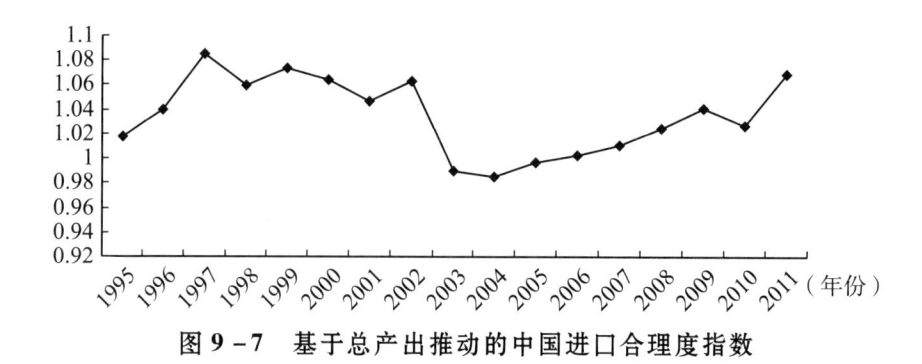

图 9-7 基于总产出推动的中国进口合理度指数

通过对比 2004~2009 年的进口结构及份额变化，可以判断出合理度指数上升的主要动力来自矿石采掘业、租赁及其他商业活动以及陆运等部门进口份额的大幅上升，而这三个部门的进口推动力系数都处于相对较高的位置（见图 9-8）。

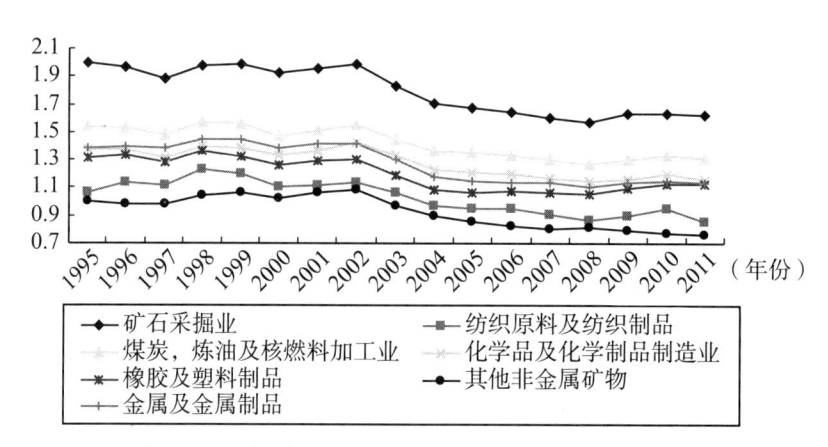

图 9-8 中国推动力系数呈下降趋势的主要部门

（三）进口合理度指数的跨国比较

1. 各国主要进口部门份额结构及其动态变化

主要进口部门是指一定时期内各国进口份额均值列入本国前 70% 的相关行业（见表 9-7），其变化特点如下：(1) 各国主要进口部门相对集中分布于电子和光学设备、化学品及化学制品制造业、电气机械及器材制造业、金属及金属制品、矿石采掘业、纺织原料及纺织制品（韩国未列入）、运输机械（中国未列入），食品、饮品及烟草加工业（中国、美国未列入）8 部门；（2）各国进口结构的明显差异主要是煤炭、精炼石油及核燃料加工（仅韩国列入），农林渔业（仅日本、德国列入），纸浆、纸印刷及文教体育用品（仅德国列入）；（3）服务业中，仅有英国、法国、美国三国的租赁及其他商业活动被列入主要进口部门；（4）各国主要进口部门（除矿石采掘业和中国的电子光学设备外）的年度波动总体平稳，其中，中国与韩国主要进口部门的进口份额年度变幅均高于发达经济体，显示出发达经济体的主要部门进口结构更为稳定。

表 9-7　各国进口列入前 70% 部门的进口份额均值（1995～2011 年）

单位：%

部门	中国	韩国	日本	德国	英国	法国	美国
电子和光学设备	28 (0.047)	19 (0.027)	15 (0.015)	14 (0.011)	15 (0.030)	13 (0.012)	19 (0.018)
化学品及化学制品制造业	12 (0.014)	8 (0.005)	6 (0.005)	10 (0.007)	8 (0.005)	11 (0.003)	7 (0.007)
电气机械及器材制造业	11 (0.015)	8 (0.017)	4 (0.004)	6 (0.002)	6 (0.007)	7 (0.003)	6 (0.004)
金属及金属制品	9 (0.011)	10 (0.013)	7 (0.008)	9 (0.011)	5 (0.006)	7 (0.006)	6 (0.006)
矿石采掘业	8 (0.040)	16 (0.034)	18 (0.050)	5 (0.015)	4 (0.014)	6 (0.018)	9 (0.031)
纺织原料及纺织制品	5 (0.027)	—	6 (0.007)	5 (0.012)	5 (0.004)	5 (0.005)	6 (0.006)
煤炭、精炼石油及核燃料加工	—	4 (0.005)	—	—	—	—	—
运输机械	—	4 (0.006)	4 (0.003)	12 (0.007)	14 (0.016)	13 (0.008)	14 (0.019)
食品、饮品及烟草加工业	—	3 (0.005)	9 (0.015)	5 (0.004)	7 (0.004)	6 (0.006)	—
农林渔业	—	—	4 (0.009)	3 (0.006)	—	—	—
纸浆、纸印刷及文教体育用品	—	—	—	3 (0.003)	—	—	—
租赁及其他商业活动	—	—	—	—	6 (0.010)	5 (0.004)	8 (0.006)
进口额占比合计最大值与最小值	69～75	71～75	68～78	71～74	64～73	70～74	73～76

注：（1）表格中（—）表示该部门出口份额未进入前 70%。（2）括号内数值为 1995～2011 年各部门出口份额的标准差。

2. 各国主要进口部门的进口中间使用率

本章测算的进口中间使用率即为进口部门作为中间投入品的比率。观察发现1995~2011年各国主要进口部门的进口中间使用率总体波动不大,因此选取1995~2011年各国各主要部门进口中间使用率的均值进行对比分析(见表9-8)。1995~2011年,中国与韩国主要进口部门(电气机械及器材制造业除外)的中间使用率较高,与其他国家相比,中国非主要进口部门中间使用率亦较高,反映出这些部门更是国民经济的瓶颈部门。就发达国家而言,非主要进口部门中间使用率相对不高(美国农林渔业中间使用率虽高,进口量份额均值约为2%,但未列于该国主要进口部门)。进一步观察发现,中国与其他国家一样,矿石采掘业的中间使用率几乎接近100%(除德国外),虽然该部门进口份额会出现年度波动,但其中间使用率几乎无明显变化。其次,除英国和美国外,其他各国金属及其制品业中间使用率都比较高。

表9-8 各国1995~2011年主要进口部门的中间品使用率均值   单位:%

部门＼国家	中国	韩国	日本	德国	英国	法国	美国
电子和光学设备	72	74	42	51	53	55	43
化学品及化学制品制造业	91	88	72	68	67	69	68
电气机械及器材制造业	38	30	38	43	40	37	35
金属及金属制品	95	94	94	93	88	91	87
矿石采掘业	100	100	100	80	99	99	99
纺织原料及纺织制品	86	50	14	20	22	22	8
煤炭、精炼石油及核燃料加工	97	82	68	53	51	62	68
运输机械	46	59	44	40	39	45	31
食品、饮品及烟草加工业	42	36	11	18	15	17	15
农林渔业	87	83	70	47	35	38	74
纸浆、纸印刷及文教体育用品	97	81	85	80	78	80	76
租赁及其他商业活动	92	87	85	83	89	89	90

注:涂灰部门为该国非主要进口部门,为方便与其他国家的主要进口部门进行对比而列出。

下面将进一步观察中国主要进口部门的中间品使用率的变化特征。

(1)电子和光学设备进口中间品使用率(见图9-9)。不同经济发展水平的国家电子和光学设备部门的进口中间品使用率存在比较明显的差异。其中，中国与韩国的该部门进口中间品使用率最高，但韩国这一指标呈相对稳定较高状态，而中国则是仍然处在上升阶段；日本、德国、英国、法国等发达国家的电子和光学设备进口中间品使用率呈相对稳定态势，日本和美国这一指标相对较低，但美国则显现出较大的波动：1995~2003年一直呈下降趋势，2004年以后明显上升，而后则呈现较平稳态势，2009年以后又呈现进一步上升态势，这反映出美国制造业的复苏过程中，电子与光学设备相关部门获得发展。

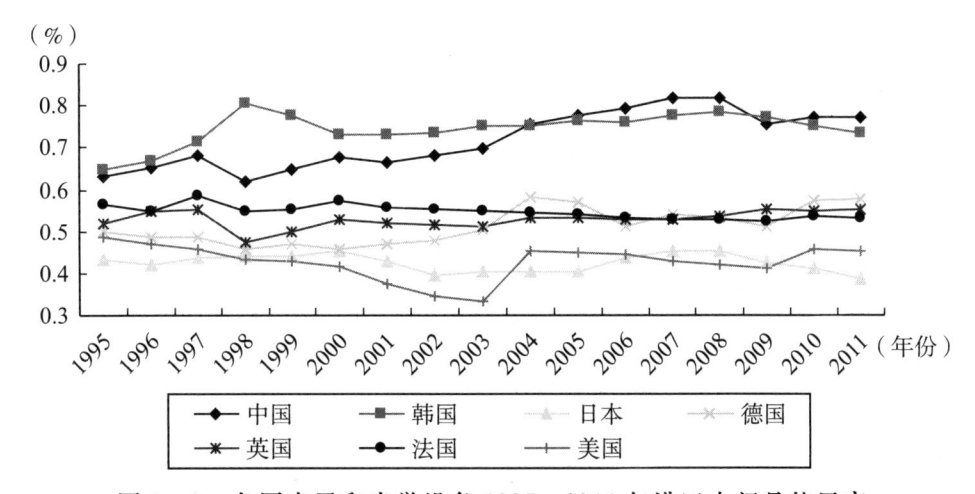

图9-9　各国电子和光学设备1995~2011年进口中间品使用率

（2）化学品及化学制品制造业进口中间品使用率（见图9-10）。不同发展水平的经济体之间该部门进口中间品使用率的差异明显。中国与韩国该部门的进口中间品使用率较高，而发达经济体相对较低且呈不断下降趋势；图9-10也显示出各国该部门2009年表现出的不同变化特征及其国际金融危机影响的程度，其中韩国呈现明显上升态势，应视为应对危机的结构调整效应；而日本、德国、法国、美国等国则呈明显下降趋势，表明受危机影响的程度较为明显，但2010年以后又都显现出逐步恢复态势；英国该部门的进口中间品使用率自1995年以来持续下降，2002年降至最低且在本国中处在最低水平，此后开始逐渐恢复，到2005年已超过日本、德国、法国、美国四国，但2007年出现波动性下降，而后又恢复到相对较高水平，总的来看，英国该部门受危机影响较小，或可能与2007年该部门的提前调整并获得的适应性发展有关。

（3）电气机械及器材制造业进口中间品使用率（见图9-11）。该部门进口中间品使用率在不同经济体之间总体差别不大，但中国却表现出较大的波动性。其中较大的波动区间出现在1997~1998年；2003~2004年，2007~2008年，

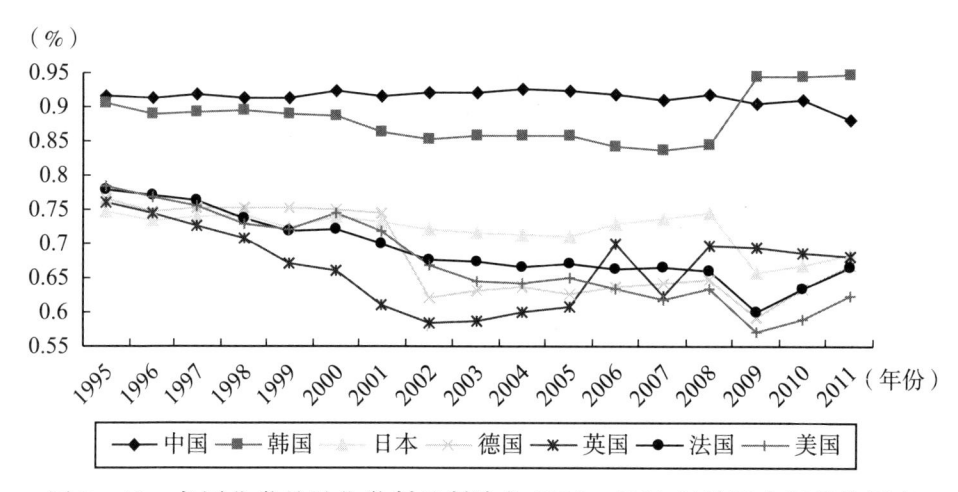

图 9-10　各国化学品及化学制品制造业 1995~2011 年进口中间品使用率

2009~2010 年期间，分别从最低的进口中间品使用率水平跃升至最高，而后又降至最低，至 2010 年后又恢复到最高水平。该部门中间品使用率的波动，既反映出国际经济的波动因素，同时又与中国结构调整的政策作用密切相关，同时更深层次地反映出这一部门的自身发展特点——该部门之所以受国际经济波动影响，与该部门的出口导向与加工贸易特点有关，而该部门的进口中间品使用率的大起大落正是这种加工贸易特点，以及其处在价值链分工的低端环节的反映。这种产业分工地位与加工贸易部门，正是近年来中国产业结构调整的重点领域，其调整方向不是规模限制，而是促进产业升级与提高附加值，因此，从其部门特点来看，仍然是应大力发展的部门。其波动的原因是受外部环境的不利影响，这也正是其产业转型升级的外部压力所在。

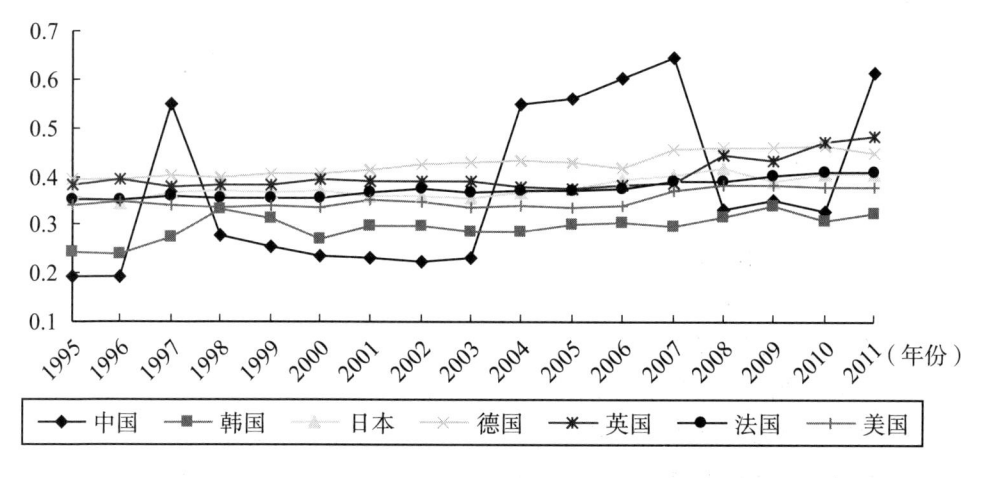

图 9-11　各国电气机械及器材制造业 1995~2011 年进口中间品使用率

（4）金属及金属制品进口中间品使用率（见图9-12）。除英国、美国外，各国金属及金属制品部门的进口中间品使用率都比较高，其差别反映出各国产业结构的差异。其中，在制造业份额较高的国家，该部门进口中间品使用率较高，而服务经济主导的英国、美国两国，该部门进口中间品使用率相对较低。该部门进口中间品使用率具有相对稳定性，但仍然可以看到2009年受到国际金融危机影响而表现出的波动性，以及2010年以后的恢复性上升。

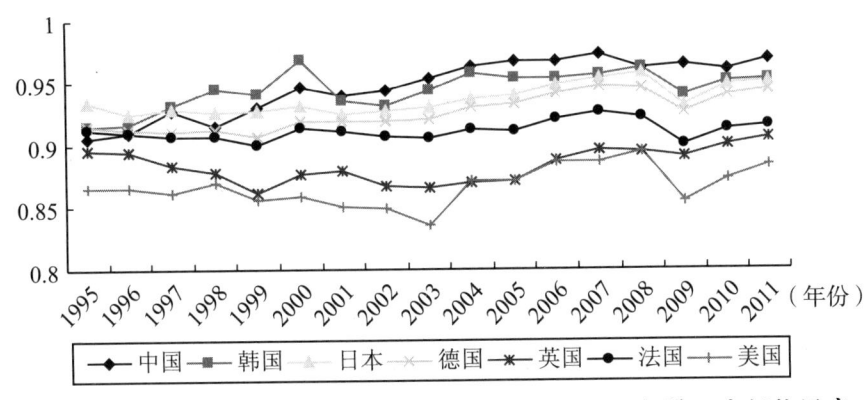

图9-12 各国金属及金属制品制造业1995~2011年进口中间使用率

（5）纺织原料及纺织制品进口中间品使用率（见图9-13）。纺织业是工业化及经济起飞的基础部门，纺织原料及纺织制品各国的进口中间品使用率差别较大，与各国经济发展水平有关，发达国家该部门的中间品使用率均较低，而中国与韩国则相对较高，中国最高年份超过90%。几乎所有国家该部门的进口中间品使用率都在下降，但美国自2009年以后，该部门的中间品使用率明显提升，这一变化有可能与国际金融危机以来，美国国内实施再制造业化战略相关。

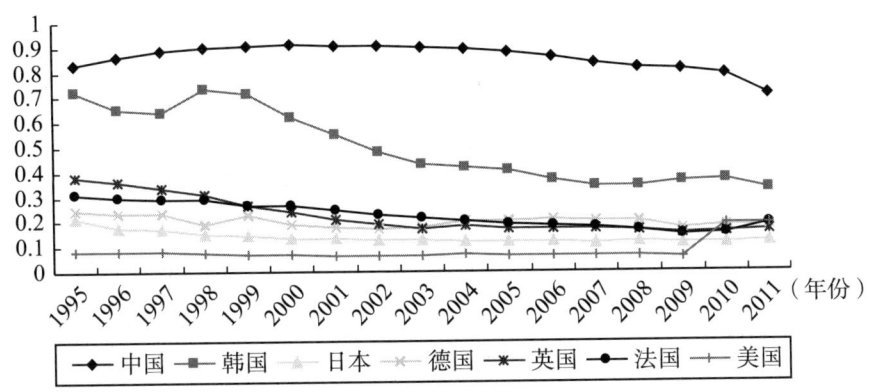

图9-13 各国纺织原料及纺织制品1995~2011年进口中间使用率的变化

3. 基于总产出的推动力系数

从基于总产出角度计算的推动力系数（见表9-9）可以看出：

（1）各国主要进口部门的总产出推动力系数大于1的部门，包括化学品及化学制品制造业，金属及金属制品，矿石采掘业，煤炭、精炼石油及核燃料加工，纸浆、纸印刷及文教体育用品，租赁及其他商业活动。

（2）作为各国主要进口部门的电子和光学设备，电气机械及器材制造业，运输机械，食品、饮品及烟草加工业等，总产出推动力系数均小于1。

（3）中国、韩国与英国纺织相关部门的总产出推动力系数都比较高，说明与纺织相关的部门关联程度更高。就中国而言，纺织相关部门的总产出推动力系数在2003年以前均超过1，近年来呈下降趋势，而其他国家该部门的总产出推动力系数均低于1。

（4）各国纸浆、纸印刷及文教体育用品，租赁及其他商业活动等的总产出推动力系数均较高，但只有德国的纸浆、纸印刷及文教体育用品列入主要进口部门，而英国、法国、美国三国的租赁及其他商业活动列入本国主要进口部门。

表9-9   各国主要进口部门/基于总产出推动力系数波动区间

（1995~2011年）

部门 \ 国家	中国	韩国	日本	德国	英国	法国	美国
电子和光学设备	0.92 0.78	0.97 0.83	0.58 0.47	0.73 0.61	0.93 0.86	0.77 0.63	0.67 0.45
化学品及化学制品制造业	1.42 1.15	1.52 1.34	1.13 0.94	1.05 0.71	1.01 0.83	1.01 0.70	1.22 0.84
电气机械及器材制造业	0.78 0.28	0.47 0.34	0.49 0.45	0.56 0.51	0.94 0.90	0.57 0.44	0.57 0.42
金属及金属制品	1.44 1.11	0.97 0.83	1.46 1.34	1.31 1.23	1.00 0.89	1.41 1.15	1.43 1.26
矿石采掘业	2.00 1.58	1.96 1.75	1.71 1.60	1.38 1.12	1.14 1.02	1.69 1.38	1.72 1.54
纺织原料及纺织制品	1.23 0.86	0.87 0.46	0.29 0.16	0.28 0.19	0.89 0.81	0.35 0.16	0.22 0.08

续表

国家 部门	中国	韩国	日本	德国	英国	法国	美国
煤炭、精炼石油及核燃料加工	1.57 1.27	1.41 1.26	1.06 0.91	0.81 0.72	1.05 1.01	1.01 0.79	1.01 0.90
运输机械	0.76 0.48	0.82 0.51	0.75 0.35	0.55 0.34	0.90 0.82	0.60 0.45	0.43 0.34
食品、饮品及烟草加工业	0.62 0.36	0.71 0.41	0.16 0.11	0.24 0.19	0.91 0.85	0.24 0.19	0.24 0.14
农林渔业	1.17 1.05	1.32 1.16	1.07 0.87	0.62 0.51	1.03 0.95	0.57 0.41	1.14 0.95
纸浆、纸印刷及文教体育用品	1.58 1.57	1.60 1.25	1.51 1.28	1.24 1.06	1.11 1.05	1.28 1.13	1.24 0.98
租赁及其他商业活动	1.27 1.06	1.26 1.16	1.17 1.04	1.29 1.25	1.10 1.04	1.38 1.16	1.35 1.18

注：(1) 上排为最大值，下排为最小值；(2) 涂灰部门为该国非主要进口部门。

4. 进口合理度指数的跨国比较

从基于总产出推动的中间品进口合理度指数（图9-14）可以看出：

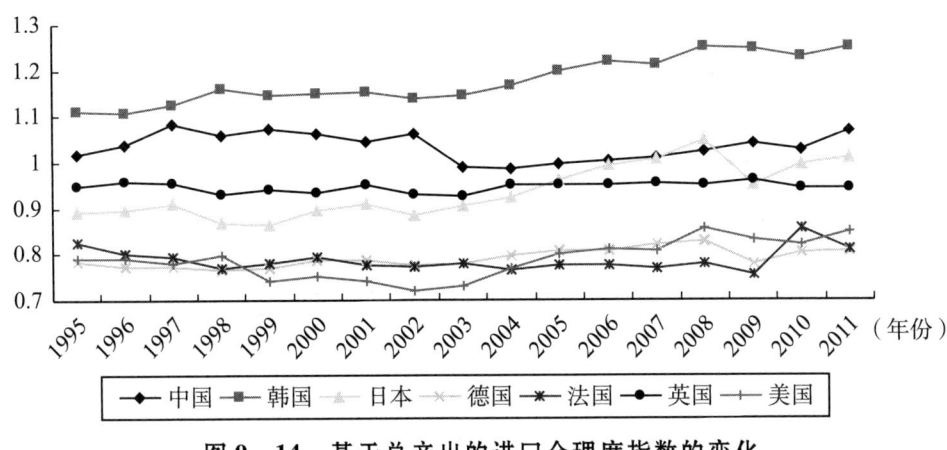

图9-14 基于总产出的进口合理度指数的变化

(1) 韩国与中国中间品进口合理度指数明显高于其他发达经济体，且韩国总体呈上升趋势。从韩国的进口结构和进口推动力系数中可以发现，煤炭与石油业、金属及金属制品和电子与光学设备这三大产业无论是进口额或是进口推动力系数都要大于其他国家,这是韩国的该指数一直高于其他国家的重要原因。通过观察韩国中间品的推动力系数可以发现,总体变化趋势不明显,而进口合理度上升的原因主要归因于进口结构的变化,其中矿石采掘业和纸浆、纸印刷及文教体育用品等部门的进口比重则明显上升,这两个部门的推动力系数亦较高(见表9-8)。而中国的中间品进口合理度指数自2003年明显下降之后,近年来表现为缓慢上升,如前文所述,影响中国进口合理度下降指数的主要原因也是进口结构变化。

(2) 美国、英国、德国和法国等发达国家的中间品进口合理度指数都比较低而且比较稳定,一直在0.70~0.85之间小幅波动。受金融危机影响,日本、德国、法国该指数在2009年都有明显下降,英国滞后一年下降。这种波动显然与进口结构的变化有关。2011年除法国外,各国又同时出现恢复性增长态势。

2003年以来美国中间品进口合理度指数呈上升趋势,只是2009~2010年亦略有下降。除2009年出现波动外,美国多数商品的进口结构较为稳定,但主要进口部门——矿石采掘业、租赁及商务服务业等部门的推动力系数有明显上升,这是美国推动进口合理度指数上升的主要原因。

(3) 通过对美国、英国、德国和法国这四个国家与中国的比较,发现这四国的化学品及化学制品制造业、金属及金属制品和电子与光学设备部门无论是进口比重还是进口推动力系数都远小于中国。

四、收入水平与消费结构变化对产业结构的影响

消费、投资与出口一直是拉动经济增长的三大动力,俗称"三驾马车"。显然,消费水平与消费结构对产业结构有重要影响。前述已经分析了外部需求对产业结构的影响,本节分析内部的消费需求对产业结构的影响。

一般而言,消费与居民收入水平具有较高的相关性。从中国居民消费水平来看,在时间维度上,中国居民最终消费率从1978年的62.1%降至2010年的47.4%;在空间维度上,2010年贵州、西藏等省域的居民最终消费率仍高于60%(分别为62.7%与64.3%),而天津、山东等省域则低于40%(分别为38.3%与39.1%);就城乡对比而言,2010年中国城镇居民消费支出约占全国居

民消费支出的76.8%,城镇居民消费是农村居民消费支出的3.3倍①。居民消费所具有的时期差异及空间异质性必然会影响各地区间产业结构调整升级的速度与效果。

从要素供给、国际贸易及分工等角度论述产业结构升级的文献居多（Gereffi, 2009; Ju Lin, Wang, 2010; 陈飞翔、居励和林善波, 2011），而从居民消费的地区差异如何对产业结构变动产生作用的角度研究的文献还比较少。事实上，某一产业产品的消费需求增加必然会促使该产业生产与投资规模的扩大，居民消费层次和消费结构的变动必然会对产业结构的演变形成推力。尽管近年来中国内需持续不旺，但消费需求仍是引导中国产业结构变动的主要力量（傅家荣, 1997; 王岳平, 2000）。本部分将从收入水平与消费结构的地区差异探讨中国产业结构演化的时空特征。

（一）收入水平对消费结构的影响

收入对消费结构的作用可以通过收入变动影响人们边际消费倾向的角度来观察，因为这可以反映出生活在不同地域的居民在不同时点的消费行为，而这一消费行为应是在综合考虑了人们的收入预期、消费习惯以及其他外在因素相互作用之后的结果。因此，准确捕获不同地区居民在不同时点的边际消费倾向，应是分析收入水平变化影响消费结构变化的有效且重要的途径。

1. 数据、模型与方法

考虑到中国城乡分割的"二元经济"现状（徐春华和刘力, 2013），在计算中国居民的收入水平和消费水平时，有必要分别计算出城镇居民和农村居民的实际人均收入或实际人均消费支出（以下简称"收入"和"消费"），并在此基础上运用城镇人口与农村人口各自在总人口中的比重加权求和（古炳鸿、李红岗和叶欢, 2009），即：

居民实际人均消费性支出 = 城镇居民实际人均消费性支出 × 城镇人口比重
　　　　　　　　　　　　+ 农村居民实际人均消费性支出 × 农村人口比重
居民实际人均收入 = 城镇居民实际人均可支配收入 × 城镇人口比重
　　　　　　　　　+ 农村居民家庭实际人均纯收入 × 农村人口比重

为了消除短期波动的影响从而确保消费与收入之间长期稳定的协整关系能够成立，同时考虑到不同省域可获取数据的时期又往往有所不同的事实，将所有省

---

① 消费相关数据是作者依据相应年份《中国统计年鉴》与《国际统计年鉴》（2011）的数据整理而得。

域划分为能获取 1978～2010 年所有数据的省域及只能获取 1985～2010 年所有数据的省域。① 出于统计数据可比性及可获得性考虑，把所有省份的消费价格指数统一换算成以 1985 年为基期的数值后再分别对各省域的名义收入和名义消费进行平减；对于城镇居民消费价格指数和农村居民消费价格指数这两组数据任何一组（或者两组都）缺失的省域，统一用其相应年份全省的居民消费价格指数替代。② 依据这些数据，容易发现中国东、中、西部③的收入和消费水平均存在明显的地区差异，并且三大地区中收入与消费间的差距都呈现出逐渐拉大的态势，表明中国居民消费趋于保守和萎靡（见图 9-15）。

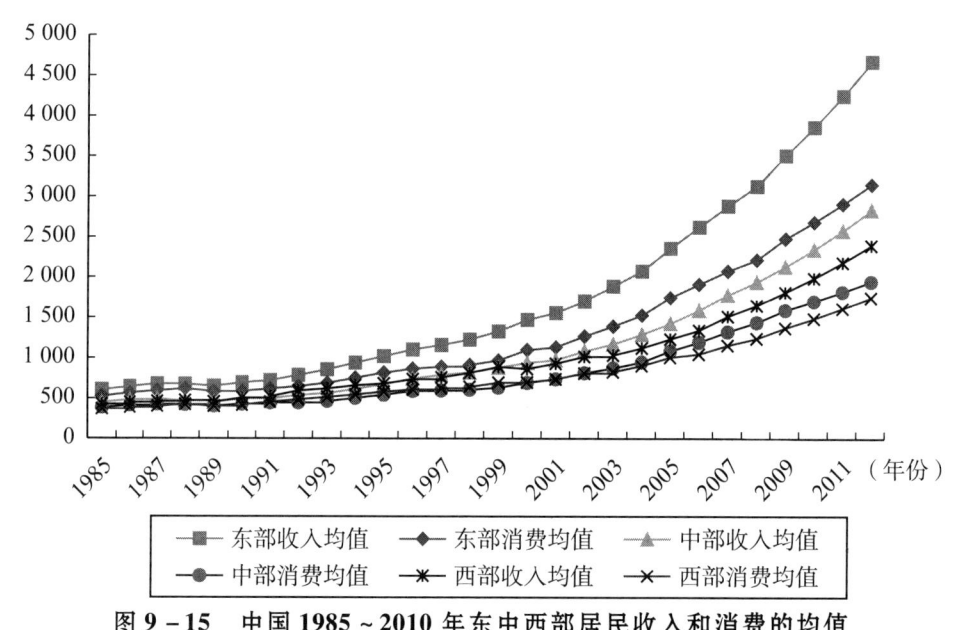

图 9-15　中国 1985～2010 年东中西部居民收入和消费的均值

此外，为了更好地理清中国经济结构调整、对外开放水平提高、制度变迁等因素对居民消费的影响，本书特地选用状态空间模型及卡尔曼滤波来探讨可变参数模型（Time-varying Parameter Model）中收入与消费间的动态关系（杭斌和申

---

① 能获取 1985～2010 年数据的省份有：河北、浙江、福建、四川、西藏、陕西等，其余省份都能获取到 1978～2010 年的数据。

② 数据来自《新中国 60 年统计资料汇编》与中宏教研支持系统，并将重庆与四川的数据合并处理，且对 1996 年以后的城镇居民人均消费性支出数据及 1997 年以后的人均收入数据取两地区相应数据算术平均数替代，结果表明合并后的数据变化不大。

③ 东部地区包括：1 北京、2 天津、3 河北、6 辽宁、9 上海、10 江苏、11 浙江、13 福建、15 山东、19 广东、21 海南，中部地区包括：4 山西、7 吉林、8 黑龙江、12 安徽、14 江西、16 河南、17 湖北、18 湖南，西部地区包括：5 内蒙古、20 广西、22 四川（包括重庆）、23 贵州、24 云南、25 西藏、26 陕西、27 甘肃、28 青海、29 宁夏、30 新疆，此处对各省标序仅为下文分析方便之用。下文东、中、西分区同此范围。

春兰,2004)。

基于凯恩斯消费理论将中国居民的消费函数形式设定为:$c = A + By$,其中A为自发消费,B为边际消费倾向。经检验,依此形式设定各省域的状态空间模型并不理想,这突出表现为绝大部分省域的自发消费参数A高度不显著①,表明中国居民的短期消费函数并不适用于建立状态空间模型,由此改用长期消费函数并将相应的变参数模型设定为:

$$c_{it} = \beta_{it} y_{it} + \varepsilon_{it} \qquad (9.22)$$

$$\beta_{it} = \pi_i \beta_{it-1} + \upsilon_{it} \qquad (9.23)$$

$$(\varepsilon_{it}, \upsilon_{it}) \sim N\left(\begin{pmatrix}0\\0\end{pmatrix}, \begin{pmatrix}\sigma_i^2 & 0\\0 & R_i\end{pmatrix}\right), i=1,\cdots,n; t=1,\cdots,T \qquad (9.24)$$

其中i表示省域,t表示年份,公式(9.22)为测量方程,c_{it}为消费,y_{it}为收入,ε_{it}为残差项;公式(9.23)为状态方程,假定状态变量服从AR(1)过程,υ_{it}为残差项,变参数β_{it}为边际消费倾向;公式(9.24)表明ε_{it}和υ_{it}相互独立且服从均值为0、方差为σ_i^2、协方差为R_i的正态分布。若c_{it}和y_{it}都是同阶单整且其线性组合$\varepsilon_{it} = c_{it} - \beta y_{it}$是平稳的时间序列(亦即消费和收入之间存在变协整关系),则模型(9.22)反映出了c_{it}和y_{it}之间长期与稳定的均衡关系。

在估算边际消费倾向之前,需要对收入y和消费c两大数据进行平稳性检验。为了确保数据检验结果的可靠性,采用ADF检验和PP检验两种单位根检验方法。单位根检验结果②显示,各省域的y和c的原序列都是非平稳的,但是经过一阶或两阶差分后都是平稳序列,都至少在10%的显著性水平下是同阶单整的。

2. 估算结果分析

对各省域状态空间模型的计量回归结果如表9-10所示。从中可知,各省域的系数π值③及边际消费倾向β_{it}(Z统计量的显著性)都在1%的水平下显著,且其样本可决系数都在0.95以上。各省份的π值都小于并且十分接近于1,这一方面说明π_i符合随机游走(Random Walk),另一方面则印证了凯恩斯消费理论中居民边际消费倾向随着收入的增加而递减的论断。由于在使用卡尔曼滤波算法估算变参数β_{it}时易受其初始值赋值的影响从而导致早期的β_{it}值具有相应的失真性,鉴于此,此处选1991年以后的数值进行讨论(见图9-16)。

---

① 在30个省域中,自发消费在10%的水平下不显著的省域有16个,在1%的水平下显著的仅有6个(山东、福建、湖南、广东、海南及西藏)。限于篇幅,此处未给出其回归结果与伴随概率。

② 限于篇幅,此处不报告具体的检验结果,如有需要可向作者索取。

③ π的下标代号含义如前文所述,同时省略表示时期的下标"t"。

表 9-10　省际状态空间方程的计量回归结果

变量	π 值	Z 统计量	R^2	D.W. 值	变量	π 值	Z 统计量	R^2	D.W. 值
π_1	0.9997***	3 067.74***	0.9903	1.38	π_{16}	0.9995***	325.70***	0.9946	1.46
π_2	0.9998***	295.30***	0.9928	1.38	π_{17}	0.9998***	258.54***	0.9912	1.12
π_3	0.9992***	165.98***	0.9647	0.96	π_{18}	0.9998***	1 234.74***	0.9852	1.19
π_4	0.9998***	3 913.23***	0.9898	1.31	π_{19}	0.9996***	209.35***	0.9935	1.57
π_5	0.9997***	1 261.09***	0.9920	1.36	π_{20}	0.9988***	190.41***	0.9846	1.75
π_6	0.9997***	1 026.03***	0.9870	1.50	π_{21}	0.9997***	1 779.04***	0.9915	1.16
π_7	0.9999***	765.81***	0.9841	1.32	π_{22}	0.9997***	296.40***	0.9562	1.11
π_8	0.9997***	1 251.93***	0.9722	1.23	π_{23}	0.9998***	306.23***	0.9833	1.43
π_9	0.9996***	469.03***	0.9912	1.39	π_{24}	0.9998***	640.47***	0.9871	1.20
π_{10}	0.9996***	394.96***	0.9940	1.23	π_{25}	0.9978***	82.42***	0.9554	1.48
π_{11}	0.9999***	4 362.08***	0.9765	0.99	π_{26}	0.9997***	439.87***	0.9705	0.96
π_{12}	0.9995***	188.11***	0.9955	1.38	π_{27}	0.9988***	137.83***	0.9851	1.55
π_{13}	0.9994***	157.53***	0.9758	1.03	π_{28}	0.9988***	199.96***	0.9868	1.09
π_{14}	0.9996***	451.71***	0.9849	1.10	π_{29}	0.9995***	194.97***	0.9896	1.67
π_{15}	0.9998***	4 726.23***	0.9955	1.31	π_{30}	0.9999***	2 681.69***	0.9739	0.86

注：*** 表示在 1% 显著性水平下显著。

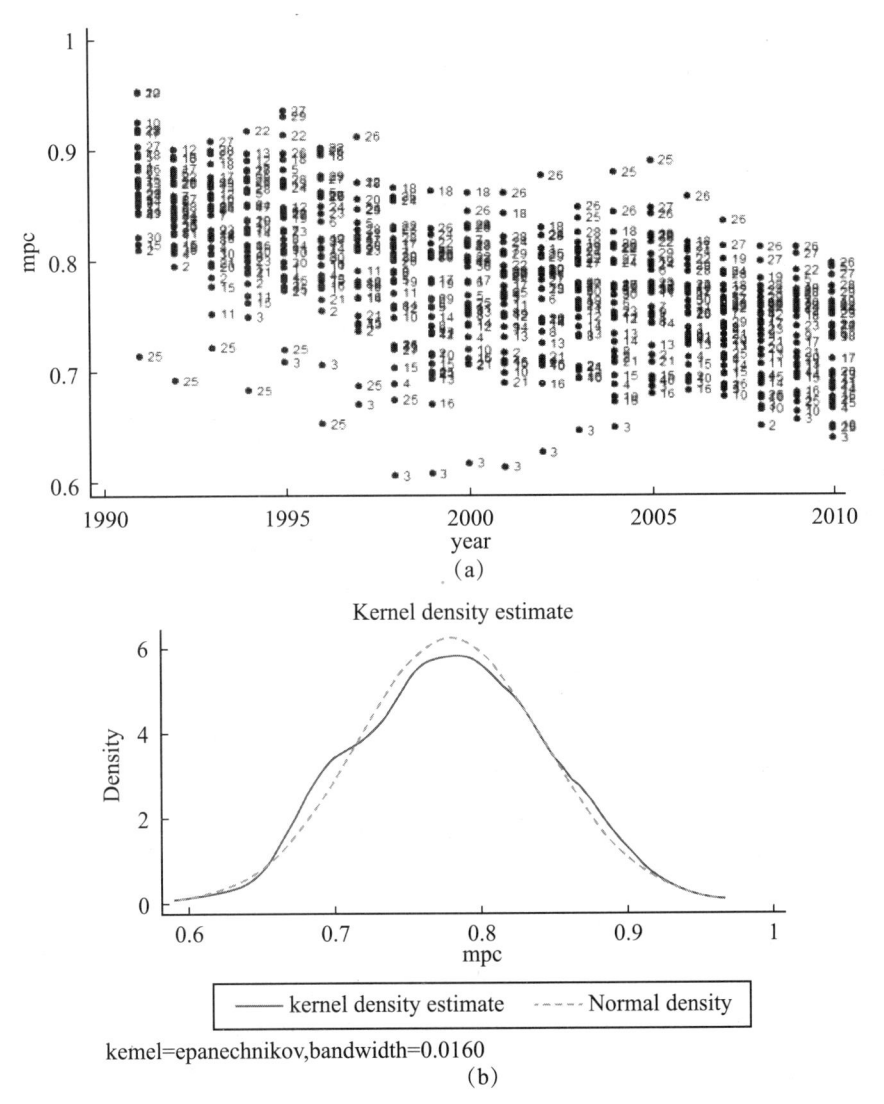

图 9-16 1991~2010 年中国各省域居民边际消费倾向的变动
态势（a）及其正态分布特征（b）

从图 9-16（a）及相关计算结果可知，自 1991 年以来，中国各省域居民的边际消费倾向都表现出下降的趋势，北京、河北、福建、江苏等东部省域以及山西、安徽、江西、河南、湖北等中部省域的居民边际消费倾向均出现了较大幅度的下降，而西部地区除了广西以外其余省份的居民边际消费倾向的降幅则相对较小一些。这说明东部地区的居民受制于当前房价高企、生活成本相对较高的压力而表现出更加谨慎的消费行为。另外，图 9-16（b）还表明前文估算的居民边际消费倾向数据大体上呈现出正态分布特征，符合人们的经验直觉。

此外，为避免伪回归（spurious regression），还需要对状态空间模型的变量进行协整分析。运用 EG 两步法对各省域状态空间方程中测量方程的残差进行平稳性检验，即对公式（9.22）中的 ε_{it} 进行 AEG 检验后易知（见表 9-11），所有测量方程的残差均为平稳序列，从而各省域的消费与收入都满足变协整关系。

表 9-11 各省域测量方程的残差平稳性检验

变量	AEG 统计量	1% 临界值	变量	AEG 统计量	1% 临界值	变量	AEG 统计量	1% 临界值
ε_1	-9.10	-4.25	ε_{11}	-12.82	-4.35	ε_{21}	-8.75	-4.25
ε_2	-9.41	-4.25	ε_{12}	-9.49	-4.25	ε_{22}	-14.64	-4.35
ε_3	-11.15	-4.35	ε_{13}	-13.48	-4.35	ε_{23}	-9.89	-4.25
ε_4	-8.42	-4.25	ε_{14}	-11.66	-4.25	ε_{24}	-10.25	-4.25
ε_5	-7.96	-4.25	ε_{15}	-8.86	-4.25	ε_{25}	-5.75	-4.35
ε_6	-10.40	-4.25	ε_{16}	-8.15	-4.25	ε_{26}	-16.00	-4.35
ε_7	-8.65	-4.25	ε_{17}	-10.28	-4.25	ε_{27}	-8.95	-4.25
ε_8	-9.43	-4.25	ε_{18}	-15.43	-4.25	ε_{28}	-9.75	-4.25
ε_9	-9.85	-4.25	ε_{19}	-11.80	-4.25	ε_{29}	-9.23	-4.25
ε_{10}	-8.43	-4.25	ε_{20}	-6.05	-4.25	ε_{30}	-11.45*	-4.25

注：（1）带*为含常数项而不含时间趋势项检验形式的临界值，否则为含常数项和时间趋势项的数值，滞后阶数由 SIC 准则确定；（2）由于河北、浙江、福建、四川、西藏、陕西五省域只能获取 1985~2010 年的数据，故在确定协整检验临界值时样本容量为 26，其余省域的样本容量为 33。

综上可知，在考虑了中国"二元经济"这一现实背景后，中国居民的边际消费倾向所呈现的逐年递减的变动趋势正是中国当前内需不旺的深层次原因。中国地区居民收入差距的存在及其扩大必然会导致不同地区中的居民具有不同的消费结构，进而对中国产业结构升级产生不同的作用力。

（二）消费结构变化对产业结构调整的影响

1. 消费结构的地区差异

前文估算出中国 30 个省域居民 1991~2010 年的实际人均消费性支出情况，并展示了东、中、西部三大地区相应年份自身的均值数据（见表 9-12）。从计算的数据看，中国各省域居民的实际人均消费性支出存在较大的地区差异和时期差异，由此形成地区异质性相当显著的居民消费结构。

表9-12　中国各省域居民实际人均消费性支出

单位：元/人

省域	1991年	1995年	2000年	2005年	2010年	省域	1991年	1995年	2000年	2005年	2010年
北京	860.7	1 180.4	1 587.3	2 481.1	3 498.8	天津	714.1	915.5	1 229.8	1 848.4	3 532.3
河北	378.0	487.9	606.5	1 067.2	1 590.2	辽宁	633.5	675.3	820.1	1 454.8	2 281.7
上海	1 045.2	1 408.1	1 797.0	2 883.5	4 458.1	江苏	575.5	762.3	994.9	1 566.5	2 427.8
浙江	589.4	804.1	1 175.0	2 011.6	2 736.4	福建	466.8	645.7	956.7	1 396.5	2 155.1
山东	450.1	617.5	797.4	1 203.3	1 936.2	广东	704.5	1 037.3	1 549.0	2 311.7	3 294.3
海南	371.6	441.9	565.0	968.8	1 588.2						
东部地区11个省域对应年份实际人均消费性支出均值							617.2	816.0	1 098.1	1 744.9	2 681.7
山西	393.0	446.2	575.8	956.4	1 425.8	安徽	347.1	450.3	591.7	953.1	1 635.5
吉林	594.2	780.4	1 108.2	1 328.1	2 014.3	黑龙江	510.0	678.4	785.8	1 221.9	1 853.1
江西	406.9	508.6	619.4	1 012.8	1 588.7	河南	351.7	448.3	641.1	954.7	1 659.9
湖北	472.3	564.4	760.2	1 057.9	1 618.9	湖南	446.9	571.2	742.5	1 056.6	1 522.1
中部地区8个省域对应年份实际人均消费性支出均值							440.3	556.0	728.1	1 067.7	1 664.8
广西	607.4	910.8	1 182.2	1 068.6	1 555.7	内蒙古	444.0	537.5	740.3	1 234.4	2 324.1
四川	372.8	436.1	588.4	952.3	1 436.2	甘肃	340.5	413.4	524.0	849.3	1 144.4
贵州	449.1	796.2	525.4	737.3	1 130.7	青海	422.5	506.2	622.9	902.5	1 214.6
云南	519.9	661.7	603.4	858.7	1 330.7	宁夏	399.7	479.6	656.2	1 024.3	1 610.6
西藏	600.6	644.5	1 014.9	1 654.9	1 797.9	新疆	505.4	639.6	655.6	917.0	1 294.8
陕西	340.5	375.3	566.4	873.2	1 478.9						
西部地区11个省域对应年份实际人均消费性支出均值							454.8	581.9	698.2	1 006.6	1 483.5

资料来源：国家统计局国民经济综合统计司：《新中国60年统计资料汇编》，中国统计出版社2010年版。

从总体上看，各省域居民的消费性支出均呈现出逐年提高的趋势，且北京、上海、天津以及广东等省域的数值远高于其他地区，而甘肃、陕西及贵州等省域的数值则处于较低水平。同时，从东、中、西部三大地区的均值可以看到，内陆地区（中、西部地区）与东部地区存在一定的差距，并且随着时间的推移，中部地区居民的人均消费性支出的均值也在逐渐超过西部地区，表明三大地区间的收入差距（进而消费差距）已在逐步形成和扩大，区域居民消费结构具有相应的异质性。

通过调查可知，1991年中国人均消费性支出的省域大致呈现出"V"形分布，辽宁、北京、上海、广东及广西等省域的人均消费性支出处于最高层次；2010年，消费大省则完全偏向于东北部及东南沿海地区，北京、江苏、上海、浙江及广东等省域处于最高层级。这种差异变化不仅是不同地区间居民消费结构差异的反映，而且还将对各自地区产业结构的变动产生不同影响。

事实上，通过比较分析这三大地区居民消费支出的内部结构不难发现，2010年中国东、中、西部城镇居民（农村居民）的食品消费支出在其全年生活费支出中的比重依次为35.36%（38.79%）、35.63%（40.51%）、38.01%（43.05%），而同年教育、文化、娱乐服务支出的占比则依次为12.70%（9.61%）、11.26%（9.12%）、10.55%（6.39%）。这些变化和差异反映出中国居民消费水平与经济发展水平的高度相关性，以及显著的城乡与区域的异质性。由此可知，寻求中国收入水平对居民消费结构及产业结构的影响，必须考虑到这些城乡差异和区域异质性。

2. 消费结构变化对产业结构变动的影响：一个实证分析

（1）模型、方法与数据。产业结构是指三次产业增加值分别占国内生产总值的比重。为了考察居民消费在不同产业中的作用程度，将各省域第二产业实际增加值在实际地区生产总值中的份额对数值（upg2）与各省域第三产业实际增加值份额对数值（upg3）分别作为产业结构升级的衡量指标（沈利生，2011）。

在计量方法的选定上，一方面，各省域消费的时期差异和地区差异将使其对产业结构升级的作用存在显著的空间差异；另一方面，劳动力等生产要素的区域流动、对外开放程度的不断提高及产业转移的深入推进，使得各省域之间存在显著的空间相关性，这将导致传统的计量模型存在估计偏误。而空间计量经济分析法则能兼顾空间独立性与空间异质性两方面特性，从而较好地解释空间相关与地理的关联（符淼，2009；Anselin，2010），因此，选用空间计量方法对中国产业结构升级进行探讨。

常用的空间计量经济模型主要包括空间滞后模型（Spatial Lag Model，SLM）

和空间误差自相关模型（Spatial Error Model，SEM），由于 SLM 和时间序列中自回归模型相似，故也被称作空间自回归模型（Spatial Autoregressive Model，SAR）。

SAR 可表示为：$y = \rho Wy + X\beta + \varepsilon$，其中 y 为因变量，X 为 $n \times k$ 的外生解释变量矩阵，ρ 为空间自回归系数，W 为 $n \times n$ 的空间权重矩阵且一般采用邻接矩阵（contiguity matrix）的形式，Wy 为空间滞后因变量，ε 为随机误差向量。

SEM 可表示为：$y = X\beta + \varepsilon$，$\varepsilon = \lambda W\varepsilon + \mu$，其中 λ 为空间自相关系数，$\mu \sim IID(0, \sigma\mu 2I)$，其余变量含义同前，并将 ρ 和 λ 统称为空间相关系数。在此基础上，将 SAR 设定为：

$$upg_{it} = \rho Wupg_{it} + \beta lconsum_{it} + \delta lopen_{it} + Z_{it}\gamma + \varepsilon_{it} \quad (9.25)$$

将有待考察的 SEM 设定为：

$$upg_{it} = \beta lconsum_{it} + \delta lopen_{it} + Z_{it}\gamma + \varepsilon_{it}, \quad \varepsilon_{it} = \lambda W\varepsilon_{it} + \mu_{it} \quad (9.26)$$

其中，upg 与 W 含义同前，$lconsum$ 及 $lopen$ 分别表示各省域居民消费的对数值以及对外开放水平的对数值，ε_{it} 和 μ_{it} 均为服从正态分布的随机误差项，Z_{it} 为一系列控制变量。

对空间面板模型常用最大似然法进行估计（Anselin，1988），并且一般采用 Moran I 统计量对全局空间相关性进行检验。Moran I 的定义为：

$$Moran\ I = \frac{\sum_{i=1}^{n}\sum_{j=1}^{n}W_{it}(Y_i - \overline{Y})(Y_j - \overline{Y})}{S^2 \sum_{i=1}^{n}\sum_{j=1}^{n}W_{ij}} \quad (9.27)$$

其中，$S^2 = \frac{1}{n}\sum_{i=1}^{n}(Y_i - \overline{Y})$，$\overline{Y} = \frac{1}{n}\sum_{i=1}^{n}Y_i$，$Y_i$ 表示第 i 省域的观测值，n 为省域总数；W_{ij} 为二进制邻接空间权重矩阵，表示省域 i 与省域 j 的邻近关系，采用邻接标准或距离标准，其确定规则为：对所研究的 30 个省域而言，若两省域相邻则取值为 1，否则为 0[①]。Moran I 的取值范围为 [-1, 1]，小于 0 表示空间负相关，等于 0 表示空间不相关，大于 0 表示空间正相关，且其绝对值越大说明空间相关性越明显。

通过计算 $upg2$ 与 $upg3$ 的 Moran I 统计量[②]（见图 9-17）可以发现两者均存有较为显著的空间正相关性，$upg3$ 的 Moran I 值在 1991~1994 年逐年递减而后波动上升，且其空间相关性随时间推移而不断增强，表明各省域在第三产业中的空间

[①] 由于海南与其他省域并无陆地接壤，考虑到空间距离的接近程度和经济联系的紧密程度，故将广东和广西视为与其相邻地区。

[②] 计算 Moran I 值及估计空间面板模型均用 Matlab7.0 编程实现，并参考了 Elhorst 与 LeSage 的代码（http://www.spatial-econometrics.com）；同时，荷兰格罗宁根大学（University of Groningen）的 JP. Elhorst 教授也提供了部分最新代码与相应帮助，特此感谢。

关联程度在日益增强；upg2 则表现出逐年波动下降的态势，其 *Moran I* 值在 2003 年以后低于 upg3 的 *Moran I* 值，这一趋势反映出了中国制造业省域集聚程度不断增强进而空间扩散程度逐渐降低的事实。总之，第二、第三产业间所存有的空间相关性使得采用空间计量方法更具合理性。

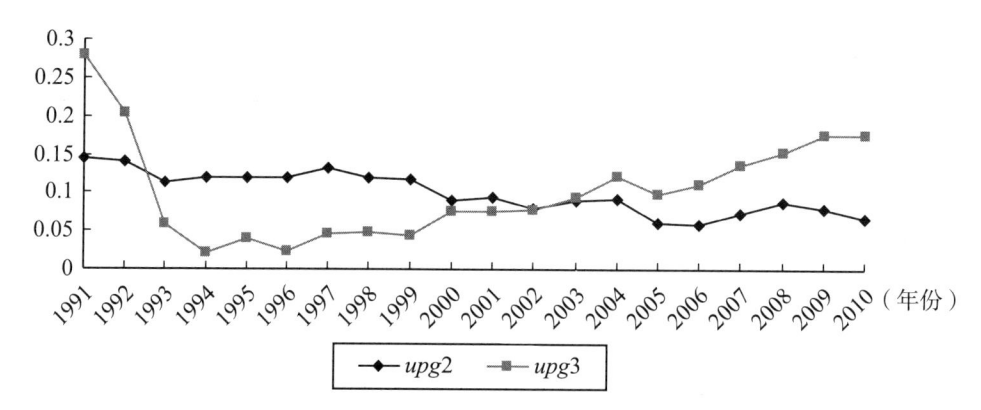

图 9-17　相应年份 upg2 与 upg3 的 *Moran I* 统计量

在对模型 upg2 和模型 upg3 的解释变量及控制变量的选取方面，首先，lconsum 的数据由前文估算值取对数而得；lopen 包括进出口总额在地区生产总值中占比的对数（ltrade）和各省域 FDI 占地区生产总值份额的对数（lrfdi）两项，用于反映中国各地区对外开放程度的深入情况。其次，选取的控制变量大体包括主要生产要素（劳动、资本和技术）及政府因素，即包括相关产业就业人数在总就业人数中占比的对数（lrwork）、人均资本存量的对数（lpercapi）、人均三项专利拥有量的对数（lpertech）、城镇化水平的对数（lurban）、地方政府绩效的对数（lgover）。

具体说来，在相关变量的选取上，一是为了控制要素禀赋结构对产业结构的影响，用人均资本存量这一指标来衡量要素禀赋结构的变动，而各省域资本存量的数据直接借用张军（2004）的估算值。[①] 二是用各省域三项专利总授权量在各地区人口中比重的对数作为各省域技术因素的替代指标。三是用相应产业的就业人数在总就业人数中的比重控制劳动对产出的作用。四是用各省域进出口总额（经汇率换算）占地区生产总值比（现价）的对数以及各省域 FDI 占地区生产总值的对数作为中国对外开放程度的衡量指标。五是考虑到各省域人口规模及中央财政转移支付，采用人均地方本级财政支出与人均总财政支出[②]比来度量地方政

---

① 资料来源：复旦大学中国社会主义市场经济研究中心数据库，各省域 2006~2010 年的缺失数据按 Goldsmith（1951）开创的永续盘存法估算，初始值为张军等人对 2005 年各省域物质资本存量的估算值，资产折旧率取 9.6%。

② 总财政支出为人均地方财政支出与人均中央财政支出之和。

府的经济绩效。为了尽可能地消除异方差,对所选控制变量均取其对数值,以探析其弹性变动情况。以上数据来自《中国统计年鉴》《中国财政年鉴》《中国科技统计年鉴》及《新中国六十年统计资料汇编》,据此计算各变量相应的统计信息(见表 9-13)。

表 9-13　　　　　　　　各变量的描述性统计

变量	变量含义	样本数	均值	标准差	最小值	最大值
被解释变量						
upg2	第二产业增加值占地区生产总值比对数值	600	-1.052	0.315	-2.321	-0.476
upg3	第三产业增加值占地区生产总值比对数值	600	-1.099	0.156	-1.475	-0.632
解释变量及主要控制变量						
lconsum	省域居民消费对数值	600	1.560	0.325	0.930	3.032
ltrade	进出口总额占地区生产总值比对数值	600	-0.766	0.437	-1.494	0.436
lrfdi	各省域 FDI 占地区生产总值比对数值	600	-1.217	0.646	-4.379	-0.006
lpercapi	各省域人均资本存量对数值	600	-0.072	0.465	-1.292	1.171
lpertech	三项专利总授权量与各地区人口比对数值	600	-0.310	0.555	-2.359	1.324
lrwork2	第二产业就业人数占总就业人数比对数值	600	-0.687	0.206	-1.434	-0.229
lrwork3	第三产业就业人数占总就业人数比对数值	600	-0.556	0.134	-0.979	-0.130
lurban	各省域城镇人口占地区总人口比对数值	600	-1.059	0.425	-2.000	-0.118
lgover	人均地方本级财政支出占比对数值	600	-0.136	0.057	-0.286	-0.027

(2)实证结论分析。为了探析中国东、中、西部居民消费差异及对外开放水平对产业结构升级的具体影响并考察回归结果的稳健性,选用 SEM 分别对中国东、中、西部进行考察,因为 SEM 能更好地获得居民消费的结构升级效应。其回归结果如表 9-14 所示,经 Hausman 检验,第 2 列为固定效应模型,其余各列

采用随机效应模型。

表 9-14　空间误差自相关模型 SEM 下中国东、中、西部的计量结果

	东部		中部		西部	
	① $upg2$	② $upg3$	③ $upg2$	④ $upg3$	⑤ $upg2$	⑥ $upg3$
$lconsum$	0.0214 (1.3231)	0.0214* (1.7976)	0.1232*** (4.1063)	-0.0171 (-0.5964)	0.0496*** (2.7421)	-0.0161 (-0.3225)
$ltrade$	0.0628*** (6.7422)	-0.0014 (-0.0432)	0.0482*** (2.5997)	-0.0323 (-1.6265)	0.0499*** (6.4216)	-0.1063*** (-7.7215)
$lrfdi$	0.0219 (0.7342)	0.0718*** (3.1058)	-0.0110 (-0.8741)	0.0521 (0.9322)	-0.1021*** (-3.1432)	0.2917*** (3.1731)
$lrwork2$	0.2185*** (12.0152)		0.0811** (2.2145)		-0.1063*** (-3.7521)	
$lrwork3$		0.0011 (0.0156)		0.0346 (0.7978)		0.0892** (2.5582)
$lpercapi$	-0.1476*** (-5.4213)	0.1732*** (4.6235)	-0.0867** (-1.9879)	0.0825** (2.1319)	-0.0561* (-1.8711)	-0.0962*** (-2.7621)
$lpertech$	-0.0313*** (-3.8256)	0.0285*** (3.1785)	0.0112 (0.6764)	0.0183 (1.2845)	0.0118 (0.9765)	0.0126 (1.0538)
$lurban$	-0.0142 (-0.6367)	0.0205* (1.8376)	-0.0632* (-1.7996)	0.0246 (0.4421)	-0.0078 (-0.6568)	0.0556*** (3.1341)
$lgover$	-0.3087*** (-4.3911)	-0.2082** (-2.5137)	-0.0065 (-0.6371)	-0.3655*** (-4.7142)	-0.0123 (-0.1367)	0.1601* (1.9538)
λ	0.2611*** (3.7236)	0.0231 (0.3065)	0.0275 (0.2833)	0.0687 (0.9321)	0.1431* (1.6494)	0.2052** (2.4727)
R^2	0.9872	0.9365	0.9426	0.6983	0.9743	0.7508
prob > chi2	0.9913	0.0332	0.9676	0.3943	0.9691	0.4538
obs.	220	220	160	160	220	220

注：(1) 由于已选用 SEM，限于篇幅，此处不再报告 log$L$、AIC 及 SC 等指标。(2) ***、**、* 分别表示在 1%、5%、10% 显著性水平下显著。

从估计结果可知，地区异质性显著的居民消费对中国东、中、西三大区域产业结构升级的影响存有较大差异。从总体上看，在内陆地区（中、西部）居民消费主要作用于第二产业，而在第三产业中的作用不显著；东部地区则与之相反，

居民消费略微显著地作用于第三产业，而在第二产业中则不显著。这说明居民消费对产业结构升级的作用大致上随着经济发展水平的提高而呈现出从第二产业到第三产业的依次增强变动态势，或者说这种作用存在着一种"高级化"倾向，由此促使产业结构优化升级。

具体而言，居民消费随着经济发展水平的提高而在不同经济发展阶段对产业结构升级产生不同程度的作用。在收入增长的过程中，消费者追求高级消费的主观愿望将对社会资源配置产生重大影响：当居民消费受制于收入状况而处于较低水平时，人们只能将消费锁定在主要的生活必需品（如食品）上，生产者也只能将手中的大部分资源投资于相应的产业（如第一产业），进而促使该产业快速发展；随着人们消费水平的逐渐提高，其消费结构和消费层次也会发生相应变化，从而使其依次作用在第二、三产业，由此推动产业结构不断调整与升级。事实上，中国当前居民消费对产业结构升级的这种"高级化"作用趋势在相当大程度上便是中国当前东、中、西部居民的消费结构及其水平存在较大差异的客观反映。

在对外开放程度的作用方面，$ltrade$ 和 $lrfdi$ 两者间的反向作用仍然存在。一方面，对外贸易在东、中、西部三大地区间的制造业中均有显著促进作用——这一作用在东部地区最大，在西部地区的服务业中则表现出显著的负向作用，表明对外贸易不利于西部地区的服务业发展，中国外贸结构并未很好地折射出产业结构的升级路径；另一方面，外资的注入能显著提升东、西部地区的服务业发展水平，同时也给西部地区制造业的发展带来不利影响，说明外资在中国产业结构调整中所发挥出的作用存在明显的地区差异与行业差异。从总体上看，对外开放程度的提高依然能对中国各地区间产业结构升级起到积极作用。

在控制变量方面，①第二产业就业份额因素（$lrwork2$）在东、中部地区第二产业中有显著的正向产出弹性且在西部地区第二产业中有显著的负向产出弹性，第三产业就业份额因素（$lrwork3$）在东、中部地区第三产业中的产出弹性并不显著但在西部地区第三产业中则有显著的正向产出弹性，这可能是劳动力在跨地区流动的作用及在此过程中劳动力素质不断提升而带来的"回流效应"使然；②人均资本因素（$lpercapi$）在东、中部地区的第二产业及西部地区的第二、第三产业中均有显著的负向产出弹性而在东、中部地区第三产业中则有显著的正向产出弹性，表明东、中部地区的要素禀赋结构正在转型升级并对产业结构高级化有显著的助推作用；③技术因素在制造业中的"低端锁定"问题及其对第三产业发展的积极作用主要体现在技术分布密集的东部地区；④城市化因素有利于东西部服务业的发展，但在中部制造业中则呈现出略微显著的不利影响；⑤地方政府经济干预的积极作用仅微弱地体现在西部地区第三产业中。

五、国际金融危机背景下扩大内需政策对产业结构的影响

内需不足一直是中国国内消费和经济增长面临的重要问题,特别是在2008年国际金融危机冲击下,显得更加突出。在国际金融危机影响下,外部各国需求急剧下降,中国出口遭受重大挫折,生产萎缩,失业增加,特别是加工贸易企业出口订单减少,减产裁员,大批民工失业返乡,经济增长面临下行的压力增大。在外需条件变化这一背景下,中国经济增长增强了对消费与投资的依赖。因此,进一步扩大国内需求,对经济增长的拉动作用显得更为紧迫与必要。事实上,无论是居民消费的变动还是国内投资的流向都将对产业结构的演进产生重要影响。因此,扩大内需政策发挥了消费对经济增长和产业结构调整的作用。

(一)金融危机以来启动的扩大内需政策评述

2008年全球性金融危机以后,最具代表性的扩大内需政策当属"4万亿计划"。在当时世界金融危机日趋严峻的背景下,为抵御国际经济环境对中国经济增长的不利影响,中央政府出台了相应的扩大国内需求措施,重点包括加快民生工程、基础设施、生态环境建设以及灾后重建等诸多方面,同时还致力于提高城乡居民特别是低收入群体的收入与消费水平。

总的说来,此次4万亿元的扩大内需政策主要包括以下几个方面[①]:一是加快建设保障性安居工程,包括加大对廉租住房建设的支持力度,加快棚户区改造等;二是加快农村基础设施建设,包括加大农村沼气、饮水安全工程和农村公路建设力度,完善农村电网,加快南水北调等重大水利工程建设等;三是加快铁路、公路和机场等重大基础设施建设,包括重点建设一批客运专线、煤运通道项目和西部干线铁路,完善高速公路网,加快城市电网改造等;四是加快医疗卫生、文化教育事业发展,包括加强基层医疗卫生服务体系建设,加快中西部农村初中校舍改造等;五是加强生态环境建设,包括加快城镇污水、垃圾处理设施建设和重点流域水污染防治等;六是加快自主创新和结构调整,包括支持高技术产业化建设和产业技术进步,支持服务业发展等;七是加快地震灾区灾后重建各项

---

① 《国务院关于今年中央政府投资安排及实施情况的报告》,载于《中华人民共和国全国人民代表大会常务委员会公报》2009年第7期。

工作；八是提高城乡居民收入，包括提高农资综合直补、良种补贴、农机具补贴等标准，增加农民收入，提高低收入群体等社保对象待遇水平等；九是在全国所有地区、所有行业全面实施增值税转型改革，鼓励企业技术改造；十是加大银行信贷对经济增长的支持力度，取消对商业银行的信贷规模限制，合理扩大信贷规模，顺应经济发展的需要，灵活运用利率、存款准备金率、公开市场操作等工具，保证市场流动性充分供应。

从上可知，加快自主创新和结构调整、支持产业技术进步和高技术产业化建设，以及支持服务业发展等内容都直接归属于产业结构调整的范畴。在扩大内需政策中，相关资金在不同行业中的投放与流向将对这些行业的发展壮大产生不同影响，由此进一步影响原有的产业结构和规模，进而对产业结构的调整和升级产生重大影响。

然而，就中国近年所实施的扩大内需政策的作用效果而言，它往往都是倾向于刺激投资需求，而对居民消费需求的刺激作用则相当有限。这也引发了不少学者的关注与研究。譬如，针对中国扩大内需政策拉动了投资需求却难以启动消费需求且其效率低下的现象，朱一勇和毛中根（2008）认为政策低效的内部因素是政策缺陷，外因是不理想的制度环境。随着国际金融危机进一步蔓延并逐步影响到实体行业以及外需的急剧萎缩，吴泗宗和陈志超（2009）认为，中国的扩大内需政策在政策作用逐步显现的同时，问题也开始出现，进而主张运用价格杠杆等途径，完善扩大内需政策，将有助于中国经济保持长期、稳定、较快增长。在国际金融危机不断加剧的背景下，龚敏与李文溥（2009）分析了中国经济"两高一低"（高投资、高出口、低消费）不平衡结构特征的形成，认为形成这一经济结构的根本性原因在于粗放型经济增长方式。

此外，王妍和石敏俊（2011）基于自行编制的中国城乡投入产出表，利用生产诱发系数、诱发依赖系数和需求影响报酬模型，定量分析了扩大内需政策对城乡经济协调发展的作用。具体测算了"4万亿计划"和"家电下乡"补贴政策对社会经济和城乡协调发展的影响以及缓解外需下滑的效果，发现"4万亿计划"和"家电下乡"对城镇劳动者报酬的诱发效果大于对农村劳动者报酬的诱发效果。

（二）扩大内需政策的作用方向分析

针对中国实施的扩大内需政策效应未能充分显示，有学者认为，在居民消费结构方面，国际金融危机以后，中国居民消费支出集中于个别领域（主要是住房、教育、医疗等），严重挤占了其他消费；在投资需求方面，长期以来的偏向制造业尤其是面向外贸部门的投资,导致中国的结构性产能过剩(王海龙,2009)。针对中国农村居民受传统文化影响在消费方面"重未来、轻现在"的时间偏好,叶德珠和陆家骝(2009)认为应抑制农村居民不规则时间偏好的作用,纠正消费拖延,达到"治本"的效果。

段忠东和朱孟楠(2011)研究发现短期内房价上涨对消费增长的负面抑制作用更为显著,房价上涨对消费增长的总体影响表现为"挤出效应"。事实上,在此次国际金融危机爆发之前,针对个别地方政府投资不但没有支持欠发展制造业,反而大力投向已出现过热迹象的房地产开发等领域的行为,李大雨和薛敏(2007)认为这其中有些是与民争利,有些则恰恰是看中了这些行业容易过热的属性——投资回报率高并能取得较高的经济增长指标,由此他们认为作为配套措施,还要完善政府投资体制和政绩考评体系。

有关扩大内需政策应指向供给还是需求也成为讨论的焦点。黄有光(2010)认为中国在国际金融危机后,应该努力扩大高速公路方面的投资规模,而非致力于采用增加居民汽车购买的方式来扩大需求。李通屏和倪琳(2010)认为,从近期形势和未来发展看,在教育产业化、高等教育大众化对内需的影响日渐式微、城市化对内需的影响边际效应递减等情况下,中国的扩大内需亟须寻找新的源泉和动力支持,进而他们主张坚持以人为本的发展战略,实现从严格控制人口增长到适度人口增长的转变。

综上所述,已有研究普遍认为中国的扩大内需政策作用效果并不乐观。事实上,在外部需求难以控制的情况下,扩大内需政策的作用途径至少有两条:一条是通过增加居民收入及改变居民的消费结构,借用消费的"拉力"促进产业结构的调整升级;另一条是通过控制投资方向及优化投资结构,借用投资的"推力"促使产业结构优化升级。然而,从以上的相关研究中可以初步发现,扩大内需对产业结构调整的这两条作用途径的作用效果均较为有限。

(三)扩大内需政策对产业结构调整的影响分析

前述已经通过实证分析讨论了消费对中国产业结构升级的相关作用,本部分则重点探讨投资这一途径对中国产业结构调整与变动的影响,兼顾剖析居民消费结构的变动情况。

1. 投资规模不断扩大,但投资结构与产业结构升级方向不吻合

一般而言,固定资产是投资活动的结果。依据国家统计局的解释,全社会固定资产投资是以货币形式表现的在一定时期内全社会建造和购置固定资产的工作

量以及与此有关的费用的总称。在统计上，固定资产投资①（不含农户）指城镇和农村各种登记注册类型的企业、事业、行政单位及城镇个体户进行的计划总投资 500 万元及 500 万元以上的建设项目投资和房地产开发投资，包含原口径的城镇固定资产投资加上农村企事业组织项目投资，该口径自 2011 年起开始使用。

通过全社会固定资产投资（不含农户）可知，中国近年来的投资规模都是偏向于中大型项目（见图 9－18）。中国 500 万元以下的项目在 2010 年之后已占据非常小的部分，500 万元以上的中大型规模项目则在不同程度上呈现上升态势。自 2003 年以来，全国的固定资产投资（不含农户）项目主要以 500 万~1 亿元以及 10 亿元以上两类固定资产投资（不含农户）项目为主。2008 年国际金融危机以后，出于刺激经济的需要，10 亿元以上的项目投资数量有较快上升，而 500 万~1 亿元的项目投资在 2009~2010 年则有所回落。然而，2010 年以后，10 亿元以上的项目投资总量有所下降，相应地，500 万~1 亿元以及 1 亿~5 亿元这两类项目投资总量则迅猛上升，并且后者在 2012 年超过了前者。

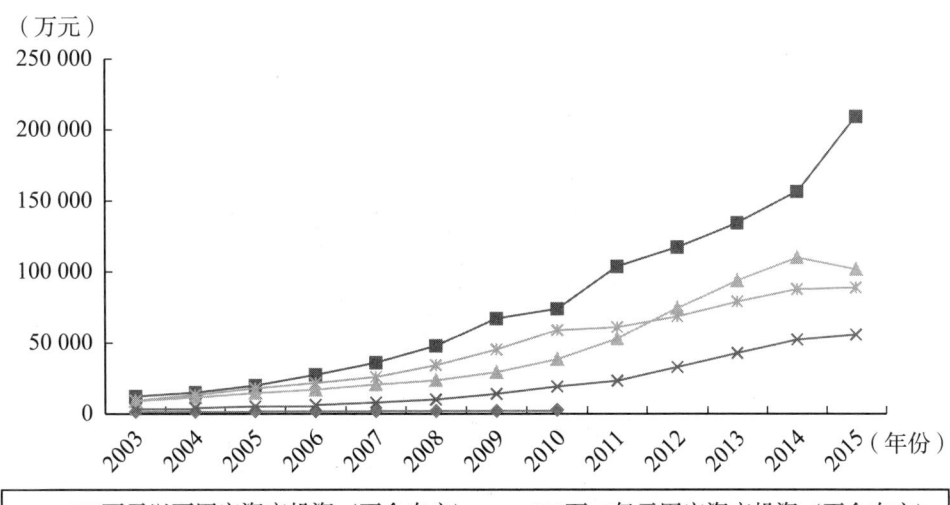

图 9－18　按项目规模分全社会固定资产投资（不含农户）情况

资料来源：国家统计局编：《中国统计年鉴》，中国统计出版社历年版。

为了直观而相对简单地考察投资对产业结构变动的影响，有必要考察中国按行业分配全社会固定资产投资的相关情况。该指标既是反映固定资产投资规模、

---

① 从 2011 年起，城镇固定资产投资数据发布口径改为固定资产投资（不含农户），固定资产投资（不含农户）等于原口径的城镇固定资产投资加上农村企事业组织的项目投资。

结构和发展速度的综合性指标，又是观察工程进度和考核投资效果的重要依据。全社会固定资产投资中占比最大的两个行业是房地产行业和制造业。2003年全国房地产行业全社会固定资产投资为13 143.43亿元，到2012年这一数值为99 159.31亿元；制造业的这一数值从2003年的14 689.53亿元上升到2012年的124 550.04亿元（见图9-19）。值得注意的是，房地产行业的这一数值一直与制造业保持大致相当的增长态势并维持在较为稳定的差距；相应地，金融业、信息传输计算机服务和软件业、科学研究技术服务和地质勘查业等隶属于生产性服务业的相关行业，其投资规模则相对要小得多。

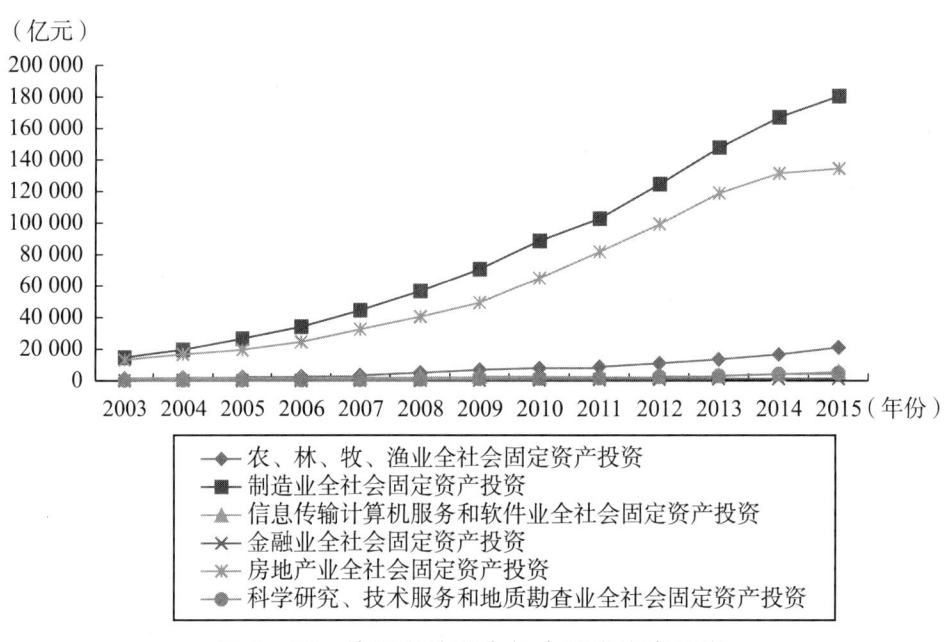

图9-19 按行业分配全社会固定资产投资

资料来源：国家统计局编：《中国统计年鉴》，中国统计出版社历年版。

在中国制造业大都处于全球价值链的低端环节以及服务业（尤其是生产性服务业）发展相对滞后的情况下，当前的投资结构无疑是与产业结构升级的方向相悖的，还将进一步地推高房价，甚至由此影响经济的健康持续发展。

2. 居民消费结构城乡差异明显，且与产业结构升级方向不吻合

从图9-20中城镇居民平均每百户年底耐用消费品拥有量的相关情况可知，自2003年以来，城镇居民拥有数量明显递增的耐用品当属空调，而其他耐用品的数量大多没有明显的增长趋势，这对高端制造业的进一步发展无法形成较大的需求空间。

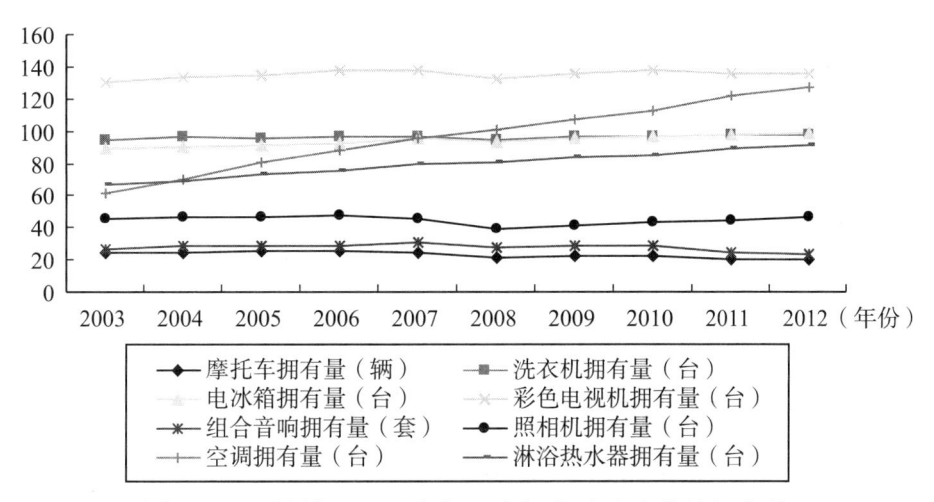

图 9-20　城镇居民平均每百户年底耐用消费品拥有量

资料来源：国家统计局编：《中国统计年鉴》，中国统计出版社历年版。

类似地，从图 9-21 中农村居民平均每百户年底耐用消费品拥有量的相关情况不难发现，自 2003 年以来，农村居民拥有数量明显递增的耐用品当属移动电话，而其他耐用品则多数呈现细微变动甚至缓慢下降的态势。这说明就通信行业而言，农村市场有着较为广阔的市场需求空间，也预示了今后相当长一段时间内，与通信业相关的信息传输服务业具有良好的发展前景。

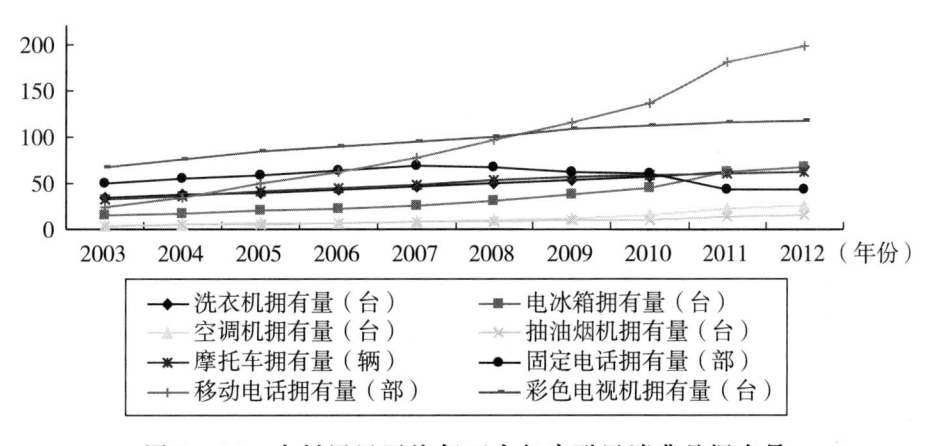

图 9-21　农村居民平均每百户年底耐用消费品拥有量

资料来源：国家统计局编：《中国统计年鉴》，中国统计出版社历年版。

此外，从图 9-22 中农村居民家庭平均每人消费支出的具体结构可以发现，食品消费仍然占据中国农村居民家庭支出的主要份额，其次则为住房消费。相对而言，农村居民用于医疗以及文教、娱乐等方面的支出则要小得多。这表明吃住方面的开支仍然是农村居民的主要压力所在，农村居民这种相对低端的消费支出结构无疑是难以对产业结构的调整升级产生显著作用力的。

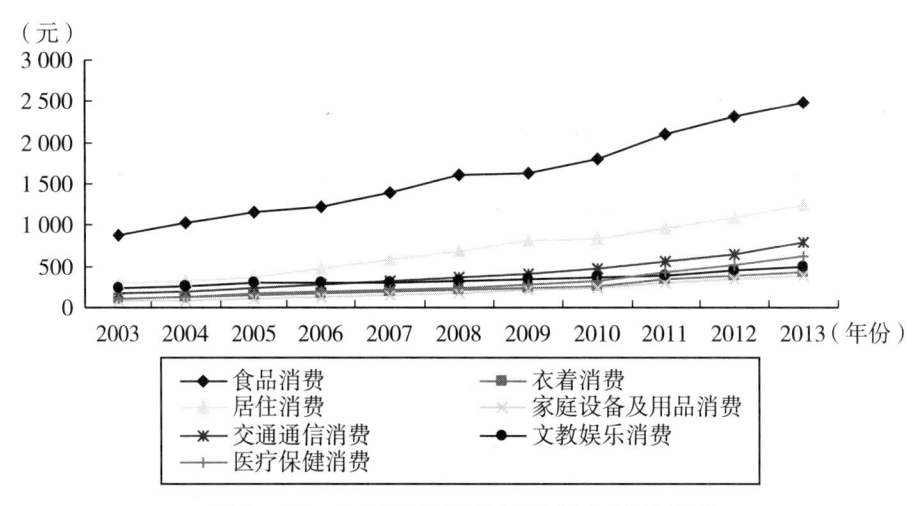

图 9－22　农村居民家庭平均每人消费支出

资料来源：国家统计局编：《中国统计年鉴》，中国统计出版社历年版。

同时，从图 9－23 中城镇居民家庭平均每人消费支出的相关情况亦可发现，与农村居民的情况类似，食品消费仍然占据中国城镇居民家庭支出的主要份额，而在其他方面的支出份额则相对小很多，城镇居民的这种消费支出结构同样也是难以对产业结构升级产生应有的作用力的。

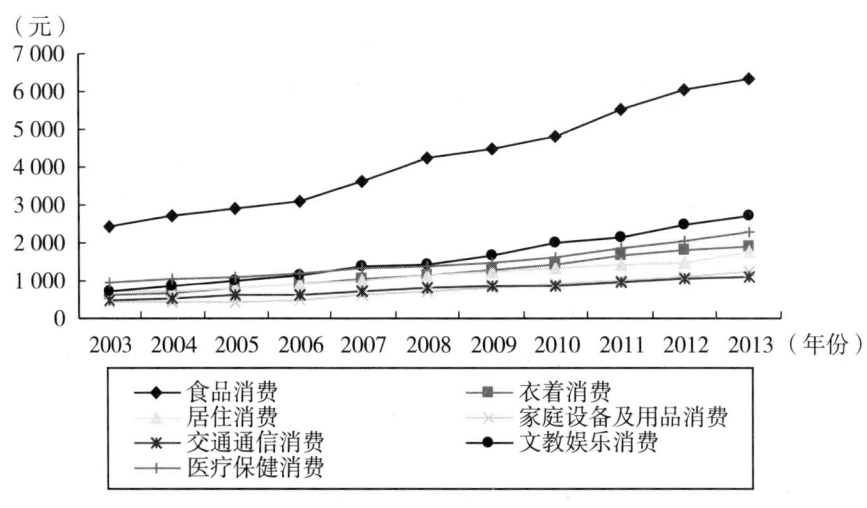

图 9－23　城镇居民家庭平均每人消费支出

资料来源：国家统计局编：《中国统计年鉴》，中国统计出版社历年版。

六、本章小结

在经济全球化的背景下，中国产业结构的演化受到国际因素的影响更大。在国际金融危机影响下，外需条件变化对中国产业结构调整与优化升级产生深远影响，与国内政策调整之间互动影响，对国家经济发展产生重要作用。本章侧重于需求条件的分析，分别探讨了外需变化与内需变化两个层面对中国产业结构调整的影响。

（1）基于外贸出口的视角，分别观察出口结构与部门拉动力系数的影响，对产业结构合理度进行了分析。计算结果显示，出口合理度指数的明显变化主要来自该部门拉动力系数的变化，一是出口结构的变化可能通过生产结构的变化影响拉动力系数的变化，从而影响出口合理度指数的变化。二是同一部门出口对总产出拉动力系数与对增加值拉动力系数呈逆向相关性，呈此消彼长态势，只有食品、饮品及烟草加工业例外，其他部门总产出拉动力系数与增加值拉动力系数均大于1。

（2）受国际金融危机影响，基于总产出的出口合理度指数和基于增加值的出口商品结构合理度指数波动幅度比较大。一是 1995~2011 年，基于总产出拉动力系数的出口合理度指数前段相对稳定，后段有些波动且近年来呈上升趋势，其中 2008 年形成"V"形谷底，2009 年开始大幅回升，之后几年不断上升，反映出出口部门的技术效率上升态势。二是基于增加值拉动的出口合理度指数总体呈现"U"形变化趋势，从 1997 年已开始下降，一直到 2006~2007 年回升，2008 年降低到低谷，之后大幅度回升。说明危机后出口部门拉动力系数呈缓慢上升趋势。

（3）国际金融危机期间各国主要出口部门的拉动力系数均有较大变化。一是通过各国出口结构比较，发现中国、韩国、日本、德国四国出口以制造业为主，而英国、美国两国服务业出口比重较高。二是观察历年各国出口部门的份额变化，可以发现中国、韩国两国的主要出口部门波动较大，明显高于日本、德国、英国、法国、美国五国，显示出发达国家的出口结构更为稳定。三是基于总产出拉动与基于增加值拉动的出口合理度指数存在差异。日本两种合理度指数均高，显示出其出口结构与产业结构具有较好的匹配程度，且出口对国内生产部门及其增加值的拉动作用均较大；韩国的出口结构对其总产出的拉动作用较大，但对增加值的拉动作用相对较小；英国的出口结构对总产出的拉动作用相对较小，但对其增加值的拉动作用则相对较大，其出口结构偏重于增加值拉动型，对本国的福利效应更高；中国两个指数的总体水平，反映出中国出口合理度水平居中，且近年来呈逐步改善的趋势。

（4）从进口推动力系数看，中间品进口对该部门的增加值没有推动作用，对总产出有明显的推动作用，因此，通过总产出的进口合理度指数，可以比较各国进口合理度。一是从各国进口合理度的变化趋势来看，发展中经济体中中国与韩国的进口合理度指数较高，主要是由于进口结构变化较大；而发达国家的进口合理度指数相对较低，其进口结构变化较为平稳。二是国际金融危机对进口合理度指数的变化影响不大。2008年的国际金融危机的影响较为短暂，各国的进口合理度指数变化相对均较平稳。这是因为作为中间品进口主要受进口国的产业结构影响；产业结构调整过程比较差且有一定滞后性。相对而言，发达国家的中间品进口结构更为稳定，发展中经济体中间品进口结构变化会受到国际金融危机的影响。因此，其进口合理度指数的变化主要来自推动力系数的变化，主要与其部门份额变化和部门间的投入产出关系变化有关。

（5）中间品使用率的部门差异可以反映产业结构调整与优化升级的方向。从中国主要进口部门看：一是中国电子和光学设备中间品使用率不断上升，表明该产业正处在规模扩张阶段，但国内供给尚不足以支撑其发展，属于需要大力发展的部门。二是中国化学品及化学制品制造业的中间品使用率比较高，但与外国有一定竞争性。发达国家该部门中间品使用率不高且呈下降趋势，表明发达国家该部门国内供给能力不断增强。从提高本国供给能力角度，未来中国需要大力发展该部门。三是中国的电气机械及器材制造业的进口中间品使用率有较大波动性，反映出该部门受外部环境变化的影响较大，也是国内产业政策调控的重点部门，未来面临着产业转型升级的巨大挑战。四是中国金属及金属制品业中间品使用率较高，说明该部门的中间品需求较高，将长期保持较高的进口比重，对该部门扩大国内供给能力提出较高要求，也是未来需要扩大规模的部门。五是中国的纺织原料及纺织制品中间品进口率明显高于其他经济体，反映出该部门对外部需求依赖度较高，这与该部门的加工贸易特征有关，但根本原因在于该部门国内中间品供给能力有限，其产业层次相对较低，未来将是产业结构调整与转型升级的重点部门。

（6）在1995～2011年观察期内，中国居民的边际消费倾向呈现逐年递减的变动趋势，说明其内需不旺，不仅会稀释中国当前扩大内需政策的作用效果，而且还将影响不同地区居民的消费结构和行为。居民消费支出不仅在东、中、西部三大区域依次递减，而且对产业结构升级的作用也由西向东逐步提高，随着经济发展水平逐步提高，对第二产业到第三产业的作用依次增强，反映出产业结构

"高级化"的倾向，也是中国产业结构的优化升级路径的映射。与此同时，对外开放程度也是影响中国产业结构升级的重要变量且存在明显的区域差异，这是收入水平和消费水平的区域差异所致。

（7）产业结构的调整升级一般来自消费水平及其结构变化的"拉动"作用和投资方向及其投资结构变化的"推动"作用。通过分析扩大内需政策对中国产业结构的影响，发现中国投资规模不断扩大，投资结构与产业结构升级的方向不相吻合；同时，居民消费结构城乡差异明显，居民消费支出结构与产业结构升级方向的吻合度也不高。总的说来，当前的投资结构以及居民消费支出结构的"低端化"均不利于产业结构的调整升级。其原因首先在于中国低效产业和传统技术产业萎缩导致结构性劳动力富余，优势产业增长与劣势产业退出缓慢导致局部居民收入增长缓慢，从而引起收入分配的不平衡与地区差异问题，最终导致需求不足；其次，局部投资结构与需求决定的产业结构升级方向不一致，导致结构性需求不足和供给过剩并存。

（8）基于以上分析，有必要建立适应内外需求条件变化的动态响应机制，促进产业结构优化升级，其基本思路是：以开放型经济为前提条件，把握中国经济发展水平及供求条件变化的基本态势，积极应对外部供给与需求条件的变化，推动全球化配置资源的制度建设。

第十章

全球需求结构变化与中国开放型经济发展态势

国际金融危机后,世界各国需求及其需求结构发生了较大变化,引起国际贸易、国际资本及其他要素流动格局的调整,改变了各个国家资源配置的方式,对中国开放型经济建设产生了重要影响,影响中国构建和完善开放型经济新体系和新格局。所以,充分研究国际金融危机后全球需求结构的变化对中国开放型经济的影响,探讨中国如何构建开放型经济发展的新战略,无疑是当前迫切需要解决的重大课题。

一、全球需求结构变化对中国开放型经济的影响

在不同的供求态势下,经济增长和经济危机的影响因素及其性质各有不同,宏观经济政策和发展战略调整也应有所不同。随着生产能力的提高和技术的进步,世界各国的总供求态势已经陆续从"供给约束型"过渡到"需求约束型",就主要发达国家而言,已经率先从"需求约束型"经济向"新供给约束型"经济过渡。中国经过40多年的改革开放,已经从物质短缺的"供给约束型"经济过渡到了有效需求未能得到充分释放的"需求约束型"经济,并日渐呈现出有效供给不足的"新供给约束型"经济特征。针对目前中国面临的国内有效需求不能得到充分释放、外需不足和国内有效供给不足的现实,如何利用政府宏观经济政策和市场创新机制引导经济持续稳定增长将是一个长期的研究课题。

根据本书前述结论可知：国际需求结构变化到一定程度会引起经济危机，反过来，经济危机会进一步调整需求结构。所以，2008年国际金融危机通过一定的途径引起其他国家需求结构乃至全球需求结构变化。在经济全球化的关联网中，中国经济已经深度参与全球价值链。国际金融危机通过美元资本流向来影响其他国家，加上美国对危机治理所采取的宏观政策，直接影响美元流动，从而影响发达经济体、新兴经济体和发展中经济体的贸易投资，从而影响中国进出口贸易、利用外资和对外投资以及国际经济合作。国际金融危机后，世界各国均在一定程度上存在需求不足的情况，经济复苏缓慢，也导致中国外需不足的情况。以下对2008年国际金融危机之后全球需求结构变化及其对中国开放型经济的影响做一个梳理。

（一）国际金融危机导致进口需求与投资需求结构的深刻变化

受国际金融危机影响，世界经济整体增长放缓，表现为国际需求整体脆弱，波动性比较大，向上增长的动力不足。

从进口需求看，各经济体内需不断萎缩，进口需求增长速度发生分化。国际金融危机后，发达经济体和新兴经济体的进口相对地位发生变化，发达经济体进口需求增速放缓，在世界总进口需求中的占比明显下降，而新兴经济体进口需求保持快速增长，在世界进口总值的占比不断上升。各经济体进口需求结构也发生较大变化：一是发达经济体资本型产品进口占比大幅度下降；劳动型产品进口占比略有下降，但保持相对稳定；技术型产品进口占比和资源型产品进口占比缓慢上升。二是新兴经济体在危机后进口需求增速放缓，但仍保持了高速增长水平，其进口需求占比不断上升。其中资源型产品进口占比在危机后呈上升趋势，其他三类进口占比皆呈下降趋势。另外，"海上丝绸之路"沿线代表性国家需求变化与新兴经济体呈类似的特征，危机后进口需求增速略有减缓，除资源密集型产品进口占比上升外，其他类型产品进口占比均有所下降。

从投资需求看，全球国际投资大幅度下降，世界各国对FDI的需求不断减少，尽管各国采取措施刺激投资，但国际投资仍然出现较大波动。发达经济体的FDI引入量仍然占主导地位，其增长率低于新兴经济体；新兴经济体利用FDI优势越来越明显，引入FDI量不断扩大，经济地位不断上升。近几年，发达经济体资本输入大于输出，发展中经济体则相反，这是值得注意的现象。

一是投资方式变化。在跨国并购规模方面，发达经济体一直大于发展中经济体，国际金融危机后两者跨国并购规模的差距已显著缩小。从收购与出售规模的差额看,发达经济体资本实现净输入,发展中经济体资本实现净输出;发达经济体资本净流入和发展中经济体资本净流出的这种趋势有所扩大。在 FDI 绿地投资方面,发达经济体一直是资金的主要来源,发展中经济体是资金的主要需求方,国际金融危机后,发达经济体绿地投资输出规模均大于发展中经济体,其差距正逐步缩小。

二是投资产业变化。进入 21 世纪以来,FDI 跨国并购多发生在服务业,制造业次之,而且服务业投资所占的比例均远远大于制造业和初级行业的占比,国际金融危机后这一趋势有所加强。进一步看,制造业并购产业主要是电气和电子设备,化学及化工产品,食品、饮料和烟草,机械设备这四大行业;服务业内部跨国并购产业主要是商业服务业、金融业和批零贸易业。在绿地投资方面,制造业与服务业之间的差距并不如跨国投资那样大,其差距没有很明显的趋势表现。2008 年,初级行业、制造业和服务业的 FDI 绿地投资都达到了近十年来的顶峰,之后有所下降。具体而言,绿地投资主要集中于汽车及其他运输设备、化学及化工产品、电气和电子设备这三个子行业。服务业 FDI 绿地投资主要集中于商业服务业,电力、煤气、水的生产和供应业,建筑业等。

(二) 全球需求结构变化引起中国外需环境的变化

各国进口需求变化决定了中国外部需求的不稳定性,出口贸易增速大幅度降低,同时出口结构发生深刻变化。近年来,中国出口市场结构和商品结构的变化与世界各国进口需求结构的变化并不契合(见表 10-1)。

表 10-1 国际金融危机后中国出口构成与全球需求构成变化的比较

产品类型	全球需求构成变化		中国出口变化	
	发达经济体	新兴经济体	发达市场	新兴市场
资源品	上升	上升	下降	下降
劳动品	下降	下降	下降	上升
资本品	下降	下降	上升	上升
技术品	上升	下降	上升	下降

资料来源:根据前述研究总结。

国际金融危机后全球需求结构变化出现新特征:从发达经济体市场需求变化看,一是资源密集型产品进口需求上升,这可能与资源产品价格上升有关。二是劳动密集型产品进口需求下降。劳动密集型产品多属于生活消费品,其需求下降原因在于国际金融危机导致失业率上升和消费者收入下降。三是资本密集型产品进口需求下降。资本密集型产品多属于中间产品，是发达经济体的优势产品，国际金融危机后，发达国家鼓励国内扩大投资生产，对进口需求进行了替代。四是技术密集型产品进口需求上升，说明发达国家输出技术，进口技术密集型产品的模式没有变化。

从新兴经济体市场需求看，一是资源密集型产品进口需求上升，说明新兴经济体对农产品、能源与初级材料等的进口上升；二是劳动、资本和技术密集型产品进口需求都出现了下降。新兴市场在劳动密集型产业具有优势，加工贸易萎缩减少了其对中间产品、技术品和劳动密集型产品的进口。

从中国出口合理度指数变化看：近年来中国基于总产出的合理度指数呈上升趋势，基于增加值的合理度指数则呈下降趋势，表明中国以制造业出口为主且对总产出拉动作用明显，对增加值拉动作用没有明显改善甚至有所下降，也表明中国制造业出口产品仍然处在价值链低端环节。在外需条件变化时，这种低附加值的利润空间也越来越小，因而制造业转型升级且出口结构优化显得尤为迫切。

中国产品出口必须顺应国际市场需求结构变化，进行产品生产调整。但是，中国产品的出口结构出现不一致的状况。一是资源密集型产品出口份额继续下降，不符合发达国家和新兴经济体对资源密集型产品进口需求的增加要求；这当然与中国资源贫乏和缺乏竞争优势有关。二是劳动密集型产品出口份额增加，与发达国家进口需求增加基本一致，与新兴经济体进口需求下降不一致。三是资本密集型产品出口份额上升，也不符合发达国家和新兴经济体对资本品进口需求下降的态势。四是技术密集型产品出口与发达国家和新兴经济体对技术密集型产品进口需求保持一致。因此，外需结构变化不断压缩中国劳动密集型和资本密集型产品的出口市场。根据全球需求结构变化，中国出口结构有待于进一步调整，这为中国出口贸易发展及其出口国别结构和商品结构调整带来挑战，也为国内出口战略调整和产业结构的转型升级提供了新的方向。

（三）全球需求结构变化改变了中国开放型经济发展的动力结构

自改革开放以来，中国长期实行外向型经济模式，通过利用外资与引进技术、扩大出口的方式，积极参与国际分工。东部沿海地区依靠规模庞大的外商直接投资（FDI），不仅实现了经济的快速崛起，还依靠代工制造奠定了中国"世界工厂"的地位。外向型经济发展使中国经济逐步与世界经济融合。在这个过程中，国际金融危机导致了全球需求结构变化，以非常激烈的方式改变了中国赖以发展的外向型经济发展态势,以及向开放型经济转变的过程和节奏。国际金融危机引起国际需求变化,通过传递机制也影响中国产业发展,进一步影响居民就业与收入,从而影响中国需求及其结构变化。因此中国需求也是全球需求的一部分。需求结构决定了经济增长动力结构转换和新动力机制。

中国开放型经济发展动力主要来自以下几个方面:一是需求条件变化的影响力和拉动力。外需条件变化和内需结构升级对中国产业结构调整形成严峻的挑战,改变了中国经济增长的动力结构。产业结构实现升级必须有多样化需求条件,包括外需和内需。外需由各国经济发展状况和政策决定,因而外部需求规模起伏跌宕,国际金融危机导致外需结构的剧烈调整;内需及其结构由国民经济发展、国民收入增长决定。因此外需与内需均衡作用对经济发展动力转换具有重要意义,也推动中国外向型经济模式走向开放型经济模式。二是资本及其技术供给能力和推动作用。资本及其技术供给能力是产业升级的推动力。然而,中国产业结构升级还面临着科学创新不足、自主研发和技术供给不足、装备生产能力不足等,决定了资源要素配置方式和效率。三是产业政策和贸易政策的促进作用。产业政策与贸易政策的作用方向可以调整需求条件和供给能力,特别在供给端发挥重要作用,可以提高技术层次;同时,促使自主研发,引进和消化国外先进技术,推动中国产业结构向资本密集型、高附加值和高技术领域转型升级。四是经济发展动力还取决于产业结构本身的演化能力,必须处理好高度化与合理化的关系。但是,中国投资规模不断扩大,投资结构与产业结构升级的方向不相吻合。

可见,开放型经济发展方式受到供给与需求条件变化,特别是外部资源或要素环境变化的影响,同时还受到体制、机制等制度因素的影响。所以,还需要构建和完善开放型经济体制机制来配合开放型经济的发展。

二、中国开放型经济的发展状况

开放型经济是市场经济的高级阶段,是经济全球化过程中必然选择的经济制度。对于开放型经济的理解,不能仅仅局限于由封闭向开放转型的视野内,而要从全球角度,把中国作为全球化经济的有机组成部分。"开放型经济"是一个具有特殊内涵和外延的概念,最早见于1985年谷书堂和宋泽行(1985)主编的《政治经济学》一书中。作为正式的发展战略,1993年中共十四届三中全会提出"开放型经济",但从其表述和后续行动上看,仍然属于出口导向战略的范畴,着重于强调发挥比较优势,参与国际竞争。① 随着经济全球化以及中国经济发展和改革开放的持续深入,开放型经济被赋予了新的内涵与外延。

总结对外开放经验,可以清楚地认识中国对外开放的发展历程及其开放型经济的特征和发展趋势,对未来对外开放提供有益启示。

(一) 中国对外开放历程

从开放时间和政策变化看,整个开放历程大体可以分三个阶段。

(1) 对外开放初始探索阶段(1978～1991年)。中国对外开放始于1978年党的十一届三中全会。1979年中央允许广东、福建实行对外经济活动的灵活措施;1980年和1981年试办深圳、珠海、汕头和厦门四个"经济特区";1984年开放大连、天津、上海、广州等14个沿海城市并建立经济技术开发区;1985年分两步开放长江三角洲、珠江三角洲、闽南厦漳泉三角地区和辽东半岛、胶东半岛;1988年设立范围最大的海南省经济特区;1990年开发开放浦东,决定上海浦东实行经济技术开发区和某些经济特区政策;1991年开放满洲里等4个北部口岸,还相继批准上海外高桥等沿海重要港口设立保税区。由此中国的对外开放格局从南到北,由点到线,贯穿了中国整个东南沿海海岸线,与开放经济特区、开放城市、开放开发区连成一片,并通过沿江、沿边、沿交通干线和内陆中心城市的开发开放,使中国的对外开放由线到面,扩展到全国。

(2) 扩大对外开放阶段(1992～2000年)。以邓小平同志1992年初"南巡谈话"要求大步伐扩大开放,以及确定社会主义市场经济体制的改革目标为标志。1992年,国务院先后批准举办温州、营口、威海、福清融侨4个经济技术开发区;1993年,国务院又批准兴办东山、哈尔滨、长春、沈阳、杭州、芜湖、武汉、重庆、萧山、昆山、惠州大亚湾、广州南沙12个经济技术开发区;1994年,北京、乌鲁木齐2个经济技术开发区获准建立。2000年,设立大连、天津、北京天竺、烟台、威海、江苏昆山、苏州、上海松江、杭州、厦门、深圳、广州、武汉、成都、吉林珲春15个出口加工区。至此,国务院先后批准大连、天津、宁波、北京、哈尔滨等43个经济技术开发区。在进出口管理上,1992年中国取消进口调节税;1994年取消进出口指令性计划。此后多次降低关税,整体关税已经与国际平均水平大为接近,与世界市场更加接近。

(3) 全面对外开放阶段(2001年以来)。这一个阶段以加入世界贸易组织

---

① 党的十四届三中全会文件,《中共中央关于建立社会主义市场经济体制若干问题的决定》,中国共产党第十四届中央委员会第三次全体会议1993年11月14日通过。

（WTO）为标志，强调开放领域和范围的全面性，以建立开放型市场、开放型经济社会为目标。按照市场经济体制对经济、政治、社会管理体制进行全面改革，由市场完成资源优化配置，在贸易政策改革方面强调以符合"国际规则"为导向，实现商品、服务和要素比较自由地跨境流动，并实现生产与消费、贸易与投资融入国际经济大循环。在这个时期，对外开放区域范围、领域的宽度和深度不断拓展。在国内设立单边开放的自由贸易园区，增设一批经济技术开发区、出口加工区、海关保税区（保税区、保税港区、保税物流园区、综合保税区）以及跨境工业园区，放宽投资准入。截至2014年底，国家已经在28个省、市和自治区布局了自由贸易园区119个，其中保税区15个，出口加工区46个，保税物流园区5个，跨境工业区2个，保税港区14个，综合保税区41个；并于2013～2015年在上海、广东、福建、天津批准设立了4个中国自由贸易试验区；2016年3月，国务院批准在辽宁、浙江、河南、湖北、重庆、四川、陕西设立中国自由贸易试验区，旨在加大中国对外开放的深度。在这些功能园区实行特殊政策，对外扩大开放试验。

在具体行业开放方面，根据加入WTO时的承诺，中国相继开放了30多个服务贸易领域，涵盖金融、分销、物流、旅游、建筑等领域，基本形成了服务业对外全面开放的格局。特别是加大了金融开放程度，自2005年7月开始实行有管理的浮动汇率制度以来；2015年8月，推出人民币兑美元汇率中间价报价；11月国际货币基金组织（IMF）宣布将人民币纳入特别提款权（SDR）货币篮子；12月，中国外汇交易中心（CFETS）人民币汇率指数首次发布，标志人民币汇率市场化和国际化机制正在逐步形成。

（二）中国开放型经济形成过程

通过上述开放过程可以看出外向型经济向开放型经济的演进过程。

(1) 外向型经济的形成与发展。改革开放初期，为了突破计划经济和封闭，在部分区域、部分领域进行试验、推广和扩大，从进口替代到出口导向，逐步形成了外向型经济。1980年，中国外贸依存度仅为12.50%，几乎没有利用外资和对外投资。随着开放程度的扩大，进出口贸易得到快速发展，外向化程度得到扩大。1980～1990年，中国外贸年均增长11.71%，整个20世纪80年代多数年份外贸呈现逆差状态，其中1985年逆差达到一个高峰值，为149.0亿美元，占外贸总额的21.4%；外贸依存度上升到22.67%。利用外资稳定增长，1985～1990年5年间实际利用外资年均增长12.26%，实际利用外资与GDP比值从1985年的0.64%上升到1990年的0.89%。同期，对外投资刚刚起步，增长比较慢，年均增长 5.70%，对外投资与 GDP 比值略有上升，从 0.20% 上升到 0.21%。这个阶段外向化程度缓慢提升。

1990~2000 年，外贸年均增长 15.17%，从 1994 年开始，外贸连续多年顺差，而且顺差不断扩大，外汇储备快速增长。同期，利用外资实现了快速增长，年均增长 27.85%，对外投资增速大幅度下降，年均增长 0.99%。1995 年，实际利用外资与 GDP 比值达到峰值 5.15%，对外投资与 GDP 比值为 0.27%。1995~2000 年，利用外资和对外投资与 GDP 比值出现下降态势，说明这个阶段外向化程度下降（见表 10-2）。

表 10-2　　　　　中国开放型经济发展情况

年份	GDP（亿美元）	进出口总额（亿美元）	外贸依存度（%）	实际利用外资（亿美元）	实际利用外资与 GDP 比值（%）	对外投资（亿美元）	对外投资与 GDP 比值（%）
1980	3 050.74	381.40	12.50				
1985	3 070.22	696.00	22.67	19.56	0.64	6.29	0.20
1990	3 902.78	1 154.40	29.58	34.87	0.89	8.30	0.21
1995	7 279.81	2 808.60	38.58	375.21	5.15	20.00	0.27
2000	11 984.76	4 742.90	39.57	407.15	3.40	9.16	0.08
2005	22 576.19	14 219.10	62.98	603.25	2.67	122.61	0.54
2006	27 134.95	17 604.40	64.88	630.21	2.32	211.60	0.78
2007	34 956.64	21 765.70	62.26	747.68	2.14	265.10	0.76
2008	45 218.27	25 632.60	56.69	923.95	2.04	559.10	1.24
2009	49 905.26	22 075.40	44.23	900.33	1.80	565.30	1.13
2010	59 312.03	29 727.60	50.12	1 057.35	1.78	688.11	1.16
2011	73 249.52	36 417.80	49.72	1 160.11	1.58	746.54	1.02
2012	82 292.29	38 667.60	46.99	1 117.16	1.36	878.04	1.07
2013	91 749.23	41 603.31	45.34	1 175.86	1.28	1 010.00	1.10
2014	91 888.34	43 015.30	46.82	1 195.62	1.30	1 231.20	1.34
2015	96 823.77	39 530.00	40.83	1 262.67	1.30	1 180.20	1.22

注：按美元计算的 GDP 是依据当年 GDP 及其平均汇率。

资料来源：国家统计局编：《中国统计年鉴》（历年），中国统计出版社历年版。

外向型经济主要以出口为导向带动一个国家或一个地区经济发展的模式。对多数国家或地区来说，一般是指依靠本国或地区的比较优势，例如廉价劳动力，用制成品来替代初级产品作为主要出口产品，从而提高本国工业的国际竞争力，推动工业化和现代化的进程，进而推动城市化及第三产业快速发展。近年来，第三产业地位得到大幅度提高，其增加值在 GDP 中的占比 1985 年达到 28.67%，1990 年达到 31.54%，进入 21 世纪已达到 40% 左右，2013 年达到 46.09%。

（2）进入 21 世纪，随着开放领域宽度和开放深度的提高，经济结构不断完善，开放型经济体系逐渐形成。利用外资和对外投资的规模不断扩大，开放型经济得到较快增长。自中国加入世界贸易组织以来，在机遇与危机并存的复杂国际环境下，改革开放进入一个崭新的发展阶段，国内经济增长速度始终保持在高位运行，外向型经济也取得了举世瞩目的成就（于立新，2011）。2000～2005 年外贸进出口值年均增长高达 24.56%，外贸依存度达到 62.98%；利用外资增速不稳定，年均增速分别为 8.18%，利用外资与 GDP 比值从 2000 年的 3.40% 下降到 2005 年的 2.67%。同期，对外投资实现高速增长，增速达到 68.01%；对外投资与 GDP 比值有所上升，从 2000 年的 0.08% 上升到 2005 年的 0.54%。

2006 年之后的几年，中国外贸出现高速增长，外贸依存度于 2006 年达到峰值，为 64.88%。但是这种态势很快被 2008 年国际金融危机打断，中国外贸和利用外资增速大幅度降低，甚至 2009 年外贸和利用外资出现负增长，对外投资所受影响比较小，保持正的增长率，开放型经济建设受到影响。总体看，2000～2010 年，外贸年均增长 20.15%，利用外资年均增长 10.01%，对外投资年均增长 54.02%。近几年，开放型经济各项指标出现下滑，出现低速增长态势。2010～2015 年，外贸、利用外资和对外投资增长率分别为 5.87%、3.61% 和 11.39%。2015 年，外贸依存度降到 35.89%，利用外资与 GDP 比值降到 1.30%，对外投资与 GDP 比值略有上升，为 1.22%。

（三）中国开放型经济的制度化过程

改革开放以来，开放型经济的形成经历了从"局部试验"到全国推广，从竞争性产业到公共领域，从"引进来"到"走出去"，从"开放政策调整"到"开放制度改革"的过程。

1978 年起实行的"改革开放"政策，把工作重点转移到现代化建设上。通过经济体制及相关政治体制改革，成功实现了从高度集中的计划经济体制到充满活力的社会主义市场经济体制的过渡，确立了以公有制为主体、多种所有制经济共同发展的基本经济制度。1992 年，党的十四大会议提出建设社会主义市场经济体制的目标，并进行了一系列体制改革。市场经济的微观基础和统一开放的市场体系逐步形成，宏观调控和社会保障体系逐步健全，以间接调控为主的宏观调控体系已经建立并不断完善。同时，对外开放程度不断深化，宽领域、多层次、全方位对外开放格局逐步形成。特别是进入 21 世纪加入 WTO 以来，中国已全面参与到经济全球化进程中。通过法律、制度和规则创新，与国际惯例接轨，使中国开放型经济得到制度保障。此外，全面调整外汇管理政策，优化利用外资结构，提升利用外资质量；鼓励企业"走出去"对外投资，积极促进中国法制建设，积极推动区域经济合作发展，积极参加 WTO 新一轮多边贸易谈判等。

近几年，中国主导和参与的双边与多边合作协议，获得了一批双边与多边经贸合作伙伴。自 2003 年以来，自由贸易区建设得到大幅度拓展，到 2015 年 6 月底，中国已经建立了 12 个双边或多边自由贸易区，涉及众多国家和地区，签订了中国内地—香港 CEPA（2003 年）、中国内地—澳门 CEPA（2003 年）、中国—东盟（2004 年）、中国—巴基斯坦（2006 年）、中国—智利（2005 年）、中国—新加坡（2008 年）、中国—新西兰（2008 年）、中国—秘鲁（2009 年）、中国—哥斯达黎加（2010 年）、中国大陆—台湾地区 ECFA（2010 年）、中国—韩国（2015 年 6 月）和中国—澳大利亚（2015 年 6 月）自由贸易协定 12 项。与海湾合作委员会（2004 年）、挪威（2008 年）、冰岛（2008 年）、南部非洲关税同盟（2004 年）、瑞士（2011 年）、日本和韩国等谈判自由贸易协定。

同时，单边开放的自由贸易园区及其开放制度建设得到快速推进，中国制度性开放得到不断加强。于 2013~2015 年在上海、广东、福建、天津批准设立了 4 个中国自由贸易试验区，旨在加大中国对外开放的深度。在这些功能园区实行特殊政策，对外扩大开放试验。在中国自由贸易试验区实行"准入前国民待遇 + 负面清单管理"的运行机制，大大地提高了开放力度。

三、中国与主要国家开放型经济的比较

为了厘清中国与印度、巴西、韩国、美国、英国、德国、法国、日本等代表性国家在结构上的差异，需要对各国结构性指标变化进行比较。美国、英国、德国、法国和日本属于发达国家，中国、印度、巴西与韩国属于发展中国家或新兴经济体。通过比较寻求这些国家开放型经济的共同特点，以此判断中国开放型经济发展水平及其发展阶段。

（一）经济发展水平比较

1. GDP 增长速度的比较

从长期看，发达国家经济增速呈现下降趋势。1960~2013 年，美国、英国、德国、法国、日本等国家 GDP 增长速度都在低位运行，大部分年份增长率都在个位数，而且在 5% 以下，仅有少数年份日本增长率在两位数以上。美国 20 世纪 60 年代多数年份 GDP 增速在 3% 以上，进入 21 世纪以来，多数年份增速在 3% 以下。英国、法国与美国的 GDP 增长速度变化趋势较为相似。英国从 20 世纪 60 年代多数年份增速在 2% 以上，下降到 21 世纪多数年份增速在 2% 以下；法国从 60 年代多数年份增速在 5% 以上，下降到 90 年代以来多数年份增速在 2% 左右；德国 60 年代多数年份增速在 5% 左右，80 年代开始进入低速增长时期，90 年代以来多数年份增速围绕 2% 上下波动，平均增长速度为 1.73%；日本 60 年代在 10% 左右高速增长，70 年代多数年份增速为 5% 左右，80 年代进一步下降到 4% 左右，90 年代初以来 GDP 增速为 2% 左右，1991~2013 年，日本的 GDP 平均增长速度仅为 0.95%。显然，进入 90 年代以来，发达国家先后进入经济低速增长时期（见图 10-1）。

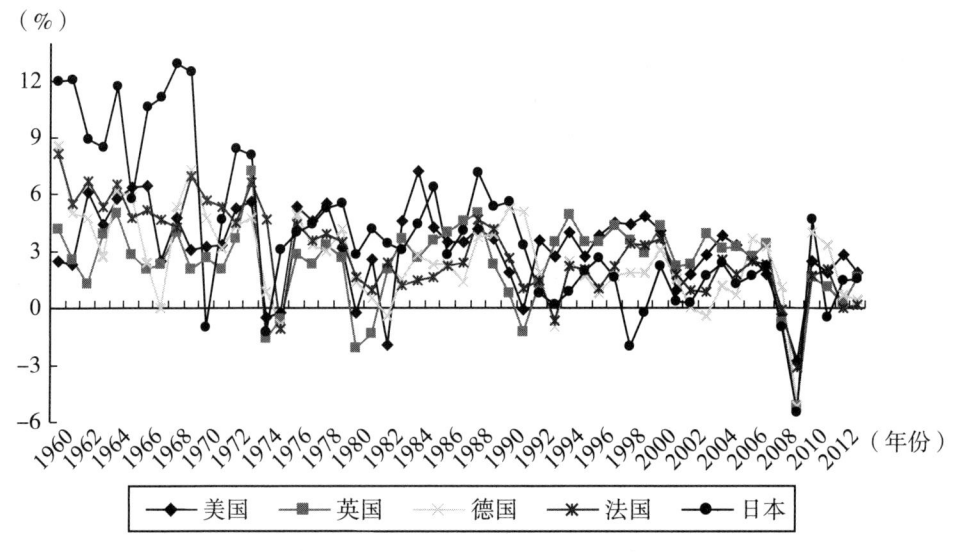

图 10-1　美国、英国、德国、法国和日本 GDP 增长率变化过程（1960~2013 年）
资料来源：世界银行网站。

与上述发达国家比较，发展中国家或新兴经济体经济增速都比较快，多数年份增长率在 5% 以上。印度的 GDP 增长速度波动比较小，1960～2013 年平均 GDP 增长速度为 5.18%，最大值为 2010 年的 10.26%，最小值为 1979 年的 -5.24%，2000～2013 年平均增速为 7.03%。巴西的 GDP 增长速度波动频率较大，1960～2013 年平均 GDP 增长速度为 4.36%；1962～1967 年的平均增速降至 3.62%；1968～1980 年平均增长度又上升至 8.85%；1980～1990 年平均增速为 1.55%，1990～2000 年平均增速为 2.54%，2000～2013 年平均增速为 3.26%，经济处于低速增长阶段。韩国经济自 1960 年以来呈现较快增长，1960～2013 年平均增速为 7.25%，最大值为 1969 年的 14.10%，最小值为 1998 年的 -5.74%，受亚洲金融危机影响所致。20 世纪 80 年代实现了平均增速 9.72% 的高速增长。进入 21 世纪，韩国经济处于中低速增长阶段，2000～2013 年平均增速为 4.09%（见图 10-2）。

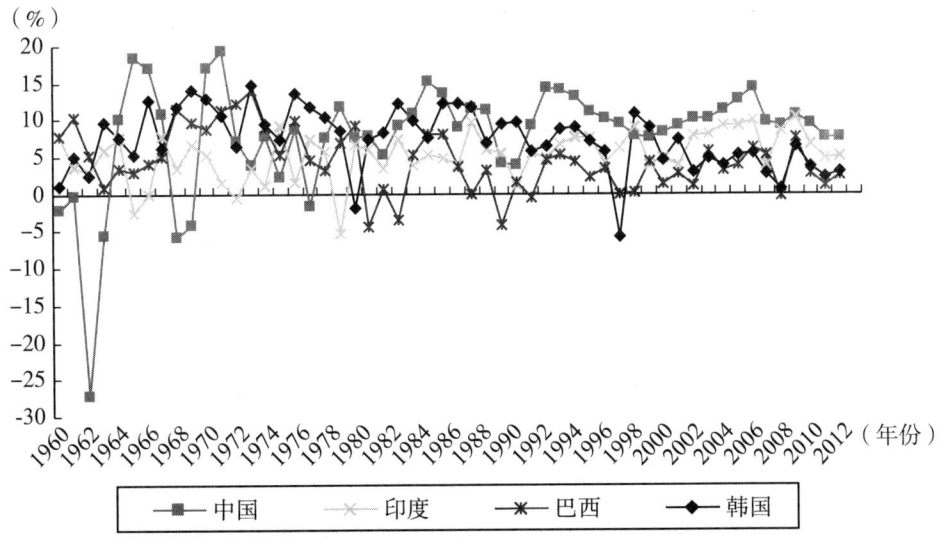

图 10-2　中国、印度、巴西和韩国 GDP 增长率变化过程（1960～2013 年）
资料来源：世界银行网站。

在上述九个国家中，中国经济增速波动幅度最大，峰值和谷底均出现在中国，分别为 1971 年的 19.4% 和 1962 年的 -27.3%。这与经济危机联系紧密。第二次世界大战后，中国经济最大危机出现在 20 世纪 60 年代，有六年出现负增长，1962 年降至历史最低值（见图 10-2）。

从 GDP 增长态势看，中国经济增长速度最快，1960～2013 年，中国 GDP 平均增速为 7.67%；1980～2013 年，GDP 平均增速为 9.87%，波动幅度逐渐减小，尤其是 1992 年之后，GDP 增长速度围绕 10% 上下波动。中国相对于其他国家，近 20 年来经济增长波动较小，2000～2013 年平均增速为 9.95%。目前还处于经济快速增长阶段，有逐渐稳定向中速增长阶段迈进的趋势。

2. 人均 GDP 水平的比较

人均 GDP 计算使用 2005 年不变价美元计值的国内生产总值除以年中人口数。在九个代表性国家中，美国、英国、德国、法国和日本人均 GDP 水平属于第一层次，韩国、巴西、印度和中国属于第二层次。美国以 2005 年不变价美元衡量的人均 GDP 水平最高，1950 年为 12 725.07 美元，后逐渐上升至 2013 年的 45 863.02 美元，始终高于其他八个国家（见图 10-3 和图 10-4）。

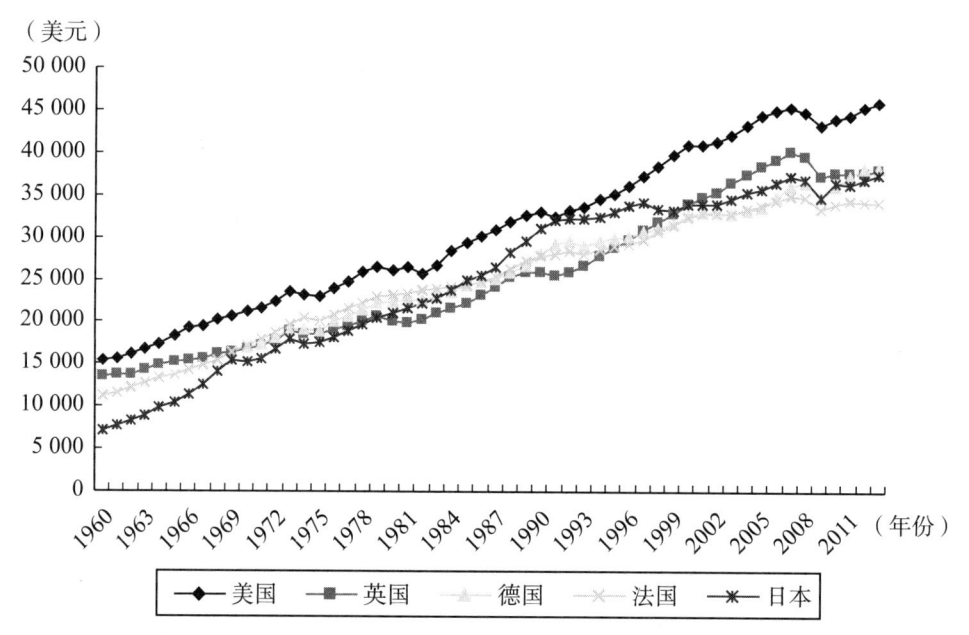

图 10-3　美国、英国、德国、法国和日本人均 GDP 的变化过程（1960～2013 年）
注：2005 年不变价美元。
资料来源：世界银行网站。

20 世纪 60 年代，人均 GDP 水平排序从高到低依次是英国、法国、日本、德国、巴西、韩国、印度和中国。就发达国家而言，人均 GDP 起伏变化，互相超越，1970 年法国超越英国，排序为法国、德国、英国和日本；1980 年日本超越英国，1984 年超越德国，1985 年超越法国，居世界第二，英国落在后面；1991 年德国超越法国，1997 年英国超越德国，2000 年又反超日本，居世界第二。2013 年，美国、德国、英国、日本、法国的人均 GDP 分别为 45 863.02 美元、38 291.62 美元、37 955.11 美元、37 432.91 美元和 34 140.57 美元。第二层次国家中，1978 年韩国超越巴西，排序为韩国、巴西、印度和中国；1986 年中国超越印度；之后，人均 GDP 保持韩国、巴西、中国和印度的排序，直至 2013 年，分别为 5 823.04 美元、3 583.376 美元、3 892.53 美元、1 165.00 美元。

从中国角度看，中国以 2005 年不变价美元衡量的人均 GDP 水平仅高于印度。1960~1985 年，中国的人均 GDP 略低于印度，自 1986 年开始中国人均 GDP 开始超过印度，截至 2013 年，中国的人均 GDP 已为印度的 3.08 倍。1960 年中国的人均 GDP 仅为 131.91 美元，只相当于同年韩国的 11.92%、巴西的 7.6%、日本的 1.86%、法国的 1.18%、英国的 0.98% 及美国的 0.85%。直至 2000 年，中国的人均 GDP 才达 1 122.26 美元，与韩国 1960 年水平相差无几（见图 10-4）。

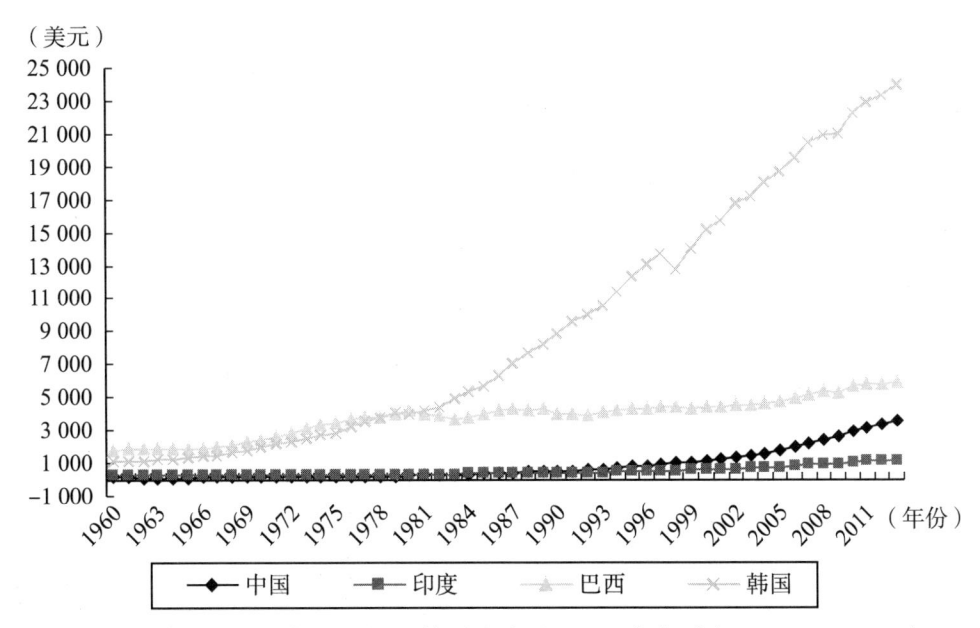

图 10-4 中国、印度、巴西、韩国和人均 GDP 变化过程（1960~2013 年）

注：2005 年不变价美元。
资料来源：世界银行网站。

进入 21 世纪，中国的人均 GDP 迅速增长，但截至 2013 年，中国的人均 GDP 为 3 583.38 美元，仅超越印度，仅相当于韩国与巴西 1977 年水平，远不及法、日、英、美 1960 年水平。但是中国的人均 GDP 增长速度远高于巴西，近年来与巴西的差距也逐渐缩小，不久将超过巴西。

（二）产业结构的比较

这里仅仅从三次产业结构角度探讨第二、第三产业的份额变化。第二产业份额变化可以显示一个国家或地区的工业化发展水平，第三产业份额变化可以显示城市化发展水平，在从农业国向工业化转变过程中，第一产业比值不断下降，第二、第三产业比值不断上升，工业化初期阶段表现为第二产业份额快速上升，上升到一定阶段，第三产业份额快速上升，进入稳定的发达社会。

从长期来看，美国、英国、法国、德国、日本和巴西等国家第二产业增加值份额呈下降趋势，而中国与印度、韩国的第二产业增加值份额呈现上升趋势；这九个国家第三产业增加值占比均长期呈上升趋势。具体而言：1970～2013 年，美国、英国、德国、法国和日本这五个国家的第二产业增加值占比变化趋势相同，均呈下降趋势，其中法国和美国的平均值为 27% 左右，德国、日本和英国的平均值为 34% 左右；此五国第三产业增加值占比均呈上升趋势，其中法国、英国和美国的第三产业增加值占比的平均值比较接近，为 70.71%，德国和日本的平均值均为 62% 左右（见图 10-5、图 10-6）。这表明发达国家进入后工业化时期，现代工业城市发展已经进入较高水平。

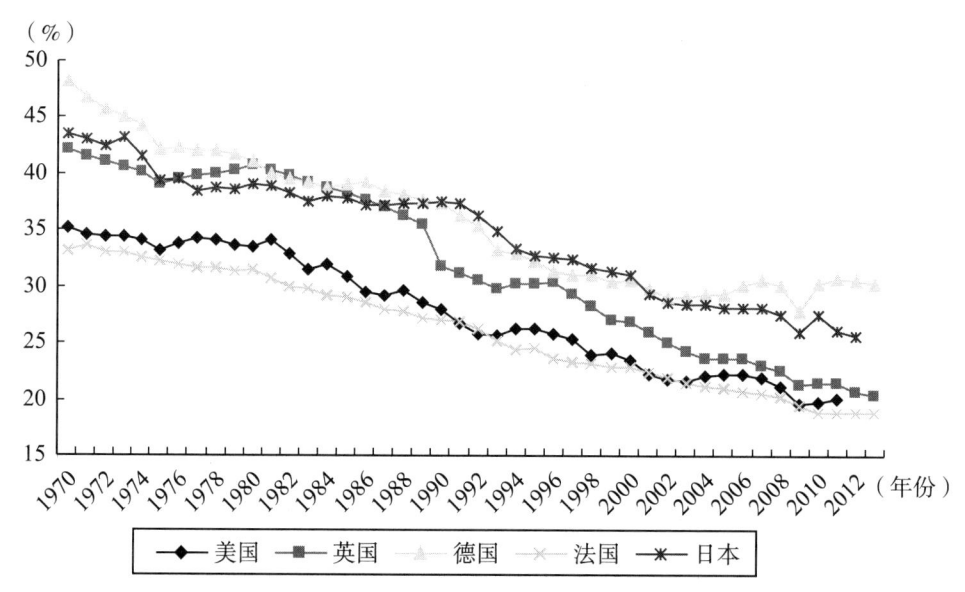

图 10-5　美国、英国、德国、法国与日本第二产业份额变化（1970～2013 年）

资料来源：世界银行网站。

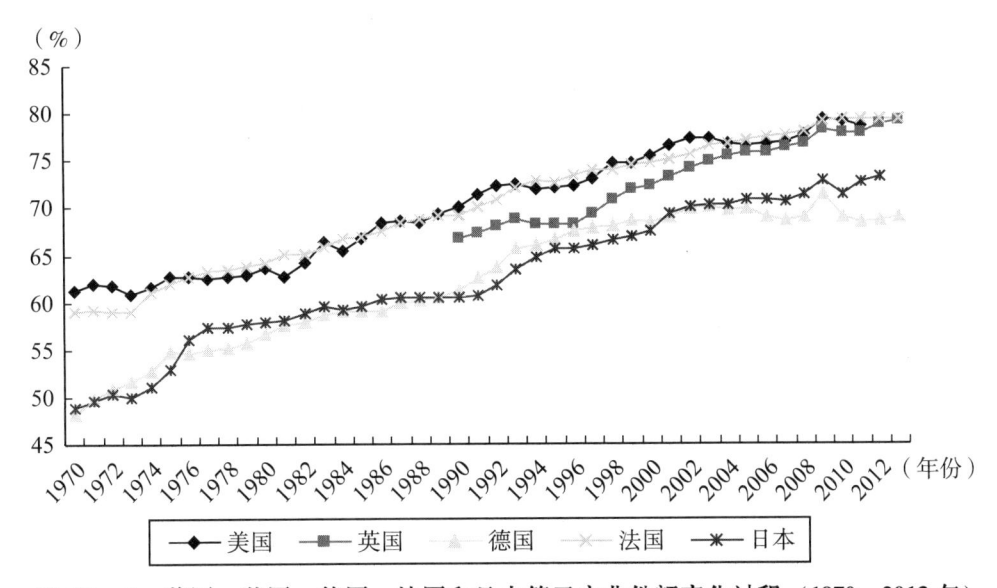

图 10 - 6　美国、英国、德国、法国和日本第三产业份额变化过程（1970～2013 年）
资料来源：世界银行网站。

从四个发展中国家看（见图 10 - 7），巴西产业构成变化幅度比较大。1960～1994 年，巴西第二产业增加值占 GDP 之比一直围绕 40% 上下波动，平均值为 39.89%；而从 1995 年开始，第二产业增加值占比大幅度下降，1995～2013 年的平均值降至 27.27%。第三产业增加值构成与此相反，巴西 1960～1994 年平均值为 47.52%，而从 1995 年开始大幅度上升，1995～2013 年的平均值上升至 66.93%。与巴西不同，韩国和印度产业结构变化比较平稳，韩国 1965～2013 年第二产业增加值占比的平均值为 33.88%，第三产业增加值占比平均值为 53.01%；印度 1960～2013 年第二产业增加值占比的平均值为 24.38%，第三产业增加值占比的平均值为 44.74%（见图 10 - 7、图 10 - 8）。

就中国而言，1960～2013 年，第二产业增加值占比的平均值为 43.32%，第三产业增加值占比的平均值为 31.49%。1960～1970 年，中国第二产业增加值占比的平均值为 34.98%，自 1971 年至今，一直维持在 45% 左右，基本保持稳定；1960 年开始，中国第三产业增加值占比由 32.13% 下降至 1980 年的 21.60%，随后进入逐渐上升阶段，至 2013 年中国第三产业增加值占比达 46.09%（见图 10 - 9）。

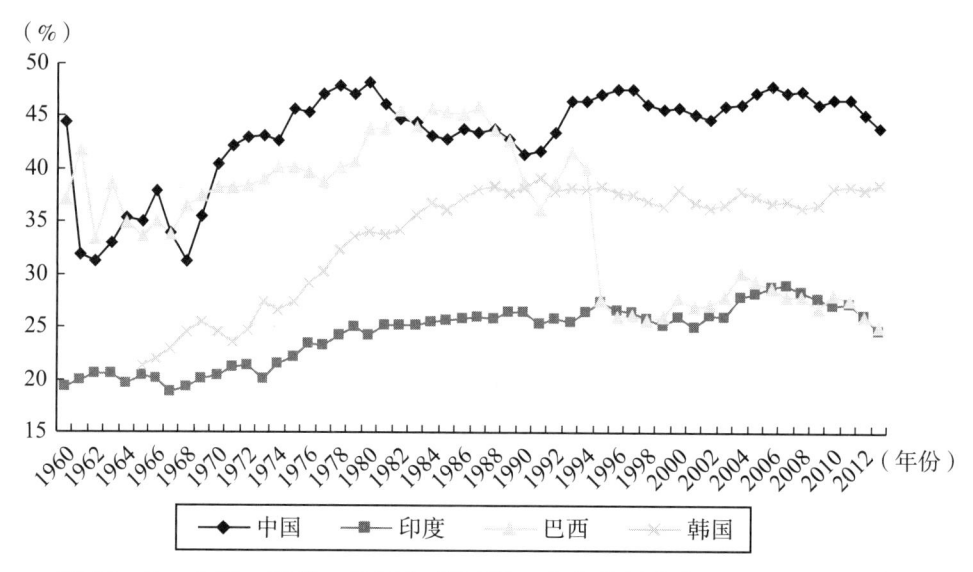

图 10-7　中国、印度、巴西与韩国第二产业份额变化（1960~2013 年）

资料来源：世界银行网站。

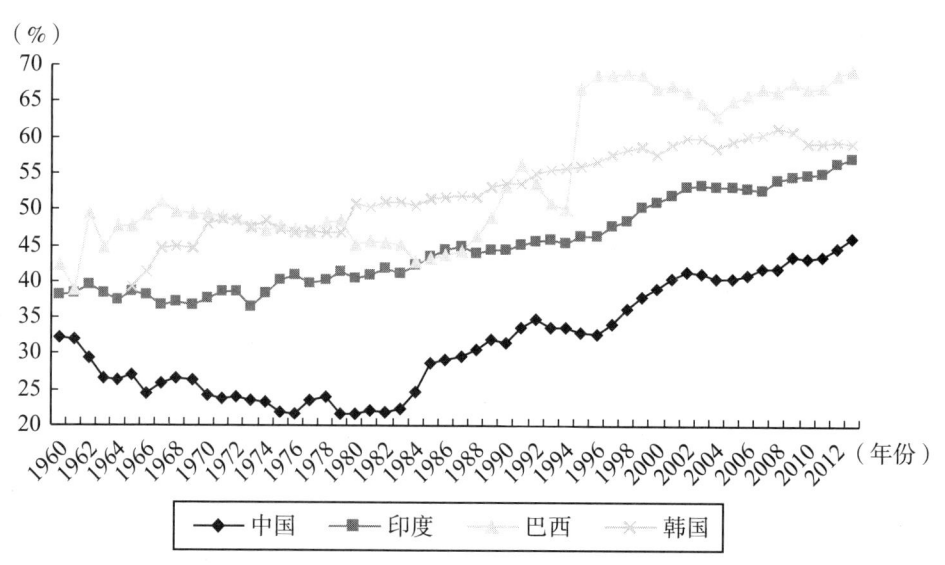

图 10-8　中国、印度、巴西和韩国第三产业份额变化过程（1960~2013 年）

资料来源：世界银行网站。

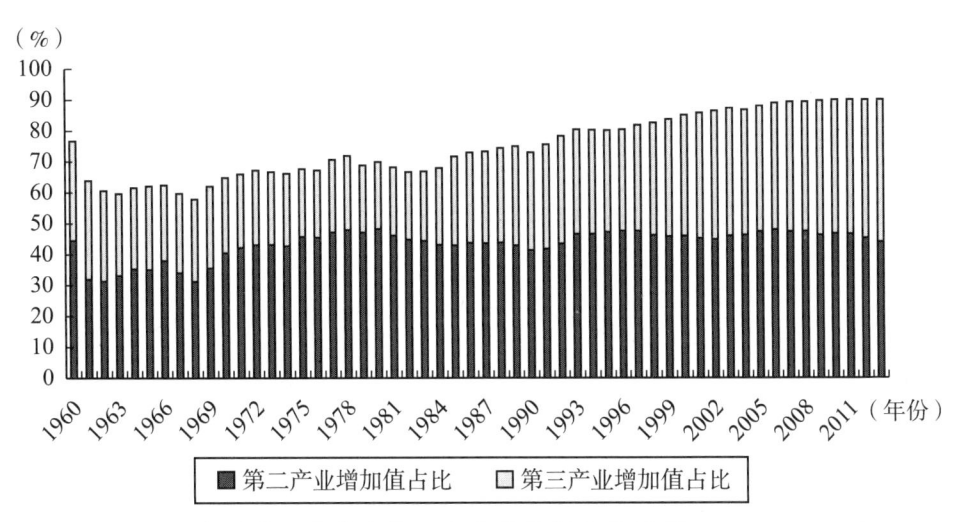

图 10-9　中国第二产业和第三产业的份额变化过程（1960~2013年）

资料来源：世界银行网站。

比较而言，中国的第二产业增加值占比明显偏高，第三产业增加值占比明显偏低。2013 年，中国第二产业增加值占比为 43.89%，相当于德国 1974 年、日本 1970 年和巴西 1988 年水平，高于韩国 1965~2013 年的最高值，也高于印度 1960~2013 年的最高值，略高于英国 1970 年水平，远高于法国和美国 1970 年水平；第三产业增加值占比为 46.09%，相当于印度 1996 年、巴西 1988 年和韩国 1978 年水平，略低于德国和日本 1970 年水平，远低于法国和美国 1970 年水平。

（三）劳动人口占比

劳动就业人口是国民经济的关键资源，其占比决定了经济增长的基础，是指劳动力总数与年中人口总数之比，其中劳动力总数包括所有年满 15 周岁、在特定阶段为货物和服务的生产提供人力的人员。

从动态看，1990~2013 年，英国、法国、日本与印度的劳动人口占比均先略为上升，后下降至初始水平；美国、德国、巴西、韩国与中国的劳动人口占比均有所上升，美国从 1990 年的 45.94% 上升到 2013 年的 50.44%，提高 4.5 个百分点；德国从 1990 年的 46.91% 上升到 2013 年的 53.25%，提高 6.34 个百分点；巴西从 1990 年的 41.81% 上升到 2012 年的 52.77%，提高 10.96 个百分点，在这九个国家中增幅最大；韩国从 1990 年的 44.70% 上升到 2013 年的 52.52%，提高 7.82 个百分点（见图 10-10）。

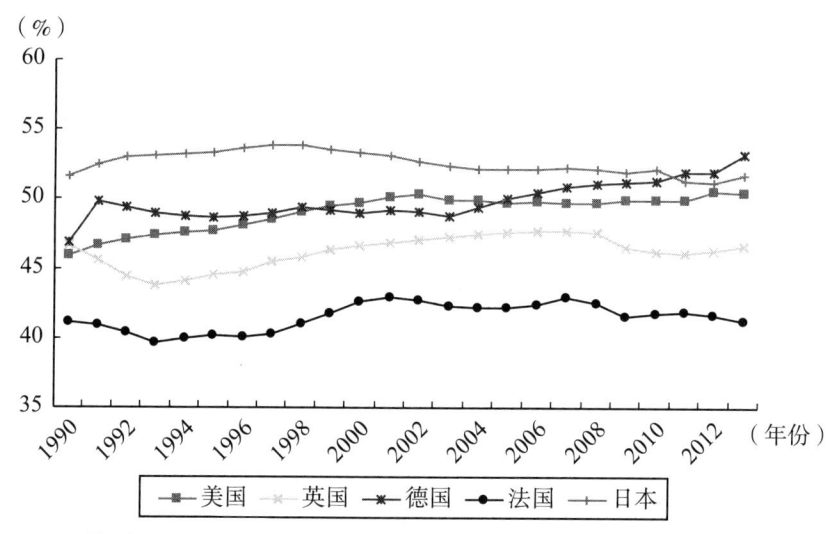

图 10-10　美国、英国、德国、法国和日本劳动人口份额变化过程（1990~2013 年）
资料来源：世界银行网站。

中国的劳动人口份额相对比较稳定，波动幅度较小，从 1990 年的 55.78% 上升到 2012 年的 58.31%，提高 2.53 个百分点。2008~2010 年，劳动人口占比出现下跌，自 2012 年起又恢复缓慢增长的趋势。从劳动人口份额的平均值看，中国 1990~2013 年的平均值为 57.21%，一直居于高位；印度为 39.25%，为九国最低（见图 10-11），其他国家处于这两者之间。

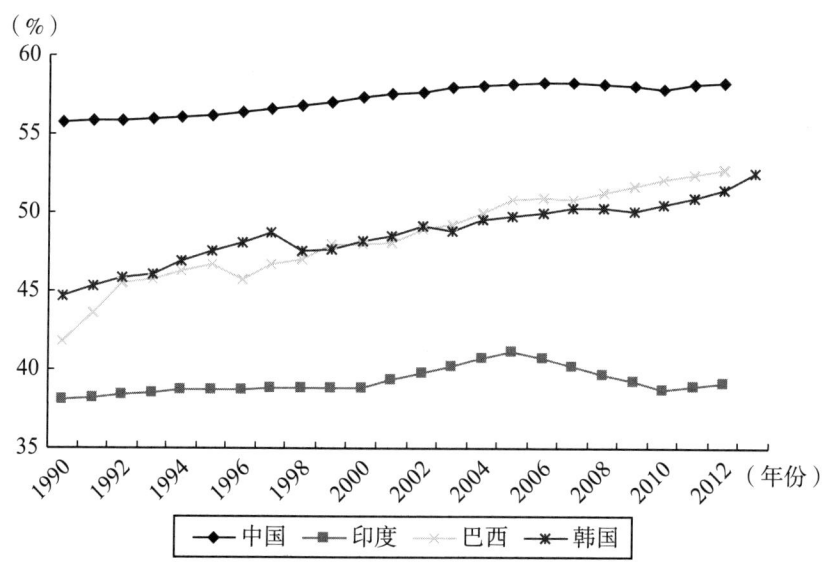

图 10-11　中国、印度、韩国与巴西劳动人口份额变化过程（1990~2013 年）
资料来源：世界银行网站。

(四) 需求结构比较

消费率是指最终消费支出与 GDP 之比，可以分为居民消费率和政府消费率。居民消费率是指居民购买的所有货物和服务的市场价值占 GDP 的百分比；政府消费率是指政府采购的所有货物和服务（包括雇员薪酬）而发生的所有经常性支出与 GDP 的比值。投资率是指一定时期（年度）内总投资占国内生产总值的比率。

1. 居民消费率比较

首先观察 1960~2013 年的动态变化过程。美国、英国和日本等发达国家居民消费率在 20 世纪 60 年代呈现下降态势，70 年代初期先后到达最低点，之后进入上升通道，最早是日本在 1970 年到达最低点 49.27%，随后上升到 2012 年的 60.72%；美国 1973 年达到最低点 59.58%，2013 年上升到 68.46%；最迟是英国在 1976 年达到最低点 56.99%，2013 年上升到 65.73%。德国和法国保持比较平稳，70 年代之后一直在 45%~60% 之间波动变化（见图 10-12）。

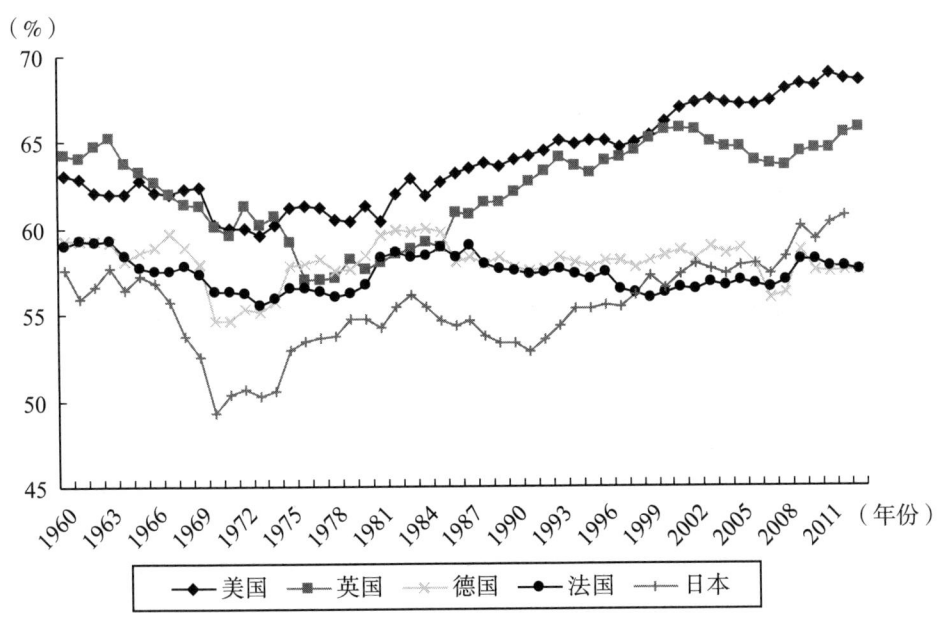

图 10-12　美国、英国、德国、法国和日本居民消费率变化过程（1960~2013 年）
资料来源：世界银行网站。

在发展中国家或新兴经济体中，巴西居民消费率在 20 世纪 60~70 年代比较平稳，保持在 64%~72% 之间波动，80 年代呈现下降态势，从 1983 年的

71.24%开始下降,最低是1989年的54.13%,之后有所恢复,维持在60%左右,2013年为62.62%。中国、印度、巴西和韩国在50年代居民消费率比较高,在70%以上,印度高达90%以上。这三国居民消费率自20世纪60年代初期开始呈现下降趋势。中国居民消费率从1962年的最高点81.13%,逐步下降到2013年的最低点34.09%;印度从1960年的80.83%逐步下降到2007年的最低点55.69%,之后回升至2013年的61.77%;韩国从1964年的84.43%开始逐步下降,2000年最低为47.66%,之后有所回升,维持在51%左右(见图10-13)。

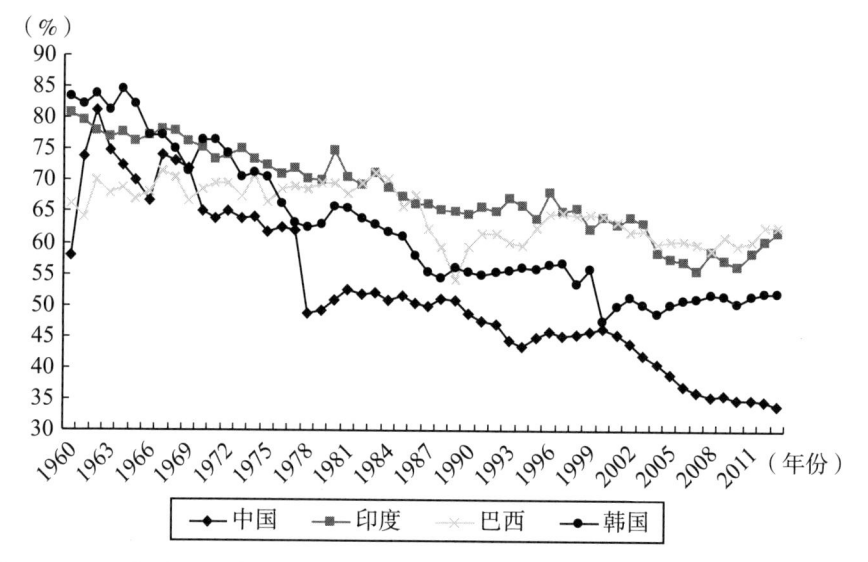

图10-13 中国、印度、巴西和韩国居民消费率变化过程(1960~2013年)
资料来源:世界银行网站。

总体上看,印度、巴西、韩国、美国、英国、德国、法国与日本八个国家1960~2013年的平均居民消费率为61.52%,而中国的平均居民消费率为52.49%,为九国最低。

2. 政府消费率比较

自20世纪60年代以来,美国、英国、德国、法国、日本、巴西、韩国、印度和中国各国政府消费率都有不同的上升趋势。其中美国的变化幅度最小,1960年为16.35%,最大值为1967年的18.51%,2013年为15.00%。日本、法国和巴西政府消费率上升幅度比较大。日本从60年代的11%左右上升到1975年的14.41%,之后调整了几年,从1990年的13.29%,一直上升到2013年的20.46%。法国政府消费率呈现缓慢上升态势,从60年代的17%左右起步,一路波动向上，2013 年达到 24.94%。巴西经过 60~80 年代的大幅度下降之后，从 1984 年的最低点 8.28% 一路波动上升，2013 年达到 21.97%。英国与德国的政府消费率经过 60~70 年代的大幅度上升之后，70 年代中期以来在较高水平波动（见图 10-14 和图 10-15）。

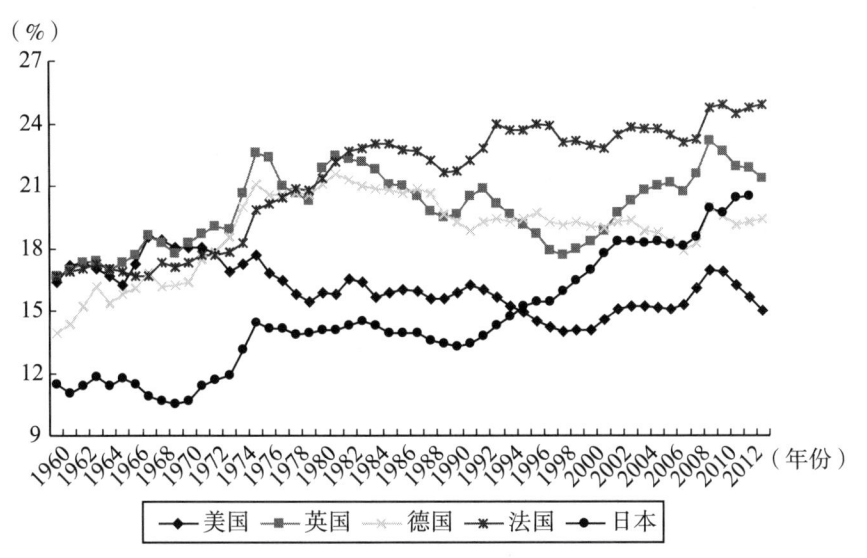

图 10-14 美国、英国、德国、法国和日本政府消费率变化过程（1960~2013 年）
资料来源：世界银行网站。

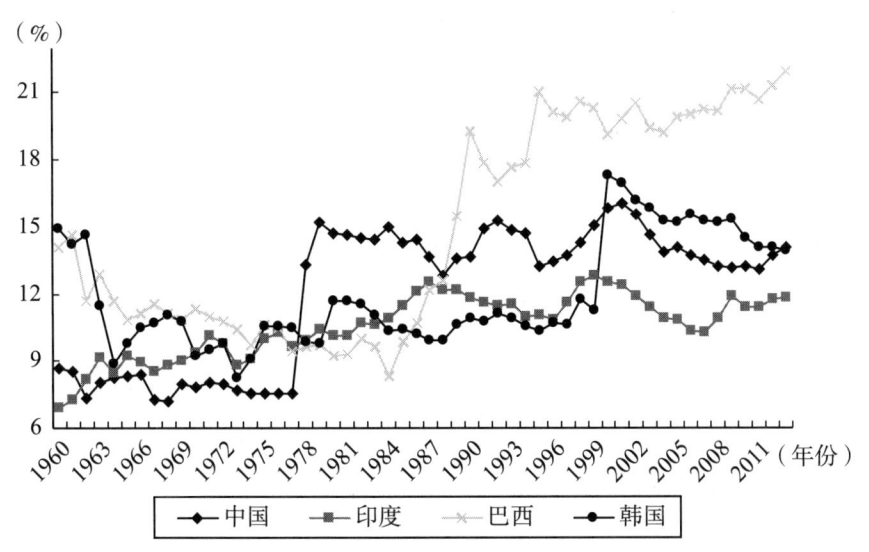

图 10-15 中国、印度、巴西和韩国政府消费率变化过程（1960~2013 年）
资料来源：世界银行网站。

就中国而言，政府消费率变化可以明显地分为两个阶段：20 世纪 60~70 年代末期，政府消费率在 9% 以下，1978 年大幅度上升到 13.31%；之后在 1988 年的低点 12.81% 和 2001 年的高点 16.04% 之间变化（见图 10-15）。

总体看，上述九个国家在 20 世纪 50 年代都保持较低的政府消费率，美国、英国、德国、法国和巴西的政府消费率高于中国、日本、韩国和印度。21 世纪以来，中国和韩国、美国的政府消费率较为接近，低于德国、日本、巴西和英国，与法国的差距最大。

3. 投资率比较

从动态角度看，美国、英国、德国、法国、日本五国投资率呈现下降趋势，日本与德国下降幅度比较大，日本从 1960 年的 32.71% 下降到 2011 年的 19.89%，德国从 30.25% 下降到 18.26%，下降幅度分别为 12.82 个百分点和 11.99 个百分点。美国、英国、法国投资率下降比较小，分别降低了 3.48 个、4.08 个和 2.62 个百分点。在四个发展着中国家或新兴经济体中，巴西投资率呈现波动变化，1960 年为 19.62%，2011 年为 19.73%，几乎没有变化，其中最高为 25.70%，最低为 15.77%（见图 10-16）。

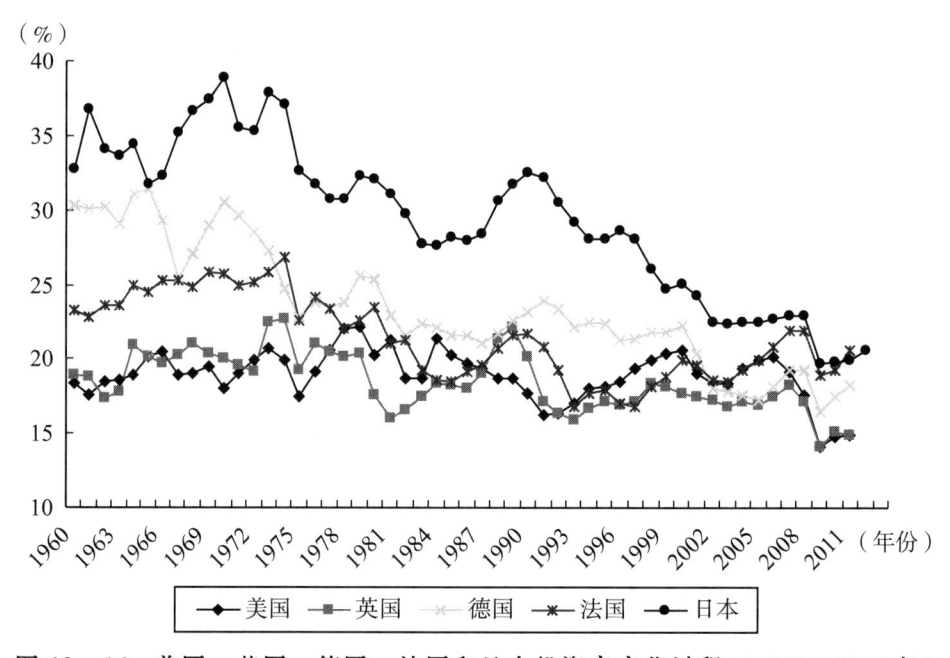

图 10-16　美国、英国、德国、法国和日本投资率变化过程（1960~2013 年）
资料来源：世界银行网站。

中国、印度和韩国投资率呈现上升趋势。先看印度，从 20 世纪 60 年代的 17% 左右，逐步上升，2011 年达到 35.52%。其次看韩国与中国，1962～1997 年中国与韩国的投资率十分相近，1998 年后出现了分歧，特别是进入 21 世纪后，中国投资率上升而韩国萎靡不振。中国 20 世纪 50 年代末期到 60 年代初期的投资率高达 30% 多，1960 年为 35.54%，随后大幅度下降到 1961 年的 19.66%，降低 15.88 个百分点，1962 年降到最低点 13.23%，之后逐步上升，2011 年达到一个最高点 49.22%。韩国从 20 世纪 60 年代初期的 13% 左右，逐步上升到 1991 年的最高点 40.06%，之后逐步下降，1998 年出现低谷 25.04%，随后有所回升，在 30% 左右徘徊，2008 年出现一个高点 31.21%，2009 年出现一个低点 26.27%（见图 10-17）。

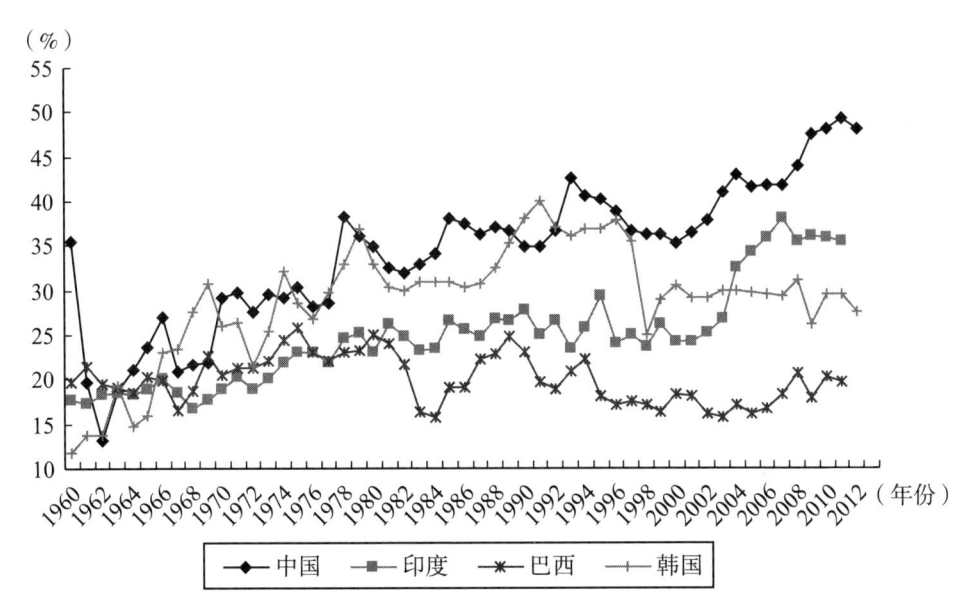

图 10-17 中国、印度、巴西和韩国投资率变化过程（1960～2013 年）
资料来源：世界银行网站。

总体上，1960～2011 年，九国投资率平均值为 24.39%，其中中国的投资占比平均值最高，为 33.97%，远远高于九国平均值；日本和韩国次之，分别为 28.59% 和 28.87%；印度、德国和法国分别为 24.82%、23.50% 和 21.44%；巴西、美国和英国的投资占比属于最低档，分别为 19.98%、18.93% 和 18.46%。21 世纪开始，德国、日本、英国和美国的投资率均有所下降；巴西、法国、韩国基本维持不变；印度的投资率则快速上升，由 2000 年的 24.16% 增至 2007 年的 38.03%，随后几年略微有所下降；而中国的投资率则从 2000 年的 35.28% 迅速上升，至 2011 年已达 49.22%，远高于其他八个国家。

（五）对外开放程度比较

1. 外贸依存度比较

外贸依存度是指一个国家一定时期（一般为一个年度）内对外贸易额在该国国民收入或国内生产总值中所占的比重，是一国的生产与消费对国际市场或世界经济的依赖程度。一般而言，随着社会分工的深化和经济全球化的深入发展，各国参与国际贸易的程度都会出现一定提升。对于本书考察的九个国家，外贸依存度都出现了上述趋势（见图10-18和图10-19）。

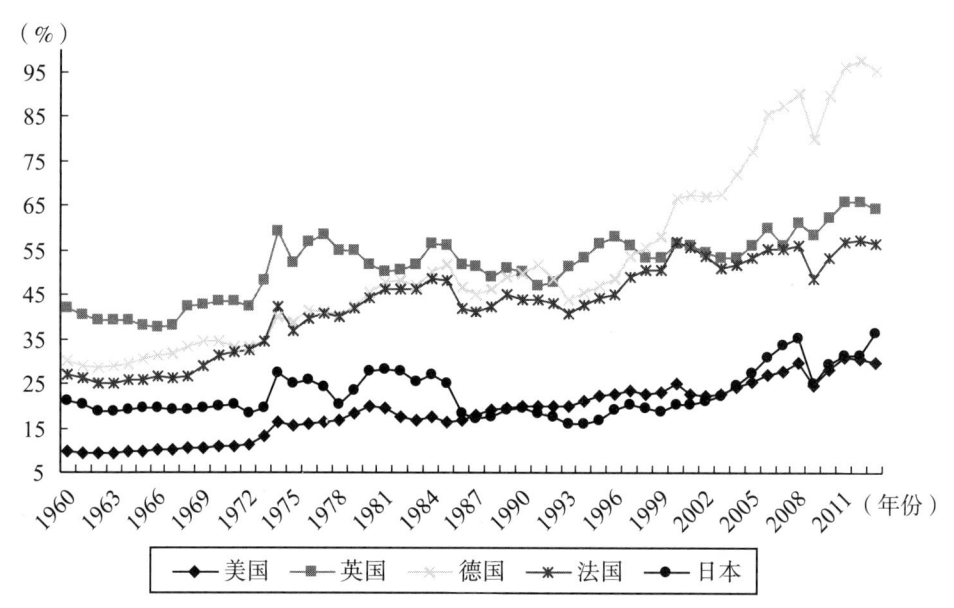

图10-18　美国、英国、德国、法国和日本外贸依存度变化过程（1960~2013年）
资料来源：世界银行网站。

从动态角度看，首先，韩国、德国的外贸依存度增幅最大。20世纪50年代，德国外贸依存度在30%以下，韩国在15%以下。1960~2013年，德国外贸依存度从30.14%上升到95.21%，最高为2012年的97.67%；韩国外贸依存度从15.76%上升到102.79%，最高为2011年的110.00%，在1975~1979年、1982~1985年和1988~1993年出现过连续下降。

其次，印度外贸依存度增幅也比较大。印度外贸依存度在20世纪80年代中期以前波动比较小；从1986年的12.01%开始持续上升，至2013年达53.22%。

1960~2013年印度外贸依存度平均值仅为20.90%（见图10-18、图10-19）。

再次，美国、巴西和日本的外贸依存度变化幅度比较小，平均值也比较低。美国1960年的外贸依存度为9.57%，随后逐步上升至2013年的29.86%，平均值为18.70%；巴西1960年的外贸依存度为14.18%，2013年为27.59%，平均值为18.65%；日本的外贸依存度1960年为21.01%，并在1952~1955年、1974~1978年、1984~1987年、1990~1993年出现连续下降，至2013年为36.43%，平均值为22.66%，而长期来看日本的外贸依存度仍呈缓慢上升趋势。

最后，英国与法国的外贸依存度一直居于比较高的位置，变化幅度不大。1960年，英国和法国的外贸依存度分别为41.80%和26.97%，2013年分别为64.43%和56.36%，其平均值为51.50%和42.57%。

中国的外贸依存度最低为1970年的5.34%，最高为2006年的70.55%，波动幅度较大，并在1982~1984年、2007~2009年及2010~2013年出现明显下降。1960~2013年中国外贸依存度平均值为28.01%，2013年为50.24%，与印度接近，高于巴西、日本和美国，略低于法国和英国，而远低于德国和韩国。

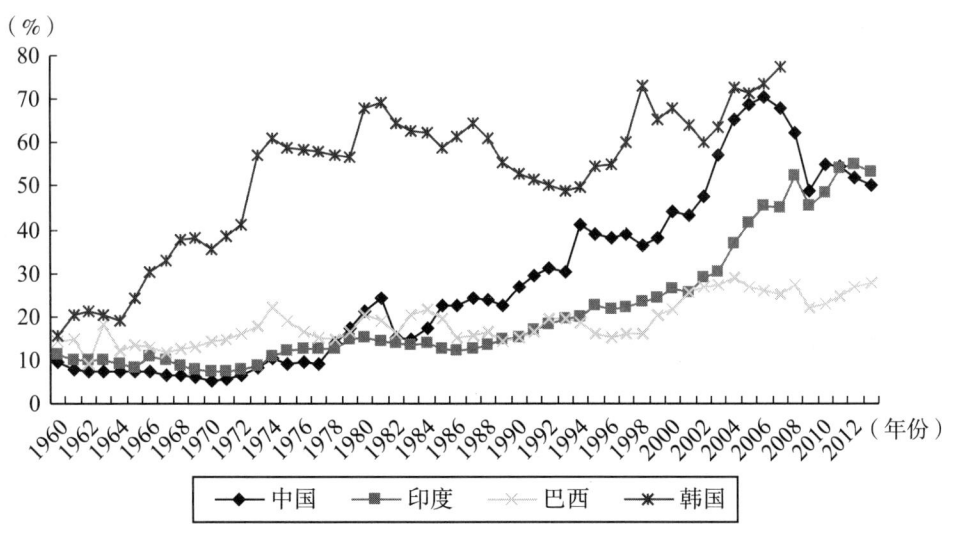

图10-19 中国、印度、巴西和韩国外贸依存度变化过程（1960~2013年）
资料来源：世界银行网站。

2. 国际收支比较

国际收支是指一个经济体在一定时期内对外经济往来引起的所有货币收支，通常通过国际收支平衡表来反映。国际收支平衡表主要由经常账户、资本和金融账户、储备资产、净误差与遗漏四个部分组成。其中，经常账户包括货物、服务、收益和经常转移，经常项目组成部分中，货物贸易余额所占比重最大。资本和金融账户由资本账户和金融账户这两大部分构成，其中，金融账户包括直接投资、证券投资与其他投资。

（1）净出口占比的比较。从1960~2013年各个国家净出口的变化来看，1990~1991年是大部分国家净出口与GDP比值先后接近零的转折时间。除中国外，1990年韩国、德国、日本的净出口与GDP比值分别为 -0.996%、-0.064%和0.909%，1991年印度、巴西、美国、英国和法国的净出口与GDP比值分别为0.001%、0.763%、-0.463%、-0.185%和0.407%。在1990~1991年之前，德国与韩国大部分年份净出口为负值；其他国家净出口正负值交替出现，顺差与逆差交互出现，基本平衡。1990年是德国和韩国进出口从多年连续逆差转向多年连续顺差的转折时间，而且1990年后大部分年份，其顺差有扩大趋势。1990~1991年，日本多数年份进出口呈盈余状态；英国进出口多数年份呈逆差状态；美国进出口持续逆差，2007年以来有所缩小。1994年以来，印度进出口一直处于逆差状态，中国则相反，一直处于顺差状态（见图10-20、图10-21）。

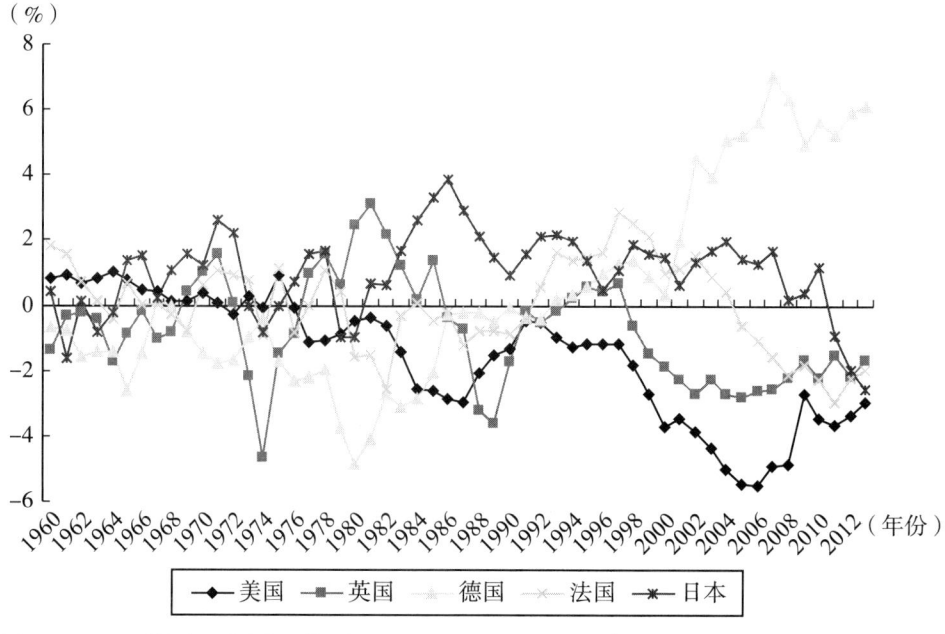

图10-20　美国、英国、德国、法国和日本净出口率变化过程（1960~2013年）
资料来源：世界银行网站。

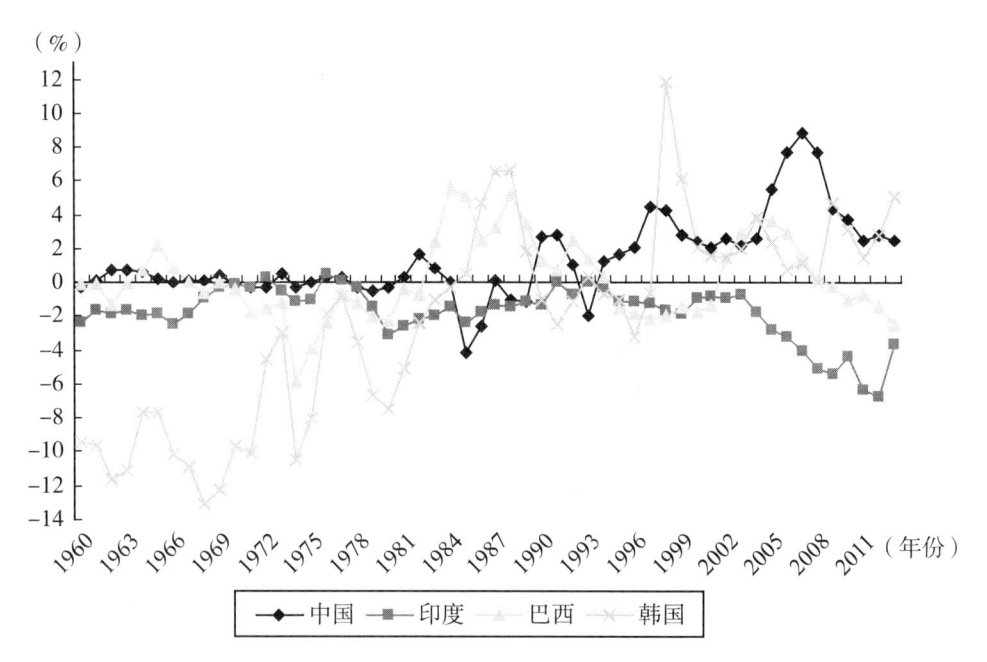

图 10 – 21　中国、印度、巴西和韩国净出口率变化过程（1960～2013 年）

资料来源：世界银行网站。

就中国而言，1960～1981 年，中国进出口额差异并不大，净出口占 GDP 之比基本维持在 0 左右；1985～1986 年、1988～1989 年和 1993 年，中国出现净出口占比跌为负值的情况；1994 年以来出口持续大幅度顺差。由于存在国民收入恒等式，贸易顺差等于储蓄－投资差额，因此近年来中国贸易顺差飞速增长最根本的原因还是在于储蓄－投资差额逐渐扩大；这种内部经济不平衡必然表现为出口大于进口（贸易顺差）的外部不平衡，储蓄－投资差额增大从而贸易顺差也将逐年扩大；且中国储蓄大于投资的问题不是在投资方面，而是由于中国储蓄居民消费率与最终消费率下降导致出现高储蓄率的现象（杨碧云、易行健，2009）。

（2）直接投资差额占比。直接投资差额占比是指外国对本国的直接投资减去本国对外直接投资差额占 GDP 的比重。直接投资差额占比大于零，即外商对本国直接投资大于本国对外直接投资，反之，本国对外直接投资大于外商对本国直接投资。由图 10－22、图 10－23 可知，1990～2013 年，美国、英国、德国、韩国出现直接投资差额正负交替；日本直接投资差额一直是负值，有扩大趋势；法国直接投资差额除 1995 年为正值外，其余年份都是负值；巴西的直接投资差额除 2006 年为负值外，其余年份都是正值；中国与印度直接投资差额一直维持正值。

总体来看，1990～2013 年，中国平均直接投资差额占比最高，为 3.21%；其次是巴西，为 1.85%；再次是印度，为 1.07%；韩国和美国差异不大，分别

为 -0.22% 和 -0.34%；德国和日本差异也较小，分别为 -0.84% 和 -0.97%；英国的平均直接投资差额占比为 -1.29%，法国数值最小，为 -1.70%（见图 10-22 和图 10-23）。

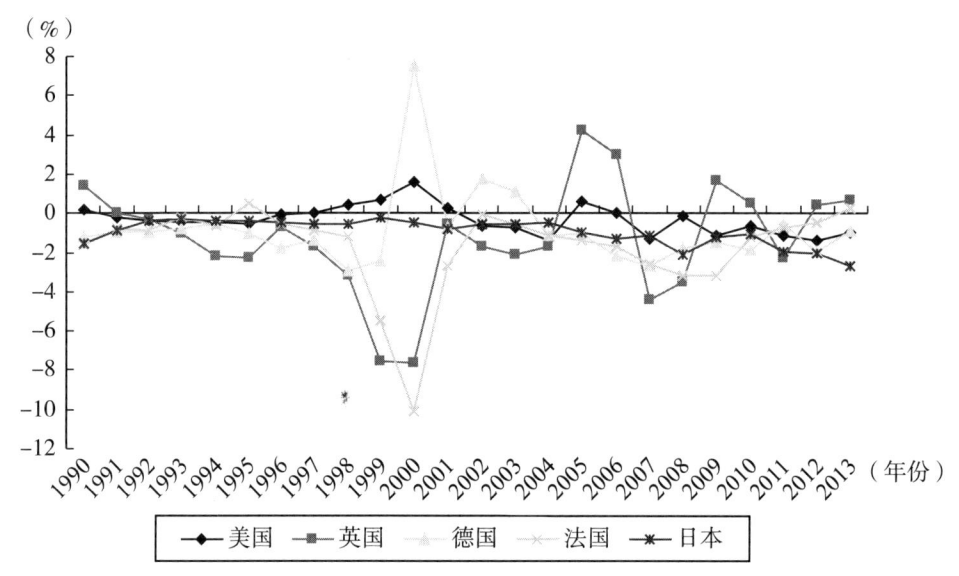

图 10-22　美国、英国、德国、法国和日本直接投资差额率变化过程（1990~2013 年）

资料来源：世界银行网站。

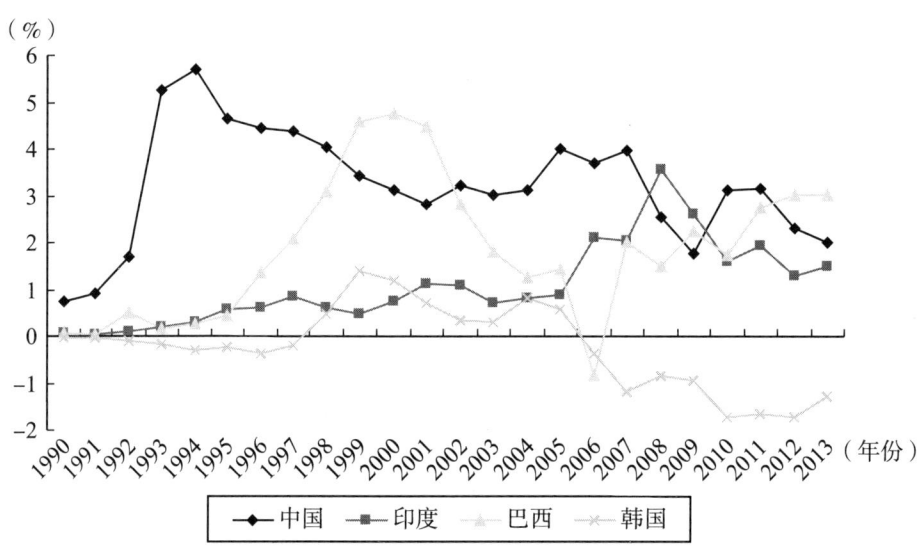

图 10-23　中国、印度、巴西和韩国直接投资差额率变化过程（1960~2013 年）

资料来源：世界银行网站。

(六) 综合比较

对中国与印度、巴西、韩国、美国、英国、德国、法国、日本等代表性国家上述 10 个指标 2009～2013 年的平均值进行计算，其结果如表 10－3 所示，对此进行分析。

（1）中国以 2005 年不变价美元衡量的人均 GDP 水平很低，仅高于印度，为巴西的 55.15%，韩国的 13.71%，法国的 9.12%，日本的 8.55%，德国的 8.41%，英国的 8.26%，美国的 6.97%。2013 年，中国人均 GDP 为 3 583.38 美元，仅超过印度，相当于韩国与巴西 1977 年水平，远不及法国、日本、英国、美国 1960 年水平。

（2）中国的平均 GDP 增长速度为九国之最，稍高于印度，远高于其他七个国家，为德国的 2.74 倍、巴西的 3.29 倍、美国的 7.15 倍、德国的 13.42 倍、日本的 26.85 倍、法国的 52.12 倍。从 2011 年开始，中国的 GDP 增长速度出现显著降低，由 2010 年的 10.45% 下降至 2011 年的 9.30%，2012 年进一步跌至 7.65%，2013 年为 7.67%，2014 年为 7.4%，尽管如此，中国目前仍处于高速增长阶段。

表 10－3 2009～2013 年代表性国家相关经济指标平均值比较

指标	中国	印度	巴西	韩国	美国	英国	德国	法国	日本
人均 GDP（美元）	3 106	1 070	5 632	22 658	44 566	37 625	36 928	34 041	36 346
GDP 增长速度（%）	8.86	7.03	2.69	3.23	1.24	-0.09	0.66	0.17	0.33
第二产业增加值占比（%）	45.73	26.62	26.69	37.99	19.84[b]	21.05	29.89	18.97	26.30[a]
第三产业增加值占比（%）	44.16	55.47	67.83	59.53	78.97[b]	78.30	69.32	79.22	72.52[a]
劳动人口占比（%）	58.13[a]	52.25[a]	39.01[a]	41.67	51.95	51.66	51.13	46.37	50.16
居民消费率（%）	34.91	58.84	61.26	51.51	68.51	64.92	57.71	57.81	60.09[a]
政府消费率（%）	13.47	11.66	21.26	14.36	16.15	22.20	19.48	24.76	20.12[a]
投资率（2009～2011）（%）	48.25	35.82	19.27	28.42	14.62	14.71	17.40	19.62	19.78
外贸依存度（%）	52.14	51.16	24.72	101.75	28.76	63.32	91.72	54.42	30.64

续表

指标	中国	印度	巴西	韩国	美国	英国	德国	法国	日本
净出口占比（%）	3.21	-5.29	-1.17	3.44	-3.24	-1.83	5.56	-2.25	-1.06
直接投资差额占比（%）	2.47	1.79	2.54	-1.47	-1.05	0.21	-1.33	-1.06	-1.94

注：a 表示 2009~2012 年平均值；b 表示 2009~2011 年平均值。
资料来源：世界银行网站。

（3）中国第二产业增加值占比的平均值亦为九国最高，为韩国的 1.20 倍，德国的 1.53 倍，巴西的 1.71 倍，印度的 1.72 倍，日本的 1.74 倍，英国的 2.17 倍，美国的 2.35 倍，法国的 2.41 倍。而就产业结构而言，中国的第二产业增加值占比明显偏高，第三产业增加值占比明显偏低：2013 年中国第二产业增加值占比为 43.89%，相当于德国 1974 年和日本 1970 年水平；第三产业增加值占比为 46.09%，相当于印度 1996 年水平，略低于德国和日本 1970 年水平，远低于法国和美国 1970 年水平。

（4）中国第三产业增加值占比的平均值为九国最低，仅为印度的 79.61%，韩国的 74.18%，巴西的 65.10%，德国的 63.70%，日本的 60.89%，英国的 56.40%，美国的 55.92%，法国的 55.74%。

（5）中国的平均劳动人口占比为九国最高，为最低法国的 1.40 倍；中国的平均居民消费率最低，仅为最高美国的 50.96%。

（6）从消费—投资结构角度而言，中国的平均居民消费率过低，仅为最高美国的 50.96%；政府平均消费率高于印度而低于其他七国，仅相当于最高法国的 54.40%。

（7）中国的平均投资率最高，远高于其他国家，相当于最低英国的 3.28 倍，自 21 世纪以来，中国政府消费率和韩国、美国的政府消费率较为接近。

（8）中国外贸依存度的平均值居中，与印度不相上下，低于韩国、德国、英国和法国，高于日本、美国和巴西。2013 年中国的外贸依存度为 50.24%，与法国、印度接近，高于巴西、日本和美国，略低于英国并远低于德国和韩国。

（9）中国净出口占比的平均值位居第三，低于德国和韩国，而远高于日本、巴西、英国、法国、美国和印度。2013 年中国的净出口占 GDP 之比为 2.56%，接近这几个国家的平均水平。

（10）从 1990 年至今中国的外商直接投资均大于对外直接投资，平均直接投资差额占比仅略低于巴西，稍高于印度，而远高于美国、英国、德国、法国、日本和韩国六国。

四、中国开放型经济发展的评价

（一）中国开放型经济理论框架

开放型经济是全方位对外开放的经济体系，其内涵相比于外向型经济更为丰富——不仅强调出口，而且强调进口、出口并重，同时强调生产要素、产品要素的国际间双向流动，更加强调"引进来"与"走出去"结合起来，实现国际或地区间充分的竞争与合作，促进一个国家的经济更快发展。为了适应经济全球化新形势，必须更加主动的扩大开放，构建根植于中国社会主义市场经济体制的开放型经济制度，保障开放型经济建设的持续性和稳定性。党的十八大会议（2012）提出全面提高开放型经济水平，完善互利共赢、多元平衡、安全高效的开放型经济体系，十八届三中全会（2013）提出构建开放型经济新体制。

（1）开放型经济（open economy）是一种国际化的市场经济。一般而言，一国经济发展水平越高，市场化程度越高，越接近于开放型经济。李欣广（1995）认为，开放型经济是能够积极参与国际分工的国民经济，一国在开放型经济中利用国际、国内两方面市场，两方面资源来实现产业结构升级。刘桂斌（1998）认为，自主开放型经济模式就是根据自己的国情、经济实力及战略目标，自主、有控制、有选择地对外开放，合理地利用国际资源和世界市场，发展本国经济。开放型经济目标模式应具有生产与消费国际化、贸易与投资自由化、经济体制市场化与国际化的特征（李贯岐，1996；马伯钧，1997；郑吉昌，2003）。

（2）开放型经济是一个要素充分流动的经济。中国已经加入基于WTO的多边贸易体制，到了全面建设开放型市场经济体系阶段，要求产品和要素双向自由流动，市场主体经营国际化，法制健全和监管体制符合国际惯例，营造一个公平竞争的营商环境，实现从政策开放到体制开放（张幼文，2006；2008；杨凤鸣、薛荣久，2013）。开放型经济就是商品、资本、劳动力和技术等要素能够自由地跨越边境流动，按照市场规律实现资源优化配置的一种经济模式（郑吉昌，2003）。在开放型经济中，要素、商品与服务可以较自由地跨国界流动，从而实现最优资源配置和最高经济效率。开放型经济强调把国内经济和整个国际市场联系起来，尽可能充分地参加国际分工，同时在国际分工中发挥本国经济的比较优势。

（3）开放型经济是与封闭型经济（closed economy）相对立的概念。开放型经济是封闭型经济的对立形态，是与内、外经济体联系交流极其密切的高度成熟的市场经济，就市场开放的程度与范围而论，开放型经济的核心是既对外、也对内同等程度开放市场（莫世祥，2005；薛荣久，2007）。

（4）开放型经济是一个系统的经济制度体系和体制架构。开放型经济是开放度较高的经济体系与运行机制，要求构建一套适于与外国经济交流的经济运行体制和运行机制，使中国经济与世界经济接轨。开放型经济体现为政府基本按照市场经济的机制和规则进行管理活动，进出口均衡协调，生产要素双向充分流动；实现不同经济体之间的经济一体化，从而达到国际、国内两种资源在国际、国内市场优化配置的经济形态（李贯岐，1996；曾志兰，2003；陈子曦，2010）。

综上所述，开放型经济至少满足三个条件：一是市场化程度高；二是要素必须内外双向充分自由流动；三是有利于提高国际竞争力与综合国力的公平竞争秩序。因此，开放型经济是一种国际化的开放经济形态，狭义上涵盖外资、外贸、外经三大主要内容，广义上包括对外开放和对内开放。具体而言，在国际化分工与协作体系环境中，实现国内外市场一体化，资本、技术、人才等各种生产要素自由流动，国内外经济因素、国际与国内经济主体相互影响和相互调整的一个经济体系。

（二）经济发展的阶段性问题和评价依据

2008年国际金融危机对中国开放型经济建设产生严重冲击。全球经济结构出现严重失衡，修复失衡不可能"一蹴而就"，无论是发达国家增加储蓄、再工业化，还是发展中国家扩大内需、创新驱动，都有一个较长的过程；未来5~10年将是全球经济结构调整和再平衡的阶段（许佩倩，2011）。全球经济调整和再平衡改变了国内外环境，对中国开放型经济建设带来了影响。这是因为中国对外开放和"粗放"发展方式难以为继（张二震、戴翔，2012），中国出口产品遭遇的贸易摩擦日益频繁；中国进一步利用外资面临的困境日益凸显；中国充当"世界工厂"所面临的能源和资源约束问题日益严峻；开放条件下中国区域协调发展和缩小收入差距日益重要，开放型经济建设受到严峻挑战。而目前中国正处于开放型经济转型的时期，因而明确中国所处历史时期，确立符合实际情况的开放型经济模式，探讨中国开放型经济模式的定位和目标对中国经济的转型至关重要。因此，有必要对中国开放型经济发展阶段进行客观的评价。

从理论上看，依据钱纳里等学者的研究，把发展中国家的增长进程理解为经济结构全面转变的一个组成部分最恰当；增长和结构转变的这种相互依存关系表现在两个方面：收入增长引起国内需求和生产结构的变化，反之提高投资率以及重新分配劳动力资源又会推动总量经济增长。结构转变最值得注意的特征是国民生产总值中制造业所占份额的上升，以及农业所占份额的相应下降。根据增长因素的典型变化，可以将结构转变分为三个阶段：一是初级产品生产阶段，占统治地位的是初级产品的生产活动，在供给方面资本积累低速至中速增长、劳动力全速增长且全要素生产率极为缓慢的增长；二是工业化阶段，以经济重心由初级产品生产向制造业生产转移为特征，资本积累的贡献持续较高；三是发达经济阶段，制造业份额下降、要素投入的综合贡献减少、人口增长的速度减缓（钱纳里、鲁滨逊和赛尔奎因，1995）。

为此，对于中国开放型经济发展阶段和水平，可以运用一些结构性指标来衡量。尽管反映一个国家经济发展水平有许多指标，比如 GDP 及其人均 GDP、产业结构、劳动人口占比、消费率与消费率、外贸依存度、净出口占比、直接投资差额占比等，但根据资料可获得性和为便于比较，主要用 GDP 增长率、人均 GDP、产业结构、消费—投资结构、外贸依存度、国际收支情况等指标来衡量中国外向型经济的发展水平。

中国开放型经济发展态势到底处于什么状况，可以进行比较分析，特别是与经济发展较好的国家进行比较，以此判断中国所处的发展阶段。因此，选择英国、美国、德国、法国、日本、韩国、巴西、印度等代表性国家作为比较的"标准"，从而探索中国目前所处的发展阶段以得出适用于中国的发展战略。

（三）中国开放型经济发展阶段评估

本部分以 2013 年中国水平为基础，将中国与其他国家进行比较，可以看到中国与其他国家的差距（见表 10-4），从而得出一些结论和启示。

从人均 GDP 看，以 2005 年不变价美元计值，2013 年，中国人均 GDP 仅超过印度，相当于 2000 年印度的 619.73%，巴西的 81.32%，法国的 11.06%，德国的 10.97%，日本的 10.55%，韩国的 23.63%，英国的 10.52% 和美国的 8.75%。因而，从人均 GDP 角度，中国 2013 年水平超过印度 2000 年水平，接近巴西 2000 年水平，但远不及其他六国 2000 年水平。

从 GDP 增长速度看，2013 年，中国 GDP 增长速度远高于巴西、印度、法国、德国、日本、英国和美国 2000 年水平，仅次于韩国 2000 年水平，相对而言，中国离发达经济体的低速增长阶段还有较远距离。

表10-4　2013年中国与代表性国家2000年相关经济指标比较

指标	中国2013年值	中国2013年值与各国2000年值的比值（各国2000年值为100）（%）						
		巴西	印度	法国	德国	日本	韩国	英国	美国
人均GDP	3 583.38美元	81.32	619.73	11.06	10.97	10.55	23.63	10.52	8.75
GDP增长速度	7.67%	178.16	199.72	208.45	250.89	339.81	86.86	175.85	187.53
第二产业占比	43.89%	158.28	168.82	192.34	143.86	141.61	115.23	163.76	187.25
第三产业占比	46.09%	69.14	90.42	61.70	67.41	68.37	80.14	63.75	61.16
劳动人口占比	59.07%	121.45	150.00	136.68	118.93	109.46	120.94	124.95	117.18
居民消费率	34.09%	52.98	53.09	60.67	58.41	60.32	71.54	51.96	51.58
政府消费率	13.6%	73.35	111.97	61.35	73.89	83.06	81.12	76.74	100.17
投资率	45.8%	263.56	199.05	241.81	215.70	191.60	157.38	272.03	233.78
外贸依存度	50.24%	231.31	190.04	88.71	75.59	247.42	73.94	88.97	201.25
净出口占比	2.56%	-145.31	-287.67	257.448	832.86	176.89	123.77	-138.51	-69.37
直接投资差额占比	1.4%	42.32	133.47	-19.78	26.64	-407.91	168.65	-26.33	127.12

注：人均GDP按2005年不变价美元计算。
资料来源：世界银行网站。

从产业结构看，2013 年，中国的第二产业增加值占比远高于其他八国 2000 年水平，而第三产业增加值占比远低于其他八国，因而从产业结构而言，中国目前还存在第二产业增加值占比偏高和第三产业增加值占比偏低的情况，还未达到其他八国 2000 年水平，其中与中国 2013 年产业结构相对最为接近的是 2000 年的韩国。

从劳动人口占比看，2013 年，中国劳动人口占比高于巴西、印度、法国、德国、日本、韩国、英国、美国八国 2000 年水平，与中国差异最小的是日本，差异最大的是印度。

从消费—投资结构来看，中国明显呈现出政府消费率、居民消费率偏低，而投资率偏高的情况。2013 年中国的居民消费率仅相当于美国 2000 年的 51.58%，与韩国最为接近；2013 年中国的政府消费率相当于法国 2000 年的 61.35%，与美国差异不大，仅超过印度。然而，2012 年中国的投资率与各国 2000 年水平差异较大，为巴西 2000 年的 263.56%，与韩国最为接近，但也相当于韩国的 157.38%。

从国际收支情况看，中国的外贸依存度居中，2013 年中国的外贸依存度低于法国、德国、韩国与英国 2000 年水平，高于巴西、印度、日本与美国 2000 年水平。中国 2013 年的净出口占比远高于其他八国 2000 年水平，且其中巴西、印度、英国和美国 2000 年净出口占比为负值，进出口贸易为逆差。2013 年中国直接投资差额占比仅低于巴西与德国 2000 年水平，高于印度、韩国与美国 2000 年水平，而法国、日本与英国 2000 年直接投资差额占比为负，对外直接投资大于外国直接投资。

综上可知，中国 2013 年经济发展水平与巴西、法国、德国、日本、韩国、英国与美国之间有不小差距，不及这七国 2000 年经济发展水平，超过印度 2000 年经济发展水平。其中与中国 2013 年人均 GDP 水平相对最为接近的是巴西 2000 年水平，其他结构与中国较为接近的是韩国 2000 年水平。

对上述现状评价如下：

（1）2013 年，中国处于第二阶段即工业化阶段：制造业份额依旧偏高、投资率也居高不下，正试图向发达经济阶段迈进。

（2）与巴西、法国、德国、日本、韩国、英国和美国等国家比较，中国面临人均 GDP 过低、第二产业增加值占比偏高、第三产业增加值占比偏低、居民消费率偏低而投资率偏高的问题。

（3）中国的外贸发展较快，外贸依存度适中，为世界出口大国并常年保持直接投资差额为正，经济发展水平滞后于外贸发展水平。

（四）中国开放型经济的发展方向

此前研究对开放型经济理解比较片面、不完整，一般认为通过利用外资、引进技术等方式，积极参与国际分工，扩大对外出口，即所谓"外资＋出口导向"的方式，特指利用外资，进口原料或半成品，经过加工后再出口的经营方式，即原材料和市场"两头在外"的一种经济运行方式。实质上，这种模式仅仅是"外向型经济"（outward-oriented economy，或者 export-oriented economy），不是真正意义上的"开放型经济"（open economy）。对开放型经济的认识经历了一个逐渐深化、完善的演变过程，并逐步趋向于完善。从理论与实践结合看，开放型经济发展逐步趋向于体系完善的开放型经济。

（1）早期中国从封闭的计划经济向"外向型经济"转变。20 世纪 80 年代，人们并没有把"开放型经济"与"外向型经济"进行明确区分。李雪峰（1999）认为，20 世纪 80 年代初中国的外向型经济是通过对外开放，积极参与国际竞争，摆脱进口替代的经济发展模式；主要以引进技术、利用外资和发展外贸为主，通过出口创汇，进口原材料和引进资金、技术等生产要素来推动经济持续发展的经济（陈斐、尹继东和郭朝晖，2002）。这在党的文件中也得到了反映，党的十四大会议（1992）强调"积极开拓国际市场，促进对外贸易多元化，发展外向型经济"，实质上，这个时期仍然以计划经济为主导。

（2）从外向型经济向积极参与"国际合作与竞争"方向发展。1992 年中国确立改革目标，即建立社会主义市场经济体制，人们对开放型经济的认识有所深化，形成了一个基本共识：开放的目的是参与国际合作和提高中国国际竞争力。外向型经济发展战略不应仅为出口导向战略，还应包括以大量的国际经济合作来带动国民经济的快速发展（李秀香，2000）。对外开放要实现以结构优化为目标的外贸战略和以提升竞争力为目标的引资战略（王允贵，2000）。金远（2005）认为，中国实施的外向型发展战略的核心内容是由中国开放政策、积极吸引外资政策、出口导向政策以及加工贸易政策所构成。党的十五大会议（1997）提出"完善全方位、多层次、宽领域的对外开放格局，发展开放型经济，增强国际竞争力"。党的十六大会议（2002）提出"'引进来'和'走出去'相结合，全面提高对外开放水平，在更大范围、更广领域和更高层次上参与国际经济技术合作和竞争"。张幼文（2006）总结这个时期的对外开放理论为单纯的以劳动力价格低为基础的要素禀赋理论，开放战略的基点也在于用足廉价劳动力的绝对优势，其目的还是增强竞争优势。可见，这个时期开放型经济主要还是以发挥本国比较优势为主的"双向开放"经济体系。

（3）从双向开放的开放型经济向全方位开放的"开放型市场经济体系"演进。中国加入 WTO 之后，人们认为此时需要把"开放型经济"提升为"开放型经济体系"，与基于 WTO 的多边贸易体制相切合（杨凤鸣、薛荣久，2013）。开放型经济是双向开放的市场经济体系，包括要素和产品对外及向内流动；双向开放不仅扩大自己的利益，还有利于合作伙伴的发展，即"互利共赢"的含义。中国实际上已经进入了全面建设开放型市场经济体系的阶段，积极实行互利共赢的开放战略——秉持发展观的创新和发展目标的调整，坚持互利合作，实现共同繁荣，在一个新的高度上谋求世界发展的和谐（张幼文，2007）。党的十四届三中全会（1993）在继承并发展邓小平对外开放理论和总结我国对外开放经验的基础上，首次提出发展"开放经济"，强调建立全国统一开放的市场体系，实现国内市场与国际市场相互衔接。党的十七大会议（2007）提出了拓展对外开放广度和深度，提高开放型经济水平，完善"内外联动、互利共赢、安全高效"的开放型经济体系。党的十八大会议（2012）报告中强调"实行更加积极主动的开放战略，完善互利共赢、多元平衡、安全高效的开放型经济体系"。

综上所述，中国开放型经济发展和理论认识经历了一个较长时期，从对外开放的提出和实践，到外向型经济政策，再到开放型经济理论、构建和完善开放型经济体系，说明开放型经济的发展是一个动态发展过程，按照经济本身发展规律运行，不断从制度和体制机制上改革和完善，促进中国对外开放的不断扩大，向着符合中国经济发展特色的开放型经济体系不断演进。未来中国开放型经济应通过构建高标准开放规则体系，逐步完善高水平开放的"开放型市场经济体系"，形成全方位开放的开放型经济新格局。

五、本章小结

在国际金融危机影响下，全球需求结构尤其是消费需求结构发生较大变化，通过贸易和投资对中国开放型经济发展产生重大影响，将促使中国开放型经济转型。本章基于全球与中国需求结构变化的分析，对中国开放型经济发展的战略选择进行了研究，得到以下主要的研究结论：

（1）开放型经济是一种国际化的市场经济，是由一个系统的经济制度体系维护的、保障要素进行国际自由流动的经济体系，要求市场化程度高、要素双向充分自由流动、保障国际公平竞争秩序等。中国的开放型经济是一个动态演变过程，按照经济本身发展规律运行，不断从制度和体制机制上进行改革和完善，促进中国不断扩大对外开放，向着符合中国经济发展特色的开放型经济体系不断演进。

（2）通过国际比较，本章对中国开放型经济发展阶段进行了评估：一是中国目前处于工业化阶段：制造业份额依旧偏高、投资率也居高不下，存在向发达经济阶段迈进的趋势。二是与美国、英国、德国、法国、日本、巴西和韩国等国家比较，中国面临人均GDP过低、第二产业增加值占比偏高、第三产业增加值占比偏低、居民消费率偏低而投资率偏高的问题。三是中国的外贸发展较快，外贸依存度适中，为世界出口大国并常年保持直接投资差额为正，经济发展水平滞后于外贸发展水平。

（3）国际需求结构变化到一定程度会引起经济危机，反过来，经济危机进一步调整需求结构。2008年国家金融危机之后全球需求结构变化对中国开放型经济带来深刻影响，主要是改变了中国开放型经济的环境。一是国际市场竞争更加激烈，贸易保护主义不断升级，形式更趋复杂，形成了"逆全球化"潮流。这与中国扩大开放形成了反差。二是全球价值链进入重构阶段，"资源国—生产国—消费国"为核心链条的贸易循环发生重大调整。这影响到中国对外贸易与投资市场布局。三是需求结构发生变化，对资源密集型产品进口的份额上升，新兴经济体比发达经济体下降得更快；对资本密集型产品进口的份额下降，发达经济体比新兴经济体下降得更快；技术型密集产品进口占比在发达经济体缓慢上升，在新兴经济体呈下降趋势；劳动密集型产品进口占比在发达经济体和新兴经济体都有不同程度下降。这对中国发挥比较优势和竞争优势形成一定阻碍。四是国际投资大幅度下降，发达经济体资本输入大于输出，发展中经济体则相反；而且投资方式和投资结构发生了较大变化，这对于中国利用外资和对外投资造成一定影响。

第十一章

国际金融危机后中国开放型经济战略转型

国际金融危机以来,随着全球需求结构的变化,中国外贸、利用外资与对外投资及其经济合作进入新阶段。随着中国整个经济发展进入"新常态",开放型经济也进入转型发展的新阶段。尽管中国经济总量排在世界第二位,并且是第一大出口国、第二大进口国、第二大国际直接投资流入国、第三大对外投资国、第一大外汇储备国,但是,外需条件发生了较大变化,同时,内部要素及其供给条件也发生了变化,土地资源、劳动力等各类要素成本不断上升,资源承载力和生态环境约束不断增强,低成本制造的传统优势受到国际竞争的挑战,巩固传统优势、增创新优势、创新驱动力,成为开放型经济持续发展的重大问题。

一、中国开放型经济转型的必要性

本书前述探讨了国际金融危机以来,需求结构变化导致经济全球化和经济格局、产业结构调整及其转移、竞争方式和态势等发生了较大变化,这些环境变化将推动中国开放型经济转型和发展。

(一)国际金融危机对经济全球化产生深刻影响

以美国次贷危机为导火索引发的国际金融危机说明经济全球化不断加深,各国加强对外开放和合作显得越来越重要。各国供给和需求相互影响和相互适应，自然地构成了全球供给和需求。供给和需求各自受不同因素影响，并受到对方的影响，遵循一定规律。从全球来看，各国的供求构成了全球供给和需求的区域结构，各国供求变化都会引起全球供给变化。各国的市场是构成国际市场的重要部分，各自调节和治理政策具有了全球性，自然会产生全球性影响。开放型经济是各国市场经济机制的延伸，为各国进行全球资源配置、提高资源配置效率创造条件。各国乃至全球经济总是处于均衡状态和失衡状态之间，一个国家供求失衡就会导致全球经济失衡甚至严重的经济危机。

一个国家爆发经济危机，蔓延到全球各国，说明各国开放型经济的风险防患机制不健全，也说明各国在经济治理方面的合作意义。全球经济危机治理有赖于各国开放型经济政策的配合，各国奉行保护主义，采取"以邻为壑"的政策无益于各国经济危机治理，也无益于全球经济危机的治理。这要求各国完善开放型经济体系，修复市场机制，加强风险防范机制建设，加强政策沟通，推进全球开放型经济建设，完善全球经济治理机制。中国提出以"政策沟通"为基础的"一带一路"倡议符合经济全球化变化趋势。但是，美国提出的"美国优先"及其"逆全球化"政策不符合全球化趋势，必然会打破全球经济均衡发展，并导致各国治理政策的失效，引起全球更大的经济危机。

国际金融危机后，经济全球化出现了一些挫折，出现了"逆全球化"潮流。贸易保护主义更加活跃，而且呈现出全球性和区域性、多样性和易变性、显性和柔性等新趋势。美国前后两任总统都公开强调"美国优先"，提出"购买美国货""雇佣美国人""令美国再度伟大"；英国完成了"脱欧"及拿回控制权的程序，欧洲发达经济体民粹主义思潮盛行，欧盟倒退，把世界经济推向"逆全球化"方向。但是，区域经济合作蓬勃发展，各类自由贸易协定大量涌现。跨太平洋伙伴关系协定（TPP）等将对国际分工和经济全球化的走向产生深远影响。WTO机制仍在运行和发挥作用，并试图突破现有的限制继续前进，但是诸边和多边贸易体制的权威性受到严重削弱，新一轮谈判难以取得预期的成果。这些混乱现象反映了当前世界经济的一系列深层次结构性失衡，对国际贸易持续稳定增长构成威胁。

（二）国际金融危机引起全球经济格局的深刻变化

国际金融危机导致国际市场需求不振、国际贸易低速增长，国际经济格局发生了重大变化。因为世界各个地区经济复苏不一致，发达经济体由于经济结构调整缓慢、收入分配两极分化等，其经济增速低于世界平均增速，拖累消费需求的复苏，从而影响世界经济复苏。另外，非经济因素风险，包括地缘政治紧张、恐怖主义和安全问题、国内政治纷乱和腐败带来的风险、极端天气事件等，这些都影响全球经济增长。

（1）世界贸易格局重新调整。随着各个主要经济体需求结构的调整，全球价值链进入重构阶段，以"资源国—生产国—消费国"为核心链条的贸易循环发生了重大调整，传统消费大国尤其是美国，正大力推进"再工业化"，推动制造业回归本国，部分进口商品和生产环节被国内生产替代。发达经济体逐步恢复传统制造业的竞争力，一定程度上保持高端制造业竞争优势，造成进口需求增长与经济复苏的不同步。七国集团（G7）GDP占全球经济总量的份额已经下降到50%以下，金砖国家的份额超过20%，全球经济格局"东升西降"更加明显。发展中国家经过一轮快速发展，成为拉动世界经济增长的重要力量。

（2）国际直接投资方向发生变化，跨国公司从离岸生产转向近岸、在岸生产，缩短了全球价值链，将一些高附加值生产环节重新转移回母国。这引起产品市场需求变化，资源密集型产品进口增速快于资本型产品，也快于劳动型产品和技术型产品。如果出口产品结构调整滞后，则跟不上全球进口需求结构调整。

（3）随着智能化制造以及自动制造技术的快速发展，近年来国际贸易的发展滞后于经济增长，发达国家的经济增长对进口的拉动明显减弱。在经贸规则领域，多边贸易体制艰难推进，但区域经济一体化得到迅速发展，全球范围内自由贸易区迅猛发展，自由贸易区具有贸易创造效应，对促进成员间经济融合起着重要的推动作用，但客观上也可能产生贸易转移效应，对成员国与区外国家的合作造成一定冲击。

（三）国际金融危机改变了国际竞争与合作的态势

国际金融危机后，国际市场争夺更加激烈，形式更趋复杂，难以辨别和防控。首先，国际产业分工与合作不断复杂化，出现一些值得关注的新动向。中国等新兴经济体综合制造成本上涨，低端制造环节特别是劳动密集型产业加速向低收入国家转移；在发达国家"再工业化"、高技术产业战略等政策的牵引下，一些中高端制造业向发达国家回流。其次，国际资本向现代服务业转移，服务投资和服务外包成为国际经贸合作新热点，为新兴经济体提升在全球价值链中的地位带来了机遇；信息技术及智能化、新能源、互联网及云计算、3D技术、基因诊断与修复等新技术革命不断出现新突破，各国均对新兴产业发展寄予厚望，抢占产业制高点的竞争日趋激烈。最后，国际经贸摩擦性风险不断增加，包括"以邻为壑"的财税政策、货币竞争性贬值、贸易保护主义等，正在改变国际经济竞争方式，经济竞争和经贸摩擦的政治化倾向盛行，特别是美国特朗普政府"美国优先""逆全球化"等政策，使得经济竞争打上了深深的政治烙印。贸易保护主义不断升级，蔓延范围更加广泛，已经从关税、出口补贴等初级、明显的形式逐步演变为贸易监管和管制等隐蔽形式，部分国家以气候变化、绿色发展、反倾销、知识产权等为借口，设置市场准入壁垒与产品贸易门槛。

（四）国际金融危机引起国际产业结构调整新趋势

从产业结构升级的一般规律来看，产业结构升级就是第二、第三产业的高度化过程。第二产业比重表现为先升后降，其中，制造业内部的高度化表现为重工业在制造业中的比重不断上升以及装备制造业与高技术产业份额不断上升。第三产业比重持续上升，其中生产服务业份额占第三产业比重份额不断上升。自2008年国际金融危机爆发以来，发达国家产业结构调整出现了一系列新特征，主要表现如下（周天勇和张弥，2012）。

（1）产业形态从虚拟经济向实体经济调整。长期以来，发达国家产业结构高级化趋势促使第三产业比重不断上升；在金融地产行业带动下，经济虚拟化、泡沫化日益严重。金融危机引发了欧美国家的债务危机，建立在金融地产行业基础上虚拟经济出现资产缩水，进一步凸显了对实体经济发展的迫切需要。

（2）三次产业从过度服务业化向制造业回归调整。在发达国家产业结构高级化过程中，伴随着制造业向海外转移，国内产业"空洞化"现象严重。为了应对国际金融危机与国内居高不下的失业率，美国提出"再制造业化"战略，促进本国制造业的发展，一些传统制造业部门开始出现复苏迹象，与此同时，装备制造业部门及高技术制造业部门也都得到进一步发展。

（3）产业的要素结构从过去追求资本技术密集型向重视劳动密集型转变。由于欧美债务危机的持续影响，发达国家制造企业不同程度受到影响，一方面放慢了产业转移步伐，另一方面受国内失业问题困扰，也促使发达国家开始重视国内劳动密集型产业的适度发展，以缓解国内的就业压力并促进其实体经济成分的不断壮大。

综上所述，国际金融危机引起发达国家产业结构的新变化，发达国家产业结构变化特征代表世界产业结构调整的趋势。同时，产业结构演化方向不可避免地受到了危机治理措施的影响。此外，产业结构演化还需要处理好高度化与合理化的关系，即在高度化过程中，需要处理好虚拟与实体、制造业与服务业，以及要素禀赋与要素密集度的关系。

（五）外需条件变化和内需结构升级影响中国开放型经济发展方向

国际金融危机后，中国开放型经济的外部环境面临"三期叠加"。一是在外部需求减速、竞争越来越激烈的背景下，未来一段时间世界经济与贸易进入调整修复期。二是 WTO 作为一个多边的体系，仍然在起作用，一些区域贸易平台及其新规则正在酝酿中，国际经济治理进入新一轮的国际贸易规则构造期。三是中国处于传统比较优势向新的竞争优势的转换期，中国低成本优势逐渐被要素结构调整而抵消，新的优势还没形成。外需变化及国际经贸形势给中国外贸调整、参与国际经济治理和培育竞争新优势带来机遇，给中国"走出去"对外投资创造大量机遇，比如全球基础设施建设热潮，中国企业有着相当强的竞争优势，有利于出口结构的升级。

另外，扩大内需政策的研究表明，由于人均收入差距持续扩大、人口结构急剧变化、环境安全问题日益突出、网络信息技术应用的快速发展，国内需求日趋多元化和多层次化。中国在电力、通信、石化、铁路、汽车、航空、工程机械等资本和技术密集型行业形成了较强制造能力和国际竞争力，一些行业的龙头企业逐步转向研发、设计、营销、品牌建设等国际分工高端环节，初步具备走出去在全球范围构建"以我为主"的产业链和国际分工体系的能力。

因此，外需条件和内需政策对外经贸发展形成较大挑战。面对外部需求结构调整，资本密集型产品和技术密集型产品进口需求增速下降，其份额出现下降态势，中国的出路在哪里？在国际市场低迷、外需风险加大的背景下，如何将国内供给侧产业结构调整和升级与需求侧结构变化统筹考虑，如何坚持内外均衡协调发展将会是未来中国必须面对的课题。

二、中国开放型经济转型的战略方向

在内外条件变化的影响下，中国开放型经济到了转型的机遇期。因此必须厘清开放型经济发展形式的演变方向和战略目标。开放型经济发展形式大体包含以下几方面内容：一是资源与要素的配置方式及其外部资源与要素所占份额，二是产业选择及其产业结构转型升级，三是产出及其市场实现模式，四是资源配置和产出分配的制度即开放型经济体制机制模式。其中起决定作用的还是开放型经济制度模式。

一个完善的开放型经济体系包括资源要素和产品自由流动，贸易商品及服务市场开放、进出口市场多元化、产业开放及其外资来源多元化，对外投资市场多元化，经营主体多元化等，这就是我们通常要求的建成一个全面、完整的开放"新体系"。国际金融危机后全球需求结构变化是中国由外向型经济走向开放型经济的根本动因，也为中国构建开放型经济新体系营造了良好的环境并创造了机遇。受国际金融危机影响，发达经济体在全球经济中的地位受到削弱，而新兴市场和发展中经济体将更加开放，经济地位不断上升，成为世界经济的重要力量，中国与各国的相互联系将更加紧密，从而推动中国更加开放。及时转变和实施开放型经济"新战略"具有重要意义。要求在复杂的国际经贸背景下完善开放型经济体系，构建开放型经济新体制和新格局的战略，意味着从外向型经济到真正的开放型经济转变，从目前以"利用外资和出口导向"为主转向全面的开放型经济。

（一）增强开放型经济发展的自主创新动力

中国自改革开放以来，通过体制、机制和规则等制度因素的创新取得了经济快速发展的巨大成就。其中，制度创新通过促进技术创新、产业创新、市场创新等方式实现经济发展。一般而言，这些创新来自自主创新和开放创新两条途径。在制度创新和技术创新方面，通过引进外商投资和技术，获取企业管理经验，同时通过学习和借鉴国外经济社会管理的先进经验，获取管理体制改革的启示，最终确定市场经济体制改革目标，并推动中国市场化、现代化和国际化发展。

在技术创新方面，中国曾经实施过"市场换技术"策略，企图通过产业对外开放，引进外资和先进技术，获取外资技术溢出效应，从而实现推动技术进步和产业创新。中国基于"市场换技术"策略的开放经验和理论研究反复证明这个策略效果不明显，并没有获取"形成技术自生能力"的预期目标（夏梁、赵凌云，2012）。大量事实证明，产业投资的对外开放可能会丧失产业的自主控制权，有的产业对外开放多年，并没有获得核心技术，仍然需要购买专利使用权。所以，开放型经济发展必须加强自主创新，才能摆脱外国资本的技术垄断和产业控制，也才能有机会促进中国产业链升级，促进产业高端化和产业结构优化升级。因为自主创新侧重于提升企业乃至国家创新能力，开放创新通过技术创新获取暂时的利益。当然，自主创新必须结合开放创新，因为在开放创新中不单纯依赖技术引进和模仿，而是在以创造市场价值为导向的创新中掌握自主权，并能掌握全部或部分核心技术和知识产权，以打造自主品牌、赢得持续竞争优势为目标（郑刚、何郁冰和陈劲等，2008）。自主创新基于创新能力发展的视角，其核心方式是独创或集成创新，通过自主研发实现根本上的自主创新，同时还有可能引领某个领域的创新方向。这正是中国开放型经济发展的持续动力来源。所以,加强实施创新驱动发展战略,通过深化体制机制改革,大力提高原始创新能力、集成创新能力和"引进—吸收"再创新能力,推动技术创新;加快建立以企业为主体、市场为导向、产学研紧密结合的技术创新体系,引导企业加强自主创新研发;继续推动产、学、研结合,形成政府引导、科研院所和企业主体参与的自主创新新格局,增强开放型经济发展的持续动力。

(二)重塑比较优势和培育开放型经济新优势

国际金融危机后,国际需求结构发生了较大变化,国际市场竞争加剧,同时,随着中国经济增长,劳动、土地、能源等要素成本逐步上升,导致综合成本上升,环境和资源对经济发展的制约力度也在加大,传统比较优势和竞争优势逐渐弱化。因此,靠低成本、低价格、处于全球价值链低端的产品优势已经不复存在。在这种国内外背景下,中国开放型经济必须适应国际需求及其结构变化,积极参与国际经济技术合作和竞争,培育竞争新优势,才能适应国际需求结构变化和国际市场激烈竞争。因此,重新塑造比较优势和强化培育竞争新优势是提升中国开放型经济发展水平的重要方向或者目标。

国务院《关于加快培育外贸竞争新优势的若干意见》提到了培育技术、品牌、质量、服务构成的综合竞争优势,加速培育产业、区位、营商环境和规则标准等综合竞争优势。一是培育开放体制机制的竞争新优势。一个国家的国际竞争优势是基于比较优势,通过国际竞争形成的,一些竞争因素存在一定的内生机制。必须扎实构建动态的、内生的竞争机制,比如,通过制度创新推动技术创新,构建支持贸易方式创新、利用外资创新、"走出去"配置国际要素方式创新的体制机制,积极参与国际市场竞争,形成中国体制机制的核心竞争力,才会不断产生具有竞争优势的技术和产品。二是加强自主创新,培育核心技术和自主知识产权技术。以创造市场价值为导向,积极寻求创新动力;以打造自主品牌、赢得持续竞争优势为目标,致力于培育核心技术和自主知识产权;同时加强外部创新资源的引进与自主创新相结合,提升自主创新和创新资源的组织能力;着重提高中国产业核心竞争力,积极扩大创新产品及其国际市场。三是利用中国人口和消费者规模大,培育和发挥市场规模优势,强化最终品的生产优势,构建围绕中国最终品或具有规模经济特征产品的生产,支配全球中间品或具有一定特征产品的生产,形成中国控制全球经济的"生产总部"。四是培育产业比较优势,形成产业综合竞争新优势,大力引进先进装备制造业、高端生产型服务业,提高产业创新能力与核心竞争力,抢占未来全球产业发展制高点,形成再创技术型、知识型经济的产业新优势。五是培育国际竞争主体优势。竞争新优势是在国际市场竞争环境中形成的，其主体是企业。因此，必须加强培育企业竞争新优势，增强企业利用全球两类资源和两个市场能力，形成一批竞争力较强的大型企业集团和骨干企业。六是营造开放型经济发展的环境新优势。企业主体创新有赖于良好的市场环境，通过强化体制创新、开放政策创新等，形成与国际通行规则相衔接的制度体系和监管模式，构建有利于国内资源流通和贸易的环境新优势，包括良好的硬件区域环境、政府廉政形象、高素质人力资本、预期的公平竞争环境等。

（三）促进产业高度化与合理化和提升中国的全球价值链地位

由前述相关研究结果可知，国际产业结构演化的总体方向是高度化，但一国产业结构高度化过程中，也面临着高度化与合理化的关系协调问题，而产业政策的作用方向就是要处理好高度化与合理化的关系。因此，中国促进产业优化升级和提升全球价值链地位的主要思路如下：

（1）根据国际产业结构演化规律，促进中国产业结构的高级化方向。发达国家产业结构演进的经验显示，处于不同发展阶段的产业结构具有不同特征，各国产业结构演化存在一定规律性。进入工业化发展阶段的经济体，其产业结构都经历了从轻工业向重工业及装备制造业以及从制造业向服务业的转型发展。这种转型与各国不同发展阶段所具有的要素禀赋条件相关，也与不同产业所处在价值链环节相关。

前面通过投入产出分析发现：制造业对总产出的拉动力较强，而服务业对增加值的拉动力较强。因此，发展服务业将创造更高的增加值，这将促进一国生产结构向价值链更高环节攀升；装备制造业与生产性服务业代表了产业结构的高级化方向，也是中国作为全球制造业大国的强烈需求所在，将引领未来中国产业结构的高级化方向。可以采取以下方式实现：从轻工业向重工业及装备制造业转型，实现从劳动密集型向资本与技术密集型的转型；从制造业向服务业，特别是生产性服务业转型，则有可能创造更高的附加值，提升中国在全球价值链中的地位。

（2）从供给与需求的关系中，寻求中国产业结构优化升级的合理化方向。国际产业结构的演化规律揭示出，一国产业结构演化特征是受其供给条件与需求条件共同作用的结果。从供给条件来看，中国已进入工业化中期阶段，资本积累能力不断增强，但随着经济发展与工资水平不断上涨，中国的劳动力成本优势则不断下降。从要素禀赋条件来看，中国已具备从劳动密集型向资本密集型的产业升级条件。从需求条件来看,中国已成为全球第二大经济体,但人均收入水平不高,且存在严重的收入分配不均以及区域差异较大问题。因而从居民消费这一角度,中国的需求层次既有个体差异,也有城乡差异,更有区域差异,从而产生多层次需求问题,为产业结构及产品结构多样化创造了条件,这也意味着中国产业结构演化的图谱更为宽广、产业层次更为丰富。

(3) 提升中国产业的全球价值链地位。隆国强(2011a)认为,要实现对外开放战略的新转变,需要提升在全球分工中的地位,加速外贸转型升级,使出口从"体力"为主到"智力"为主,实现外贸在经济效益、社会效益与环境效益的有机统一。许佩倩(2011)分析了全球经济再平衡和国际产业分工趋势,并探讨了中国开放型经济的新定位,指出中国目前转型升级的重点首先是要努力改变要素直接参与的方式,提高要素的组织化程度。中国作为发展中经济体所具有的后发优势,可以通过产业政策和开放政策等引导国内产业发展方向,引进外资并克服国内资本乃至技术供给不足问题,又可以利用全球市场的需求规模等,从而提升中国产业在全球价值链中的地位。

(四) 推进市场多元化和增强全球配置资源的能力

开放型经济要求双向开放,不仅充分利用外资,还要"走出去"对外投资,推动产品和要素的充分流动;不仅需要增强产品贸易和服务贸易的能力,而且还要增强全球资源配置能力。中国已经居于出口贸易大国的地位,但是进口能力不强,即获取全球资源要素的能力不强。即使拥有居于全球首位的出口能力,也还有一大部分是外资企业创造的,特别是加工贸易方式,尽管近几年加工贸易在贸易中的份额有所下降,但是仍然占30%左右。因此,中国未来不仅要有能力出口产品,还要会"购买"经济增长所需要的资源和要素,采购原材料、设备及其中间品,引进技术和创新人才。因此,在对外贸易能力方面,中国还必须培育全球配置资源的能力。全球配置资源的能力是一个国家集聚资源的能力,也对全球发展产生影响,主要包括物质、资本、信息、创新、文化等资源和全球资源配置保障力等。在全球范围内吸纳、凝聚、配置经济社会发展所需的战略资源的能力,反映了一个国家在全球范围内进行资源配置的规模、质量和效率,是一个国家发展能力的表现和决定性因素。

(1) 重点调整出口市场的区域与国别战略,积极开拓非传统出口市场,推进市场多元化。通对发达经济体的出口增加技术密集型产品的出口占比;对新兴经济体大力推动资本密集型出口,提高技术密集型产品的适应性,满足新兴市场对技术密集型产品的需求;在稳定劳动密集型产品市场、对各类经济体保持原有劳动密集型产品的出口优势的前提下,努力提高劳动密集型产品质量和出口附加值。

(2) 鼓励国内企业和资本"走出去",加大国际投资步伐。早期注重引进外资,未来重点提升外资质量和对外投资。通过加快"走出去"步伐,扩大对外投资,实现技术、产业及其经济更高水平合作。许佩倩(2005)认为中国的经济实力不断增强,已经进入工业化和初步现代化阶段,市场体系不断完善,特别是资本市场、外汇市场、技术市场逐步发展,为企业实现与国际经济接轨创造了有利条件。

(3) 加强跨国公司培育,增强配置全球资源的能力。大力培育有实力的企业积极到国外寻求更广阔的市场,通过跨国直接投资来获取制约中国国民经济发展的短缺或稀缺资源。隆国强(2011b)总结了加入世界贸易组织十年来的经验,指出面对经济全球化带来的机遇,中国应转变发展方式,大力推进"走出去"战略,培育一大批具有较强国际竞争力的中国跨国公司。通过跨国公司增强配置全球资源的能力,不仅注重对发达经济体投资,还要加快对新兴经济体投资和经济合作。

(五) 构建开放型经济的全面开放新格局

全面开放新格局包含了中国内部全域对外开放和对外部空间全方位开放,包括对发达经济体和发展中经济体的开放。早先主要对发达经济体开放,目的是从发达经济体引进资本、技术及其设备和中间产品,并对发达经济体出口产品;现在与未来主要对发达经济体开放服务业和发展服务贸易;同时,经过多年的开放发展,中国也应对内陆发展中经济体开放,扩大对发展中经济体及其新兴经济体的开放,扩大对其投资和适用技术输出等。这就标志着从东部对海外开放向西部边境开放的延伸和拓展(张二震、戴翔,2014),目的是营造东西双向开放格局。其基本目标是促进技术创新和结构调整;应对国际贸易投资新规则,建设面向全球的高水平自由贸易区网络;提高中国整体开放水平,培育新优势,发挥整体优势,加快实施"走出去"战略。

中国内部区域对外开放水平不一致,内部格局大体上是"东高西低",外部格局是"海外高于内陆",必须构建东西双向互动的全域协调开放、陆海联动的外部空间全方位开放的网络化格局。一是东西双向互动的全域开放,要求实现从过去的"点""线"开放,到现在的"面"开放的过渡,实现从注重东部向东部与西部并重、从注重沿海向沿海与内陆并举的转变,从而实现贯穿中国中西部的全域开放。二是陆海联动的外部空间全方位开放格局,要求从重点对海外发达经济体开放,过渡到向发达经济体、内陆发展中经济体并重的开放,实现对世界所有经济体"全方位"开放。三是通过"一带一路"建设引领内外联动的全面开放新格局,要求把中国内陆与西亚、地中海沿岸、中东、红海湾沿岸、印度洋西岸沿海各国联系起来,也把中国沿海与东亚、东南亚、南亚和印度洋北岸各国联系起来,同时,把西欧部分发达经济体与新兴经济体与发展中经济体联系起来,基本形成了海陆统筹、内外联动、东西双向协调开放的网络化格局。

三、中国开放型经济转型的战略路径

在明确上述开放型经济转型的方向和目标后,对实现路径进行选择,才能确保中国开放型经济建设的顺利进行。

(一)促进经济发展,实现从外需型转向内需型的战略路径

国际金融危机引起全球需求及其需求结构变化,而且呈现周期性变化。因此,中国的外需波动不可避免。外贸合理度指数分析显示,国际金融危机对中国外需产生了明显影响,外需变化影响中国出口变化,出口部门变化及其引起的相关产业份额变化,严重冲击中国经济结构的稳定性。尽管周期性变化和影响,会随世界经济的恢复或各国应对危机的相关政策调整得以克服,但在全球化与世界经济联系不断加强的背景下,外需波动必须引起足够重视。根据《中国统计年鉴》数据计算,中国外贸依存度已经从国际金融危机之前的60%多下降到近几年的30%多,并没有出现重大失衡问题,反而还有助于中国经济协调发展。因此,中国有必要将扩大内需作为一项长期国策,从而维持中国经济的长期稳定发展。通过扩大内需的战略安排,一是可以通过引导居民消费,促进消费结构升级。主要把扩大消费需求作为战略重点,通过营造良好的消费环境,改善居民消费预期,增强居民消费能力,促进消费结构升级。二是通过调整收入分配,进一步释放城乡居民消费潜力,维持国民经济结构的稳定性。三是扩大内需政策亦可以通过改善供给条件得以发挥效力。扩大内需政策与贸易政策和产业政策的配套组合,可以通过扩大中间品进口,引进先进技术设备,促进高技术产业与战略性新兴产业发展。四是发挥投资对扩大内需的重要作用,保持投资合理增长,完善投资体制机制,规范国有企业投资行为,鼓励扩大民间投资,有效遏制盲目扩张和重复建设,促进投资消费良性互动,把扩大投资和增加就业、改善民生有机结

合起来，创造最终需求。五是扩大内需政策亦可以用于改善区域经济发展环境，促进区域经济健康与协调发展。总之，扩大内需政策的基本思路是以提高居民收入水平为目标，以产业结构的优化升级为方向，促进外需型产业结构向内需型产业结构转型，满足不同消费层次的居民需求，提高产业结构的多样性与产品市场的丰富性。

（二）实现出口导向型转向平衡贸易的战略路径

对外贸易是开放型经济的重要部分，是中国对外开放的途径和开放方式。改革开放以来，一直比较重视"出口"和"顺差"出口导向战略，这是受到传统国际贸易理论的影响，认为贸易差额是拉动总需求增长的重要因素之一。新国际贸易理论认为通过先进高新技术设备和中间产品进口，能够有效促进进口国的技术进步与长期经济增长。适当扩大进口规模不仅有利于促进对外贸易趋向平衡，实现对外贸易可持续发展；还在一定程度上有利于中国经济结构的调整。理论上有必要积极推行平衡贸易政策或者中性贸易政策，力争实现平衡贸易。

中国长期实行"重出口、轻进口"的出口导向战略，其顺差高于大多数国家。但是，中国在享受了出口大国的优势时，正在经受高能耗、高污染及其低端产品的出口对环境的影响，经济快速增长与资源"瓶颈"、环境约束的矛盾日益突出，且长期出口顺差引发的贸易摩擦的压力日益增加。随着经济全球化和全球需求结构变化，中国也必须实现由出口导向型战略向贸易平衡战略转变，调整对外经济结构，转变外贸增长方式。因此，要改变出口导向战略，坚持出口与进口并重的平衡贸易战略。

在加强进口贸易发展方面，一是通过降低高档消费品的进口关税或建立"低税店"等方式来有效促进高档消费品的进口。伴随着中国居民人均可支配收入的大幅度增长，对高档消费品的需求逐年加大，中国居民在境外的奢侈品消费总额快速增长，高档消费外流的主要原因在于税率高、境内外价差大。二是推动战略性进口的发展，加大关键技术、重要装备、大宗商品和高档消费品进口。目前中国处于开放型经济发展和经济结构转型升级的关键阶段，因此，利用多年大规模的外贸盈余加大对关键技术和重要装备的进口显得尤为重要。加强与发达国家的谈判，敦促发达国家放宽对中国的技术限制。三是加大对进口的财政金融支持。通过宏观经济管理部门的政策导向，实行财政金融扶持政策，真正有效促进企业加大对关键技术和重要装备的进口。四是扩大进口贸易质量。鼓励进口贸易，满足国内需求结构变化所需要的产品、服务和资源，尤其是重要战略性基础资源、能源和高科技产品的进口。在世界进口构成中，能源及资源产品进口增速和占比上升比较快,竞争性激烈,必须充分发挥进口大国优势,与资源输出国建立长期稳定的供求关系,与主要资源消耗大国加强协调与合作,逐步掌握资源进口的主导权。

在出口方面,主要是提高出口质量。一是优化出口产品结构,继续加强附加值高、科技含量高的产品的出口比重。张二震(2010)指出,要以结构调整推进对外贸易尤其是加工贸易的转型升级,推进产业结构和出口结构由低附加值的劳动密集型产业转向高附加值的劳动密集型产业,再转向附加值更高的、劳动力相对密集的资本密集型产业。二是扩大服务业开放,推动服务贸易发展,改变中国服务贸易逆差地位。伴随产品贸易和资本流动,推动人力及其他要素双向流动,引起服务业发展和转移。隆国强(2011b)认为,要实现对外贸易在经济上的可持续性,很重要的一点是要大力提升服务业的国际竞争力,改善服务业对内管制过度、对外开放不足的现状,实现服务出口与制造业出口的协调发展。三是引导企业出口从数量型、创汇型向质量型、效益型转变。加大经济、法律和行政手段的调控力度,严格执行劳动、安全、环保标准,限制高污染、高能耗、低附加值和资源类产品出口;支持自主性高技术产品、机电产品和高附加值劳动密集型产品出口;通过行业协会加强对出口商品价格、数量的动态监测,构建质量效益导向的外贸促进和调控体系。

(三)实现需求内外均衡和供给内外均衡的战略路径

成熟开放型经济不仅要关注供求均衡,还必须注意内部需求与外部需求的均衡,同时还要注意内部供给与外部供给的均衡。长期以来,外部需求条件与加工贸易发展支撑了中国制造业增长的需求,外需部门加速扩张也挤占了国内消费部门的资源,面向国内的消费部门增长缓慢进而抑制了国内需求增长。由金融危机引发的外需条件骤变对中国乃至主要发达国家都产生深刻影响,从出口合理度指数分析中可以观察到金融危机带来的外需结构与国内生产结构变化,从而引起出口合理度指数的变化。

如果一个经济体的产业结构以满足外需为主,在外需变化或出现波动过程中,所受的影响与冲击也就在所难免,而这种冲击过大,对于任何一个经济体而言又都是难以承受的,需要建立一个平衡机制。对于中国而言,这种平衡机制就是巨大的内需市场。基于中国内需与外需的不平衡性,未来一个时期扩大内需的现实压力更大,但从金融危机以来中国实施的扩大内需政策效果来看,扩大内需政策效应并未充分显现的根源还在于对内需不足的症结所在缺乏深刻理解,忽视了中国产业结构与消费结构的不匹配,加之收入分配不合理以及城乡及区域间消费水平的巨大差距，这些方面都是遏制内需增长的重要因素。因此，扩大内需政策需要从国内需求层次与产业结构的匹配关系入手，充分考虑区域经济的协调发展，才能发挥其应有效力。

从供给方面，改革开放以来我们依靠外资弥补了工业化过程的资金缺口，实现了经济的高速增长。进入工业化中期阶段，居民储蓄率居高不下，显示出中国资本的供给能力不断增强。与此同时，美欧债务危机以来，发达国家企业盈利能力和筹资能力下降，普遍面临着资金短缺、银根收紧，欧美产业继续向发展中国家转移的能力也将减弱。这预示着，未来中国产业结构升级的主要推动力量将来自国内资本供给，利用外资弥补资金缺口的逻辑已转为引进国外先进技术设备弥补本国技术缺口。这也意味着出口导向型经济将不断扩大进口规模，特别是对中间产品的进口份额将增加，以消除本国生产部门的瓶颈作为扩大进口目标。因此，从供给角度思考内外均衡，就是处理好国内供给与进口供给的关系、引进外资与引进技术的关系，以及引进技术与消化技术的关系。

（四）实现内外贸一体化发展的战略路径

在市场经济成熟的体制中，内贸与外贸本身就是一个整体，要求政府的内外贸管理体制和管理政策相互协调。但是，中国过去的计划体制遗留下来许多问题，内贸与外贸仍然存在一定分割，尽管在行政管理机构上进行了统一，但是内外贸体制仍然存在不少问题，表现为：国内统一市场还没有完全形成；仍然存在大宗商品内外贸分割的经营管理体制；商品国内与国际市场的价格差异还比较大，而且常常由于国内企业无序竞争，相互压价，致使出口产品的价格低于国内产品价格。广东东莞前几年解决"加工贸易产品转内销"问题，说明内外贸的政策和体制存在一定分割，尽管东莞"加工贸易产品转内销"取得了成功，但是这是应对金融危机的临时性政策，没有持续的制度保证，体制上还存在严重分割。这是因为政府过于注重外贸对经济增长的拉动作用，造成"重外贸、轻内贸"的不平衡局面。实际上，内外贸分割管理已不再适应现阶段开放型经济发展的需要，内外贸一体化的中国市场化体制深化改革的内在要求。内外贸一体化的实质是内外贸经营与管理体制的一体化，包括企业主体运作模式、市场运行机制、政府管理体系三个层面实现内外贸一体化。内外贸一体化通过企业内外贸一体化经营机制，转变企业经营模式，是提高国际核心竞争力的有效手段，是从贸易大国走向贸易强国的基础，是推进开放型经济转型升级的重要途径。

(五）实现货物贸易与服务贸易协调发展的战略路径

现代经济是社会分工不断深化，第一、第二和第三产业高度发展的体系。一般来说，经济越发达的国家服务业的比重越高，由于服务业体现着生产力的发展水平，标志着居民消费需求的扩大和消费结构的变化，因而它所占比重的大小就成为权衡各国经济发展水平和产业结构合理性的重要依据（韩玉军、陈华超，2006）。中国一直以来第三产业发展滞后，服务贸易受到一定制约，而且在政策上曾经也忽视了服务业发展。高水平开放型经济要求服务贸易与货物贸易均衡发展。货物贸易长期保持顺差，而服务贸易长期处于逆差，说明服务业国际竞争力不足。进入21世纪以来，世界服务贸易迅速发展，即使国际金融危机后世界服务贸易也仍呈整体增长趋势，但发达国家尤其是七国集团在危机后服务贸易增速放缓，且低于世界服务贸易的平均增速。所以，积极发展和促进服务贸易发展，实现外贸结构由商品贸易为主导向商品贸易和服务贸易双向驱动发展模式转型，这是顺应全球市场需求和中国开放型经济发展的要求。首先，抓住国际资本向服务业转移的机遇，重点引进国外先进技术、管理经验和高素质人才，并且依托外资促进国内服务业发展。其次，将引进外资的战略重点转向高技术与知识及服务密集型产业，充分发挥后发优势，促进产业升级。最后，不断扩大服务业开放领域和开放深度，把近几年中国自由贸易试验区的试验成果向全国推广，促进服务业更大程度的开放。

（六）实现利用外资与对外投资协调发展的战略路径

开放型经济不只是产品贸易和市场开发，还有资本及其技术要素双向自由流动。因此，要求外商直接投资和对外直接投资的自由化，实现利用外资和对外投资的均衡发展。中国的对外直接投资一直小于外商直接投资，与国际贸易和利用国际直接投资相比，中国对外直接投资起步晚，投资规模相对较小，在世界对外直接投资中的占比低，投资区域和投资行业的集中度都相对较高。国际投资的经验表明，一个成熟的经济体，其引进外商直接投资额与对外直接投资额的比例一般以 1∶1.1 为宜，目前发达国家的这一比例为 1∶1.4，而中国对外直接投资额远低于这一比例。裴长洪（2008）认为"走出去"标志着中国开放战略的转折，意味着把国际经济竞争引向更广泛的国际经济舞台，标志着国际经济竞争从内部竞争转向内外全面竞争，从而使开放经济从领域、结构到整个宏观经济管理都发生深刻变化。张二震（2010）认为"走出去"是一个国家或地区利用国际资源和市场的能力以及经济国际化水平的体系；是直接利用海外资源、转移和消化国内过剩产能，缓解贸易摩擦，实现与东道国平等合作、互利共赢的有效途径；是中国应对国内外环境变化、拓展发展空间、优化资源配置的必由之路。一是优化利用外资的行业结构和区域结构，提升外资质量，抓住新一轮的国际产业转移机遇，引导外商向中国发展薄弱领域和急需发展的领域投资；二是积极"走出去"扩大对外投资，充分利用外国资源，实现利用外资与对外投资的均衡发展。

（七）实现全面的区域协调对外开放的战略路径

中国通过东部沿海率先向海外发达国家开放，推动了中国东部沿海及边境的大幅度对外开放，已经建立起比较完整的开放型经济体系，开放型经济发展取得了巨大成就。但是，中国中部和西部地区开放程度较低，而且中国对内陆的中亚、西亚、东欧的经济体开放不足。因此，必须推动中国开放从东部对发达国家开放转向扩大中国中西部地区和对内陆经济体开放，推动对外开放的区域格局的协调发展。

（1）东西双向互动的全域开放。这是解决开放主体及其区域问题。中国对外开放格局基本是从经济特区"点"试验，带动东部沿海"线"的开放，逐步从沿江城市开放推向中部内地开放，从沿边城市开放推向西部大开放，初步形成了"经济特区—沿海开放海港城市—沿海经济开发开放区—沿江和内陆开放城市—沿边开放城市"的开放格局。在扩大内陆沿边开放方面，主要以周边地区、资源富集地区、主要市场和战略伙伴为重点，拓展经济发展战略空间（裴长洪、郑文，2014；赵春明，2014）。但是，这些开放区域还是呈现"点状"和"线状"，缺乏"集成"整合，有必要通过从东部到西部、从沿海到内陆，从而实现贯穿中国中西部的全域开放。

（2）陆海联动的外部空间全方位开放格局。这是解决向谁开放和开放区域方向问题。从重点对海外发达经济体的开放，过渡到对内陆发展中经济体的开放，实现对世界所有经济体"全方位"开放；优化海陆联动开放格局，主要是加强与海外发达经济体合作机制化，提升与海外发展中经济体合作，加强对海陆经济体开放领域和"走出去"对外投资。一是优化对海外经济体开放格局，加强东部对接发达经济体高水平开放规则。主要是加快国际经济合作高标准规则的试验与对接，重点加强国内单向开放的自由贸易试验区（FTZ）建设和向中西部推广，打破原有制度壁垒，让海外企业更便捷地对接中国市场，实现生产要素的自由流动与高效配置，放宽投资的门槛和限制。二是进一步提高西部对内陆经济体开放水平。中国西部与内陆经济体地缘关系良好，产业发展具有一定互补性，相互合作的基础比较好。加快西部与内陆经济体的产业合作,基于高铁、通信、能源等产业,拓宽"走出去"与国际产能合作的途径。

(3)通过"一带一路"建设引领内外联动的全面开放新格局。共建"一带一路"倡议可以说是中国构建全面开放的战略,重点是加强对发展中经济体的开放,扩大贸易、投资与基础设施和产业合作。"一带一路"从东到西贯穿全域、从东向对海外开放到西向对中亚、中东欧等内陆国家开放,把西亚与地中海沿岸、中东及其沿海各国联系起来,也把东亚、东南亚、南亚和印度洋北岸各国联系起来,同时,把西欧部分发达经济体和新兴经济体与发展中经济体联系起来,基本形成了海陆统筹、内外联动、东西双向协调开放的网络化格局。因此要沿着"一带一路",与其沿线经济体进行合作,通过政策沟通、道路联通、贸易畅通、货币流通、民心相通这"五通",共同开展经济、社会文化建设,让沿"带"和沿"路"发展中经济体共享中国发展的成果。

四、中国开放型经济转型的战略对策

根据《世界经济展望》的预期,新兴市场经济体必须度过动荡时期,维持中期快速增长。不同经济体应采取不同的政策措施,然而,也有一些共同的政策重点。首先,让汇率随经济基本面的变化而变动,并促进外部调整。在国际储备充足的情况下,可以运用外汇干预金融市场交易,减轻金融波动、避免金融动荡。其次,如果通胀水平处于较高位置,或最近货币贬值传导到基础通胀的可能性较大,则有必要进一步收紧货币政策。如果政策可信性存在问题,则有必要提高政策框架的透明度和一致性,这样才能有效收紧货币政策。再次,在财政方面,政策制定者必须降低财政赤字,即使不同经济体在这方面的行动紧迫性不同。最后,许多经济体需要实施新一轮结构改革,包括公共基础设施投资,以及消除产品和服务市场的进入壁垒,中国还应促进经济增长从投资转向消费,实现再平衡。① 以上 IMF 的政策建议适用于大多数新兴经济体,而对中国而言,在国际金融危机后要使中国开放型经济顺利转型,当务之急是要使经济以更平衡且可持续的方式发展,坚持以"需求侧"为基本导向,引导"供给侧"政策的全面落实,全力改变供需错配的现状,着力增加有效供给。

---

① 国际货币基金组织(IMF)2014 年 4 月 8 日发布《世界经济展望》(概要),转引自《世界经济展望》,国际货币基金组织中文网,2014 年 4 月,http://www.imf.org/external/ns/search.aspx? NewQuery =。

中国 40 多年来对外开放的成就主要体现在对外经济贸易的规模和数量方面，对外开放的质量和效益不高。全面开放战略要求不断拓展中国对外开放的深度和广度，提高开放型经济的质量，实现由传统的数量规模型开放向质量效益型开放的转变。党的十八届三中全会发布《中共中央关于全面深化改革若干重大问题的决定》，提出了构建开放型经济体制的一系列措施，如推动对内对外开放相互促进、"引进来"和"走出去"更好结合，促进国际国内要素有序自由流动、资源高效配置、市场深度融合，加快培育参与和引领国际经济合作竞争新优势等，该论述为开放型经济建设指明了方向。

（一）构建中国高标准规则及其开放新体制

开放型经济体系也需要一个完善的、安全高效的体制来支撑。与过去"外向型经济"不同，开放型经济本质上是一种新规则、新制度即"新体制"。开放型经济新体制必须首先适应高标准国际贸易和投资新规则。随着中国开放型经济的发展，在适应国际高标准规则过程中，逐步构建有中国特色的高标准规则及其开放新体制。

（1）着眼于更高标准，主动适应国际经贸新规则。积极维护产品和服务的自由贸易规则。扩大可贸易的产品范围，把行政干预措施转换为可量化的关税率，进而不断降低关税，降低非关税壁垒；促进资本双向自由流动，要求放宽外商投资准入，创新利用外资管理体制，改革对外投资管理体制；扩大服务业开放，推进服务领域的投资自由化；扩大企业及个人对外投资，确立企业及个人对外投资主体地位。尽管美国退出跨太平洋伙伴关系协定（TPP），但其余 11 国达成的 CPTPP 仍然是世界上标准最高的国际经济规则体系，也是中国建立开放型经济新体制的参照系。另外，美国退出 TPP 的"旧规则"，正在通过《北美自由贸易协定》重新谈判构建双边协定构建新规则，也是值得中国关注和借鉴的。

（2）进一步改革和完善涉外经济法律法规，逐步实现国内制度和国际规则之间的对接，构建有中国特色的对外贸易与投资的高标准规则体系。要求遵守加入 WTO 的有关承诺，在国民待遇原则、非歧视原则、自由贸易原则和公平竞争原则下调整和修改不符合 WTO 规定的政策法规，在人民币汇率体制与外汇管理、知识产权保护、环境与劳工政策、产业政策、竞争政策、市场监管等方面形成"中国规则"。

（3）进一步优化公平、公正的贸易秩序，构建一个稳定、透明、可预期的营商环境。积极消除不公平的行政干预措施，同时，维护公平交易的市场秩序，注重发挥国际市场机制的作用，构建一个多元化国际市场体系。不断完善稳定、透明的管理体制和公平、可预见的政策环境,形成要素有序自由流动的体制机制。

(4)优化政府管理体制及其政策安排。遵守 WTO 规则要求,对同一个产业的经营主体实行无歧视、无差别待遇的产业政策;保持稳定的政策安排,对国内企业和外资企业、国内外市场保持政策一致性,消除地区间政策差别(张幼文,2008)。

(5)完善行业组织管理体制。开放型经济属于现代市场经济的重要部分,行业商会或协会作为市场主体,在制定行业标准、规范行业秩序、开拓国际市场、应对贸易摩擦等方面发挥了政府不可替代的作用。必须进一步明确行业商会或协会的法律地位、职能定位、独立运行的管理机制等。

(二)积极参与全球经济治理和提升制度性话语权

中国加入世界贸易组织后,进入了重大经贸问题谈判的核心层,在全球经济治理中逐渐发挥作用。中国仅仅作为现行国际经贸规则的适应者和遵循者,积极参加了大部分全球经济治理的活动,比如,参加了 WTO 对各成员的贸易政策审议,特别是参加了二十国集团领导人峰会和财长、央行行长对话和协调等,取得了一定经验。正当中国进入全面开放的新时期,全球自由贸易、经济治理规则正处在新一轮升级的过程,《跨太平洋伙伴关系协定》(TTP)谈判于 2015 年 10 月已经达成协议,跨大西洋贸易与投资伙伴协议(TTIP)、双边投资协定范本(BIT 2012)、国际服务贸易协定(TISA)的谈判正在进行,不久可能达成协议,这为中国对外开放打造升级版提供了国际契机和挑战。

因此,中国在未来较长一段时间,一是坚持世界贸易体制规则,积极执行双边、多边开放合作协议,支持联合国、二十国集团等发挥全球经济治理的主要平台作用。二是积极参与投资保护、环境保护、政府采购、知识产权保护、电子商务等国际经贸新议题谈判,参与国际体系变革和国际规则制定,参与全球性问题治理,增强我国在国际经贸规则和标准制定中的话语权,维护国际公平竞争秩序和中国根本利益。三是加快中国自由贸易试验区建设,通过单边方式完善扩大开放的规则体系,完善中国开放体制和制度。扩大自由贸易园区试验范围,向自由贸易园(港)区过渡,通过扩大单边开放制度建设,不断扩大对外开放度。四是抓住国际机遇,积极参与全球贸易规则制定机制,探索提升国际经济治理的制度性话语权。推进国际经贸谈判机制的改善,提高对外谈判力度和有效性;推进全球经济治理体系改革,推动金砖国家合作机制发挥作用;全面参与国际经济规则制定,在全球性议题上,主动提出新主张、新倡议和新行动方案,增强中国在国际经贸规则和标准制定中的话语权。

（三）积极实施自由贸易区战略和拓展对外经济合作

在经济全球化影响下，世界区域经济一体化不断加深，已成为世界经济重要的发展趋势，要求有关国家保障资本、技术、人力、信息、劳务和产品等在一定区域内自由流动和有效配置。经济一体化是伙伴国家之间市场一体化的过程，从产品市场、要素市场向经济政策统一逐步深化；也是伙伴国家之间逐步加强经济合作联系、结合成为范围更大的区域经济实体的过程（庞效民，1997）。经济一体化表现为一系列"自由贸易区协定"及其自由贸易区。自中国加入WTO以来，中国在开放型经济的发展战略上积极维护WTO规则，同时与多个经济体合作建立自由贸易协定，不断扩大以中国为中心的区域经济一体化范围；同时通过双边开放的自由贸易协定，推动开放程度深化和完善区域格局。

（1）积极参与世界多边贸易体系和区域经济合作，进一步完善中国开放格局。重点加强多边自贸区建设，主要是与内陆经济体合作建设自贸区，开展区域全面经济伙伴关系协议（RCEP）、中欧自由贸易区和亚太自由贸易区建设的研究和谈判，适时启动与其他经贸伙伴的自由贸易协定谈判。

（2）通过取消贸易保护措施、提高便利化水平、采取灵活实用的合作机制、利用地区内部市场等扩大需求，以带动国内生产和产业结构的调整，从而加快改革开放的步伐（李燕等，2006；李练军，2008）。

（3）以周边国家为基础，加快实施自由贸易区战略，坚持以多边贸易体制为基石，统筹多边、双边和区域自由贸易区的建设。这要求提升原有自由贸易区机制，主要通过实施自由贸易区（FTA）战略，实现高标准自由贸易区网络化。积极推进原有自由贸易区升级版，比如中国与东盟、新加坡、巴勒斯坦等自由贸易区；落实新建立的自贸区政策和机制，积极推进中国、日本、韩国自由贸易区谈判。

（4）通过"一带一路"建设，整合中国与其沿线国家的各种机制，加强各国"政策沟通"，排除区域内多种合作框架之间的不协调以及区域外部力量的压力，促进沿线国家战略对接和优势互补，放大合作效果。

（四）推动产业结构和外贸结构的优化升级

改革开放40多年来，中国经济持续增长，国内的供给条件与需求条件都发生了巨大变化。中国的长期对外开放战略及国际经济形势变化都成为中国产业结构调整的重要影响因素。因此，产业结构演化一方面受其国内的供给与需求条件影响，另一方面受到对外开放的影响，对外贸易和利用外资都对产业结构产生重要影响。长期以来，中国产业结构的合理性及其发展方向的评价依据主要来自发达经济体产业结构演化的标准型式（陈佳贵、黄群慧和钟宏武，2006）。实际上，中国产业结构的优化升级还受重化工业战略以及中国对外开放战略的影响。所以，在确定未来中国产业结构调整与优化升级思路方面，既要体现国家发展战略目标定位，也需要充分考虑现阶段中国经济发展水平与供求条件的变化，特别是开放经济条件下的外部供给与需求条件的变化，以此为依据谋划中国产业结构调整的战略路径。

中国绝大多数地区已进入工业化中后期阶段，形成了以工业为主导的重型制造业体系，这个阶段受到资源环境的约束。因此，克服资源环境约束、向服务经济转型成为中国转型的重要内涵。

国际金融危机后，中国外贸面临着巨大的困难（殷阿娜和王厚双，2014）：一方面，全球经济发展进入深度调整时期，国际需求急剧萎缩，美国等发达国家呼吁"制造业回归""降低国内税率"，利用反倾销、反补贴以及碳关税、碳标签等信息贸易保护措施，中国已经成为当今世界最大的贸易摩擦对象国；另一方面，国内劳动、土地等要素成本不断上升，中国制造业的成本优势正在不断削弱。中国商品贸易低附加值的数量发展模式已难以为继，只有依靠技术创新实现商品贸易出口由"微笑"曲线中间向两端移动，由低附加值的数量发展模式向高附加值的质量发展模式转型，才能实现外贸的可持续发展。从国际进口需求变化来看，出现了商品结构调整和市场分化的要求，中国未来进出口贸易必须顺应这些市场变化。

产业结构优化升级的基础在于供给条件的改善。经过改革开放40年的持续经济增长，中国人均收入增长并进入中等发达水平，高储蓄率与资本积累能力不断提高，供给条件得到较大改善。近几年，中国在产业结构调整和优化升级方向上取得了一定进展，制造业结构不断优化，服务业发展水平不断提高，战略性新兴产业也得到一定发展。但是，中国中间品进口合理度指数处于国际中间水平，这表明提高中间品进口份额有利于推动本国经济发展；同时说明中国经济发展还存在较多瓶颈部门。面对突飞猛进的新一轮科技革命和新兴产业的发展，产业结构优化升级需要构建一系列高端产业，满足消费需求的多元化和高级化趋势，即高度化和合理化要求。

（1）发展高端产业为产业结构多层次演进提供了条件和可能，也是产业结构优化升级的重要途径。高端产业的发展有赖于技术进步和高新技术的产业化支撑。改革开放以来，科技研发投入不断增加，自主创新和智能化产业发展迅速，为高端产业发展奠定了基础，有必要充分发挥已形成的资本积累优势。首先，通过政策引导科技型投入，大力发展战略性新兴产业，在新一轮国际竞争中，占据制高点。其次，提升新兴产业支撑作用，构建有利于新技术、新产品、新业态、新模式发展的准入条件、监管规则和标准体系，在继续做大做强高技术产业的基础上，把战略性新兴产业培育发展成为先导性、支柱性产业。

（2）实现产业结构的低碳化与服务化，是中国产业创新和未来产业结构调整的主导方向（张湘赣，2011）。近年来，国家提出通过新型城镇化战略推动来扩大内需政策的实施效果，但是实施出现偏差，使房地产业得到快速发展。新型城镇化必须坚持以提升居民生活质量与生活环境为目标；以改善投资环境和优化产业发展环境为途径；促进产业结构向服务化转型升级，满足制造业发展对生产性服务业的需求，满足制造业集聚区对城市生活设施的需求。在促进服务业发展方面，推动生产性服务业向专业化和价值链高端延伸，推动生活性服务业向精细和高品质转变。提高城市化的服务水平，促进产业结构向服务化与生产性服务业的转型升级。

（3）加大国内供给侧改革力度，推动产业结构优化升级。近年来，中国实施的扩大内需政策作用有限，使得扩大内需政策转向改善供给条件。因此，必须加强供给侧结构性改革，淘汰落后产能，增强产业配套能力，全面提升工业基础能力。发展新型制造业，加强先进装备制造业和智能制造产业的发展。可以充分利用外资和技术，同时扩大中间品进口，有必要转变进口观念，调整进口政策，大幅度降低进口关税，带动中间品进口和引进外资。

（4）加强出口商品结构调整和优化，应对发达经济体和新兴经济体进口需求结构变化。一是充分利用劳动密集型产品优势，促进产品创新升级，提高劳动密集型产品的附加值。根据劳动密集型行业的特点要求，对不同区域和不同发达程度的市场提供不同层次的产品，加强出口结构调整，以满足不同市场多元化和多层次需求。二是重点加大资本密集型产品出口结构调整，维护其比较优势。加快技术密集型行业的发展，提升技术密集型产品出口竞争优势，从而扩大技术密集型产品出口。三是中国资源型产品出口非常缺乏比较优势，为适应各国对资源品需求，可以借助"一带一路"开放战略的实施，促进"走出去"对外投资，利用当地资源比较优势，建设资源型产品加工业。

（五）优化产业区域布局

中国需要正视国内生产发展的不均衡，在引进外资与技术方面，都存在着东、中、西之间的较大差距，中国东部地区资本相对丰富，但中西部地区仍然存在着资本匮乏问题，因此，引导外资流向中西部地区以及促进东部地区的产业转移，也将成为区域协调发展的政策取向。

从消费需求看，中国居民消费水平已形成明显的区域差异，且居民的边际消费倾向也呈现出下降趋势，其中尤以东部地区最为明显。居民边际消费倾向的区域差异揭示出区域消费市场的巨大差异，以及扩大内需政策的空间潜力，更反映出中国居民需求层次与产业结构匹配程度的空间差异性，也说明区域性市场需求多样性。需求的区域差异性为中国企业转型升级提供了发展方向：一是中西部地区可以从市场容量与消费规模扩张着手扩大内需，重点促进中西部地区经济发展，提高中西部地区的收入水平和消费能力，扩充区域消费容量；二是改善区域消费结构，促进东部地区消费升级，以此促进服务业升级，拉动生产性服务业发展，并引导东部地区企业积极开拓中西部地区市场。

实际上，东西部地区的消费差异是利用国际金融危机后资本和产业转移机遇的基础，迎来了中西部地区承接产业转移、促进制造业发展的良好契机。可以实施东中西区域倾斜发展政策，一是加快中国东部地区的劳动密集型产业向中西部地区的转移步伐，为东部地区腾出发展空间与市场空间，同时可以更好地吸收中西部地区的过剩劳动力。二是大力发展制造业并带动城市第三产业发展。根据东、中、西部地区城市化水平与产业结构的差异性，引导城市建设投资服务于产业升级目标，形成工业化与城市化互动发展、区域经济协调发展的新格局。三是引导外资向中西部地区和东北地区等老工业基地转移。中国区域发展不平衡，必须把外资引向内地，促进西部大开发、中部崛起和振兴东北老工业区等发展战略实施。四是加大中西部吸收国际直接投资的步伐。随着中西部基础设施建设和投资环境的逐步完善，对外资已经形成了一定吸引力。外资流动及其产业转移会带动西部地区大力发展制造业，也会逐渐提升服务业利用国际直接投资（FDI）的比例，推动西部地区产业结构的改善。这样，通过中西部地区制造业发展和东部地区生产性服务业发展，形成东中西联动发展、产业结构互补的区域分工格局，促进中国区域经济的协调发展，为区域协调开放提供支撑。

（六）基于"需求侧"导向加大"供给侧"结构改革

经济的短期增长可以通过拉动消费、增加投资和净出口，长期增长却需要依赖于要素的有效配置。国际金融危机后全球需求下降，中国净出口大幅度萎缩，且之后一段时间内由于全球经济并未出现明显好转，中国面临的外需萎缩的挑战仍然严峻。就投资而言，中国已经进入工业化后期阶段，大部分产业的投资回报率呈下降趋势，原有的政府主导投资局面在新的经济环境下也难以为继，投资领域与需求领域的匹配存在大量错位，产能过剩严重，房地产市场的巨量库存就是一个典型例子。另外，连续的宽松货币政策也无法启动新的投资，依靠增加投资促增长的作用越来越小。因此，全面改善国内消费—投资结构，为国内市场发展和开放经济转型提供有效供给支持已经势在必行。

在需求拉动的导向下，促进消费似乎成为了唯一出路，但目前消费的情况是，中国的居民消费率过低，2013年仅为34.09%，远低于发达国家水平甚至多数发展中国家的水平。这是因为中国人口结构发生巨大变化，老龄化问题日趋严重，赖以推动经济增长的人口红利大幅度下降，收入降低导致消费能力下降；社会保障制度的完善过程旷日持久，养老、医疗、教育和住房等仍是亟待解决的民生问题，未来支出的不确定性得不到缓解，人们的消费意愿下降；即使有消费能力和有消费意愿的人群，其高质量、多样化的消费需求却得不到满足，使得境外消费热层出不穷，原因就是国内供给与需求错位。因此，无论是启动消费、增加投资，还是促进出口，都离不开国内"供给侧"政策的落实，推动劳动力、资本、土地和企业创新等各方面要素的有效配置。

根据国际需求及其结构变化趋势，处理好国内供给与进口供给、引进外资与引进技术，以及引进技术与消化技术的关系。抓紧调整2008年治理国际经济危机所产生的"过剩产能"，加大供给侧结构调整；同时继续加强利用国际直接投资，引导外商向中国发展薄弱领域和急需发展的领域投资，培育新的产能和竞争优势。

（1）促进高科技产业发展，实现制造业高端化。充分利用国际市场需求变化，大力引进先进技术设备，促进高技术产业与战略性新兴产业发展。同时，通过国内技术进步与产业升级，逐步降低对国外中间品的依赖。这是因为进口中间品短期内有助于推动本国经济扩张，不利于消化"过剩产能"；长期会导致中国贸易条件不断恶化，限制中间品生产和技术进步。

（2）扩大服务业开放，推动服务贸易发展。针对国际投资需求转向服务业的趋势，重点是积极稳妥地扩大服务业开放领域，积极引进外资，大力服务密集型产业。加大服务业体制改革，消除贸易障碍，推动服务贸易的发展。扩大国际运输、工程承包和技术转让、技术研发和设计、信息咨询、金融保险、教育培训等服务贸易出口。

（3）提升外资利用质量，实现利用外资的战略转型。外商直接投资流入的不仅仅是资本，更重要的是先进技术、管理经验、经营理念等，因此必须积极有效吸收外资，不断提高利用外资的质量和效益（廖晓淇，2008；胡艺，2009）。注重引进先进技术，推动创新型国家和开放型经济强国建设，利用巨额外汇储备，继续走引进、吸收、消化、再创新和集成创新之路。

（4）拓宽外商投资新领域，重点转向高技术与知识产业升级，实现制造业高端化。经济全球化加快了国际资本流动和产业转移，必须抓住国际资本转移的机遇期，大力改善国内投资环境，积极引进外资和承接国际产业转移，推动中国企业以更低成本引进国外先进技术与设备，从而推动 FDI 与国内投资的良性结合，提升资本与技术密集型投资份额。

（5）积极"走出去"对外投资，充分利用外国资源。国际金融危机后，各国对资源密集型产品进口需求继续保持上升的态势，中国资源密集型产品出口缺乏竞争优势；可以充分利用资本优势和产能优势，到资源富余国家进行对外投资，与资源富余国家在勘探、开采及其加工业方面进行投资与合作，一方面满足国际市场对资源密集型产品的需求；另一方面满足中国经济发展对资源密集型产品的需求。实际上，"一带一路"沿线国家拥有丰富的能源资源和矿产资源，中国提出"一带一路"倡议，为中国与"一带一路"沿线国家在资源型产业上的合作提供了契机。

（七）加强金融改革和稳步开放

就国内金融市场而言，在中国经济快速发展的 40 多年时间里，投资一直是拉动中国经济增长的主要动力，而中国投资主要由信贷支持，于是出现了信贷过多的情况。根据 IMF 的《世界经济展望》，中国目前在金融方面存在不少问题，信贷快速增长和信贷质量参差不齐在长期内阻碍了中国经济的平衡发展。包括中国在内的新兴市场风险逐渐扩大，许多新兴经济体仍在适应其低于预期的中期增长速度，而外国投资者们也对这些国家的风险更为敏感，这使得金融风险更加增大。因此，必须控制信贷规模，适当提高结构性融资成本，尤其是国有企业的融资成本。一是打破商业银行的垄断，加深银行业的竞争，引导银行提高服务质量；同时要减少对商业银行的控制，提高银行经营的自主性。二是鼓励金融创新，完善民间借贷和银行借贷机制，鼓励成立担保公司，提供联保融资、企业互助融资、融资担保、固定资产抵押、厂房按揭等服务，鼓励面向代理商和经销商的产业链融资。三是对金融市场进行规范管理，营造公开、公平和公正的市场环境；同时要加强金融监管的力度，完善监管条例，并完善对破产金融机构的处置框架，从根本上获得投资者的信任。四是加快行业协会的建设，使其更好地服务于行业与社会，给予公众帮助与信心，引领行业健康协调发展。五是在金融对外开放方面，把控金融风险，稳步推进各个领域开放和深度开放。中国的开放型经济发展战略离不开中国金融行业在国际金融市场的积极参与，如金砖银行和以"一带一路"多边合作框架为依托的亚洲基础设施投资银行等区域性国际金融机构的相继设立，将为中国进一步的开放型经济发展提供重要的金融平台。

（八）大力提升人力资本质量和着力培养创新型人才

人力资本是经济发展的基础和最终动力源泉。改革开放以来，随着中国经济发展，教育投入不断提高，劳动力素质得到大幅度提高，人力资本得到不断丰富；但是中国要素条件已从劳动力优势转向资本优势，以往普通劳动力供给减少。人力资本和技能水平是中国创新的瓶颈，导致我国产品技能含量、知识含量、技术含量较低。劳动力成本不断上升，廉价劳动力优势逐渐衰退；同时随着资本深化过程进一步发展，有更多的劳动力被释放出来。可以通过培育人力资本优势，弥补劳动力成本上升的趋势；必须大力提升劳动力素质，通过提升人力资本内涵，满足科技进步和产业发展的需要。同时，产业结构优化升级有赖于要素质量的提升，实现普通劳动力向人力资本转化，是产业升级的必要条件，也是服务业发展的必要条件。近年来，在国家推动自主创造与品牌化战略中，中国企业的技术进步模式也开始由模仿转向创新，由开放创新转向自主创新，对人力资本供给条件提出更高要求。从长期来看，中国人力资本提升是一个长期战略，必须不断提高劳动者受教育的程度，改善其人力资本条件。要求加大人力资源培育，形成人才要素新优势。一是重点加强高等教育、职业教育等人才培养体系建设，不断推动高等教育内涵式发展，注重培养和引进国际顶尖人才等。二是积极引进成熟技术和高端人才，拓展利用国际创新资本与创新人才资源，推动技术引进与自主创新的良性互动。三是大力促进教育公平，切实全面实施素质教育，着力培养创新型人才，为中国开放型经济发展提供智力支撑。

（九）基于互利共赢的开放理念完善开放型经济保障体系

经济全球化把各国经济利益和经济运行机制紧密联系在一起，相互开放和合作符合各国共同利益。所以，从对外开放的利益关系来看，中国必须树立"互利共赢"理念，实现过去"让利"理念向"共赢"的转变。40余年的对外开放历程是一条迈向互利共赢的开放之路，对外开放经历了"部分让利""互利"和"共赢"三个阶段，中国的对外开放从数量扩张逐步转向质量提升，参与国际竞争与合作的深度与广度不断拓展。"让利"是指在对外开放的某一个具体阶段采取"优惠"政策和各种让利形式参与国际交流。"互利"是国际经济交往的基础，体现了国际经济交往中资源配置效率提升所带来的"非零和"博弈的结果，它是交易双方愿意长期交易的经济保障。"共赢"是指交易双方能够更加公平地共享开放红利，实现双方协调发展的要求。互利是开放的基础，共赢则是开放的理想目标（胡艺，陈继勇，2008）。

"互利共赢"是在中国对外开放过程中逐渐总结出来的理念，并在开放中不断充实和完善。2005年10月，中共十六届五中全会通过的《关于制定国民经济和社会发展第十一个五年规划的建议》中首次明确提出实施互利共赢的开放战略。2005年12月发表的《中国的和平发展道路》白皮书显示出中国坚持互利共赢方针的决心。2006年12月，中央经济工作会议进一步明确了"互利共赢的开放战略"。2007年10月，党的十七大报告提出了"内外联动、互利共赢、安全高效"开放型经济体系。2012年10月，党的十八大会议提出全面提高开放型经济水平，要求实行更加积极主动的开放战略，完善互利共赢、多元平衡、安全高效的开放型经济体系。

总体来看，坚持互利共赢的开放理念，保障开放型经济顺利运行：一是坚持对外开放与国内发展相协调、外部开放空间的协调、内部全域开放协调以及内外联动的全面开放理念，目的是以开放促发展，在不断发展中扩大开放，实现全面开放格局。二是坚持改革开放在促进中国经济发展的同时，兼顾到其他国家和世界经济的协调发展。在实现本国发展的同时，要关注发展中国家的正当利益，真正实现"共赢"，与世界各个国家合力打造"命运共同体"。以此为基础，构建长期稳定的对外经济合作关系，有助于相互合作、优势互补，共同推动经济全球化朝着均衡、普惠、共赢方向发展；同时，扩大同各方的利益均衡点，使伙伴国家分享"中国发展带来的机会"，促进全球协调发展。三是充分考虑全球多边贸易体系，以更加主动的姿态、负责任大国形象积极参与国际规则的制定与修改，推动多边贸易谈判的进程，维护自由开放的多边贸易体制，这为加强中国与各国的经贸关系提供制度性保障。四是创新资本流动管理体制。通过自由贸易区建设，改革资本流动的管理体制，加快构建高效便捷、监管有力的开放型经济新体制。重点建立健全宏观审慎管理框架下的外债和资本流动管理体系，提高可兑换条件下的风险管理水平。五是强调"安全高效"的开放理念。党的十七大报告中对"安全高效"的开放型经济体系提出了明确要求，切实维护国家经济安全，完善维护国家经济安全的法律法规，构建有效的国家经济安全体制机制；增强国家经济安全监测和预警、危机反应和应对的能力，依法保护中国海外资产和人员安全。具体要求完善贸易法律制度，并加强行业自律，规范贸易秩序；健全贸易运行监测预警体系和摩擦应对机制；有效运用技术性贸易措施，加强进出口检验检疫和疫情监控等。总之，无论是出于自身的国家利益还是全球经济的考虑，都必须扮演更为积极的角色，在区域和国际经济中发挥重要作用，维护全球贸易体系和国际经济规则，保障中国开放型经济顺利发展。

五、本章小结

基于国际金融危机后全球需求结构变化对中国产业发展及其结构变化、开放型经济建设的影响,本章提出了开放型的经济转型的战略方向和目标、战略路径及其战略对策。有以下结论:

(1) 国际金融危机改变了国际经贸环境和全球经济格局,改变了国际竞争与合作的态势,引起国际产业结构调整新趋势,改变了中国开放型经济发展的动力结构。外需与内需条件变化、外资与内资及其技术供给变化、国际金融危机后内需政策对中国开放型经济产生了不同的影响力和拉动力。

(2) 根据国内外条件变化的影响,中国开放型经济到了转型的机遇期。开放型经济发展形式的演变方向或战略目标大体上包括:一是增强开放型经济发展的自主创新动力;二是重塑比较优势和培育开放型经济新优势;三是促进产业高度化与合理化和提升中国的全球价值链地位;四是推进市场多元化和增强全球配置资源的能力;五是构建开放型经济的全面开放新格局。

(3) 为了促进开放型经济转型,本章提出了七条战略路径:一是促进经济发展实现从外需型转向内需型的战略路径;二是实现出口导向型转向平衡贸易的战略路径;三是实现需求内外均衡和供给内外均衡的战略路径;四是实现内外贸一体化发展的战略路径;五是实现货物贸易与服务贸易协调发展的战略路径;六是实现利用外资与对外投资均衡发展的战略路径。七是实现全面的区域协调对外开放的战略路径。

(4) 为了推动开放型经济转型,本章提出了九条战略对策:一是构建中国高标准规则及其开放新体制;二是积极参与全球经济治理和提升制度性话语权;三是积极实施自由贸易区战略和拓展对外经济合作;四是推动产业结构优化升级和优化外贸结构;五是优化产业区域布局和促进区域对外开放的协调发展;六是全面改善国内消费—投资结构,兼顾"需求侧"导向和"供给侧"结构改革政策;七是加强金融改革和稳步开放,支撑中国开放型经济转型发展;八是大力提升人力资本质量;九是坚持互利共赢的开放理念,完善开放型经济保障体系。

第十二章

结论与讨论

全书探讨了在 2008 年国际金融危机背景下全球需求结构的变化过程及其走势。从总需求及其结构变化揭示国际金融危机的根本原因,同时解释历次国际经济危机的起因,并在不同供求态势的上位前提下,探讨经济危机治理的有效措施。然后,分析国际金融危机发生、演变及其治理过程所表现出来的国际需求结构变化,展示了发达经济体、新兴经济体和"海上丝绸之路"沿线国家的需求结构变化态势,探讨这种变化对中国从产业结构变化及其开放型经济发展的影响,提出了产业结构优化升级和开放型经济发展的战略转型。

一、结 论

本书在 2008 年的国际金融危机背景下,探讨全球需求结构变化。对中国而言,全球需求结构变化属于外需条件,其变化必然通过国际贸易、国际投资途径影响中国对外出口和对外投资,从而影响中国产业结构转型升级和开放型经济发展。

通过对国际金融危机后全球需求结构变化及其对中国影响和对策的研究,得到以下结论:

1. 关于经济危机的产生和治理

对于一个经济供求变化态势,市场需求由人们主观愿望或欲望决定,居主导地位，但是也受到供给的限制，甚至萨伊认为"供给创造需求"，供给对需求有重要影响。所以，供求均衡说明产品在市场上顺利实现其价值，需求增加，产量供给增加，经济增长得以实现。供求失衡就会导致供给不能实现其价值，经济增长受到阻碍，同时消费需求也得不到满足，其福利也受到损失，严重失衡会导致经济危机。

美国经济危机主要源于收入分配严重不公平，消费需求层次结构失衡，引起消费需求不足，最后导致经济危机。一是美国经济由供求态势失衡导致生产和经济系统运行受阻，引起各种经济危机。美国经济在1929年经济危机爆发前，国民收入的大部分被少部分富人所占有；高收入阶层因没有更多消费品而引起边际消费倾向显著递减，低收入阶层因收入不足而导致边际消费倾向递减，导致整个经济总的有效需求不足，爆发经济危机和20世纪30年代的"大萧条"。2008年美国次贷危机，国民收入分配仍然不公，同时，金融机构滥发信贷将高收入阶层的储蓄借给中低收入者，进一步导致过大的收入差距，扩大了需求缺口，导致"需求不足"，从而引起经济危机。1929年美国爆发经济危机和2008年起源于美国的国际金融危机，其根本原因都是收入分配不公，形成"有效需求不足"。二是美国经济危机的实质是需求结构变化、市场供求变化及其失衡导致的经济危机。美国1929年和2008年的经济危机导致消费者群体分化，由于不同消费者层次的需求不同，导致消费需求结构失衡，低收入者对低档次产品需求不足，少数高收入群体的消费需求也不能满足，从而导致消费需求的结构性不足，引起整个宏观经济"有效需求不足"。

供求失衡的调节和经济危机的治理都要依靠市场机制作用来实现。一是一个经济体爆发经济危机及其经济衰退是市场机制发生作用的表现，也是一次完善市场机制的机会。1929年经济危机引起"大萧条"，源于经济危机治理的货币政策无效，美国市场机制遭到严重破坏，金融体系及其运行机制不能正常发挥作用。2008年经济危机治理依赖于各国开放型经济增长运行和全球国际市场金融机制的正常作用，使美国量化宽松货币政策发挥作用，抑制了美国经济衰退。所以，市场配置资源的效率高于政府直接干预，货币政策和财政政策的实施只有在充分考虑市场配置资源的基础性功能后才能发挥其恢复和促进经济增长的作用。二是经济危机的治理前提是"潜在需求"和"有效需求"之间的差额足够大。潜在需求是在近期支付能力允许时可能实现的有效需求。美国"大萧条"源于当时国民收入分配严重失衡，致使潜在需求与有效需求之差急剧扩大。因此，罗斯福新政的止跌回升效果明显。

另外，从20世纪80年代开始日本经济的萧条和治理看，一是日本经济萧条属于发达经济体在供求态势"需求约束型"向"新供给约束型"过渡过程中产能"有效供给"缺乏导致供求失衡的危机，是由于日本技术创新不足，供给不能满足国内需求变化，出口也不能满足外部需求变化所导致的经济危机。二是日本20世纪90年代以来的20年中并无严重负增长，基尼系数处于比较平均，潜在需求与有效需求之差不能满足投资条件，拉动内需的一系列对策必定无效。其出路在于通过技术创新和产品创新，突破"新供给约束"，增加有效供给，挖掘潜在需求。

2. 国际金融危机背景下全球需求及其格局变化

在国际金融危机背景下，全球总体上的进口需求和投资需求出现萎靡不振，其结构发生较大变化。

（1）进口需求格局的变化。世界各国需求不稳定，出现萎缩的迹象，说明国际市场需求整体波动，向上增长的动力不足。进入21世纪以来，发达经济体进口需求增速放慢，在世界总进口值的份额从2007年的64.37%，下降到2014年的55.98%；新兴经济体进口需求获得了快速增长，特别是危机后仍保持快速增长，在世界总进口值的份额从2007年的22.75%，上升到2014年的28.34%。

（2）国际投资需求格局变化。从国际投资需求角度看，世界各国对FDI需求不断减少，说明国际投资需求总量降低。①区域格局发生较大变化，资本流入量排前10位国家（地区）FDI流入量份额有所下降，而且国家构成也发生较大变化；发达经济体的FDI引入量仍然占主导地位，其增长率低于新兴经济体，新兴经济体引入FDI量不断扩大；另外，世界各地离岸法区（中国香港、新加坡、卢森堡、维尔京群岛、开曼群岛等）凭借优惠政策吸引了大量FDI。②从国际投资方式看，一是跨国并购方式，发达经济体资本需求一直大于发展中经济体，发达经济体引进资本大于输出资本，发展中经济体则相反，引进资本小于输出资本；二是绿地投资方式，发达经济体一直是资金的主要来源，其规模大于发展中经济体，前期差距正逐步缩小。

3. 发达经济体进口需求及其结构变化

发达经济体（28国）进口量在2014年为105 686.94亿美元，占全球份额的56.24%。受金融危机影响，进口年均增长2.05%，远远低于危机前水平（9.99%）。

（1）发达经济体进口需求结构变化态势：资源密集型产品占比上升是最为显著的变化之一，资本密集型产品比重有一定下降。出现这种状况的原因在于，资源密集型产品属于初级产品，其需求弹性远远小于资本密集型产品；劳动密集型产品进口占比变化不大，有一定波动，趋势不明显；技术密集型产品占比有所上升,上升幅度不大。2014 年,各类产品进口占比排序为:资本密集型产品占38.67%,资源密集型产品占29.46%,技术密集型产品占19.68%,劳动密集型产品占12.18%。

(2)发达经济体服务贸易总体增速放慢,仍然具有一定优势。发达国家服务贸易进口需求总体增速放慢,慢于世界服务贸易平均增速,低速增长导致其地位下降。发达国家服务贸易进口值占世界服务贸易总进口的份额从 2000 年的71.01%下降到 2007 年的 67.07%;危机后下降更快,2013 年为 58.73%,2014年回升到 60.26%。另外,发达国家服务贸易与货物贸易的进口值比值远高于世界平均水平,总体呈上升态势,说明发达国家服务及其服务贸易发展仍然具有一定优势。

4. 新兴经济体进口需求及其结构变化

国际金融危机后,新兴经济体进口需求增速放慢,占全球进口需求量的总比重依然呈上升趋势,说明新兴经济体在全球贸易中的地位不断上升。其进口需求结构变化为:资源密集型产品占比重呈上升态势;劳动密集型产品占比总体呈下降趋势;资本密集型产品进口一直保持主导地位,在国际金融危机前处于高位,危机后呈现下降趋势;技术密集型产品占比有一定下降。2013 年各类产品进口占比及排序为:资本密集型产品占 41.72%、资源密集型产品占 30.33%、技术密集型产品占 18.38%、劳动密集型产品占 8.25%。

5. 海上丝绸之路沿线国家进口需求及其结构变化

国际金融危机引起海上丝绸之路沿线国家(23 国)进口需求增速变缓,进口需求进入低速增长时期。危机前(2002~2007 年)进口年均增长 19.31%,危机后(2007~2012 年)进口年均增长 10.11%。

(1)从需求结构看,资源密集型产品进口呈现上升趋势,近几年放缓,但是其地位赶上甚至超过资本密集型产品的地位;劳动密集型产品进口有所下降,近几年恢复到危机前地位;资本密集型产品进口呈现缓慢下降趋势,累积起来,其地位已经低于资源品;技术密集型产品呈现下降趋势,累积下降幅度比较大。所以,海上丝绸之路沿线国家资源密集型产品与技术密集型产品呈现"一升一降"态势,资本品下降和劳动品变化不大。2013 年各类产品进口占比及排序为:资源密集型产品占 36.85%、资本密集型产品占 35.15%、技术密集型产品占19.34%、劳动密集型产品占 8.66%。

(2)从航段看:东南亚航段(8 国)进口需求构成排序是:资本密集型产品占 37.26%、资源密集型产品占 32.04%、技术密集型产品占 25.26%和劳动密集型产品占 5.44%。南亚及波斯湾航段（10 国）进口需求构成排序是：资源密集型产品占 50.19%、资本密集型产品占 34.11%、技术密集型产品占 10.67% 和劳动密集型产品占 5.03%。红海湾及印度洋西岸航段（5 国）进口需求构成排序是：资源密集型产品占 45.60%、资本密集型产品占 37.99%、技术密集型产品占 8.77% 和劳动密集型产品占 7.64%。

6. 全球进口需求结构变化对中国出口结构的影响

世界进口需求变化总体上对中国出口贸易产生了较大影响，两者同升同降，相关性比较大；但是，中国进口值和出口值占世界的份额不断上升。从中国出口结构变化看有两个方面的影响：

（1）对发达经济体出口结构变化：资源密集型产品出口占比继续下降；劳动密集型产品出口占比继续下降，下降幅度收窄；资本密集型产品出口占比上升幅度减小，技术密集型产品出口占比继续上升。2014 年的出口构成为：资源密集型产品 3.51%，劳动密集型产品 29.32%，资本密集型产品 37.22%，技术密集型产品 29.95%。

（2）对新兴经济体出口结构变化：资源密集型产品出口占比继续下降；劳动密集型产品出口占比回升；资本密集型产品出口占比上升幅度变小；技术密集型产品出口占比大幅度下降。2013 年的出口构成为：资源密集型产品 5.00%，劳动密集型产品 27.10%，资本密集型产品 43.63%，技术密集型产品 24.27%。

7. 全球进口变化对中国出口产生的效应

把中国出口增长各个因素的作用方向和程度进行分解，主要有贸易规模效应、贸易结构效应、竞争力效应三大效应。总体来看，将中国出口结构与各国进口需求结构变化态势对比可以发现，中国出口增长的结构效应更加恶化，说明中国不合理的出口商品结构没有实质性改变。

（1）各类经济体进口对中国出口的总体效应：与国际金融危机前比较，首先，对发达经济体的出口贸易仍然依靠竞争力效应来扩大出口，而且其竞争力效应有所提高；其次，规模效应下降；最后，结构效应为负值，而且还有所下降。从对新兴经济体的出口效应看，竞争力效应仍然较高，但有所下降；需求效应有所提升；结构效应仍然比较低，为负值，而且还有所下降。

（2）各类产品出口构成变化的效应：①对发达经济体出口：资源密集型产品出口的需求效应比重大幅下降，商品结构效应比重大幅度上升，竞争力效应比重大幅度下降。劳动密集型产品出口的需求规模效应和结构效应比重提高，竞争力效应比重下降。资本密集型产品出口的需求规模效应比重大幅下降，结构效应比重略有下降，竞争力效应比重上升。技术密集型产品的需求规模效应占比上升，其竞争力效应比重略有上升，商品结构效应比重下降。②对新兴经济体出口：资源密集型产品出口的需求效应比重大幅下降，商品结构效应和竞争力效应比重上升。劳动密集型产品出口的需求效应比重略有下降，结构效应和竞争力效应比重略有上升。资本密集型产品出口的需求效应和结构效应比重略有上升，竞争力效应比重略有下降。技术密集型产品的需求效应占比上升，其竞争力效应比重下降，结构效应比重略有下降。

（3）主要产业出口变化的效应：各个经济体需求结构变化引起的中国出口效应比较大。①中国对发达经济体出口排前10位的产业（产品），一是出口产品结构变化引起的出口增长正效应，变化最大的是贱金属及制品出口增长的结构效应占比大幅度上升；其次，纺织品和原料，光学、钟表、医疗设备，机电产品，塑料、橡胶制品的结构效应占比有小幅上升。二是结构负效应，结构效应占比下降幅度最大的是家具、玩具、杂项制品；其次，皮革、运输设备结构效应占比下降不大，化工产品、鞋靴、伞等轻工产品也有微幅下降，这些产品的出口完全不适应发达经济体需求结构的变化。②就中国对新兴经济体出口排前10位的产业（产品），其商品结构效应占比变化都不大：陶瓷和玻璃、塑料和橡胶、鞋靴和伞等轻工产品的结构效应比重略有下降。除此而外，其余产业结构效应占比均有所上升，机电产品、贱金属及制品结构效应比重上升幅度不大；其次，其他类产品的商品结构效应比例微幅上升。

8. 全球需求结构变化对中国产业结构的影响

国际金融危机引起全球需求结构变化，对中国产业结构调整与优化升级产生深远影响，与国内政策调整之间互动影响，对中国经济发展产生重要作用。

（1）基于总产出的出口合理度指数和基于增加值的出口商品结构合理度指数波动幅度比较大。一是基于总产出拉动力系数的出口合理度指数总体呈上升趋势。二是基于增加值拉动的出口合理度指数总体呈现"U"形变化趋势，2008年降低处于低谷，之后大幅度回升。说明危机后出口部门拉动力系数呈缓慢上升趋势。三是同一部门出口对总产出的拉动力系数与对增加值的拉动力系数呈逆向相关性，呈此消彼长态势。

（2）基于外需条件变化对中国产业结构的影响，有必要建立起一种适应内外需求条件变化的动态响应机制，促进产业结构优化升级，其基本思路是：以开放型经济为前提条件，把握中国经济发展水平及供求条件变化的基本态势，积极应对外部供给与需求条件的变化，推动全球化配置资源的制度建设。特别要充分利用国际市场，一是保持中间品进口合理水平，引进先进技术设备，促进高技术产业与战略性新兴产业发展。同时，通过国内技术进步与产业升级，逐步降低对国外中间品的依赖。二是引导外资流向中西部地区以及促进东部地区的产业转移。三是将引进外资的战略重点转向高技术与知识及服务密集型产业，促进产业升级。

9. 全球需求结构对中国开放型经济的影响

全球需求结构变化对中国开放型经济发展产生了重要影响，为中国开放型经济发展营造了良好的环境和机遇，也带来了严峻的挑战，将促使开放型经济转型。

（1）开放型经济是一种国际化的市场经济，由一个系统的经济制度体系维护的、保障要素进行国际自由流动的经济体系，要求市场化程度高、要素双向充分自由流动、保障国际公平竞争秩序等。中国开放型经济的发展是一个缓慢发展的过程，不断从制度和体制机制上进行改革和完善。

（2）通过国际比较，可以对中国开放型经济发展阶段进行评估：一是中国目前处于工业化阶段。二是与开放型经济先进水平比较，中国面临人均 GDP 过低、第二产业增加值占比偏高、第三产业增加值占比偏低、居民消费率偏低而投资率偏高的问题。三是中国开放度适中，经济发展水平滞后于外贸发展水平。

（3）全球需求结构变化对中国开放型经济带来巨大影响，主要是改变了中国开放型经济的环境。一是国际市场竞争更加激烈，贸易保护主义不断升级，形式更趋复杂，形成了"逆全球化"潮流。这与中国扩大开放形成了反差。二是引起全球经济格局的深刻变化，全球价值链进入重构阶段，以"资源国—生产国—消费国"为核心链条的贸易循环发生重大调整。这将影响中国对外贸易与投资市场布局。三是进口需求与投资需求结构的深刻变化。对资源密集型产品进口的份额上升，新兴经济体比发达经济体上升更快；对资本密集型产品进口的份额下降，发达经济体比新兴经济体上升更快；技术密集型产品进口占比在发达经济体缓慢上升，在发展中经济体呈下降趋势；劳动密集型产品进口占比都有不同程度下降。这对中国发挥比较优势和竞争优势形成一定阻碍。从国际投资看，投资需求大幅度下降，发达经济体资本输入大于输出，发展中经济体则相反；而且投资方式和投资结构发生了较大变化，这对于中国利用外资和对外投资造成一定影响。

10. 全球需求结构变化背景下中国开放型经济转型的路径与对策

基于国际金融危机后全球需求结构变化对中国产业发展及其结构变化、开放型经济建设的影响，本书提出了开放型经济转型战略方向和目标、战略路径及战略对策。一是国际金融危机改变了国际经贸环境和全球经济格局，改变了国际竞争与合作的态势，引起国际产业结构调整新趋势，改变了中国开放型经济发展的动力结构。二是根据国内外条件变化影响，中国开放型经济到了转型的机遇期，其转型战略方向主要是：增强开放型经济发展的自主创新动力，重塑比较优势和培育开放型经济新优势，促进产业高度化与合理化和提升中国的全球价值链地位，推进市场多元化和增强全球配置资源的能力，构建开放型经济的全面开放新格局。为了促进开放型经济转型，本书提出了七条战略路径：一是促进经济发展，实现从外需型转向内需型的战略路径；二是实现出口导向型转向平衡贸易的战略路径；三是实现需求内外均衡和供给内外均衡的战略路径；四是实现内外贸一体化发展的战略路径；五是实现货物贸易与服务贸易协调发展的战略路径；六是实现利用外资与对外投资均衡发展的战略路径；七是实现全面的区域协调对外开放的战略路径。同时，本书还提出了九条战略对策：一是构建中国高标准规则及其开放新体制；二是积极参与全球经济治理和提升制度性话语权；三是积极实施自由贸易区战略和拓展对外经济合作；四是推动产业结构优化升级和优化外贸结构；五是优化产业区域布局和促进区域对外开放的协调发展；六是全面改善国内消费—投资结构，兼顾"需求侧"导向和"供给侧"结构改革政策；七是加强金融改革和稳步开放，支撑中国开放型经济转型发展；八是大力提升人力资本质量；九是坚持互利共赢的开放理念，完善开放型经济保障体系。

二、讨 论

本书主要研究了2008年国际金融危机后全球需求结构变化及其对中国的影响，重点是全球各类国家进口需求和投资需求变化，通过国际贸易、投资及其要素流动的途径，对中国外贸、利用外资和对外投资及其对外经济合作的影响，从而对中国产业发展及其结构、开放型经济建设产生影响。有以下几方面需要说明或可以进行进一步讨论。

（1）研究时间范围确定。关于2008年国际金融危机之后的时间，为了数据的完整性，本书数据大部分截至2013年，有的数据截至2014年。为了说明"2008年国际金融危机"之后的变化，以"2007年"为界，之前的时间范围确定为2000~2007年，之后的时间确定为2007~2014年，前后7年；或者2001~2007年与2007~2013年对应，前后6年，目的是便于比较。这是因为2007年美国已经出现了"次贷危机"；2008年末和2009年初是危机最严重的时期。前后两个时期的数据变化，可以避免个别年份数据突变，出现判断分析误差。

（2）研究空间范围确定。根据国际货币基金组织（IMF）的界定，有选择地确定发达经济体（28国）和新兴经济体（26国）两大类主体，进行重点研究。对于除开新兴经济体外的众多发展中经济体，本书选择"海上丝绸之路"沿线国家来代替，一是结合国家重大关切和需求，二是"海上丝绸之路"沿线30多个国家包含部分发展中国家。这些国家经济量小，一些国际数据库没有显示其数据或者数据连续性不完整，因此，从"海上丝绸之路"沿线国家中间，抽出了经济量比较大的23个国家来研究。另外，这23个国家中有新兴经济体，也有发达经济体或高收入经济体，比如新加坡、卡塔尔、科威特、阿联酋、文莱等，部分国家在各类经济体中有一定交叉，但不影响对各类经济体需求变化的判断。

（3）研究主题"需求结构"的界定。本书所指的"需求结构"根据研究问题差异采用了不同的界定方式：在分析经济危机产生的原因时，主要分析一个经济体内部的投资与消费构成变化，同时分析消费需求层次结构，即高收入阶层和低收入阶层。在分析国际需求变化时，主要按照产品包含的要素密集程度把进口产品分为资源型产品、劳动型产品、资本型产品、技术型产品四类，或者分成五类，即前四类加上"服务品"类。在研究国际市场需求结构变化对中国产业的影响时，为了方便运用投入—产出表，把需求分为最终消费、资本形成（投资、中间品）和出口三个构成部分。在进行开放型经济国际比较时，又主要从消费（率）和投资（率）两方面的需求展开。这样灵活地采取不同分类标准确定需求构成，有助于清晰阐明不同问题。

需要说明的是：按照要素密集程度研究产品构成时，对"服务品"研究没有贯彻到所有经济体的分析中，是因为数据缺乏和不完整，难以判断其变化态势。同时，对投资需求即资本输入的分析，对投资需求产业构成缺乏研究，实际上产业投资需求变化涉及产业转移问题，后续研究可以深入展开。

（4）研究需求结构变化的方法问题。本书主要运用以下方法：①比较分析方法，一是对比分析美国、英国、日本发生经济危机的原因及其危机治理的措施差异；二是对比分析国际金融危机前后全球需求结构变化；三是对全球需求结构变化对中国出口贸易的效应进行对比分析；四是对中国开放型经济发展与主要国家进行对比，对中国经济发展阶段进行判断。②运用恒定市场份额模型（CMS）的方法，探讨国际市场进口需求规模及其结构变化对中国出口变动的影响效应，包括需求规模效应、结构效应以及出口竞争力效应，并且说明各类效应对出口增长作用的数量比例关系。③运用投入产出表分析要素、中间产品、进口产品等投入与消费品、资本品、出口等产出的关系，计算产品转换系数或弹性系数，并计算其外贸合理度指数。一是基于非竞争性投入产出表，把投入区分为进口中间投入与国内中间投入，目的是准确反映加工贸易的特征。二是采取动态分析方法，分析 1995~2011 年世界投入产出表，探讨国际投入产出关系的变化趋势。三是通过敏感因素分析方法，分析扩大内需政策、贸易政策调整、战略性新兴产业支持政策等对产业结构的影响。

需要说明的是：本书重点研究"国际金融危机后"全球需求结构变化，主要关注"全球需求结构变化"态势及其对中国产业结构和开放型经济发展的影响，属于"后果"研究。有两个问题需要说明：一是对全球需求结构变化"后果"的研究，主要进行对比分析，没有进行通常的计量分析，是由于研究的时间范围比较短，数据序列少，不宜进行回归分析。因此，仅仅运用 CMS 方法分析了全球需求结构变化对中国的影响效应。二是对于"全球需求结构变化"的影响因素即"前因"不进行实证分析研究，是由于本书研究主题把"2008 年国际金融危机"作为影响全球需求结构变化的"前提"因素，可以忽略其他因素。如果需要研究"全球需求结构变化"系列因素，还存在一个问题，即"全球需求结构"作为因变量，对于有多个构成成分的指标，如何表述为一个变量"结构指标"。本书对此做了一点探讨，没有结果所以没有进一步深入。这也超出了本书研究范围，可以在后续研究中深入分析。

参考文献

［1］安辉：《现代金融危机国际传导机制及实证分析》，载于《财经问题研究》2004年第8期。

［2］安惠侯：《中国与埃及友好关系六十年》，载于《阿拉伯世界研究》2010年第10期。

［3］安礼伟：《我国出口产品需求弹性分析》，载于《世界及与政治论坛》2010年第3期。

［4］安沃尔：《海湾国家与中国的能源外交》，外交学院硕士学位论文，2007年。

［5］巴曙松、沈珊珊：《中国对美出口结构研究：基于美国经济增长和汇率水平视角的分析》，载于《中国工业经济》2009年第5期。

［6］北京大学中国经济研究中心课题组：《中国出口贸易中的垂直专业化与中美贸易》，载于《世界经济》2006年第5期。

［7］毕吉耀：《全球需求结构发生哪些重要变化》，载于《时事报告》2010年第4期。

［8］蔡昉、王德文、曲玥：《中国产业升级的大国雁阵模型分析》，载于《经济研究》2009年第9期。

［9］蔡林海、翟锋：《日本的经济泡沫与失去的十年》，经济科学出版社2007年版。

［10］蔡跃洲、王玉霞：《投资消费结构影响因素及合意投资消费区间——基于跨国数据的国际比较和实证分析》，载于《经济理论与经济管理》2010年第1期。

［11］曹晓蕾：《国际金融危机对中国对外贸易发展的影响新探》，载于《世界经济与政治论坛》2009年第4期。

［12］查涌波：《中国对非洲贸易与投资的多边阻力及其空间溢出效应》，浙江工商大学硕士学位论文，2015年。

[13] 陈波、黄伟、吴昱：《债务对进口需求函数的影响——基于欧元区国家对中国进口需求的实证分析》，载于《国际贸易问题》2014年第1期。

[14] 陈伯泉：《1980年以来中国外贸商品结构演变趋势分析》，载于《当代财经》1996年第5期。

[15] 陈岱孙、厉以宁：《国际金融学说史》，中国金融出版社1991年版。

[16] 陈飞翔、居励、林善波：《开放模式转型与产业结构升级》，载于《经济学家》2011年第4期。

[17] 陈华、赵俊燕：《美国金融危机传导过程、机制与路径研究》，载于《经济与管理研究》2009年第2期。

[18] 陈佳贵、黄群慧、钟宏武：《中国地区工业化进程的综合评价和特征分析》，载于《经济研究》2006年第6期。

[19] 陈建华、马晓遥：《中国对外贸易结构与产业结构关系的实证研究》，载于《北京工商大学学报》（社会科学版）2009年第3期。

[20] 陈晶：《美国经济走势及进口需求的变化》，载于《对外经贸》2012年第12期。

[21] 陈俊华、杨兴礼：《新时期中国—伊朗关系的战略定位分析》，载于《世界经济与政治论坛》2009年第9期。

[22] 陈楠：《我们外销型企业开拓国内市场探析——以美国次贷危机为背景》，载于《吉林工商学院学报》2008年第5期。

[23] 陈万灵、何传添：《海上丝绸之路的各方博弈及其经贸定位》，载于《改革》2014年第3期。

[24] 陈万灵、唐玉萍：《外销企业出口转内销的困境及出路》，载于《武汉：对外经贸实务》2010年第2期。

[25] 陈万灵、韦晓慧：《金砖国家经贸合作关系的定量分析》，载于《经济社会体制比较》2013年第1期。

[26] 陈万灵、吴旭梅：《海上丝绸之路沿线国家进口需求变化及其中国对策》，载于《国际经贸探索》2015年第4期。

[27] 陈万灵、杨永聪：《全球进口需求结构变化与中国产业结构的调整》，载于《国际经贸探索》2014年第9期。

[28] 陈斐、尹继东、郭朝晖：《试论外向型经济发展中的产业结构调整》，载于《华中农业大学学报》2002年第1期。

[29] 陈学彬、徐明东：《本次全球金融危机对我国对外贸易影响的定量分析》，载于《复旦学报》（社科版）2010年第1期。

[30] 陈雨露、庞红、蒲延杰：《美国次贷危机对全球经济的影响》，载于

《中国金融》2008年第7期。

[31] 陈子曦：《中国各省市区开放型经济水平比较研究》，载于《地域研究与开发》2010年第5期。

[32] 陈昭：《日本从供给约束型经济向需求约束型经济转变研究》，载于《广东外语外贸大学学报》2012年第3期。

[33] 陈作章：《日元升值的命运》，复旦大学出版社2011年版。

[34] 陈作章：《日本货币政策问题研究》，复旦大学出版社2005年版。

[35] 楚明钦、丁平：《中间品、资本品进口的研发溢出效应》，载于《世界经济研究》2013年第4期。

[36] 程恩富、大卫·科茨：《金融性危机的根由：新自由主义的资本主义——中美两位经济学家的对话》，载于《理论参考》2008年第11期。

[37] 程伟：《世界金融危机中俄罗斯的经济表现及其反危机政策评析》，载于《世界经济与政治》2010年第9期。

[38] 戴永红、秦永红：《中国与南亚能源合作中的地缘政治战略考量》，载于《四川大学学报》（哲社版）2010年第2期。

[39] 丁纯、王磊：《金融危机中欧盟典型国家表现和成因分析》，载于《学术交流》2010年第7期。

[40] 段忠东、朱孟楠：《扩大内需政策下的房价冲击与居民消费增长——厦门的实证研究》，载于《中央财经大学学报》2011年第5期。

[41] 范爱军：《金融危机的国际传导机制探析》，载于《世界经济》2001年第6期。

[42] 范从来、董书辉：《金融危机、收入结构与经济波动》，载于《经济学家》2009年第12期。

[43] 樊纲、关志雄、姚枝仲：《国际贸易结构分析：贸易品的技术分布》，载于《经济研究》2006年第8期。

[44] 方颖、全毅：《金融危机下中美贸易模式的转变》，载于《世界经济与政治论坛》2009年第5期。

[45] 傅家荣：《消费需求结构是产业结构演进的根本动因——对消费需求结构与产业结构关系问题的思考》，载于《消费经济》1997年第2期。

[46] 高明华、赵峰：《国际金融危机成因的新视角：治理风险的累积》，载于《经济学家》2011年第3期。

[47] 高长春：《经济增长与财政政策》，黑龙江出版社2003年版。

[48] 高颖林：《基于投入产出模型对江苏外贸商品结构合理性分析》，载于《新西部》2008年第9期。

[49] 耿献辉：《我国进出口商品结构变动及其优化——基于投入产出表的实证分析》，载于《经济学家》2010年第8期。

[50] 龚敏、李文溥：《论扩大内需政策与转变经济增长方式》，载于《东南学术》2009年第1期。

[51] 古炳鸿、李红岗、叶欢：《我国城乡居民边际消费倾向变化及政策含义》，载于《金融研究》2009年第3期。

[52] 谷书堂、宋则行：《政治经济学（社会主义部分）》，陕西人民出版社1985年版。

[53] 谷永芬、洪娟：《长三角地区对外贸易结构与产业结构互动升级研究》，载于《经济纵横》2011年第11期。

[54] 海闻、沈琪：《中国进出口弹性实证分析》，载于《经济与管理研究》2006年第1期。

[55] 韩燕：《中国投资推动非洲经济复苏》，载于《发展与援助》2010年第5期。

[56] 韩玉军、陈华超：《世界服务业和服务贸易发展趋势——兼评中国服务业的开放与对策》，载于《国际贸易》2006年第10期。

[57] 杭斌、申春兰：《经济转型中消费与收入的长期均衡关系和短期动态关系》，载于《管理世界》2004年第5期。

[58] 何传添、王海洲、周松：《金融危机后越南需求结构的变化与启示》，载于《战略决策研究》2014年第2期。

[59] 何正斌：《经济学300年》（上册），湖南科学技术出版社2000年版。

[60] 霍伟东、陈若愚：《中国对新兴经济体出口扩张的供需分解》，载于《山西大学学报》（哲社版）2015年第1期。

[61] 侯铁珊、宋岩：《中国与东盟的贸易相关指数分析》，载于《国际贸易问题》2005年第7期。

[62] 胡雪萍：《国际金融危机下中国消费模式转型的路径》，载于《国际经贸探索》2009年第10期。

[63] 胡艺：《中国对外开放中的技术创新与合作战略》，载于《武汉大学学报》2009年第5期。

[64] 符淼：《地理距离和技术外溢效应——对技术和经济集聚现象的空间计量学解释》，载于《经济学》（季刊）2009年第4期。

[65] 黄河、蔡孟易、胡洪斌：《金融危机对新兴市场国家贸易影响的动态效应研究》，载于《华东经济管理》2011年第2期。

[66] 黄嘉：《我国矿山机械产品出口贸易结构的比较研究》，载于《矿山机

械》2010 年第 20 期。

[67] 黄玖立、冼国明：《金融发展、FDI 与中国地区的制造业出口》，载于《管理世界》2010 年第 7 期。

[68] 黄满盈、邓晓虹：《中国对美国出口的商品结构、比较优势及其稳定性分析》，载于《世界经济文汇》2010 年第 5 期。

[69] 黄伟、张阿玲、张晓华：《我国区域间产业经贸产品结构合理度比较分析》，载于《统计研究》2005 年第 9 期。

[70] 黄先海、韦畅：《中国制造业出口垂直专业化程度的测度与分析》，载于《管理世界》2007 年第 4 期。

[71] 黄有光：《后危机时期中国扩大内需政策辨析》，载于《产经评论》2010 年第 2 期。

[72] 黄祖辉、王鑫鑫、宋海英：《中国农产品出口贸易结构和变化趋势》，载于《农业技术经济》2009 年第 1 期。

[73] 纪明、刘志彪：《中国需求结构演进对经济增长及经济波动的影响》，载于《经济科学》2014 年第 1 期。

[74] 金碚、原磊：《德国金融危机救援行动的评析及对中国的启示》，载于《中国工业经济》2009 年第 7 期。

[75] 金远：《我国外向型经济发展战略面临的问题及建议》，载于《商业经济与管理》2005 年第 7 期。

[76] 姜璐、肖佳灵：《中国对苏丹的石油外交：政企角色研究》，载于《阿拉伯世界研究》2011 年第 5 期。

[77] 江瑞平：《激变中的日本经济》，世界知识出版社 2008 年版。

[78] 江小涓：《我国出口商品结构的决定因素和变化趋势》，载于《经济研究》2007 年第 5 期。

[79] 孔田平：《试论国际金融危机对中东欧国家的影响》，载于《俄罗斯中亚东欧研究》2009 年第 4 期。

[80] 邝艳湘：《中国与非洲贸易的现状与前景》，载于《现代国际关系》2010 年第 10 期。

[81] 郎金焕、史晋川：《加工贸易、一般贸易与外部需求冲击的传导机制》，载于《浙江大学学报》2013 年第 1 期。

[82] 雷建维：《金融危机下的全球水产品贸易》，载于《中国水产》2009 年第 10 期。

[83] 李春顶、夏枫林：《中美需求结构比较与中国未来的需求结构优化》，载于《中国市场》2014 年第 3 期。

[84] 李达、龚六堂：《进口需求与国内要素间的弹性——贝叶斯估计与实证估计比较》，载于《南开经济研究》2014年第3期。

[85] 李大雨、薛敏：《坚持财政扩大内需政策促进经济社会和谐发展》，载于《财政研究》2007年第1期。

[86] 李贯岐：《开放经济的含义及其与相邻概念的关系》，载于《理论学刊》1995年第6期。

[87] 李翰阳：《从全球金融危机看我国银行业金融创新的进一步发展问题》，载于《国际金融研究》2009年第2期。

[88] 李好、戢梦雪：《金融危机下印度外贸政策的调整》，载于《亚太经济》2010年第2期。

[89] 李华、张鹏：《全球金融危机对我国出口贸易的影响——基于我国主要贸易伙伴的需求弹性分析》，载于《中国物价》2010年第8期。

[90] 李建伟、杨琳：《美国量化宽松政策的实施背景、影响与中国对策》，载于《改革》2011年第11期。

[91] 李伟伟、杨永春、赵四东：《中国外资利用效率测评及其时空变化研究》，载于《地理科学进展》2012年第6期。

[92] 李文秀、李江帆、陈丽：《中、美、日服务业的服务需求结构比较分析》，载于《现代管理科学》2009年第6期。

[93] 李向阳：《国际金融危机与世界经济前景》，载于《财贸经济》2009年第1期。

[94] 李小牧：《九十年代金融危机的国际传导研究》，辽宁大学博士学位论文，2000年。

[95] 李秀香：《对我国实施外向型经济发展战略的思考》，载于《江西社会科学》2000年第10期。

[96] 李雪峰：《试析外向型经济与出口导向型经济》，载于《呼伦贝尔学院学报》1999年第2期。

[97] 李燕、冉波、吴郁琴：《论国家参与区域一体化的动因》，载于《特区经济》2006年第2期。

[98] 李宏艳、齐俊妍：《跨国生产与专业化：一个新经济地理学分析框架》，载于《世界经济》2008年第9期。

[99] 廖晓淇：《努力提高开放型经济水平》，载于《求是》2008年第4期。

[100] 刘鹤：《两次全球大危机的比较》，载于《管理世界》2013年第3期。

[101] 刘成、刘金源、吴庆宏：《英国：从称霸世界到回归欧洲》，三秦出版社2005年版。

[102] 刘凤岐:《当代西方经济学词典》,山西人民出版社 1988 年版。

[103] 刘桂斌:《外向依赖型经济与自主开放型经济——从东南亚金融危机应吸取的教训》,载于《湖南经济》1998 年第 7 期。

[104] 刘力:《外资外贸互动与区域产业结构演化——广东的证据》,载于《改革》2005 年第 8 期。

[105] 刘诗白:《论过度金融化与美国的金融危机》,载于《经济学动态》2010 年第 4 期。

[106] 刘巍:《储蓄不足与供给约束型经济态势——近代中国经济运行的基本前提研究》,载于《财经研究》2010 年第 2 期。

[107] 刘巍:《从供给约束型经济向需求约束型经济的转变——1952 年以来中国经济态势初探》,载于《广东外语外贸大学学报》2011 年第 2 期。

[108] 刘巍:《大萧条前后日本的进出口结构与总供求态势》,载于《国际经贸探索》2011 年第 4 期。

[109] 刘巍:《不同经济态势下货币政策的有效性——大萧条时期的历史经验》,载于《经济学动态》2011 年第 2 期。

[110] 刘巍、蔡俏:《新供给约束型经济:日本经济低迷的逻辑与前景分析》,载于《现代日本经济》2014 年第 1 期。

[111] 刘巍、陈昭:《大萧条中的美国、中国、英国与日本——对不同供求态势国家的研究》,经济科学出版社 2010 年版。

[112] 刘新伟:《巴西应对金融危机的措施及其效果》,载于《当代世界》2010 年第 10 期。

[113] 刘遵义、陈锡康、杨翠红,等:《非竞争型投入占用产出模型及其应用——中美贸易顺差透视》,载于《中国社会科学》2007 年第 5 期。

[114] 隆国强:《实现对外开放战略新转变》,载于《金融经济》2011a 年第 7 期。

[115] 隆国强:《中国入世十周年:新的起点》,载于《国际经济评论》2011b 年第 4 期。

[116] 陆甦颖:《经济衰退的历史答案:1920 年代美国经济的多维研究与启示》,上海三联书店 2009 年版。

[117] 马伯钧:《关于开放经济的由来和发展》,载于《湖南师范大学社会科学学报》1997 年第 6 期。

[118] 马勇、杨栋、陈雨露:《信贷扩张、监管错配与金融危机:跨国实证》,载于《经济研究》2009 年第 12 期。

[119] 孟辉、伍旭川:《美国次贷危机与金融稳定》,载于《中国金融》

2007年第18期。

［120］苗永旺、王亮亮：《全球金融危机经济刺激方案的退出策略：历史经验与现实选择》，载于《国际金融研究》2010年第2期。

［121］莫世祥：《深圳外向型经济的转型和再转型》，载于《深圳大学学报》2005年第5期。

［122］庞德良：《论日本公共投资困境与经济衰退长期化》，载于《财贸经济》2002年第2期。

［123］庞效民：《区域一体化的理论概念及其发展》，载于《地理科学进展》1997年第2期。

［124］裴长洪：《进口贸易结构与经济增长：规律与启示》，载于《经济研究》2013年第7期。

［125］裴长洪：《中国贸易政策调整与出口结构变化分析：2006~2008》，载于《经济研究》2009年第4期。

［126］裴长洪：《中国建立和发展开放型经济的演进轨迹及特征评估》，载于《改革》2008年第9期。

［127］裴长洪、郑文：《中国开放型经济新体制的基本目标和主要特征》，载于《经济学动态》2014年第4期。

［128］裴平、张倩、胡志峰：《国际金融危机对我国出口贸易的影响——基于2007~2008年月度数据的实证研究》，载于《金融研究》2009年第8期。

［129］彭靖里、王崇理、谭海霞：《推动孟中印缅国际能源大通道建设的战略与对策》，载于《东南亚纵横》2007年第9期。

［130］朴英姬：《中国与非洲利用外资与经济发展效益比较》，载于《西亚非洲》2011年第1期。

［131］邱丽：《人民币升值对内需市场与产业结构的影响》，载于《统计与决策》2009年第1期。

［132］沙文兵：《美国金融危机对中国出口贸易的影响》，载于《财经科学》2010年第8期。

［133］史晋川、黄良浩：《总需求结构调整与经济发展方式转变》，载于《经济理论与经济管理》2011年第1期。

［134］史龙祥：《金融危机对我国出口的冲击及后金融危机时期的出口形势展望》，载于《中央财经大学学报》2010年第7期。

［135］施炳展：《中国出口结构在优化吗——基于产品内分类的视角》，载于《财经科学》2010年第5期。

［136］沈利生、吴振宇：《外贸产品结构的合理性分析》，载于《数量经济

技术经济研究》2003年第8期。

[137] 沈利生：《重新审视传统的影响力系数公式——评影响力系数公式的两个缺陷》，载于《数量经济技术经济研究》2010年第2期。

[138] 沈利生：《最终需求结构变动怎样影响产业结构变动——基于投入产出模型的分析》，载于《技术经济数量经济研究》2011年第12期。

[139] 宋利芳：《中国的反倾销摩擦及其对策研究》，载于《中国软科学》2012年第2期。

[140] 宋树仁、史亚东、马草原：《中产阶层消费需求结构的宏观数量分析》，载于《科学·经济·社会》2010年第3期。

[141] 孙晓琴、王秋雯：《扩大内需与促进出口关系的实证分析——基于国内消费视角》，载于《国际经贸探索》2011年第10期。

[142] 孙章伟：《日本基尼系数与再分配制度研究》，载于《现代日本经济》2013年第2期。

[143] 唐宜红、杨琦：《北京市对外贸易商品结构合理度的实证研究》，载于《国际经贸探索》2007年第9期。

[144] 陶长高、郑磊：《从次贷危机爆发看美国的金融监管》，载于《金融与经济》2009年第6期。

[145] 陶永诚、钟杰：《人民币汇率、外部需求对我国出口影响的实证分析》，载于《南方金融》2010年第8期。

[146] 陶君道：《国际需求变化对中国经济结构的影响研究》，兰州大学博士学位论文，2013年。

[147] 田晖、李森：《美国消费需求对中美出口贸易的影响研究——基于中国对美出口的实证分析》，载于《消费经济》2012年第1期。

[148] 王洛林、张季风主编：《日本经济蓝皮书》（2011），社会科学文献出版社2011年版。

[149] 王允贵：《21世纪初期中国开放型经济发展战略研究》，载于《改革》2000年第2期。

[150] 汪利娜：《美国金融危机：成因与思考》，载于《经济学动态》2009年第3期。

[151] 王峰、罗志鹏：《东盟基础设施的潜在需求及中国的投资对策》，载于《深圳大学学报》（人文社科版）2012年第4期。

[152] 王海兰：《论金融危机下内外需相互转化机理与实施路径》，载于《中央财经大学学报》2010年第1期。

[153] 王海龙：《对金融危机背景下扩大内需政策的思考》，载于《上海金

融》2009年第10期。

[154] 王海洲：《国际金融危机后越南需求结构变化》，广东外语外贸大学国际商务硕士论文，2013年。

[155] 王建军、马序昌：《新疆外贸结构实证分析》，载于《新疆财经》2005年第4期。

[156] 王静、孙喜勤：《中外学者谈中国—南亚合作》，载于《东南亚南亚研究》2013年第3期。

[157] 王伶：《中国与印度贸易现状及展望》，载于《改革与开放》2012年第10期。

[158] 王森：《美国经济能否尽快复苏：1929~1933年大危机与目前经济危机的比较》，载于《经济学动态》2010年第5期。

[159] 王孝松、谢申祥：《新兴经济体能拯救全球经济危机吗——基于进口贸易视角的评估》，载于《国际贸易问题》2009年第9期。

[160] 王妍、石敏俊：《扩大内需政策对城乡经济协调发展的作用——基于城乡投入产出模型》，载于《管理评论》2011年第12期。

[161] 王永齐：《贸易结构、技术密度与经济增长：一个分析框架及基于中国数据的检验》，载于《经济学季刊》2006年第4期。

[162] 王岳平：《"十五"时期我国消费变化对产业结构的影响》，载于《经济问题》2000年第6期。

[163] 卫平、冯春晓：《中国出口商品结构高度化的影响因素研究——基于省际面板数据的实证检验》，载于《国际贸易问题》2010年第10期。

[164] 魏作磊、胡霞：《发达国家服务业需求结构的变动对中国的启示》，载于《统计研究》2005年第5期。

[165] 文东伟、冼国明：《中国制造业的垂直专业化与出口增长》，载于《经济学》（季刊）2010年第2期。

[166] 文富德：《论中巴经济贸易合作的发展前景》，载于《南亚研究季刊》2007年第1期。

[167] 武海峰、牛勇平、黄燕：《贸易条件的改善与技术进步》，载于《经济问题》2004年第6期。

[168] 吴泗宗、陈志超：《扩大内需政策效率及对策审视——基于财政政策与货币政策》，载于《经济论坛》2009年第17期。

[169] 吴念鲁、杨海平：《从次贷危机到华尔街风暴：微观机理、制度根源、应对策略》，载于《经济学动态》2009年第2期。

[170] 夏梁、赵凌云：《"以市场换技术"方针的历史演变》，载于《当代中

国史研究》2012年第3期。

[171] 冼国明:《中国出口与外商在华直接投资》,载于《南开经济研究》2003年第1期。

[172] 熊军、高谦:《次贷危机的性质和原因》,载于《当代经济研究》2009年第2期。

[173] 肖辉:《论美国金融危机的成因与蔓延》,吉林大学博士学位论文,2009年。

[174] 肖文、林娜:《国外金融危机预测模型评介》,载于《经济科学》1999年第1期。

[175] 谢力健:《金融危机后阿根廷需求结构变化与启示》,广东外语外贸大学国际商务硕士论文,2014年。

[176] 徐春华、刘力:《省域居民消费、对外开放程度与产业结构升级——基于省际面板数据的空间计量分析》,载于《国际经贸探索》2013年第11期。

[177] 徐刚、项佐涛:《金融危机下的中东欧:冲击及其应对》,载于《现代国际关系》2010年第1期。

[178] 徐明棋:《全球金融危机与欧洲经济的困境》,载于《世界经济研究》2009年第12期。

[179] 许佩倩:《开放型经济:转变增长方式和创新发展路径》,载于《世界经济与政治论坛》2005年第6期。

[180] 许佩倩:《全球经济再平衡与我国开放经济的新定位》,载于《世界经济与政治论坛》2011年第6期。

[181] 许统生、涂远芳:《中国贸易弹性的估计及其政策分析》,载于《数量经济技术研究》2006年第12期。

[182] 薛荣久:《我国"开放型经济体系"探究》,载于《国际贸易》2007年第12期。

[183] 阎坤:《日本金融研究》,经济管理出版社1996年版。

[184] 杨宝荣:《中国与苏丹经济合作促进两国共同发展》,载于《当代世界》2008年第5期。

[185] 杨丽华:《外贸商品结构合理性评价指标的构建及实证研究》,载于《国际贸易问题研究》2011年第8期。

[186] 杨碧云、易行健:《我国经常项目收支的演变趋势、结构分解及其原因与对策分析》,载于《世界经济研究》2009年第6期。

[187] 杨凤鸣、薛荣久:《加入WTO与中国"开放型经济体系"的确立与完善》,载于《国际贸易》2013年第11期。

[188] 杨晓芸：《中国对非洲出口贸易量实证分析》，载于《中国商贸》2009 年第 12 期。

[189] 姚海华、金钟范：《韩国政府应对国际金融危机的政策及其启示》，载于《亚太经济》2011 年第 1 期。

[190] 姚枝仲、田丰、苏庆义：《中国出口的收入和价格弹性》，载于《世界经济》2010 年第 4 期。

[191] 叶德珠、陆家骝：《中国农村居民消费的时间偏好与扩大内需政策创新》，载于《学术研究》2009 年第 3 期。

[192] 叶辅靖：《后金融危机时代我国外需发展机遇》，载于《国际贸易》2010 年第 9 期。

[193] 殷阿娜、王厚双：《中国开放型经济转型升级的路径研究——基于绩效评估》，载于《经济问题探索》2014 年第 4 期。

[194] 尹继武：《南亚的能源开发与中国—南亚能源合作》，载于《国际问题研究》2010 年第 4 期。

[195] 易宪容：《"安倍经济学"效果及影响的理论分析》，载于《国际金融研究》2013 年第 6 期。

[196] 于立新：《WTO 与中国开放型经济可持续发展——中国入世十周年的回顾与展望》，载于《财贸经济》2011 年第 11 期。

[197] 余建华：《关于中阿能源合作的若干思考》，载于《阿拉伯世界研究》2010 年第 6 期。

[198] 余永定：《从欧洲主权债危机到全球主权债危机》，载于《国际经济评论》2010 年第 6 期。

[199] 余永定：《美国次贷危机：背景、原因与发展》，载于《当代亚太》2008 年第 5 期。

[200] 曾志兰：《中国对外开放思路创新的历程——从外向型经济到开放型经济》，载于《江汉论坛》2003 年第 11 期。

[201] 张德远：《金融危机的理论与对策》，中国农业出版社 2001 年版。

[202] 张二震：《战略机遇期与中国开放战略的调整》，载于《南京社会科学》2010 年第 12 期。

[203] 张二震、戴翔：《开放利益与国民福利水平互动：以转型为基点》，载于《改革》2011 年第 8 期。

[204] 张二震、戴翔：《我国开放型经济发展方式转型问题探析》，引自《社会主义经济理论研究集萃——从经济大国走向经济强国的战略思维（2011）》，经济科学出版社 2012 年版。

[205] 张二震、戴翔：《关于构建开放型经济新体制的探讨》，载于《南京社会科学》2014 年第 7 期。

[206] 张帆、潘佐红：《内需创造外贸对本国经济发展的影响——以中美的本土市场效应为例》，载于《重庆邮电学院学报》（社科版）2006 年第 3 期。

[207] 张季风：《挣脱萧条：1990—2006 年的日本经济》，社会科学出版社 2006 年版。

[208] 张季风：《日本：安倍经济学救眼下失未来》，载于《经济》2013 年第 6 期。

[209] 张捷：《日本的银行不良资产与通货紧缩型经济萧条》，载于《日本学刊》2000 年第 3 期。

[210] 张建清、魏伟：《金融危机下中国对美国出口贸易波动分析——基于中美应对危机政策的视角》，载于《世界经济研究》2010 年第 5 期。

[211] 张连城、李方正：《中国需求结构失衡判定的国际比较》，载于《首都经济贸易大学学报》2014 年第 1 期。

[212] 张军：《中国省际物质资本存量估算》，载于《经济研究》2004 年第 10 期。

[213] 张明志、薛东晖：《国际金融危机与中国出口贸易的稳定性——基于中日韩三国的比较分析》，载于《国际贸易问题》2010 年第 1 期。

[214] 张乃丽、蔡俏：《"安倍经济学"传递机制中的企业投资研究》，载于《国际经贸探索》2013 年第 10 期。

[215] 张乃丽、刘巍：《从国外部门角度对战前日本总供求态势的研究》，载于《国际经贸探索》2012 年第 7 期。

[216] 张淑英：《从日本的实践看财政调节景气的局限性与副作用》，载于《世界经济》2000 年第 9 期。

[217] 张湘赣：《产业结构调整：中国经验与国际比较——中国工业经济学会 2010 年年会学术观点综述》，载于《中国工业经济》2011 年第 1 期。

[218] 张亚斌、许苹：《中国与东盟贸易竞争力及贸易相似度的实证分析》，载于《财经理论与实践》2003 年第 6 期。

[219] 张永蓬：《中部非洲国家经济发展探析》，载于《西亚非洲》2010 年第 10 期。

[220] 张幼文：《中国开放型经济新阶段理论建设的主题》，载于《学术月刊》2006 年第 3 期。

[221] 张幼文：《建设和谐世界与开放战略的调整》，载于《吉林大学社会科学学报》2007 年第 1 期。

[222] 张幼文：《从政策性开放到体制性开放——政策引致性扭曲在发展中地位的变化》，载于《南京大学学报》（哲社版）2008年第4期。

[223] 张宇燕、田丰：《新兴经济体的界定及其在世界经济格局中的地位》，载于《国际经济评论》2010年第10期。

[224] 张媛媛：《东亚区域性内需的潜力分析》，载于《亚太经济》2012年第1期。

[225] 张志勇：《金融危机对我国经济和二元消费结构的影响研究》，载于《开发研究》2009年第6期。

[226] 张忠永、陈文丽：《次贷危机形成的机理及其警示》，载于《南方金融》2009年第4期。

[227] 赵成真、兰天：《金融危机下的中国—东盟机电产品产业内贸易实证分析》，载于《东亚经济合作》2010年第1期。

[228] 赵春明：《经济全球化新形势下我国开放型经济新体制的构建》，载于《中国特色社会主义研究》2014年第1期。

[229] 赵晋平、方晋：《国际金融危机对中日韩贸易的影响分析》，载于《发展研究》2010年第3期。

[230] 赵晓晨：《世界贸易结构变化趋势及我国出口商品结构动态调整》，载于《国际经贸探索》1999年第4期。

[231] 赵玉敏、郭培兴、王婷：《总体趋于恶化：中国贸易条件变化趋势分析》，载于《国际贸易》2002年第7期。

[232] 赵志磊：《中国对非洲直接投资贸易效应实证研究》，中央民族大学硕士学位论文，2009年。

[233] 赵壮天、雷小华：《中国与东盟互联互通建设及对南亚合作的启示》，载于《学术论坛》2013年第7期。

[234] 郑刚、何郁冰、陈劲、陶婷婷、蒋键：《"中国制造"如何通过开放式自主创新提升国际竞争力——中集集团自主创新模式的案例研究》，载于《科研管理》2008年第7期。

[235] 郑吉昌：《经济全球化背景下中国开放型经济的发展》，载于《技术经济与管理研究》2003年第5期。

[236] 郑联盛：《欧洲债务问题：演进、影响、原因与启示》，载于《国际经济评论》2010年第3期。

[237] 周殿昆、郭红兵：《美国金融危机成因及其对中国的借鉴》，载于《消费经济》2009年第4期。

[238] 周丽、范德成、张文文：《中印两国产业内贸易发展研究》，载于

《国际商务》2013年第5期。

［239］周洛华、田立:《次贷危机成因剖析》,载于《世界经济研究》2008年第11期。

［240］周天勇、张弥:《全球产业结构调整新变化与中国产业发展战略》,载于《财经问题研究》2012年第2期。

［241］朱安东:《世界资本主义危机的根源和发展》,载于《马克思主义与现实》2012年第4期。

［242］朱波范、方志:《金融危机理论与模型综述》,载于《世界经济研究》2005年第5期。

［243］朱彤、孙永强:《我国纺织品服装产业出口结构与国际竞争力的实证分析》,载于《国际贸易问题》2010年第2期。

［244］朱民:《改变未来的金融危机》,中国金融出版社2009年版。

［245］朱一勇、毛中根:《扩大内需政策的效率审视》,载于《中央财经大学学报》2008年第4期。

［246］资树荣、范方志:《发达国家与发展中国家居民消费需求变动比较分析(1980~2000)》,载于《南开经济研究》2004年第1期。

［247］阿卜杜拉·侯萨尼:《中国与阿曼苏丹国的历史关系》,载于《阿拉伯世界》2002年第1期。

［248］［日］大田弘子:《经济财政咨询会议的斗争》,日本东洋经济新报社2006年版。

［249］［日］官川努:《长期停滞的经济学》,日本东京大学出版会2005年版。

［250］［日］南亮进:《日本的经济发展》,对外贸易出版社1989年版。

［251］［日］小川一夫、竹中平藏:《政策危机和日本经济》,日本评论社2001年版。

［252］［日］小林庆一郎:《安倍经济学之辩》,田姗姗译,载于《中国经济报告》2013年第7期。

［253］［日］柴田德太郎:《全球视角解读安倍经济学》,田姗姗译,载于《中国经济报告》2013年第7期。

［254］［日］林直道:《怎样看日本经济》,翁庆宗译,中国对外经济贸易出版社2003年版。

［255］［美］弗雷德里克·刘易斯·艾伦:《大繁荣时代:变革前期的乱象1919~1931》,秦传安、姚杰译,新世界出版社2009年版。

［256］［美］丹尼尔·贝尔:《资本主义文化矛盾》,严蓓雯译,人民出版社2010年版。

[257][美]布伦纳:《全球生产能力过剩与1973年以来的美国经济史(上)》,孙宗伟、许建康译,载于《国外理论动态》2006年第2期。

[258][美]布伦纳:《全球生产能力过剩与1973年以来的美国经济史(下)》,孙宗伟、许建康译,载于《国外理论动态》2006年第3期。

[259][美]I. 戴斯勒:《美国贸易政治》(第4版),王恩冕、于少蔚译,中国市场出版社2006年版。

[260][美]斯坦利·L. 恩格尔曼、罗伯特·E. 高尔曼主编:《剑桥美国经济史(第三卷):20世纪》,蔡挺、张林、李雅菁译,中国人民大学出版社2008年版。

[261][美]米尔顿·弗里德曼、安娜·J. 施瓦茨:《美国和英国的货币趋势》,范国鹰等译,中国金融出版社1991年版。

[262][美]米尔顿·弗里德曼、安娜·J. 施瓦茨:《美国货币史:1867~1960》,巴曙松等译,北京大学出版社2009年版。

[263][美]加尔布雷斯:《新工业国》,嵇飞译,上海人民出版社2012年版。

[264][以]埃尔赫南·赫尔普曼、[美]保罗·R. 克鲁格曼:《市场结构和对外贸易——报酬递增、不完全竞争和国际经济》,尹翔硕、尹翔康译,上海三联书店1992年版。

[265][英]凯恩斯:《就业、利息和货币通论》,房树人、黄海明编译,华夏出版社2005年版。

[266][美]罗伯特·J. 凯伯:《国际经济学》,原毅军、陈艳莹等译,华夏出版社2005年版。

[267][美]西蒙·库兹涅茨:《现代经济增长:速度、结构与扩展》,戴睿、易诚译,北京经济学院出版社1989年版。

[268][美]林德特:《国际经济学》(第九版),范国鹰、陈生军、陈捷译,经济科学出版社1992年版。

[269][美]罗斯托:《经济增长的阶段》,郭熙保、王松茂译,中国社会科学出版社2001年版。

[270][美]威廉·曼彻斯特:《大萧条与罗斯福新政》,朱协译,海南出版社2009年版。

[271][美]B. R. 米切尔编:《帕尔格雷夫世界历史统计:欧洲卷(1750-1993)》,贺力平译,经济科学出版社2002年版。

[272][英]B. R. 米切尔编:《帕尔格雷夫世界历史统计:美洲卷(1750-1993)》,贺力平译,经济科学出版社2002年版。

[273][美]小艾尔费雷德·D. 钱德勒:《看得见的手:美国企业的管理革

命》,重武译,王铁生校,商务印书馆 1987 年版。

[274][美]钱纳里、鲁宾逊、赛尔奎因:《工业化和经济增长的比较研究》,吴奇、王松宝译,上海人民出版社 1995 年版。

[275][美]钱纳里、赛尔奎因:《发展的型式 1950~1970》,李新华译,经济科学出版社 1998 年版。

[276][挪]拉斯·特维德:《逃不开的经济周期》,董裕平译,中信出版社 2008 年版。

[277][美]巴瑞·易臣格瑞、胡妍斌、王辰:《金融危机对新兴市场的影响及其启示》,载于《新金融》2010 年第 1 期。

[278][美]狄克逊·韦克特:《大萧条时代(1929~1941)》,何严译,新世界出版社 2008 年版。

[279][美]托马斯·伍兹:《另类美国史》,王祖哲译,金城出版社 2008 年版。

[280][美]乔纳森·休斯、路易斯·P. 凯恩:《美国经济史》(第 7 版),邸晓燕、刑露等译,北京大学出版社 2011 年版。

[281] Abbott, A. J. and H. R. Seddighi. Aggregate Imports and Expenditure Components in the UK: An Empirical Analysis. *Applied Economics*, 1996 (28): 1119 – 1125.

[282] Ahmed, Ch. Sohail. Aggregate Imports and Expenditure Components in Pakistan: An Empirical Analysis, *Department of Economics College of Economics and Social Development*, Karachi, 2011.

[283] Anselin, L.. *Spatial Econometrics: Methods and Models*. Dordrecht: Kluwer Academic Publisher, 1988.

[284] Anselin, L.. *Thirty Years of Spatial Econometrics*. Papers in Regional Science, 2010, 89 (1): 3 – 25.

[285] Bernanke, B. S.. Non-monetary Effects of the Financial Crisis in the Propagation of the Great Depression. *The American Economic Review*, 1983, 73 (3): 257 – 276.

[286] Brender, Adi. China's Foreign Trade Behavior in the 1980s: An Empirical Analysis. *IMF Working Papers*, 1992, 92 (5): 1 – 64.

[287] Bordo, Michael. D.. A Historical Perspective on the Crisis of 2007 – 2008. *NBER Working Paper*, 2008, No. 14569.

[288] Caballero Ricardo J. and Arvind Krishnamurthy. Global Imbalance and Financial Fragility. *NBER Working Paper*, 2009, No. 14688.

[289] Chase, Stuart. Prosperity Fact or Myth. *Charles Boni Paper Books*, 1929: 82.

[290] Chenery, H. B. and M. Syrquin. *Patterns of Development*: 1950~1970. London: Oxford University Press, 1975.

[291] Clarke, Ryan, and Sangeet Dalliwall. Sino-Indian Competition for Burmese oil and Natural Gas. *Harvard International Review*, ZAL Review, September 4, 2008.

[292] Crucini, M. J., Kahn J.. Tariffs and aggregate economic activity: Lessons from the Great Depression. *Journal of Monetary Economics*, 1996, 38 (3): 427 – 467.

[293] Coe, David T. and Elhanan Helpman. International R&D spillover. *European Economic Review*, 1995, 39 (5): 859 – 887.

[294] Dean, J., K. Fung, and Z. Wang. Measuring the Vertical Specialization in Chinese Trade. U. S. International Trade Commission. *Office of Economics Working Paper*, No. 2007 – 01 – A, 2007.

[295] Dutta, Dilip and Nasiruddin. Ahmed. An Aggregate Import Demand Function for India: A Cointegration Analysis, University of Sydney NSW. Australia, Systems. *Journal of Econometrics*, 2006 (35): 143 – 159.

[296] Flood, R. and Garber. Collapsing Exchange Rate Regimes: Some Linear Examples. *Journal of International Economics*, 1984 (17): 1 – 13.

[297] Gereffi, Gary. Development Models and Industrial Upgrading in China and Mexico. *European Sociological Review*, 2009, 25 (1): 37 – 51.

[298] Griffith – Jones, Stephany and José Antonio Ocampo. The Financial Crisis and Its Impact on Developing Countries. *United Nations Development Programme Bureau for Development Policy Poverty Group*, Working Paper, January 2009.

[299] Grilli, E.. The Asian Crisis: Trade Causes and Consequences. *The World Economy*, 2002 (25): 177 – 207.

[300] Gunawardana, P.. The Asian Currency Crisis and Australian Exports to East Asia. *Economic Analysis and Policy*, 2005 (35): 73 – 79.

[301] Helpman, E., and P. R. Krugman. *Market Structure and Foreign Trade*. The MIT Press, 1995.

[302] Hossain, Akhand Akhtar. Structural Change in the Export Demand function for lndonesia: Estimation, Analysis and Policy lmplications. *Journal of Policy Modeling*, 2009, 31 (2): 260 – 271.

[303] Hummel, D., J. Ishii, and K. Yi. The Nature and Growth of Vertical Spe-

cialization in World Trade. *Journal of International Economics*, 2001, 54 (1): 75 - 96.

[304] Imlah, A. H.. Terms of trade of United Kingdom, 1798~1913. *Journal of Economic History*, 1950, 10 (2).

[305] Ju, Jiandong, Yifu Justin Lin, Yong Wang. Endowment Structure, Industrial Dynamics, and Economic Growth. *The Worldbank Policy Research Working Paper*, No. 505, 2010.

[306] Koopman, R., Z. Wang, and S. Wei. How Much of Chinese Exports in Really Made in China? Assessing Domestic Value-added with Processing Trade is Pervasive. *NBER Working Paper*, No. 14109, 2008.

[307] Kelejian, Harry H., George Tavlas & George Hondroyiannis. A Spatial Modelling Approach to Contagion among Emerging Economies. *Open Economies Review*, 2006, 17 (4): 23 - 41.

[308] Krugman, P. R.. A Model of Balance of Payments Crises. *Journal of Money, Credit and Banking*, 1979, 11 (3): 311 - 325.

[309] Krugman, P. R.. *Balance Sheets, the Transfer Problem, and Financial Crises*, in Isard, P., Razin, A. and Rose, A. K. (eds). *International Finance and Financial Crises*, Kluwer Academic Publishers, 1999: 31 - 56.

[310] Krugman, P. R.. *The Return of Depression Economics and the Crisis of 2008*. New York: W. W. Norton, 2009.

[311] Leuchtenberg, William E.. The Perils of Prosperity, 1914~1932, The University of Chicago Press, 1958: 158.

[312] Lim, M.. Old Wine in a New Bottle: Subprime Mortgage Crisis. *The Levy Economics Institute of Bard College Working Paper*. 2008.

[313] Linder, S. B.. *An Essay on Trade and Transformation*. New York: John Wiley and Sons, 1961.

[314] Mazumdar, Joy. Do Static Gains from Trade Lead to Medium - Run Growth? *Journal of Political Economy*, 1996, 104 (6): 1328 - 1337.

[315] Masson, P. R.. Contagion: Monsoonal Effects, Spillovers and Jumps between Multiple Equilibria. *IMF Research Department Working Paper*, No. 98 - 142, 1998.

[316] McKibbin, W. & A. Stoeckel. The Global Financial Crisis: Causes and Consequences. *Lowy Institute Working Paper in International Economics*, 2009 (2).

[317] Metwally, M. Mokhtar. Determinants of Aggregate Imports in the Gcc Countries. *Applied Econometrics and International Development*, 2004 (4 - 3): 59 - 76.

[318] Meyn, Mareike. and Jane. Kennan. *The Implications of the Global Financial Crisis for Developing Countries Export Volumes and Values.* Working paper. June, 2009: 305.

[319] Mohammad, H. A. and Tang, T. C.. *Aggregate Imports and Expenditure Components in Malaysia: A Cointegration and Error Correction Analysis.* ASEAN Economic Bulletin, 2000.

[320] Musgrave, R. A.. *Fiscal Policy for Industrization and Development in Latin America.* Cainesville: University of Florida press, 1960.

[321] Nyuyen, Bac Xuan. The Determinants of Vietnamese Export flows: Static and Dynamic Panel Gravity Approaches. *International Journal of Economics and Finance*, 2010, 2 (4): 122 – 129.

[322] Robinson, Joan. *Essays in the theory of employment.* London, Macmillan Company, 1937.

[323] Reinhart, Carmen, and Kenneth S. Rogoff. Is the 2007 U. S. Sub – Prime Financial Crisis so Different? An International Historical Comparison. *NBER Working Paper*, No. 13761, 2008.

[324] Rostow, W. W. *Politics and stage of Growth.* Cambridge: University press, 1971.

[325] Schlot, W. *British Overseas Trade from 1700 to 1930s.* Oxford, Basel Blackwell, 1938.

[326] Senhadji, A. S. and C. E. Montenegro. Time Series Analysis of Export Demand Equations: A Cross – Country Analysis. *IMF Working Papers*, 1999, 46 (3): 259 – 273.

[327] Sinha, Dipendra. Determinants of Import Demand in Thailand. *International Economic Journal*, 1997, 11: 73 – 83.

[328] Soros, George. The Credit Crisis of 2008 and What It Means. LSE Public Lectures and Events. *London School of Economics*, 2008: 97 – 121.

[329] Soule, George Henry. *Prosperity Decade: From War To Depression* 1917 – 1929. Holt Rinehart & Winstorn, 1962: 318.

[330] Tang, Tuck Cheong. Aggregate Import Demand Behavior For Indonesia: Evidence From Bounds Testing Approach. *Journal of Economics and Management*, 2002, 10 (2).

[331] Tang and Nair. A Co-integration Analysis of Malaysian Import Demand Function: Reassessment from the Bounds Test. *Applied Economics Letters*, 2002 (9).

[332] Wang, Jing, and John Whalley. *The Trade Performance of Asian Economies During and Following the* 2008 *Financial Crisis.* National Bureau of Economic Research Working Paper Series 16142, June, 2010.

[333] Weeks, John. *The Impact of the Global Financial Crisis on the Economy of Sierra Leone.* In The U. N. Development Programme: International Policy Centre for Inclusive Growth in its series Country Study, September 18, 2009.

[334] Willenbockel, Dirk and Sherman Robinson. The Global Financial Crisis, LDC Exports and Welfare: Analysis with a World Trade Mode. *MPRA Paper*, 2009: (5).

[335] Willett, Thomas D., P. Liang, and Nan Zhang. The slow spread of the global crisis. *Journal of International Commerce, Economics and Policy*, 2010, 1 (1): 33 – 58.

[336] Worz, Julia. Skill Intensity in foreign Trade and Economic Growth. *Wiener Institute für Internationale Wirtschaftsvergleiche Working paper*, No. 35, 2004.

后 记

本书是关于2008年国际金融危机对全球需求结构影响的研究成果。我们这个学术团队对国际金融危机的研究从2007年美国次贷危机爆发就开始了。先是研究美国次贷危机对中国带来的可能影响，后来，持续关注2008年国际金融危机、2009年欧洲债务危机、日本2012年"3·11大地震"、发达国家持续数年的"货币量化宽松政策"等重大国际经济事件及其后续影响，特别是对中国开放型经济的影响，重点研究其对广东外经贸的影响。正是这个团队对广东外经贸发展的持续研究，催生了连续资讯报告《广东外经贸蓝皮书·广东对外经济贸易发展研究报告》，从2010年开始每年正式出版，已经引起社会各界广泛关注。

基于团队各位专家积累的研究成果，我们积极参与2011年教育部哲学社会科学研究重大课题攻关项目"国际金融危机后全球需求结构变化研究"的申报，研究方案经过竞争性答辩，获得专家认可，被教育部批准立项。2011年11月通过开题研讨会，正式启动研究工作。该课题确实是一个复杂的重大课题，涉及的问题实在是太多，如何开展研究？从哪里着手？研究思路如何？尽管我们团队在课题申报时多次讨论课题破题及其研究方案，但还是有不同意见，"一百个经济学家有一百种意见"。在开题研讨会上，对外经贸大学WTO研究院张汉林教授、上海对外贸易大学朱钟棣教授、中山大学陈广汉教授、暨南大学张捷教授、四川大学蒋瑛教授、南开大学盛斌教授、广东省对外贸易经济合作厅郑建荣高级经济师等专家对我们研究方案的设计给予了基本肯定，并提出了修改建议。还有教育部社会科学司张东刚司长到开题研讨会现场讲话，从教育部设立重大课题攻关项目的目的和要求对课题组提出了不少意见和建议。诚挚地感谢他们的真知灼见！他们对我们课题研究方案及团队研究方向所提出的意见和建议，得以让课题研究方案最终趋于完善。

在研究过程中，课题组进行了多次讨论，逐渐把研究内容进行聚焦，形成了一个逻辑框架，据此进行分工：陈万灵教授负责课题研究组织、课题方案的总设计和子课题研究任务的协调，最后完成课题研究报告的汇总整理。刘巍教授负责

第 1 个子课题"全球需求结构演变与金融危机发生的机理"的研究，主要对国际经济（金融）危机的历史记录资料进行提炼，这可以发挥刘巍教授擅长计量经济史研究的优势，而且他还有一个计量经济史研究机构做后盾。廖国民教授负责第 2 个子课题"国际金融危机后发达经济体需求结构变化"的研究，主要抓住产品需求和投资需求及其表现出来的国际需求，深入研究发达国家特别是七国集团（G7）需求结构变化，这是廖国民教授一直关注的投资领域的延伸。蔡春林教授负责第 3 个子课题"国际金融危机后新兴经济体需求结构变化"的研究，集中探讨 20 国集团（G20）中 11 个新兴经济体的需求变化，这是他一直专注的新兴经济体经济发展领域。何传添教授负责第 4 个子课题"国际金融危机后欠发达经济体需求结构变化"，这是他长期关注世界经济领域的新尝试。刘力教授负责第 5 个子课题"基于全球需求结构变化的中国产业发展战略调整研究"，主要运用投入产出法分析基于外贸部门的产业结构合理度，进而分析中国产业调整方向，这符合她长期坚持的区域和产业经济研究领域。易行健教授负责第 6 个子课题"基于全球需求结构变化的中国开放型经济发展战略调整研究"，运用开放型经济理论对中国开放型经济发展进行评估，并提出中国开放型经济发展战略的转型调整对策，这是他擅长的宏观经济研究方法及其在开放经济领域的延伸。这六位专家在研究过程中，发挥各自专长，潜心探索，付出了不少心血和汗水，并服从该课题基本视角及核心要求，交出了厚重的成果，使该课题研究任务得以最终完成。在此，诚挚感谢他们的坚守与舍弃，感念他们的智慧贡献，为该课题研究提供了丰富的思想和观点。实际上，每个子课题还有一批学者做后盾，他们是张庆霖博士、韦晓慧博士、杨永聪博士、袁欣教授、魏作磊教授、肖奎喜教授、姜巍教授、陈昭教授、卢万青教授等学者和专家，以及唐玉萍、吴旭梅、曹莹莹、傅双丽等研究生参与课题论证和课题研究，取得了不少成果，在此一并感谢他们的支持和参与。

经过大家共同努力和配合，课题于 2015 年底完成，经过整理、补充以及编辑工作，于 2016 年初提交结题报告。等待专家匿名评审，直到 2016 年底反馈评审结论，课题通过专家评审，标志着该课题全部完成。接下来就是按照评审专家建议进行适当修改。在修改过程中，由于课题组成员工作变动，时间上不能保证，这样一拖延，就过去了一年，到了 2018 年初，完成全部书稿的修改工作。

在此必须说明本书形成及笔者的贡献。本书以前述课题研究报告为基础，根据结题评审专家的意见和建议进行修改、补充和完善，并对研究报告进行结构调整和逻辑衔接，最终形成了由 12 个部分构成的专著。其分工如下：陈万灵负责撰写第一章和第十二章，这是本书的头部和尾部，统领全书逻辑线索和研究思路，构建了需求结构研究的理论框架，展示总的研究方法，并对各部分研究成果进行梳理和最后结论的提炼;陈万灵同时负责第四章和第八章的撰写,描述了国际金融危机后区域需求格局及其变化,揭示全球需求结构变化对中国出口贸易的影响,探讨中国对发达经济体、新兴经济体、"一带一路"沿线国家出口效应的变化。其余各部分分工负责情况如下:刘巍负责第二章的撰写,主要基于经济运行态势的"上位前提",对美国20世纪30年代大萧条和日本90年代初以来"失去的20年"及其经济停滞的史料进行挖掘,揭示了各类经济危机的内在机理。陈万灵与刘巍共同完成了第三章的撰稿,揭示2008年国际金融危机爆发的机理及其治理逻辑。陈万灵和廖国民共同撰写第五章,对发达经济体需求结构变化进行探索,重点完成了对七国集团(G7)需求结构变化的研究。陈万灵和蔡春林共同撰写第六章,重点完成了对10个新兴经济体需求结构变化的研究。陈万灵与何传添共同撰写第七章,对"一带一路"沿线国家需求结构变化进行深入探讨。刘力完成第九章的撰写,运用投入产出模型探讨国际需求结构变化对中国产业发展和产业结构的影响,并讨论了收入水平与消费结构、内需政策对中国产业结构的影响。易行健完成第十章的撰写,探讨国际需求结构变化对中国开放型经济建设的影响,提出了中国开放型经济建设的战略选择。陈万灵、易行健、刘力共同完成了第十一章,提出了中国开放型经济转型的方向、路径和对策。

对参与课题研究报告评审的匿名专家以及上述专家的敬业精神和辛勤付出表示感谢!

该课题顺利完成和本书最终完成,还必须感谢广东外语外贸大学的领导们,特别是隋广军书记、顾也力副校长、阳爱民副校长、何传添副校长和石佑启副校长等,以及科研处、经贸学院、国际战略研究院、国际经贸研究中心等部门及其领导对本课题的关注和大力支持,没有他们的支持,这个课题难以最终完成。感谢他们对课题组营造的良好学术氛围。

本书存在的不足、缺点和谬误,由本书作者负责。

陈万灵

2018年1月

教育部哲学社会科学研究重大课题攻关项目成果出版列表

序号	书名	首席专家
1	《马克思主义基础理论若干重大问题研究》	陈先达
2	《马克思主义理论学科体系建构与建设研究》	张雷声
3	《马克思主义整体性研究》	逄锦聚
4	《改革开放以来马克思主义在中国的发展》	顾钰民
5	《新时期 新探索 新征程——当代资本主义国家共产党的理论与实践研究》	聂运麟
6	《坚持马克思主义在意识形态领域指导地位研究》	陈先达
7	《当代资本主义新变化的批判性解读》	唐正东
8	《当代中国人精神生活研究》	童世骏
9	《弘扬与培育民族精神研究》	杨叔子
10	《当代科学哲学的发展趋势》	郭贵春
11	《服务型政府建设规律研究》	朱光磊
12	《地方政府改革与深化行政管理体制改革研究》	沈荣华
13	《面向知识表示与推理的自然语言逻辑》	鞠实儿
14	《当代宗教冲突与对话研究》	张志刚
15	《马克思主义文艺理论中国化研究》	朱立元
16	《历史题材文学创作重大问题研究》	童庆炳
17	《现代中西高校公共艺术教育比较研究》	曾繁仁
18	《西方文论中国化与中国文论建设》	王一川
19	《中华民族音乐文化的国际传播与推广》	王耀华
20	《楚地出土戰國簡册〔十四種〕》	陈伟
21	《近代中国的知识与制度转型》	桑兵
22	《中国抗战在世界反法西斯战争中的历史地位》	胡德坤
23	《近代以来日本对华认识及其行动选择研究》	杨栋梁
24	《京津冀都市圈的崛起与中国经济发展》	周立群
25	《金融市场全球化下的中国监管体系研究》	曹凤岐
26	《中国市场经济发展研究》	刘伟
27	《全球经济调整中的中国经济增长与宏观调控体系研究》	黄达
28	《中国特大都市圈与世界制造业中心研究》	李廉水

序号	书　名	首席专家
29	《中国产业竞争力研究》	赵彦云
30	《东北老工业基地资源型城市发展可持续产业问题研究》	宋冬林
31	《转型时期消费需求升级与产业发展研究》	臧旭恒
32	《中国金融国际化中的风险防范与金融安全研究》	刘锡良
33	《全球新型金融危机与中国的外汇储备战略》	陈雨露
34	《全球金融危机与新常态下的中国产业发展》	段文斌
35	《中国民营经济制度创新与发展》	李维安
36	《中国现代服务经济理论与发展战略研究》	陈　宪
37	《中国转型期的社会风险及公共危机管理研究》	丁烈云
38	《人文社会科学研究成果评价体系研究》	刘大椿
39	《中国工业化、城镇化进程中的农村土地问题研究》	曲福田
40	《中国农村社区建设研究》	项继权
41	《东北老工业基地改造与振兴研究》	程　伟
42	《全面建设小康社会进程中的我国就业发展战略研究》	曾湘泉
43	《自主创新战略与国际竞争力研究》	吴贵生
44	《转轨经济中的反行政性垄断与促进竞争政策研究》	于良春
45	《面向公共服务的电子政务管理体系研究》	孙宝文
46	《产权理论比较与中国产权制度变革》	黄少安
47	《中国企业集团成长与重组研究》	蓝海林
48	《我国资源、环境、人口与经济承载能力研究》	邱　东
49	《"病有所医"——目标、路径与战略选择》	高建民
50	《税收对国民收入分配调控作用研究》	郭庆旺
51	《多党合作与中国共产党执政能力建设研究》	周淑真
52	《规范收入分配秩序研究》	杨灿明
53	《中国社会转型中的政府治理模式研究》	娄成武
54	《中国加入区域经济一体化研究》	黄卫平
55	《金融体制改革和货币问题研究》	王广谦
56	《人民币均衡汇率问题研究》	姜波克
57	《我国土地制度与社会经济协调发展研究》	黄祖辉
58	《南水北调工程与中部地区经济社会可持续发展研究》	杨云彦
59	《产业集聚与区域经济协调发展研究》	王　珺

序号	书名	首席专家
60	《我国货币政策体系与传导机制研究》	刘 伟
61	《我国民法典体系问题研究》	王利明
62	《中国司法制度的基础理论问题研究》	陈光中
63	《多元化纠纷解决机制与和谐社会的构建》	范 愉
64	《中国和平发展的重大前沿国际法律问题研究》	曾令良
65	《中国法制现代化的理论与实践》	徐显明
66	《农村土地问题立法研究》	陈小君
67	《知识产权制度变革与发展研究》	吴汉东
68	《中国能源安全若干法律与政策问题研究》	黄 进
69	《城乡统筹视角下我国城乡双向商贸流通体系研究》	任保平
70	《产权强度、土地流转与农民权益保护》	罗必良
71	《我国建设用地总量控制与差别化管理政策研究》	欧名豪
72	《矿产资源有偿使用制度与生态补偿机制》	李国平
73	《巨灾风险管理制度创新研究》	卓 志
74	《国有资产法律保护机制研究》	李曙光
75	《中国与全球油气资源重点区域合作研究》	王 震
76	《可持续发展的中国新型农村社会养老保险制度研究》	邓大松
77	《农民工权益保护理论与实践研究》	刘林平
78	《大学生就业创业教育研究》	杨晓慧
79	《新能源与可再生能源法律与政策研究》	李艳芳
80	《中国海外投资的风险防范与管控体系研究》	陈菲琼
81	《生活质量的指标构建与现状评价》	周长城
82	《中国公民人文素质研究》	石亚军
83	《城市化进程中的重大社会问题及其对策研究》	李 强
84	《中国农村与农民问题前沿研究》	徐 勇
85	《西部开发中的人口流动与族际交往研究》	马 戎
86	《现代农业发展战略研究》	周应恒
87	《综合交通运输体系研究——认知与建构》	荣朝和
88	《中国独生子女问题研究》	风笑天
89	《我国粮食安全保障体系研究》	胡小平
90	《我国食品安全风险防控研究》	王 硕

序号	书　名	首席专家
91	《城市新移民问题及其对策研究》	周大鸣
92	《新农村建设与城镇化推进中农村教育布局调整研究》	史宁中
93	《农村公共产品供给与农村和谐社会建设》	王国华
94	《中国大城市户籍制度改革研究》	彭希哲
95	《国家惠农政策的成效评价与完善研究》	邓大才
96	《以民主促进和谐——和谐社会构建中的基层民主政治建设研究》	徐　勇
97	《城市文化与国家治理——当代中国城市建设理论内涵与发展模式建构》	皇甫晓涛
98	《中国边疆治理研究》	周　平
99	《边疆多民族地区构建社会主义和谐社会研究》	张先亮
100	《新疆民族文化、民族心理与社会长治久安》	高静文
101	《中国大众媒介的传播效果与公信力研究》	喻国明
102	《媒介素养：理念、认知、参与》	陆　晔
103	《创新型国家的知识信息服务体系研究》	胡昌平
104	《数字信息资源规划、管理与利用研究》	马费成
105	《新闻传媒发展与建构和谐社会关系研究》	罗以澄
106	《数字传播技术与媒体产业发展研究》	黄升民
107	《互联网等新媒体对社会舆论影响与利用研究》	谢新洲
108	《网络舆论监测与安全研究》	黄永林
109	《中国文化产业发展战略论》	胡惠林
110	《20世纪中国古代文化经典在域外的传播与影响研究》	张西平
111	《国际传播的理论、现状和发展趋势研究》	吴　飞
112	《教育投入、资源配置与人力资本收益》	闵维方
113	《创新人才与教育创新研究》	林崇德
114	《中国农村教育发展指标体系研究》	袁桂林
115	《高校思想政治理论课程建设研究》	顾海良
116	《网络思想政治教育研究》	张再兴
117	《高校招生考试制度改革研究》	刘海峰
118	《基础教育改革与中国教育学理论重建研究》	叶　澜
119	《我国研究生教育结构调整问题研究》	袁本涛 王传毅
120	《公共财政框架下公共教育财政制度研究》	王善迈

序号	书名	首席专家
121	《农民工子女问题研究》	袁振国
122	《当代大学生诚信制度建设及加强大学生思想政治工作研究》	黄蓉生
123	《从失衡走向平衡：素质教育课程评价体系研究》	钟启泉 崔允漷
124	《构建城乡一体化的教育体制机制研究》	李 玲
125	《高校思想政治理论课教育教学质量监测体系研究》	张耀灿
126	《处境不利儿童的心理发展现状与教育对策研究》	申继亮
127	《学习过程与机制研究》	莫 雷
128	《青少年心理健康素质调查研究》	沈德立
129	《灾后中小学生心理疏导研究》	林崇德
130	《民族地区教育优先发展研究》	张诗亚
131	《WTO主要成员贸易政策体系与对策研究》	张汉林
132	《中国和平发展的国际环境分析》	叶自成
133	《冷战时期美国重大外交政策案例研究》	沈志华
134	《新时期中非合作关系研究》	刘鸿武
135	《我国的地缘政治及其战略研究》	倪世雄
136	《中国海洋发展战略研究》	徐祥民
137	《深化医药卫生体制改革研究》	孟庆跃
138	《华侨华人在中国软实力建设中的作用研究》	黄 平
139	《我国地方法制建设理论与实践研究》	葛洪义
140	《城市化理论重构与城市化战略研究》	张鸿雁
141	《境外宗教渗透论》	段德智
142	《中部崛起过程中的新型工业化研究》	陈晓红
143	《农村社会保障制度研究》	赵 曼
144	《中国艺术学学科体系建设研究》	黄会林
145	《人工耳蜗术后儿童康复教育的原理与方法》	黄昭鸣
146	《我国少数民族音乐资源的保护与开发研究》	樊祖荫
147	《中国道德文化的传统理念与现代践行研究》	李建华
148	《低碳经济转型下的中国排放权交易体系》	齐绍洲
149	《中国东北亚战略与政策研究》	刘清才
150	《促进经济发展方式转变的地方财税体制改革研究》	钟晓敏
151	《中国—东盟区域经济一体化》	范祚军

序号	书名	首席专家
152	《非传统安全合作与中俄关系》	冯绍雷
153	《外资并购与我国产业安全研究》	李善民
154	《近代汉字术语的生成演变与中西日文化互动研究》	冯天瑜
155	《新时期加强社会组织建设研究》	李友梅
156	《民办学校分类管理政策研究》	周海涛
157	《我国城市住房制度改革研究》	高 波
158	《新媒体环境下的危机传播及舆论引导研究》	喻国明
159	《法治国家建设中的司法判例制度研究》	何家弘
160	《中国女性高层次人才发展规律及发展对策研究》	佟 新
161	《国际金融中心法制环境研究》	周仲飞
162	《居民收入占国民收入比重统计指标体系研究》	刘 扬
163	《中国历代边疆治理研究》	程妮娜
164	《性别视角下的中国文学与文化》	乔以钢
165	《我国公共财政风险评估及其防范对策研究》	吴俊培
166	《中国历代民歌史论》	陈书录
167	《大学生村官成长成才机制研究》	马抗美
168	《完善学校突发事件应急管理机制研究》	马怀德
169	《秦简牍整理与研究》	陈 伟
170	《出土简帛与古史再建》	李学勤
171	《民间借贷与非法集资风险防范的法律机制研究》	岳彩申
172	《新时期社会治安防控体系建设研究》	宫志刚
173	《加快发展我国生产服务业研究》	李江帆
174	《基本公共服务均等化研究》	张贤明
175	《职业教育质量评价体系研究》	周志刚
176	《中国大学校长管理专业化研究》	宣 勇
177	《"两型社会"建设标准及指标体系研究》	陈晓红
178	《中国与中亚地区国家关系研究》	潘志平
179	《保障我国海上通道安全研究》	吕 靖
180	《世界主要国家安全体制机制研究》	刘胜湘
181	《中国流动人口的城市逐梦》	杨菊华
182	《建设人口均衡型社会研究》	刘渝琳
183	《农产品流通体系建设的机制创新与政策体系研究》	夏春玉

序号	书　名	首席专家
184	《区域经济一体化中府际合作的法律问题研究》	石佑启
185	《城乡劳动力平等就业研究》	姚先国
186	《20世纪朱子学研究精华集成——从学术思想史的视角》	乐爱国
187	《拔尖创新人才成长规律与培养模式研究》	林崇德
188	《生态文明制度建设研究》	陈晓红
189	《我国城镇住房保障体系及运行机制研究》	虞晓芬
190	《中国战略性新兴产业国际化战略研究》	汪　涛
191	《证据科学论纲》	张保生
192	《要素成本上升背景下我国外贸中长期发展趋势研究》	黄建忠
193	《中国历代长城研究》	段清波
194	《当代技术哲学的发展趋势研究》	吴国林
195	《20世纪中国社会思潮研究》	高瑞泉
196	《中国社会保障制度整合与体系完善重大问题研究》	丁建定
197	《民族地区特殊类型贫困与反贫困研究》	李俊杰
198	《扩大消费需求的长效机制研究》	臧旭恒
199	《我国土地出让制度改革及收益共享机制研究》	石晓平
200	《高等学校分类体系及其设置标准研究》	史秋衡
201	《全面加强学校德育体系建设研究》	杜时忠
202	《生态环境公益诉讼机制研究》	颜运秋
203	《科学研究与高等教育深度融合的知识创新体系建设研究》	杜德斌
204	《女性高层次人才成长规律与发展对策研究》	罗瑾琏
205	《岳麓秦简与秦代法律制度研究》	陈松长
206	《民办教育分类管理政策实施跟踪与评估研究》	周海涛
207	《建立城乡统一的建设用地市场研究》	张安录
208	《迈向高质量发展的经济结构转变研究》	郭熙保
209	《中国社会福利理论与制度构建——以适度普惠社会福利制度为例》	彭华民
210	《提高教育系统廉政文化建设实效性和针对性研究》	罗国振
211	《毒品成瘾及其复吸行为——心理学的研究视角》	沈模卫
212	《英语世界的中国文学译介与研究》	曹顺庆
213	《建立公开规范的住房公积金制度研究》	王先柱

序号	书名	首席专家
214	《现代归纳逻辑理论及其应用研究》	何向东
215	《时代变迁、技术扩散与教育变革：信息化教育的理论与实践探索》	杨 浩
216	《城镇化进程中新生代农民工职业教育与社会融合问题研究》	褚宏启 薛二勇
217	《我国先进制造业发展战略研究》	唐晓华
218	《融合与修正：跨文化交流的逻辑与认知研究》	鞠实儿
219	《中国新生代农民工收入状况与消费行为研究》	金晓彤
220	《高校少数民族应用型人才培养模式综合改革研究》	张学敏
221	《中国的立法体制研究》	陈 俊
222	《教师社会经济地位问题：现实与选择》	劳凯声
223	《中国现代职业教育质量保障体系研究》	赵志群
224	《欧洲农村城镇化进程及其借鉴意义》	刘景华
225	《国际金融危机后全球需求结构变化及其对中国的影响》	陈万灵
	……	